K线
"黑洞"

股市K线常见技术陷阱及破解方法

麻道明◎著

经济管理出版社
ECONOMY & MANAGEMENT PUBLISHING HOUSE

图书在版编目（CIP）数据

K线"黑洞"——股市K线常见技术陷阱及破解方法/麻道明著. —北京：
经济管理出版社，2019.5
ISBN 978-7-5096-6489-6

Ⅰ. ①K⋯　Ⅱ. ①麻⋯　Ⅲ. ①股票投资—基本知识　Ⅳ. ①F830.91

中国版本图书馆 CIP 数据核字（2019）第 058275 号

组稿编辑：勇　生
责任编辑：勇　生　刘　宏
责任印制：黄章平
责任校对：赵天宇

出版发行：经济管理出版社
　　　　　（北京市海淀区北蜂窝 8 号中雅大厦 A 座 11 层　100038）
网　　址：www. E-mp. com. cn
电　　话：（010）51915602
印　　刷：三河市延风印装有限公司
经　　销：新华书店
开　　本：787mm×1092mm/16
印　　张：23.25
字　　数：440 千字
版　　次：2019 年 8 月第 1 版　2019 年 8 月第 1 次印刷
书　　号：ISBN 978-7-5096-6489-6
定　　价：78.00 元

前　言

　　"股市有风险，入市须谨慎"，这句话说出了股市操作的两个核心问题：风险与谨慎。风险，是对市场未来发展趋势做出预测的准确性程度，其背后有市场本身的，也有人为造成的。谨慎，是投资者对市场买卖时机做出恰当决策的把握程度，是投资者心态和技能的综合反映。风险与利益并存，买卖时机选择得恰当与否，直接关系到投资利益。由此可见，风险与谨慎，既矛盾又统一，两者常常构成投资障碍，困扰投资决策。若过于谨慎，则易失良机；若放松谨慎，则缺乏理性，因而是投资者两个不可忽视的问题。因此，在市场风险与谨慎中，就会产生各种技术陷阱或虚假信号的市场环境。

　　仅就股市图表形态信号而言，就有若隐若现的巨大陷阱或失败形态，在很多时候是庄家精心布局而成的，其目的或是引诱散户蠢蠢欲动，贸然而入，从而席卷散户钱财；或是恐吓散户望而生畏，折仓离场，从而劫取散户廉价筹码，或是故弄玄虚，制造扑朔迷离的市场假象……一幅幅图表形态，一个个买卖信号，都隐藏着巨大的玄机，宛如一个个五彩的水晶球，令散户顿生迷惑，束手无策，这些纵然是庄家狡猾、奸诈、险恶的具体体现，然而这些五花八门的技术陷阱或虚假信号却很少为人所知，更是无人能破。

　　在中国资本市场中，存在幕后庄家是不争的事实，市场有了庄家的存在，就会有许许多多真假信号的产生，这些信号若现若离，起伏跌宕，使散户深受其害。例如，庄家在吸货时，就会制造"难看"的技术陷阱，恐吓散户交出筹码；庄家在出货时，就会制造"好看"的技术陷阱，引诱散户接走筹码。在这个布满陷阱的市场中，散户拿什么来保护自己呢？只有掌握破解常见技术陷阱的方法，才能刺中庄家的要害。

　　为此，作者基于中国股市的运行规律和发展现状，庄家的坐庄意图和运作逻辑，散户的炒作特点和心理习性，对K线实盘操作技术进行长期的潜心研究、跟踪观察、盘面检验，总结出这本《K线"黑洞"——股市K线常见技术陷阱及破解方法》一书，本书详尽披露了庄家设置的各种技术的秘密，将庄家最常用、最隐秘的"绝技"公之

于众，用通俗易懂的语言告诉读者，让普通的散户找到识破常见技术陷阱的基本方法和技巧，帮助读者走出技术谜团，提供一些有益的启示，进而将计就计，实现"借刀杀人"，让庄家"搬起石头砸自己的脚"，最终钻进自己设置的技术陷阱之中。

所以，本书重点将K线中的一些常见技术陷阱，进行分析判断，给投资者传授每一个技术陷阱的破解方法，使其掌握一套拿剑操刀的具体要领。书中教给大家一套识别陷阱和破解陷阱的方法，通过K线中的每一个细节，分析当前的市场特征，进而推测未来股价的变化趋势，从而掌握庄家的操盘规律，找出其中的破绽，切中要害后出剑下刀。书中关于陷阱的识别和破解方法，经过我多年的市场跟踪观察、实盘检验、反复印证，其"破阵"效果很好，可以这样说，庄家能够设置各种技术陷阱，散户就有识别和破解其陷阱的方法。

本书以理论为基础，以事实为准绳，以实例为依据，图文并茂，言简意赅，通俗易懂。对于新老股民、中小散户投资者、职业操盘手和专业股评人士来说，均是一本不能不读的参考书。

目　录

第一章 K 线技术分析精华

第一节 K 线的形成

K 线起源于日本，又称为日本线、阴阳线、蜡烛线、酒井线等。这是日本粮食商人本间宗久（1724~1803 年）在米市中用以记录米价涨跌行情的图示法，为了纪念这位投资大师，以他的出生地（酒田市）将其命名为"酒田战法"，后来以 kei 的英文首字母直译为"K"线，K 线的称呼由此发展而来（中国人习惯称之为阴阳线）。

K 线由于全面记录了一定时期的交易价格信息及走势，对未来价格波动趋势有预测作用，因此被广泛应用于股市、期货、外汇等证券市场的技术分析之中，大众投资者热衷于这种图表分析工具。

K 线和指标、切线、形态、波浪被称为当今股市五大技术分析流派。通过 K 线图，人们能够把每日或某一周期的市况表现完全记录下来，在走势图上形成一种特殊的形态，并从形态中总结出一些规律，对后市行情的发展变化具有十分重要的判断意义。在我国证券市场的研究分析中，K 线理论具有举足轻重的作用。

每一根 K 线由 4 个价位组成，即最高价、最低价、开盘价、收盘价，以图形的方式记录下来，4 个价位代表着一个四维向量，反映着股价的高低和变化趋向。分析判断多空双方的强弱程度和价格变化情况，将多根 K 线连接组合之后，就形成连贯性的 K 线图。根据分时走势和 K 线组合情况，来预测后市价格波动的变化趋势。如图 1–1 所示，这是阳线的形成过程，阴线的形成过程与其方向相反。

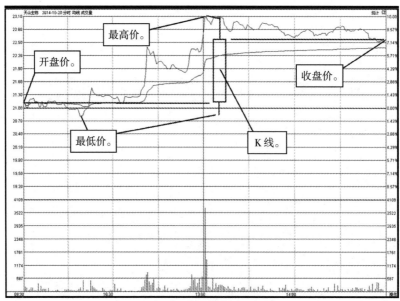

图1-1 K线形成过程

通常，K线是一根柱状线条，由影线和实体两部分组成，少数单根K线只有影线（星线），或只有实体部分（光头光脚线）。K线中间较粗的矩形部分叫实体，在实体上方的细线叫上影线，实体下方的细线叫下影线。K线实体、上下影线的长短对后市行情研判具有极其重要的意义。

K线实体分阳线和阴线。如果收盘价比开盘价高，股价上涨，则实体部分以空心的红色柱体表示，称为阳线；如果收盘价比开盘价低，股价下跌，则实体部分以绿色或黑色的实体柱表示，称为阴线；如果开盘价正好等于收盘价，则形成"十字星线"。如图1-2所示。

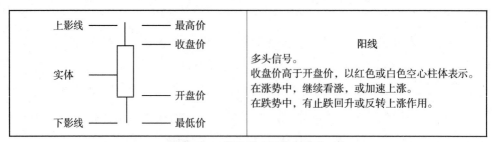

图1-2 K线的基本结构及意义

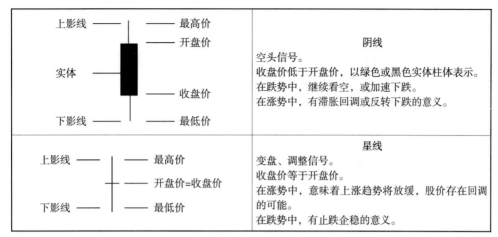

	阴线
上影线 —— —— 最高价 —— 开盘价 实体 —— 收盘价 下影线 —— —— 最低价	空头信号。 收盘价低于开盘价，以绿色或黑色实体柱体表示。 在跌势中，继续看空，或加速下跌。 在涨势中，有滞胀回调或反转下跌的意义。
	星线
上影线 —— —— 最高价 —— 开盘价=收盘价 下影线 —— —— 最低价	变盘、调整信号。 收盘价等于开盘价。 在涨势中，意味着上涨趋势将放缓，股价存在回调的可能。 在跌势中，有止跌企稳的意义。

图1-2　K线的基本结构及意义（续）

第二节　K线的基本种类

在股价走势图表中，各种各样的K线形态，看起来繁杂凌乱，这给初学者分析判别带来了一些麻烦，其实通过梳理后，掌握起来就方便多了。

（1）从K线形态上看，可以分为阳线、阴线和同价线（也叫星线）三大类，其基本图形有12种。收盘价高于开盘价时为阳线，收盘价低于开盘价时为阴线，收盘价等于（或接近）开盘价时为同价线或星线。如图1-3所示。

（2）按其实体大小不同，阳线可以分为大阳线、中阳线、小阳线和十字线四种。阴线也是如此，有大阴线、中阴线、小阴线、十字线四种。同价线根据影线的长短不同，可分为十字线、T字线、⊥字线、一字线等。

根据K线形状不同，阳线可以分为光头光脚阳线、光头阳线、光脚阳线、影线相等阳线、长下影阳线、长上影阳线等。

阳线归纳起来一共有24种。如图1-4所示。

（3）同样，按其实体大小不同，阴线也是如此，有大阴线、中阴线、小阴线、十字线四种。根据K线形状不同，阴线可以分为光头光脚阴线、光头阴线、光脚阴线、影线相等阴线、长下影阴线、长上影阴线等。

阴线归纳起来一共有24种。如图1-5所示。

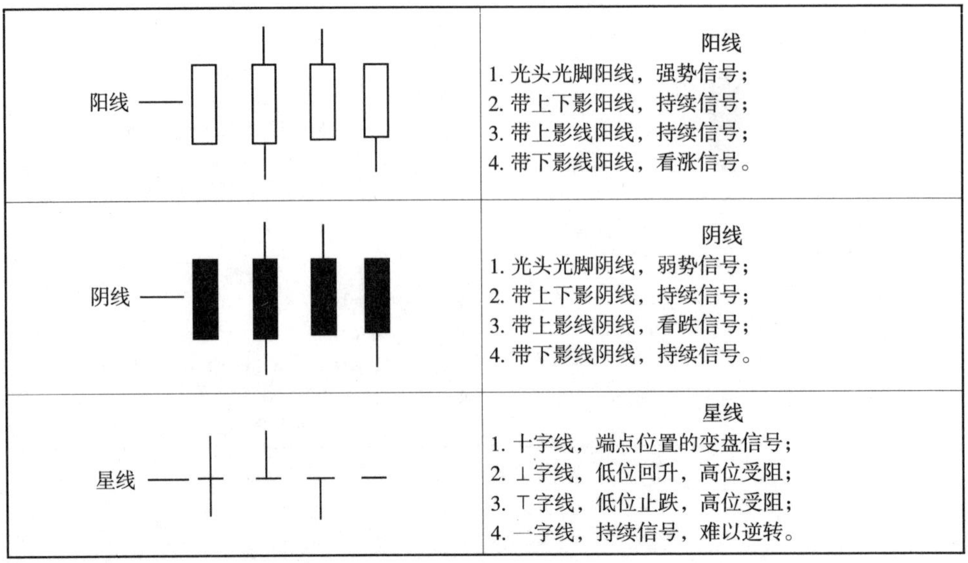

	阳线
阳线	**阳线** 1. 光头光脚阳线，强势信号； 2. 带上下影线阳线，持续信号； 3. 带上影线阳线，持续信号； 4. 带下影线阳线，看涨信号。
阴线	**阴线** 1. 光头光脚阴线，弱势信号； 2. 带上下影线阴线，持续信号； 3. 带上影线阴线，看跌信号； 4. 带下影线阴线，持续信号。
星线	**星线** 1. 十字线，端点位置的变盘信号； 2. ⊥字线，低位回升，高位受阻； 3. T字线，低位止跌，高位受阻； 4. 一字线，持续信号，难以逆转。

图 1-3　三类 K 线及含义

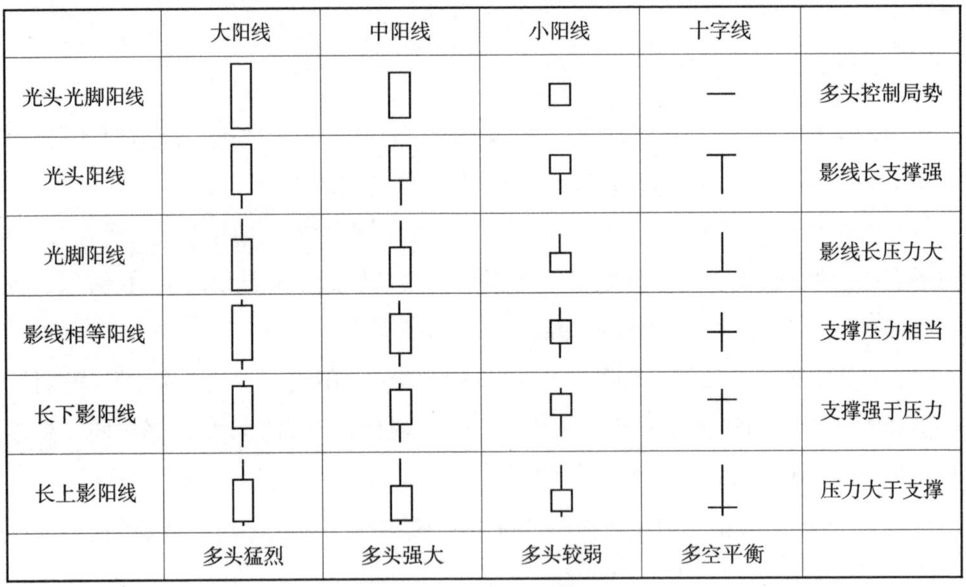

	大阳线	中阳线	小阳线	十字线	
光头光脚阳线					多头控制局势
光头阳线					影线长支撑强
光脚阳线					影线长压力大
影线相等阳线					支撑压力相当
长下影阳线					支撑强于压力
长上影阳线					压力大于支撑
	多头猛烈	多头强大	多头较弱	多空平衡	

图 1-4　24 种不同的阳线

（4）根据时间周期长短不同而画制的 K 线，可以分为分 K 线、时 K 线、日 K 线、周 K 线、月 K 线、季 K 线和年 K 线等多种形体，分别用以分析短期趋势和中长期趋势。在股票软件打开后，按下键盘上的功能键 F8 可以切换不同周期的 K 线。

（5）按 K 线有无上下影线，可以分为实体 K 线、单影 K 线、双影 K 线、一字线等。

	大阴线	中阴线	小阴线	十字线	
光头光脚阴线				—	空头控制局势
光头阴线					影线长支撑强
光脚阴线					影线长压力大
影线相等阴线					支撑压力相当
长下影阴线					支撑强于压力
长上影阴线					压力大于支撑
	空头猛烈	空头强大	空头较弱	多空平衡	

图1-5　24种不同的阴线

（6）按分析方法不同，可以分为单日K线分析、双日K线组合分析、三日K线组合分析和多日K线组合分析等，其中后三种统称为K线组合分析。

（7）根据K线所使用的坐标不同，又可以分为等比K线（最具分析意义）、等分K线、对数K线和百分数K线等。

（8）根据K线形态不同，可以分为顶部反转形态、底部反转形态、持续整理形态等。

概括起来，K线的基本类型根据开盘价和收盘价的波动范围，可将阳线按其实体大小不同可以分为大阳线、中阳线、小阳线、小星线（极阳线）、一字线五种。同样，阴线也可以分为大阴线、中阴线、小阴线、小星线（极阴线）、一字线五种。如图1-6所示。

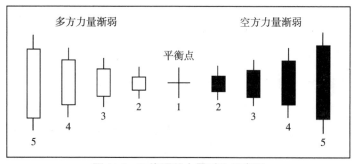

图1-6　K线强弱力量对比示意图

注：1. 十字线；2. 极阴（阳）线；3. 小阴（阳）线；4. 中阴（阳）线；5. 大阴（阳）线。

K线所包含的信息极为丰富，就单根K线而言，通常上影线和阴线实体表示股价的下压力量，上影线和阴线实体越长就说明股价下跌的动能越大；下影线和阳线实体则表示股价的上升力量，下影线和阳线实体越长则说明股价的上升动力越强。

需要了解的是，对于实体K线的大小划分，没有具体的统一尺度标准，通常与市场的气氛、流通盘的大小和长期的股性有关，且大盘和个股也有别，划分时也带有个人主观思想，因此在实战时应灵活掌握。通常大阴线或大阳线的实体范围在3.6%以上，中阴线或中阳线的实体范围为1.6%~3.5%，小阴线或小阳线的实体范围为0.6%~1.5%，极阴线（小阴星）和极阳线（小阳星）的波动范围在0.5%以下。

第三节　K线的基本形态

一、实体K线

不带上下影线的K线，叫实体K线。当开盘价等于最低价、收盘价等于最高价时，就形成了光头光脚的阳线，称此K线为实体阳线，通常在大幅上涨的行情中出现。

当开盘价等于最高价、收盘价等于最低价时，就形成了光头光脚的阴线，称此K线为实体阴线，通常在大幅下跌的行情中出现。

实体K线可分为实体小阳线和实体小阴线、实体中阳线和实体中阴线、实体大阳线和实体大阴线。

二、单影K线

只有一条上影线或下影线的K线，叫单影线。可分为单上影线和单下影线两种。根据单影线的阳阴性质，可分为单影阳线和单影阴线两种。单影阳线又可以分为单上影阳线和单下影阳线两种，单影阴线又可以分为单上影阴线和单下影阴线两种。

1.单下影阳线（也叫带下影线的光脚阳线）

在K线的四个价位中，收盘价等于最高价，其他两个价位各不相同。其原理为开盘后在空方的打压下，股价向下滑落，跌幅较深，但随后在买盘的介入下，股价止跌回升，重新拉起而不断走高，最后以当日最高价收盘。这就是先抑后扬走势，产生单下影阳线，是一种探底回升走势。

2. 单下影阴线（也叫带下影线的光脚阴线）

在 K 线的四个价位中，开盘价等于最高价，其他两个价位各不相同。其原理为开盘后，卖方占据盘面优势，股价不断向下滑落，在卖盘衰竭后，买方乘机反击，阻挡股价的下跌，最后股价略有回升，当天收在次低点，从而形成单下影阴线，是一种下跌抵抗型走势。

3. 单上影阳线（也叫带上影线的光脚阳线）

在 K 线的四个价格中，开盘价等于最低价，其他两个价位各不相同。其原理为开盘后，在买方的有力推动下，卖方难以阻挡股价一路走高，但由于买方持续力量不足以为继或遇到上方阻力，随后股价出现回落走势，最后在次高位收盘，因而就形成单上影阳线，是一种上涨回档走势。

4. 单上影阴线（也叫带上影线的光脚阴线）

在 K 线的四个价位中，收盘价等于最低价，其他两个价位各不相同。其原理为开盘后，买方力量较强，将股价向上推高，但由于后继力量不足，上行受阻回落，卖方力量越来越强，股价一路下跌，最后在当天的最低价收盘。这就是先扬后抑走势，K线图形成单上影阴线，是一种上涨受阻走势。

三、双影 K 线

既有上影线又有下影线的 K 线，叫双影线。通常出现在上有压力、下有支撑的震荡行情之中，但在底部区域或顶部区域出现这种图形时，具有特别的分析意义。双影线可以分为双影阳线和双影阴线两种。

1. 双影阳线

其形成原理为因股价上下震荡而成，在盘中表现比较复杂，多数情况是股价先向下震荡回落，跌破了开盘价，随后又被买盘拉起，从而形成了下影线，直到上升到一个最高点后回落，股价收在次高点位置，从而形成了双影阳线。

2. 双影阴线

其形成原理同样是因股价上下震荡而成，在盘中表现也比较复杂，多数情况是股价先向上震荡盘升，在盘中形成一个高点，随后股价向下滑落从而形成了上影线，直到下滑到一个最低点后企稳回升，股价收在次低点位置，从而形成了双影阴线。

四、十字线

当开盘价与收盘价处于相同价位的时候，K 线图上表现为十字状态，有时也把开

盘价、收盘价相差不大且上下影线较长的K线视为十字。单纯十字反映出市场犹豫不决，多空双方达到暂时平衡，往往预示着股价可能会出现转势，因此称为神奇十字，具体可分为十字星、十字胎、长十字、垂死十字。

1. 十字星

一般有以下两种看法：一是当股价在上升趋势后期出现十字星时，暗示涨势结束；二是当股价在下跌趋势后期出现十字星时，暗示跌势结束。

当股价受到技术形态的压力或支撑时，经常会出现十字星形态。例如，平均线压力、前次波段的套牢区、趋势线压力等技术线型区。以K线与平均线的关系为例，当股价上涨途中，恰逢平均线反压时，股价通常会留下一条上影线，表示上档卖压沉重，此时，十字星是其中常见的一种形态。股价遭遇平均线的压力或支撑，它所产生的十字星信号虽然也会造成股价回档或反弹，但是其幅度与时间都非常短暂，只能看作行情暂时休息，不能将其视为波段的结束。

当股价以跳空的方式越过压力区域后，按道理说，压力应该已经解除了，然而股价却以十字星形态收盘，这种信号让投资者心中感到相当不安，因此，大部分投资者通常会选择在这个价位先卖出股票。孰料这种类型的十字星并非行情终了的信号，反而是股价急涨前的特征。由于震荡行情混沌不明，涨势始终有气无力，直到这类型十字星出现后，行情才展开主升段。因此大家应注意，未来若在涨势的初期遭逢跳空式的十字星，应特别把握其是否将进行主升段上涨。

相反，在股价跌势初期，也可能出现"跳跃"式的十字星，这也非止跌信号，而是急跌阶段的开始。只是这种跳空式的十字星，出现在上涨初期的概率比出现在下跌初期的概率高，而且可靠度也高。

2. 十字胎

十字胎为"身怀六甲"组合的一种变异形态，为重要的转势信号，既可以出现在顶部，也可以出现在底部，不过实盘中出现的较少。

（1）见顶十字胎，表现为在上涨过程中出现的中（大）阳K线，随后突然出现跳空低开并收出阴（阳）十字星，为重要的见顶信号。

（2）见底十字胎，表现为在下跌过程中出现的中（大）阴K线，随后突然出现跳空高开并收出阴（阳）十字星，为重要的见底信号。

需要特别说明的是，"十字胎"与"十字星"有相似之处，其区别在于十字出现的位置不同，十字胎的十字就如孕妇肚子中的婴儿隐藏在前一根K线实体之中。十字胎的转势准确性低于十字星，实盘中需要观察之后出现的K线进行研判。

3. 长十字

长十字是指上下影线特别长的十字星，无明确的定量元素，原则上能碰到前几日的高点或低点就可以认定为长十字星。

在上升中后期，单独出现较长的上下影线时，显示股价已经失去了方向感，往往为见顶回落的信号。

长十字在底部区域出现时见底效果并不显著，股价能否真正见底还需要之后出现的 K 线来配合，因为上涨需要克服地球重力，下跌只要自由落体就行。

4. 垂死十字

顾名思义，垂死十字（倒 T 字）是重要的见顶回落信号，它在股价上升中后期出现，其可靠性相当高。其特点为开盘价与收盘价不但处于同一水平，并且近似于全日的最低价，也就是说有长上影线而无下影线类似于墓碑状，阴气逼人。"射击之星"与垂死十字相似，但"射击之星"有一定的实体，垂死十字的实体却为一条直线。

在主力完全控盘的情况下，这种持续的十字线已失去了 K 线正常研判的意义，因为主力可随心所欲地操纵股价的变动。

五、同价线

严格意义上的同价线是指 K 线中的开盘价、收盘价、最高价、最低价这四个价位相同（或接近）的 K 线，也就是专指一字线。实际中的习惯叫法，泛指在同一根 K 线中有三个以上的价位处于同一价位（或接近）的 K 线叫同价线，包括 T 字线和⊥字线。

1. 一字线

在涨、跌停板制度下，一字线有重大意义。在上涨趋势中出现的一字线，表示股价封在涨停板价上，说明此时多方力量强大，日后股价往往会成为强势股。如果该股连续出现多个上涨一字线，从避免短期风险出发，则不宜继续追涨。

在下趋势中出现的一字线，表示股价封杀在跌停价位上，说明此时空头力量极其强大，日后此股往往会成为弱势股。

通常在跌势中出现一字线后，股价继续下跌的可能性很大，但要注意如果该股已经连续出现几个下跌一字线，就不宜再继续杀跌，可在股价反弹时再出局。

2. T 字线

其形态特征为开盘价、收盘价、最高价相同，K 线中只有下影线；即使有上影线，也是很短的，可以忽略。T 字线转势信号强弱与下影线成正比，下影越长，则信号越强。

3. ⊥字线

其形态特征为开盘价、收盘价、最低价相同，K线中只有上影线；即使有下影线，也是很短的，可以忽略。⊥字线转势信号强弱与上影线成正比，上影越长，则信号越强。

第四节　K线的基本含义

K线所包含的信息是极为丰富的，蕴含着丰富的东方哲学思想。K线"阴阳"变化繁多，阴线与阳线包含着许多大小不同的变化，其分析意义有必要进行特别提示。在分析K线意义之前，应当知道每一根K线所蕴含的内容。如图1-7所示。

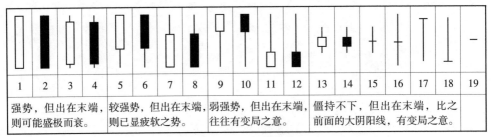

1	2	3	4	5	6	7	8	9	10	11	12	13	14	15	16	17	18	19
强势，但出在末端，则可能盛极而衰。				较强势，但出在末端，则已显疲软之势。				弱强势，但出在末端，往往有变局之意。				僵持不下，但出在末端，比之前面的大阴阳线，有变局之意。						

图1-7　K线的基本含义

（1）光头光脚阳线：极端强势上涨，后市看多。

（2）光头光脚阴线：极端强势下跌，后市看空。

（3）大阳线：强势上涨，后市看多。

（4）大阴线：强势下跌，后市看空。

——如果影线较短，（1）和（3）或（2）和（4）没有什么太大的区别。

（5）光头阳线：较强势上涨，影线代表空方开始反击了，需要注意。

（6）光头阴线：较强势下跌，影线代表多方开始反击了，需要注意。

（7）光脚阳线：较强势上涨，影线代表遇到空方反击了，需要注意。

（8）光脚阴线：较强势下跌，影线代表遇到多方反击了，需要注意。

——这4类K线都说明对方曾经反击过，尽管失败了，但要注意：反击开始了。

（9）和（10）出现在连续上涨的顶部，为上吊线，表示曾遇到过剧烈反击，后市有变；出现在连续下跌的底部，为锤子线，表示曾遇到过剧烈反击，后市有变。

（11）和（12）出现在连续上涨的顶部，为流星线，相比过去，摸高受阻，后市有

变；出现在连续下跌的底部，为倒锤子线，相比过去，曾经大涨，后市有变。

——这4类K线都有较长的影线，出现在连续运动后，说明对手剧烈反击过，后市有变。

（13）、（14）和（15）小阳线、小阴线、十字线：一般不能确定后市，但在连续上涨后出现，说明涨势停顿，后市有变；在连续下跌后出现，说明跌势停顿，后市有变。

（16）长十字线：和十字线的意义一样，但疲软的性质和僵持的意义更强烈。

（17）出现在连续上涨的顶部，为风筝线，相比过去，曾遇到过剧烈反击，后市有变；出现在连续下跌的底部，为多胜线，相比过去，曾遇到过剧烈反击，后市有变。

（18）出现在连续上涨的顶部，为灵位线，相比过去，摸高受阻，后市有变；出现在连续下跌的底部，为空胜线，相比过去，曾遇到过剧烈反击，后市有变。

——这6类K线都是星形态，说明多、空双方僵持不下，失去了方向感，但在连续涨、跌势的末端，则往往意味着情况不妙了。

（19）一字线：开盘价、收盘价、最高价、最低价在同一价位，常出现于股市中的涨（跌）停板处，或在分钟图里交易冷清的产品中。

每一种形态的阴阳线都有特定的名称，并代表当天出现的交易情况。单根阴阳线研判是K线技术分析的基础，一般来说，可以从K线的形态中判断出交易时间内的多、空力量强弱情况。

第五节　K线力度分析

一、K线分析方法

1. 单日分析法

单日分析法主要是通过单根K线的形态进行分析判断，具体通过K线颜色、实体大小、影线长短、K线形状，以及股价所处的位置、阶段、势道等因素进行分析研判，以此确定K线的力度大小和未来运行趋势。

（1）单日K线多空力量对比分析原理。如图1-8所示。

实体：阳线实体代表多方力量，实体越长，表明多方力量越强；阴线实体代表空方力量，实体越长，表明空方力量越强。

影线：下影线越长，表明多方反击的力量越强；上影线越长，表明空方反击的力量越强。

相关：实体与影线长度的相关关系，影线越长，实体越短，其影线作用越大；影线越短，实体越长，其实体作用越大。

总结：一看K线阴阳性质，二看实体长短，三看影线部分。

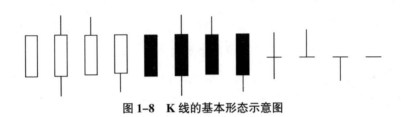

图1-8　K线的基本形态示意图

（2）单日K线多空力量分析。一般来说，可以从K线的形态分析交易时间内的多、空力度强弱。所谓看"多"，就是看"涨"的意思；所谓看"空"，就是看"跌"的意思。

2. 多日分析法

单根K线只能反映当天股票的交易情况，并不能说明市场的趋势和方向，而且庄家经常利用开盘价或收盘价做骗线，以达到自己的目的。但是庄家不可能天天做盘，因此可以运用双日、三日或多日K线的组合，来分析市场所蕴含的重要趋势。

双日K线组合分析就是将前后两根K线组合在一起，根据其开盘价、收盘价、最高价、最低价进行分析研判，具体分析方法参考前文关于双日K线力度和区域K线力度的讲述，不再赘述。

三日或多日K线组合分析就是根据多根K线的排列情况进行分析研判，重点在于形态结构方面。比较重要的三日K线组合形态有早晨之星、黄昏之星、红三兵、黑三鸦、两阳夹一阴、两阴夹一阳等，比较重要的多日K线组合形态有上升三法、下降三法等。

应用K线分析时应注意，无论是一根K线，还是两根、三根以至多根K线，都是对多空双方的争斗做出一个描述，由它们的组合得到的结论都是相对的，不是绝对的，对实盘买卖操作而言，结论只是一种参考作用。有时在应用时，会发现运用不同种类的组合得到了不同的结论，有时得出某一个结论时，次日股价可能出现与事实相反的结果。这个时候的一个重要原则，就是尽量使用多根K线组合的结论，将新的K线加进来重新进行分析判断。一般说来，多根K线组合所得到的结果不太容易与事实相反。

二、K 线大小力度

K 线的阴阳性质，决定趋势方向。阳线代表继续上涨，阴线代表继续下跌。

K 线的实体大小代表内在动力，实体越大，上涨或下跌的趋势越明显，反之趋势则不强。阳线实体越大，说明上涨动力越足；阴线实体越大，说明下跌动力越大。

在实盘中，对于实体 K 线的大小划分，没有具体的统一标准尺度，通常与市场的气氛、盘子的大小和长期的股性有关，且大盘和个股也有别，划分时也带有个人主观思想，因此在实盘时应灵活掌握。它们的一般波动范围如下。

（1）大阴线或大阳线的实体范围在 4% 以上，表示多空一边倒，但要注意物极必反，经常出现在大涨或大跌的尾端。

（2）中阴线或中阳线的实体范围为 2%~4%，表示趋势已经形成，宜顺势操作。

（3）小阴线或小阳线的实体范围为 0.5%~2%，出现在趋势开始或结束阶段，可积极关注。

（4）极阴线（小阴星）和极阳线（小阳星）的波动范围在 0.5 以下，表示多空双方力量均衡，趋势方向不明。

（5）K 线实体大小代表优势强弱，如果市场中长期以来其他 K 线都比较短小，那么 K 线实体的长短标准也适当降低。另外，判断大盘和个股的 K 线标准也不一样，如上证指数的涨跌幅大多在 ±1% 范围内，若超过 ±2% 的涨跌幅时，就可以看成是大阳线或大阴线。在目前中国股市实行的涨、跌停板制度下，个股单日 K 线实体最大可达到股价的 20%，即从跌停板（涨停板）开盘，到涨停板（跌停板）收盘，但由于受部分日涨跌幅 5% 的 ST 类股影响，所以大盘不可能出现 20% 的实体 K 线。

三、单日 K 线力度

K 线是一种特殊的市场语言，不同的形态有不同的含义。K 线图有简易直观、立体感强、携带信息量大的特点，蕴含着丰富的东方哲学思想，能充分显示股价趋势的强弱、买卖双方力量平衡的变化，预测后市走向较为准确，是极其重要的证券技术分析手段。单日 K 线的技术分析要点为阴阳性质、实体大小、影线长短，如图 1-9 所示。

经过多空双方的搏斗，不仅表现在是否收阳、收阴上，也反映在上影线有多长和下影线有多长上。K 线的影线代表转折信号，上影线长，则抛压较重；下影线长，则承接力强。向一个方向的影线越长，越不利于股价向这个方向变动。即上影线越长，越不利于股价上涨；下影线越长，越不利于股价下跌。

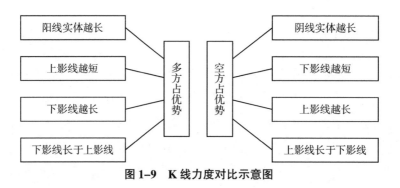

图1-9　K线力度对比示意图

上影线和下影线的特征和提示：

（1）在K线实体大小一样的情况下，下影线越长，下档支撑力度越强；上影线越短，上档阻力越小。

（2）在K线实体大小一样的情况下，上影线越长，上档压力力度越强；下影线越短，下档支撑越弱。

（3）影线和实体的关系为实体越长，影线越短，越有利于股价向单边发展；实体越短，影线越长，越有利于股价向实体方向运行。

四、双日K线力度

顾名思义，就是将两根K线组合在一起进行分析，通过两根K线的开盘价、收盘价、最高价和最低价，以及盘中的波动情况，判断股价上涨或下跌的力度。

在讲述这个问题之前，应先对K线进行分解或解剖，常见的有三等分法和五等分法。如图1-10所示。

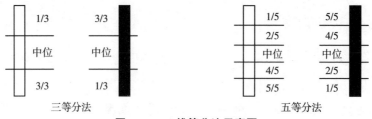

图1-10　K线等分法示意图

1. 三等分法

所谓三等分法是指将一根阳线或阴线平均分割为三等，各等占K线的1/3位置。

若股价在阳线的1/3以上位置，说明市场处在强势之中，后市仍以涨势为主；若股价在阳线的中位，说明市场处在震荡之中，后市可能陷入整理走势；若股价在阳线的

3/3 以下位置（阴包容或接近阴包容），说明市场回归弱势之中，后市有下跌要求。

同样，若股价在阴线的 1/3 以下位置，说明市场处在弱势之中，后市仍以跌势为主；若股价在阴线的中位，说明市场有企稳要求，后市有回升可能；若股价在阴线的 3/3 以上位置（阳包容或接近阳包容），说明市场回归强势之中，后市有上涨要求。

2. 五等分法

所谓五等分法是指将一根阳线或阴线平均分割为五等，各等占 K 线的 1/5 位置。

若股价在阳线的 1/5 以上位置，说明市场处于超强势之中，股价涨势强烈；若股价在阳线的 2/5 位置，说明市场处于强势之中，后市以涨势为主；若股价在阳线的中位，说明市场处在震荡之中，后市可能陷入整理走势；若股价在阳线的 4/5 位置，说明市场转为弱势，股价有下跌可能；若股价处于 5/5 以下位置（阴包容或接近阴包容），说明市场回归弱势之中，后市有下跌要求。

同样，若股价在阴线的 1/5 以下位置，说明市场处于超弱势之中，股价跌势未尽；若股价在阴线的 2/5 位置，说明市场处于弱势之中，后市以弱势为主；若股价在阴线的中位，说明市场有企稳可能，后市有回升希望；若股价在阴线的 4/5 位置，说明市场转为强势，股价有上涨可能；若股价处于 5/5 以上位置（阳包容或接近阳包容），说明市场回归强势之中，后市有上涨要求。

阳线代表强升势，大多次日应高开盘，回折幅度不能超过阳线实体的 1/3；阴线代表强跌势，大多次日低开盘，回抽幅度不能超过阴线实体的 1/3。无论是阴线还是阳线，如果回折幅度超过 1/3 位置，那么原先的 K 线力度就会受到影响，K 线力度大大减弱。

在实盘中，由于五等分法过于细腻，可操作性也不强，因此大多采用三等分法，使用简便，可操作性强。

五、区域 K 线力度

K 线图和 K 线图形态是两个不同的概念。前者泛指单根 K 线的形状和意义，而后者则是指由两根及两根以上的 K 线组合所形成的某种形态，而该形态通过 K 线之间的对比，预示着某种价格的运动轨迹，因而提升到了技术分析的层面。

以最简单的两根 K 线来说，在分析它们力度大小的时候，要考虑两根 K 线的阴阳、高低、上下影线，然后把单根 K 线的意义与前一根 K 线的意义相比较，基本上就可以知晓过去价格发生的由来，以及后一日价格大致的运动空间，从而确定 K 线的力度。如图 1-11 所示。

图 1-11　K 线区域力度分析示意图

从图示中可以看出，无论是两根 K 线还是三根 K 线，都是以两根 K 线的相对位置的高低和阴阳来推测行情的。将前一天的 K 线按形态划分成 6 个区域，第二日的 K 线只会开盘或收盘在前一日 K 线的 6 个区域里。简单地说，第二天多、空双方争斗的区域越高，越有利于上涨，越低，则越有利于下降。也就是说，从区域 1 到区域 6（从上到下）是多方力量减少、空方力量增加的过程。

一般而言，当出现带有影线的 K 线时，它往往说明形势可能有变，这需要第二日来验证。即要看第二日出现的 K 线在什么位置，是根什么形状的线，它是阴线还是阳线。可能的话，这根星线在高位就会变成"黄昏之星"，在低位则会变成"早晨之星"，它们都预示着后市将出现反转。

从前面的表述中可以了解到，对于两根及两根以上的 K 线而言，首先最重要的是它们的相对位置，不同的位置意味着不同的价格区间，其次是它们分别是什么模样，即是带影线还是不带影线，多长或多短等，最后才是它们分别是什么颜色，是阴线还是阳线。千万不要因为是大阴线或大阳线就匆忙下结论。

对于一些两三根线的图形，不妨做些简化或压缩，这样更能直观地了解价格运动的本质，以及 K 线的力度大小。如图 1-12 所示。

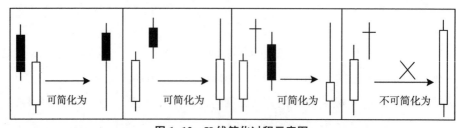

图 1-12　K 线简化过程示意图

简化的步骤是：

（1）取整体形态中第一根K线的开盘价作为简化形态的开盘价。

（2）取整体形态中的最高价作为简化形态的最高价。

（3）取整体形态中的最低价作为简化形态的最低价。

（4）取整体形态中最后一根K线的收盘价作为简化形态的收盘价。

但不是所有的图形组合都能够被简化，如图中最后一个形态就不能简化。简化只是提供一个直观的认识，更好地了解事情的本质。一旦明白原理，也就没有必要做简化了。

六、位置K线力度

位置K线力度包括两个方面：一个是股价开盘位置高低，高开还是低开；一个是股票实际价位高低，高价位还是低价位。

1. 开盘位置高低

股价开盘位置高低实际上也是区域K线力度分析的重要内容，在看盘时首先在开盘时要看集合竞价的股价，看是高开还是低开，也就是说，股价和昨天的收盘价相比价格是高了还是低了。它反映出股票市场的意愿，期待今天的股价是上涨还是下跌。然后在半小时内看股票股价变动的方向。

一般来说，如果股价开得太高，在半小时内K线图就可能会回落，如果股价开得太低，在半小时内就可能会回升。这时要看股票成交量的大小，如果高开又不回落，而且成交量放大，那么这个股票就很可能要上涨。看股价时不仅要看现在的价格，而且要看昨天的收盘价、当日开盘价、当前最高价和最低价、涨跌的幅度等，这样才能看出现在的股价处在一个什么位置，是否有买入的价值。看它是在上升还是在下降之中。一般来说，下降之中的股票不要急于买，而要等股价止跌企稳以后再买。上升之中的股票可以买，但要小心不要追高被套。

一天之内股价往往要有几次升降的波动，可以看所要买的股票是否和大盘的走向一致，如果是的话，那么最好的办法就是盯住大盘，在股价下降到底部时买入，在股价上升到顶点时卖出。这样做虽然不能保证股票买卖完全正确，但至少可以买到一个相对的低价和卖到一个相对的高价，而不会买一个最高价和卖一个最低价。

2. 实际价位高低

股票实际价位高低，高价位还是低价位，可从四个方面进行分析：

（1）区分股价高低。股价高低直接决定了股票的潜力及其未来走势，目前一般把

10元以下的股票归为低价股，把10~30元的股票归为中价股，把30元以上的股票归为高价股。当然，这是个粗略的不精确的界定，不能以此作为衡量股价高低的主要标准。

（2）区分价值的高低。价值决定价格，而作为投机对象的股票，则是价格决定"价值"，股价低才具有投机"价值"，否则就是风险。

（3）区分价位高低。价位高低除了以涨幅来确定外，也可以结合股价来定位，股价过高即使没有被充分炒作过，也可以判断为高位。

（4）区分股票所处阶段。结合股价运行走势，处于建仓、整理阶段还是拉升、出货、下跌阶段，也可以帮助了解股价的高低。

具体还可以从五个方面分析价位的高低：

（1）股价虽然不高，但上涨幅度已很大或定位太高，可能就是高位。

（2）股价虽然较高，但行业成长性较好，后市仍有增长潜力，可以认为是低位。

（3）股价虽然较高，但有庄家特别"关照"的，后市仍有上涨空间，也可以认为是低位。

（4）股价上涨幅度虽然较大，但基本面发生重大变化，目前仍然大大低于未来价格定位的，股价经过充分整理后未来仍有较大上涨空间。

（5）股价虽然跌幅不小，但基本面恶化，目前仍然高于未来价格定位的，股价可能处于下跌途中，下跌空间可能还相当大。

七、分时K线力度

分时走势是多空双方角逐的过程，也是力量大小的具体体现，这里强弱分明，一目了然。有时同样大小的一根K线，但因分时走势不同，其力度大小相差悬殊，因此只能从K线形态之外的分时走势中，获得真实的市场信息。如图1-13所示。

从图1-13中可见，两者的开盘价与收盘价相同，K线的形态也相同，但盘中的变化却截然不同，而价格走势均以同样的阴阳线来表示。在第一个价格走势图中，价格从开盘起一直向上，直至收盘前出现轻微下跌，属于一个利好的信息，对后市的发展极为有利。在第二个价格走势中，其开盘价与第一个价格走势相同，但价格在开盘后不久出现多次反复，及后再上升，最后以相同的价格收盘。这种情况显示了在走势中期出现过多个阻力位，多空双方争斗比较激烈，但K线形态上却无法显示当天分时走势中的这种变化过程。因此，单凭观看阴阳K线形态，投资者并不能知悉潜在的支撑位和阻力位。

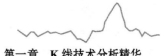

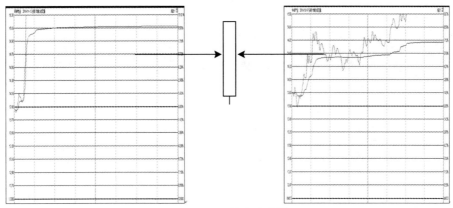

图1-13 K线力度比较

八、量能K线力度

在股市中有"价涨量增，量价配合""股价上涨要有量，下跌无须看量"之说，股票成交量的大小，表示参与买卖操作的人的多寡，它往往对一天之内成交的活跃程度有很大的影响，更重要的是还能反映K线力度的强弱。

股价开盘后，要看股票成交量的大小，如果高开又不回落，而且成交量不大，然后企稳放量上涨，那么这个股票就很可能要上涨。

通过买卖股票手数多少的对比，可以看出是买方的力量大，还是卖方的力量大。如果卖方的力量远远大于买方，则说明股价有回落的可能，此时尽量不要买入。现手说明电脑中刚刚成交的一笔成交量，观察现手的大小变化，也能分析多空力度强弱。如果连续出现大量，说明有多人在买卖该股，成交活跃，值得关注。如果半天也没人成交，则不大可能成为好股。

现手累计数就是总手数，总手数也叫成交量，有时它是比股价更为重要的指标。总手数与流通股数的比，称为换手率，它说明有多少人在当天买入和卖出。换手率高，说明该股买卖的人多，股价容易上涨。但是，如果不是刚上市的新股，却出现特大换手率（超过50%），则常常在第二天就下跌，所以最好不要买入。

第六节　常见K线形态汇总

K线名称	形态属性	形态特征和市场含义
光头光脚大阳线	强烈看涨	最强烈的看涨信号。市场意义：①如果在上升趋势中出现，往往是牛市继续的表现；②如果在下跌趋势后期出现，则是转势信号，即跌势反转，可以跟进做多；③如果在横盘末期出现，表明买方力量渐渐增强，股价向上突破。
大阳线	强烈看涨	上涨趋势，行情看好。市场意义：①若在连续下跌后期出现大阳线，则说明多方发起了进攻，股价可能见底回升；②若在涨势初期出现大阳线，表示有加速上涨的意味；③若在大幅上涨后的高位出现大阳线时，则要小心拉高出货。
光脚大阳线	看涨信号	这类K线表现为强势上涨，上影线代表遇到空方反击，需要注意上方压力。表示上升势头很强，出现在低价区或涨势途中，其看涨意义较强烈，但在高价位置说明多空双方有分歧，购买时应谨慎。
光头大阳线	强势上涨	这类K线表明市场低价惜售，买盘坚决介入，下一个交易日上涨的可能性较高，但不如光头光脚大阳线上涨信号强烈。在低价位区域，股价探底后逐浪走高且成交量同时放大，预示一轮上升行情即将开始。如果出现在上升行情途中，表明后市继续看好。
中阳线	涨势持续	这类K线形态表现为多方占据了优势，并且对空方给予了强大的反击，空方在这种情况下受到的挫折很大。这种K线一般出现在强势中，但如果在股价大幅下跌过程中出现这种K线，也只是暂时性的止跌，股价并不会立即出现反转迹象。
小阳线	持续信号或停顿信号	这类K线实体很小，可带上、下影线或光头光脚，在盘局中出现较多，也可以在上涨和下跌行情中出现。在连续上涨后出现，说明涨势停顿，后市有变；在连续下跌后出现，说明跌势停顿，后市有变。技术意义：说明行情不明朗，多空双方十分谨慎，但多方略占上风。注意：单根小阳线研判意义不大，应结合其他K线形态一起研判。
小星线	转势信号或停顿信号	也叫螺旋线，中间的实体很小，上、下影线很长，可出现在任何阶段。技术意义：①行情不确定，涨跌难判断，走势扑朔迷离。②表示多空双方处于休战或转换阶段，一般与其他K线组成信号更强的K线形态。③在大涨之后，产生滞胀作用；在大跌之后，起到止跌作用。注意：①K线可阴可阳，无实质区别。一般认为，涨势中出现阴线，则比阳线力量要大，在跌势中则相反；②转势信号比十字线更强。

续表

K 线名称	形态属性	形态特征和市场含义
光头光脚大阴线	强烈看跌	极端脆弱的 K 线信号。市场意义：①若出现在大涨之后，表示股价即将回档或下跌；②在下跌途中出现大阴线，表明股价仍有下跌空间；③若出现在较大跌幅之后，暗示做空能量得到释放，物极必反，此时应弃卖而买，逢低吸纳。
大阴线	强烈看跌	下跌趋势，后市看空。市场意义：①若在连续涨势后期出现大阴线，则说明空方开始打压，股价可能见顶下跌；②若在跌势初期或中期出现大阴线，表示将继续下跌；③若在大幅下跌后的低位出现大阴线，则可能是最后的杀跌现象。
光脚大阴线	看跌信号	这类 K 线形态收盘价是全日最低价，表明买方力量已经枯竭，空方力量强大，预示后市仍将下降，但是，在当天交易过程中股价毕竟冲破开盘价创出全天最高价，这比没有上、下影线的光头光脚大阴线的下跌动力要小一些。
光头大阴线	看跌信号	这类 K 线形态当日股价出现先抑后扬走势，以下影线收盘，收盘价已不再创新低，说明下方有一定支撑，股价有回升动力。若出现在涨势途中，表明主力在打压洗盘，后市升势可期；若在跌势途中出现，说明股价下跌过程中遇到多方零星的抵抗而出现小幅反弹，后市仍有下跌动能。
中阴线	跌势持续	这类 K 线形态表现为空方占据了优势，并且对多方发起了强大的打压，多方在这种情况下受到阻力而放弃。这种 K 线一般出现在弱势中，如果在股价大幅上涨过程中出现这种 K 线，也只是暂时性的回档，股价并不一定立即出现反转下跌。
小阴线	持续信号或停顿信号	这类 K 线实体很小，可带上、下影线或光头光脚，在盘局中出现较多，也可以在上涨和下跌行情中出现。在连续上涨后出现，说明涨势停顿，后市有变；在连续下跌后出现，说明跌势停顿，后市有变。技术意义：说明行情不明朗，多空双方十分谨慎，但空方略占上风。注意：单根小阴线研判意义不大，应结合其他 K 线形态一起研判。
锤头线	底部反转	这类 K 线形态出现在连续下跌的低位叫锤头线（高位叫吊颈线），表示股价下跌过程中遇到过烈的反击，下档有较强的支撑，股价有见底回升的可能，一般为见底回升信号。
吊颈线	顶部反转	这类 K 线形态出现在连续上涨的高位叫吊颈线（低位叫锤头线），表示股价上涨过程中遇到了空方的强大抛压，上涨有较强的压力，随时见顶下跌的可能，一般为卖出信号。
倒锤头线	底部反转	出现在连续下跌的低位叫倒锤头线（高位叫流星线），表示股价下跌过程中遇到了强大的支撑，多方开始猛烈反击，随时有触底反弹回升的可能，一般为见底回升信号。
流星线	顶部反转	出现在连续上涨的高位叫流星线（低位叫倒锤头线），表示股价上涨过程中遇到了空方的强大抛压，虽然有过猛烈的上冲动作，但未能坚守高位，随时有见顶下跌的可能，一般为卖出信号。

续表

K线名称	形态属性	形态特征和市场含义
十字线	反转信号	开盘价、收盘价几乎相同,上、下影线较长,既可出现在涨势中,也可出现在跌势中。技术意义:①在涨势末端出现,为见顶信号;②在跌势末端出现,为见底信号;③在涨势过程中出现,为续涨信号;④在跌势过程中出现,为续跌信号。注意:端点位置的变盘信号,无论是出现在高价区还是低价区,都可视为顶部或底部信号,预示将改变原来的趋向。
T字线	反转信号	开盘价、收盘价、最高价几乎相同(全天最高价),下影线较长,无上影线或很短。技术意义:①出现在较大涨幅之后,为见顶信号;②出现在较大跌幅之后,为见底信号;③出现在涨势过程中,为续涨信号;④出现在跌势过程中,为续跌信号。注意:T字线下影线越长,说明力度越大,信号越强。
⊥字线	反转信号	开盘价、收盘价、最低价几乎相同(全天最低价),上影线较长,无下影线或很短。技术意义:表明在空方打压下,多方无力维持在当天高位,股价有下跌之虞。注意:空方打压的力度大小,与其形成的时间长短有关系,即日线与周线形成的倒T字线作用大小是不一样的。通常形成的时间越长,威力就越大。
一字线	极端信号	四价合一K线,常出现于涨、跌停板处,或在交易冷清的分时图中。技术意义:①在涨势初期出现一字线,股价继续上涨的可能性很大。注意:如果已一连出现多个一字线,就不宜继续追涨。②在跌势初期出现一字线,股价继续下跌的可能性很大。注意:如果已一连出现多个一字线,就不宜继续杀跌。
曙光初现	底部反转	底部反转形态,股价经长时间下跌后,空方量能得到较好释放,盘面出现了强烈的转势信号。第二天的大阳线深入到前一根阴线实体的中部以上,早晨的阳光普照大地,一扫阴遁之气,后市将迎来一片艳阳天。阳线穿入阴线的幅度越大,反转信号越强。
待入线	看淡形态	高位看跌,低位看涨,需要验证信号。大阴线之后出现一根小阳线,但收盘价仅回到大阴线的下影线(最低价)附近,留有一个小缺口。说明股价反弹力度较弱,后市仍有承前下跌趋势,故成为整理形态,但在长期下跌后的低位往往具有止跌或看涨意义。
切入线	看淡形态	高位看跌,低位看涨,需要验证信号。在下跌趋势中出现,收盘价仅仅略微高于前一根大阴线实体的收盘价位置,较待入线为好,较曙光初现弱,后市仍有承前下跌趋势,也属于整理形态,但在长期下跌后的低位往往具有止跌或看涨意义。
插入线	看淡形态	高位看跌,低位看涨,需要验证信号。与上面两种形态相似,不同之处在于小阳线已插入到阴线的内部,但幅度不到1/2位置,所以看涨意义始终不及曙光初现形态强烈,故仍属利淡信号,但在长期下跌后的低位往往具有止跌或看涨意义。
乌云盖顶	顶部反转	顶部反转形态,股价大幅上涨后,突然出现的一根大阴线吃掉了前一根阳线实体的一半多,封杀了股价的上涨势头,这意味着市场上升动力已经耗尽,买方策划的最后一波上攻失利,结果被卖方控制局面,形成下跌趋势。

续表

K线名称	形态属性	形态特征和市场含义
旭日东升	底部反转	具有强烈底部反转意义的K线组合，其反转力度大于曙光初现形态。同样出现在下跌趋势的低位，第二天股价跳空高开高走，阳线的收盘价超过前一根阴线的开盘价（高出的部分越多，反击的力度就越强），彻底扭转盘面颓势。
倾盆大雨	顶部反转	顶部强烈反转形态，其反转力度大于乌云盖顶形态。低开、低走、低收的大阴线使多方信心受到极大的打击。所以，在涨势中尤其在股价有了很多涨幅之后出现这种形态时，从规避风险出发，应减磅操作为好。一旦发现在此之后，股价重心出现下移，应坚决抛空离场。
阳包容线	底部反转	阳包容线出现在市场的跌势之中，为重要的下跌转势形态。在两根K线组合中，右边的阳线完全吃掉左边的阴线，第二根阳线的最低价低于第一根阴线的最低价，最高价则高于第一根阴线的最高价。代表空头趋势结束，行情反转向上，是空转多的底部反转信号。
阴包容线	顶部反转	阴包容线形态出现在市场的上升趋势之中，为重要的顶部反转形态。前面的K线是根小阳线，后面的K线是根大阴线，后面的阴线实体吞没了前面的阳线实体。阴包容线的两根K线还原之后是一根带长上影线的阴线、流星线或⊥字线，看跌意义显而易见。
孕育阳线	底部反转	在明显的下跌趋势中，出现一根大阴线会强化利淡的气氛，但第二天股价高开反映下跌力度放缓，有买入盘吸纳，但买入盘仍然谨慎，未见大幅抢高而使股价急升，故收盘时仍在前一日大阴线范围内，形成利多的底部孕育阳线，具有强烈的看涨意义。
孕育阴线	顶部反转	顶部孕育阴线与底部孕育阳线正好相反，在上涨趋势中，大阳线的第二天股价低开反映上涨力度放缓，有卖盘抛售，虽然未见股价大幅下跌，但利淡的顶部信号已初露端倪，因此具有利淡含义。阴孕育线可合并为带长上影线的阳线或流星线。
接吻线	看涨形态	在低位收出一根下跌大阴线，第二天跳空低开高走收出大阳线，其收盘价等于或接近于前一天阴线的收盘价，这就形成了看涨接吻线。虽然当天的股价涨幅不大，但是意味着先前的下降趋势被扭转过来，后市可能迎来一段升势行情，是一个反转见底信号。

K线名称	形态属性	形态特征和市场含义
接吻线	看跌形态	看跌接吻线与看涨接吻线相反,在涨幅较大的高位收出一根上涨阳线,第二天股价大幅跳空高开低走收出阴线,其收盘价等于或接近于前一天阳线的收盘价。接吻线与乌云盖顶相似,但就利淡气势而言,不如乌云盖顶形态强烈。
分手线	看跌形态	顶部反转形态,第一天开盘后向上逐波走高形成大阳线,第二天却跳低在第一天的开盘价位置附近开盘,并向下走低形成大阴线,就成为看跌分手线。说明空方杀跌力度较大,后市股价继续看跌。
分手线	看涨形态	底部反转形态,第一天开盘后向下逐波走低形成大阴线,第二天却跳高在第一天的开盘价位置附近开盘,并向上走高形成大阳线,这就形成了看涨分手线。说明多方反击力度较大,后市股价看高一线。
镊子底	底部反转	次要的底部反转形态,宜进一步确认形态的有效性。两根K线的最低价几乎相同,且形体大小相近,大多呈一阴一阳组合。说明最低价附近有强有力的支撑,不让股价轻易跌破这个价位,所以镊子底是庄家短线拒绝下跌的标志性组合K线,可定义为关键K线。
镊子顶	顶部反转	次要的顶部反转形态,宜进一步确认形态的有效性。两根K线的最高价几乎相同,且形体大小相近,大多呈一阳一阴组合。说明最高价附近压力较大,股价难以逾越,既然庄家刻意不让股价突破这个价位,那么形成顶部的可能性极大。
跌势尽头线	底部反转	次要的底部反转形态,宜进一步确认形态的有效性。在下跌趋势中,在一根长阴线的下影线右方出现了一根K线实体完全涵盖在下影线范围之内的十字线或小阴小阳线,说明下跌动能竭尽,下跌已经到了尽头,股价将要见底回升。
涨势尽头线	顶部反转	次要的顶部反转形态,宜进一步确认形态的有效性。在上升趋势中,在一根长阳线的上影线右方出现了一根K线实体完全涵盖在上影线范围内的十字线或小阴小阳线,说明市场上涨势头已接近尾声,后市股价将要下跌,这时投资者要考虑卖出。

续表

K 线名称	形态属性	形态特征和市场含义
早晨之星	底部反转	强烈的底部反转形态，第一天下跌收出大阴线，第二天初步止跌收出星线，第三天上涨收出大阳线，说明股价扭转下跌趋势。早晨之星形态大多出现在下降趋势的末端，是一个较强烈的趋势反转信号，谨慎的投资者可以结合成交量和其他指标进行分析，得出的结论更准确。通常第二天的阳线越长，后市反转的力度越大。
黄昏之星	顶部反转	"夕阳无限好，只是近黄昏"，强烈的顶部反转形态。第一天先是一根较长的实体阳线，第二天股价跳空高开收出星线，第三天股价小幅低开低走收阴线，其阴线实体部分明显地向下深入到第一根实体阳线之内，显示市场上涨行情即将结束，头部形态构成，因此是一个比较可靠的顶部反转形态。
红三兵	底部反转	强烈的底部反转信号，由三根上涨阳线组成，后一根阳线的开盘价处于前一根阳线实体之内或与前一日阳线的收盘价持平，当日收于最高价或次高价，其上下影线均较短，每根 K 线较上一日价格上涨，三根阳线长度相近，呈梯状向上攀升，其势如同三个坚挺刚强的士兵，给人以可靠的安全感。
黑三鸦	顶部反转	强烈的顶部反转信号，无须确认形态。由三根下跌阴线构成，实体阴线大小相近，呈阶梯状下跌走势，每日的开盘价均在前一日阴线的实体内，但开盘后即下挫形成阴线，收盘价向下跌落，三根阴线有秩序地呈下跌走势。三只乌鸦，不祥之兆，股价上档卖压十分沉重，多方能量渐渐耗尽，是一个普遍看跌的转势信号。
平底形态	底部反转	温和的转势形态，预示后市见底回升，宜进一步确认形态的有效性。形态特征是股价最低点几乎处于相同位置，K 线可阴可阳，也可以出现在任一阶段，但只有出现在下降趋势末期的平底形态，才意味着市场将要进入反转回升走势。
平顶形态	顶部反转	在上升趋势的末期出现平顶形态，表明市场将要进入反转的走势，因此是一个见顶反转信号。通常在高位的平顶形态代表上涨趋势随时都可能会结束，若平顶形态出现在市场趋势的中部，就没有太大的价值，一般不具有反转信号的功能。

续表

K线名称	形态属性	形态特征和市场含义
上涨收敛形态 下跌收敛形态	反转形态	市场意义：这种形态出现后，通常表明主导盘面的一方主力，由于连续的单边市场行为，虽然暂时逼退了对方，但也给自身造成了大量的有生力量消耗，渐渐地削弱了继续攻击的能力，盘面显示强烈要求转攻为守，这就给对方一个喘气反手攻击的绝好机会，一旦对方力量占据盘面优势，就有可能给原来的一方造成毁灭性打击，使局势得到彻底扭转，因此收敛形态是一个次要的反转形态。
上涨扩散形态 下跌扩散形态	反转形态	次要的趋势反转信号，宜进一步确认形态的有效性。特征：由多根K线组成，数量为三五根或六七根K线不等，但至少要在三根K线以上。上涨扩张形态，看跌；下跌扩张形态，看涨。 注意：扩散形态只有出现最后加速上涨阶段或最后压阶段时，才具有反转意义。若出现在市场底部的上涨扩散形态，可能是一个底部反转或上涨持续信号，而不是顶部反转形态；若在头部初跌期出现下跌扩散形态，可能是一个加速下跌信号，而不是底部反转形态。
上升三法	上涨持续形态	上升强势整理，持续形态，后市看涨，无须确认形态。由五根阴阳K线组成，可分解为三个部分：第一部分为上升部分；第二部分为回调部分；第三部分为再上升部分，它是一个维持原来上升趋势的巩固信号。总体而言，上升三法类似上升旗形，因此具有看涨意义。
下降三法	下跌持续形态	下跌弱势调整，持续形态，后市看跌，无须确认形态。由五根阴阳K线组成，可以分解为三个部分：第一部分为下降部分；第二部分为回升部分；第三部分为再次下降部分，它是一个维持原来下跌趋势的加强信号。说明空方控制盘面，继续压低股价，后市看跌。
两阳夹一阴	上涨持续形态	上涨持续形态，无须确认形态。由三根K线组成，即由两根阳线中间夹着一根阴线组成。技术意义：第一根上涨阳线表明多方主动发动行情，掌握了盘面优势，第二根缩量回调小阴线是对前一日突破阳线的确认，第三根阳线说明股价突破经确认有效，开始步入上升通道，多头信号形成。
两阴夹一阳	下跌持续形态	下跌持续形态，无须确认形态。由三根K线组成，即由两根阴线中间夹着一根阳线组成。技术意义：第一根下跌阴线表明空方开始发动行情，掌握了盘面优势，第二根缩量回升小阳线通常是对前一日突破阴线的确认，第三根下跌阴线说明股价突破经确认有效，开始步入下降通道，空头信号形成。

K线名称	形态属性	形态特征和市场含义
看涨并列线	上涨 持续形态	向上跳空并列线，后续向上运行，无须确认形态。由三根K线组成，在上涨趋势中先产生一根大阳线后，出现一个向上跳空缺口，第二天在缺口上方出现一根小K线，第三天出现一根与第二根相近的K线，两根K线在缺口上方并列在一起，说明大盘依然保持强势状态。
看涨并列线	下跌 持续形态	向下跳空并列线，后续向下运行，无须确认形态。无论是何种跳空并列线均具有双重技术含义：一是形态本身具有强烈的技术意义，表明多头或空头气氛很浓；二是两根并列K线是对缺口有效性的验证。若经回抽后，没有填补缺口或虽填补缺口但立即反转运行，说明缺口的有效性，股价仍将继续按原来的趋势运行。

第七节　K线的优点和缺点

K线图具有简单直观、立体感强、信息量大等许多优点，蕴含着丰富的东方哲学思想，能充分显示股价趋势的强弱、买卖双方力量的变化，既可以预测后市股价（或大势）的趋势，同时也可以了解到每日市况的波动情形，是理论和实盘应用较多的技术分析手段。但K线也有其自身的不足之处：

（1）绘制方法十分繁复，是众多走势图中最难制作的一种。

（2）阴线与阳线的变化繁多，对初学者来说，在掌握分析方面会有相当的困难，不及柱线图那样简单易明。

（3）虽然阴阳线可配合传统的技术图表及工具，但也只能显示"开盘、收盘、最高、最低"四个价位。除了透过即日K线图外，投资者难以得悉反映重要支撑位和阻力位的价格内在因素，也就是说所有发生在开盘价和收盘价之间的重要价位均不能在阴阳线上显示，也无法在图表上反映出来。如图1-14所示。

从图1-14可见，两者的开盘价与收盘价相同，但盘中的变化却截然不同，而价格走势均以同样的阴阳线来表示。在第一个价格走势图中，价格从开盘起一直向上，直至收盘前出现轻微下跌，属于一个利好的信息，对后市的发展极为有利。在第二个价格走势中，其开盘价与第一个价格走势相同，但价格在开盘后不久即出现多次反复，及后再上升，最后以相同的价格收盘。这种情况显示了在走势中期出现过多个阻力位，

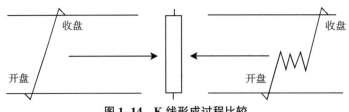

图1-14　K线形成过程比较

多空双方争斗比较激烈，但K线图中却无法显示出来。因此，单凭观看阴阳K线图，投资者并不能知悉潜在的支撑位和阻力位。

（4）K线图简单直观，难以反映市场的其他因素，如成交量、市场消息等，外形相同的两根K线，其背后的成交量肯定有大有小，反映的市场含义也会有所区别。所以，在应用时应配合成交量观察买方和卖方的强弱状况，找出股价的支撑区与压力区。

（5）K线每日的"开盘、收盘、最高、最低"四个价位极易受庄家意图影响，虚假K线图经常出现，给投资者研判带来困难。针对这种情况，投资者可以参考周K线，庄家较难全盘影响一周走势。

第二章 单日 K 线

第一节 大阳线陷阱

一、形态分析精华

1. 形态形成过程

简评：大阳线具有强烈的底部单日反转或强势持续信号，宜进一步确认形态的有效性。

特征：在长期低迷的市场中，往往是累积了一股难以阻挡的做多能量，这股能量一旦喷薄而发，突发迸进的能量呼之欲出，会产生十分惊人的场面，大阳线就属于这种形态。大阳线的收盘价远远高出开盘价许多，具有强烈的看涨意义。

股价开盘后，没有下跌或下跌很少，遇到买方支撑，多空双方在争斗中不断向上攀升，甚至一路狂奔而上，临收盘前股价有所回落或没有回落，在最高价或次高价收盘。

根据大阳线的形成过程，可能出现几种不同形态的大阳线：光头光脚大阳线、带上下影线大阳线、带下影线大阳线、带上影线大阳线、上影线长于下影线的大阳线、下影线长于上影线的大阳线，以及影线长于实体的大阳线、实体长于影线的大阳线等。根据开盘位置的不同，可能会出现高开大阳线和低开大阳线。每种大阳线都有不同的技术含义，但都具有看涨性质。

2. 形态应用法则

（1）收盘价大大高于开盘价，一般涨幅在 5% 以上。

（2）实体部分较长，股价实际涨幅较大。

（3）没有上下影线，或上下影线很短。

（4）一般会伴随着底部放量，放量越明显，信号越强烈。

技术意义：股价经过长期的下跌或充分的调整后，多方累积了大量的做多能量，长长的阳线表明多方发挥了最大的力量，以压倒性优势战胜空方，取得了决定性的胜利，上涨势头迅猛，市场轰动效应十分明显，具有强烈的看涨意义。

3. 形态效力和操作要点

（1）大阳线出现在市场的底部，会产生强烈的冲击力突破某个长期压制股价上涨的阻力位（线），股价将迅速脱离底部区域，此时应及时跟进，甚至追高买入。

（2）股价洗盘调整结束后产生的大阳线，可逢低跟进。横盘整理后出现的大阳线突破将是很好的买点。突破后股价回抽箱体的上边线时，是再次介入的机会。

（3）在低位，大阳线所吞没的日K线数量越多，其上攻力量越大。

（4）带成交量的大阳线，意味着市场上涨能量巨大，看涨意义强烈。没有成交量配合的大阳线，应谨慎看多。

（5）大阳线可能会出现逼空行情，短期涨幅之大，速度之快。

（6）大阳线同时上穿5日、10日、30日三条均线，使短期均线形成多头排列，后市看涨，股价小幅度回抽即可买入。

（7）光头光脚的大阳线其分析意义更大。后市股价上涨的力度与阳线长度成正比。

（8）反弹高点出现的大阳线，应逢高及时离场。

（9）有过一段涨升后形成的大阳线，应谨防阶段性头部。

（10）在几波上涨后的高位出现大阳线，应及时了结。

注意事项：对于大阳线的长短，市场中没有统一的标准，通常大阳线的涨幅在5%以上，中阳线的涨幅为3%~5%，小阳线的涨幅在3%以下。如果市场中长期以来其他阳线都比较短小，大阳线的标准也适当降低。另外，大盘和个股的大阳线标准也有别，如上证指数的涨幅大多在1%左右，若超过2%的涨幅，就可以看成是大阳线。在目前中国股市实行涨停板制度下，个股最大的单日阳线实体可达到股价的20%，即从跌停板开盘，到涨停板收盘。

二、大阳线常见技术陷阱

大阳线的陷阱非常之多，很多追高套牢者就是套在大阳线之中，目前实盘中经常出现的虚假信号或技术陷阱有。

1. 低位大阳线陷阱

股价经过长期的大幅下跌或深幅调整后，在低位出现大阳线，通常预示着空方能

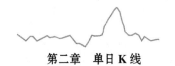
量释放殆尽，多方发起有力攻势，股价见底反转上升，因此具有强烈的看涨意义，是一个难得的买入机会。可是买入股票后，并未出现预期的上涨行情，股价小幅冲高后回落并再现跌势，从而形成底部大阳线买入陷阱。

图 2-1，博济医药（300404）：该股长期处于盘跌状态，不断创出调整新低，2017年12月盘面进入缩量横向震荡整理，似乎股价已经跌不下去了，26日、27日连续出现两根大阳线。单从这两根大阳线观察，具有一定的看涨意义，后市起码应有冲高动作，可以作为短线看涨信号。可是，随后股价并没有出现预期走势，经过短暂的震荡后，股价又转入下跌走势，再次创出调整新低，将在大阳线附近买入的散户全部套牢。

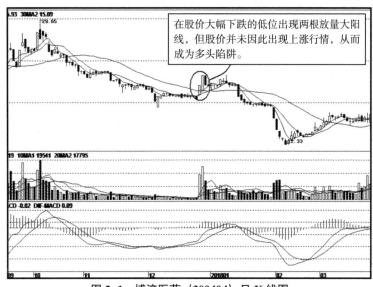

在股价大幅下跌的低位出现两根放量大阳线，但股价并未因此出现上涨行情，从而成为多头陷阱。

图 2-1　博济医药（300404）日 K 线图

该股为什么在底部出现大阳线后股价不涨呢？主要原因：

（1）在大阳线后的几天里股价就低开震荡，没有继续巩固大阳线的成果，即大阳线得不到有效确认。

（2）成交量出现暴增现象，是不正常的盘面反映。

（3）股价受长期的下降趋势线压制，对股价上涨构成极大的阻力，连续两根大阳线并没有形成突破走势。而且30日均线依然处于下行状态之中。

（4）股价受前期低点和成交密集区域的阻力。

因此，这两根大阳线的看涨意义并不强烈，下跌趋势并没有成功扭转，股价上涨尚待时日，仍要有一个筑底过程，但总体离底部已不远。

2. 高位大阳线陷阱

股价经过持续的大幅上涨或反弹行情后，庄家为了达到出货目的而刻意拉高股价收出大阳线，制造多头陷阱，引诱散户入场接单。因此，在高位出现大阳线，反映中、短期涨幅过大，市场过度投机或炒作，股价需要回调整理，预示股价快要见顶，投资者应当逢高卖出，获利了结。

图 2-2，泰禾集团（000732）：该股庄家在低位完成建仓计划后，展开一波大幅快速拉升行情，股价从 16 元附近起步，上涨到了 40 元上方，短期涨幅超过一倍，庄家获利非常丰厚。为了兑现手中获利筹码，2018 年 1 月 23 日庄家在高位收出放量涨停大阳线。从形态上看，这根大阳线多头气势非常强劲，大有再来一波快速拉升的意思，从而吸引不少散户接单入场。可是，该股偏偏不给散户获利机会，次日股价小幅冲高回落，从此盘面渐渐走弱，股价进入中期调整。此时，散户才恍然大悟，原来这根大阳线是典型的庄家诱多出货行为。

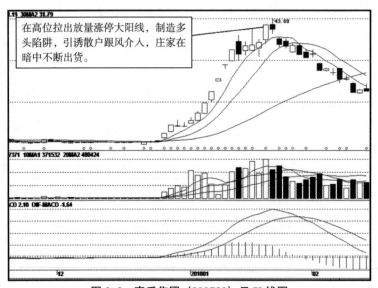

图 2-2　泰禾集团（000732）日 K 线图

判断这根大阳线的关键就在于股价位置，当时股价处于快速上涨后的高位，这时就要意识到每次上涨都有可能是诱多行为，或者是多头涨后余波所致。在大阳线出现的前几天，已经出现放量滞胀现象，说明庄家有暗中出货嫌疑。而且，在 1 月 19 日大幅冲高回落，在高位收出流星线，这也是一个见顶信号。

综合盘面多种现象，这根涨停大阳线是庄家诱多行为，落实到具体操作上，只能逢高出逃，即使当日没能退出，随后盘面出现疲软时也应该逃跑离场。因此，分析大阳

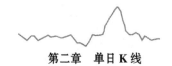

线出现的背景是最关键的，大家切不可掉进庄家设置的诱多陷阱之中。

3. 主升浪后的大阳线陷阱

经过成功的大幅炒作后，股价完成了主升浪上涨行情，此后庄家为了达到出货目的，还要将股价维持在较高价位，不时地拉出大阳线，以期引起投资者的关注和参与，庄家不断地在暗中出货。因此，主升浪之后出现的大阳线，往往是庄家制造的多头陷阱，投资者应谨慎对待。

图 2-3，贵州燃气（600903）：该股上市后就被主力大幅炒作，从上市首日计算股价涨幅超过 15 倍。这时主力的首要任务就是出货，但对于大幅炒作后的个股，主力出货并非易事，因此就要讲究出货章法，而运用大阳线诱多出货是见多不怪的手法。该股分别于 2018 年 3 月 20 日、26 日和 4 月 3 日在高位收出涨停大阳线，保持盘面相对活跃状态，形成新一轮上攻态势，这时有的投资者以为新一轮上涨行情又开始了，因而纷纷跟风介入。谁知，这是一个多头陷阱，随后股价出现走弱，重心渐渐下移，高位买入的投资者全线被套。

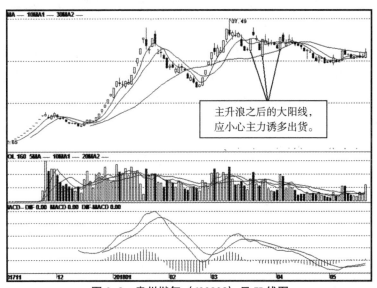

图 2-3 贵州燃气（600903）日 K 线图

从该股日 K 线图分析，高位出现的这几根大阳线明显是一个多头陷阱：

（1）股价已经完成了主升浪炒作，后市即使上涨也是涨后余波行情，上涨空间十分有限，介入风险极大。

（2）大阳线之后股价都没有持续走高，且很快收回大阳线的全部涨幅，虚假性更大。

（3）成交量渐渐萎缩，说明跟风者已经不多。

（4）盘口呈收敛形组合，震荡幅度一天比一天小，K 线的长度一天比一天短小，显示上方压力日趋增大。

（5）MACD、RSI、KDJ、WR 等多项技术指标呈现顶背离或钝化状态，不支持股价进一步走高。

因此投资者在实盘操作中，遇到经过主升浪炒作之后的个股，无论出现多么诱人的看涨信号，也不要轻易介入，以免落入庄家设置的陷阱之中。夕阳余晖，虽然美丽，但已是落幕前的残波。

4. 一字形或 T 字形后的大阳线陷阱

庄家完成建仓并成功构筑底部后，进入快速拉升行情，常常连续以 "一" 字形或 "T" 字形拉高股价，这种走势短期内堆积了大量的获利筹码，一旦打开涨停板后，可能会引发巨大的抛盘出现。但庄家竭尽全力进行护盘，并希望投资者积极参与，因而在高位筑巢引凤，继续拉出大阳线，那些 "初生牛犊不怕虎" 的投资者纷纷介入后，股价却很快反转下跌，从而形成高位大阳线陷阱。

图 2-4，永和智控（002795）：庄家在底部震荡过程中吸纳了大量的低价筹码后，2018 年 5 月出现一波快速拉升行情，股价连续出现多个 "一" 字形或 "T" 字形上涨形态，短期涨幅非常惊人。这时庄家将股价维持在高位震荡，从而在暗中派发筹码，为了吸引投资者积极参与，5 月 18 日和 21 日再次在高位拉出两根放量涨停大阳线。这时有的投资者以为股价调整结束，新一轮上涨行情即将开始，因此忽略风险而贸然追高介入，可是第三天股价低开后，冲高回落，随后股价渐渐震荡走低，如果逃跑不及时，

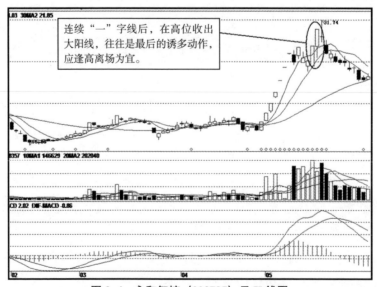

图 2-4　永和智控（002795）日 K 线图

则落入高位大阳线陷阱之中。

　　图 2-5，华贸物流（603128）：该股有实力强大的庄家入驻其中，经过一年多的震荡筑底后，股价出现一波"井喷"式行情，股价连续以"一"字形或"T"字形跳空涨停，短期涨幅非常惊人。当股价打开涨停板后，抛盘迅速加大，但庄家顶住一切压力，使股价维持在高位，并在高位拉出大阳线，以吸引投资者参与。此时，有的投资者以为股价后市还会上涨，在暴富心理的驱使下跟风而入，结果套牢在高位。在这样的高位，风险不言而喻，投资者应避而远之。

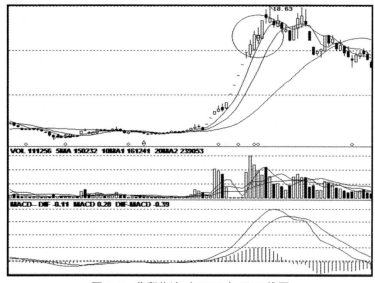

图 2-5　华贸物流（603128）日 K 线图

　　由上述两个实例可知，连续"一"字形或"T"字形之后出现的大阳线风险非常之高，投资者切莫受暴利思想的驱使，而贸然介入。其实，这里的风险非常直观，无须用太多的精力去分析研究，就能一目了然，倘若落入这样的陷阱之中，实属炒股之大悲矣。当然，要掌握一个量度问题，通常以连续三个以上"一"字形或"T"字形为风险区，五个以上为高风险警戒区，对于三个以下的"一"字形或"T"字形，可以用常规方法进行分析研判。

　　5. 短期暴涨后的大阳线陷阱

　　股价经过短期的暴炒后，多方能量损耗过大，需要回调蓄势，这时往往形成阶段性头部，此时在高位出现的大阳线，容易成为多头陷阱，投资者应谨慎对待。

　　图 2-6，奥联电子（300585）：股价成功构筑底部后，2017 年 9 月 29 日开始股价连拉 5 个涨停，短期庄家获利丰厚。但庄家为了吸引散户的积极追捧，经过短暂的调

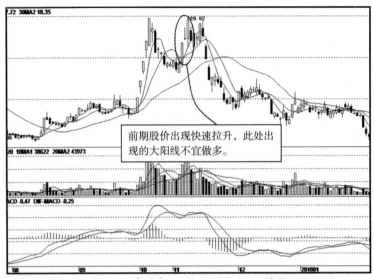

前期股价出现快速拉升，此处出现的大阳线不宜做多。

图2-6　奥联电子（300585）日K线图

整后，11月6日、8日再次拉出两根大阳线，形成新一轮上攻之势。此时有的散户以为新一轮上涨行情开始，纷纷跟风买入，结果被套其中。

那么，这样的大阳线有什么技术意义呢？投资者应如何操作？

（1）由于短期涨幅过大，拉升过急，多方需要回调蓄势，因而容易形成阶段性头部。而且也是主升浪之后的涨后余波行情，短期上涨空间非常小，介入风险大。

（2）短期股价远离移动平均线，造成乖离率偏大，根据葛氏移动平均线八大法则，股价有回归移动平均线附近的要求。

（3）RSI、KDJ、DMI、WR等多顶技术指标出现钝化或顶背离现象，不支持股价继续走高。

因此，投资者遇到短期暴涨的个股时，不要轻易介入，以免落入庄家设置的陷阱之中。在认识判断上，也可以从量度上进行把握，一般连续五个以上涨停板或短期持续涨幅超过60%时，应视为高风险区，无论该股后市潜力有多大，这时股价离阶段性头部已经不远了，对于三个以下涨停板或涨幅在30%以下的个股，可以用常规方法进行分析研判。

6. 最后冲刺中的大阳线陷阱

股价上涨过程如同"飞行理论"，也是进入跑道、开始滑行、离开地面、加速爬高、高空飞行等几个过程。庄家完成建仓后，股价慢慢脱离底部，然后底部缓缓抬高，上涨步伐渐渐加快，最后达到加速爬高。在整个上涨过程中，速度越来越快，角度越来越陡峭，呈圆弧形上涨，成交量也明显放大。"加速爬高"是上涨过程中最凶猛、最

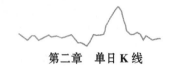

疯狂的阶段，也是最引人注目的过程，更是风险聚集的阶段。因此，投资者在这阶段里一定要沉得住气，一旦在这阶段被套牢的话，无异于瓮中之鳖，短期内难以脱身。

图 2-7，片仔癀（600436）：该股庄家完成筑底后，股价渐渐步入上升通道，成交量开始温和放大，均线系统呈多头排列，股价缓缓向上盘升。经过边拉、边洗、边整后，股价上涨步伐渐渐加快，上涨速度明显加快，角度也越来越陡峭，整个上升过程呈圆弧形，最后出现疯狂走势。2018 年 5 月 28 日，拉出冲刺大阳线，盘面走势十分凌厉，形态非常诱人，有的投资者就因此跟风介入。可是，第二天股价以跌停收盘，此后进入调整走势，结果遭受高位套牢之苦。

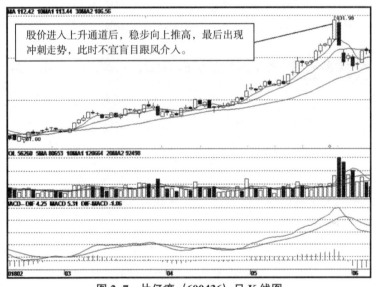

图 2-7　片仔癀（600436）日 K 线图

在实盘操作中，投资者遇到最后冲刺中的大阳线时，哪怕错过一段上涨行情，也不要贸然介入，因为这里累积了大量的风险。股谚说"股市在沸腾中死亡"，说的就是这种情况。在认识判断上，可以从上涨角度上进行把握，一般上涨角度在 45 度左右比较理想，提速到 45~70 度则属于快速上涨阶段，加速到 70 度以上则属于最后的疯狂飙升阶段，股价很快面临回调，这时明智的做法就是回避风险，保持场外观望乃为上策。

7. 阻力位之前的大阳线陷阱

当股价上涨遇到一个重要的阻力位（线）时，庄家可能会故意拉出一根大阳线，形成迫不及待的突破之势，等待散户追高跟进，随后股价回落调整，散户被套其中，从而形成阻力位（线）之前的大阳线陷阱。

图 2-8，冀凯股份（002691）：股价反弹结束后形成横向震荡整理，2017 年 11 月 7

日拉出一根放量涨停大阳线，股价距离前高压力仅一步之遥，可以说主力不费吹灰之力次日即可突破前高压力，刷出反弹新高几乎没有太大的悬念，因此有的散户就提前买入，谁知这是一个多头陷阱，此后股价重心渐渐下移。

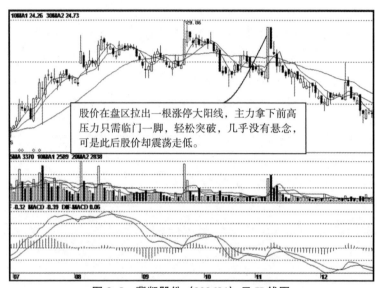

股价在盘区拉出一根涨停大阳线，主力拿下前高压力只需临门一脚，轻松突破，几乎没有悬念，可是此后股价却震荡走低。

图 2-8　冀凯股份（002691）日 K 线图

从该股日 K 线图中可以看出，股价上涨遇到很大的压力，一方面来自盘区本身的制约，另一方面遇到前高的阻力。从形态上看呈现箱体结构，并没有构成有效突破。有效突破的条件一般有三个：一是突破幅度要大于 3%，二是股价在突破位置之上要站稳 3 天以上，三是要有成交量的积极配合。该股显然没有达到这些条件，因此在突破之前出现的大阳线不能作为买入信号的依据，否则容易造成操作失误。

在实盘操作中，当股价上涨遇到重要阻力时，庄家常常用大阳线去试探该位置的压力大小，然后再调整坐庄方式。如果上方压力不大，股价可能会直接上涨，但庄家很狡猾，有时在盘面上也佯装压力重重，散户看到这种盘面时以为股价难以突破该阻力区而纷纷抛空筹码，不久庄家拉动股价快速上涨，使散户踏空；如果上方压力较重，庄家一般不会贸然挺进，就要尽力消化上方压力后，伺机再行挑战。因此，在阻力位之前出现的大阳线，存在许多变数，不要认为出现大阳线就会向上突破，而贸然介入遭受套牢之苦，其实阻力位（线）之前的大阳线，倒是一次逢高退出观望的机会。

投资者遇到这类个股时，可以观察以下两方面的盘面细节：

（1）当天开盘后快速冲击阻力位（线），且上冲时主要是依靠对倒单拉上去的，在分时图上呈现直线上升。当股价到达阻力位（线）附近时，盘中出现了大量的抛盘直

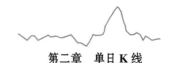

接把股价打压下去，而在股价回落之后多方无力反击。当天成交量大部分是在股价回落过程中产生的，而在股价下探之后的回升过程中买盘却很稀少，股价在分时走势上的走势很不畅通，出现缓慢震荡回升的现象，这种现象说明上方压力明显。

（2）如果股价运行到阻力位（线）附近时，股价先主动出现回落，但在回落到一定程度时，盘中的买盘不断涌现把股价拉起，到收盘时收出一根比较长的下影线，当天成交量大部分是在回升过程中产生的。而且在股价下探回升之后逐步向上冲阻力位（线），此时在分时走势图上呈现出稳扎稳打的攀升，当攀升到一定程度之后遇到了阻力而回落。但回落的幅度并不是很大，回落过程中成交量也出现萎缩现象，到收盘时收出一根上影线，但这根上影线并不是很长。出现这种走势时，如果第二天股价能够继续走强的话，那么后市股价突破阻力位（线），继续向上攀升的可能性相当大。

8. 向下突破之后回抽的大阳线陷阱

股价向下突破某一个重要技术位置后，往往会出现向上回抽动作，回抽是确认股价突破有效的一种盘面波动形态，也是一种反趋势的短暂现象，回抽结束后股价将重归下跌之路，因此在回抽过程中出现的大阳线没有持续性，投资者不要上当受骗。但庄家为了欺骗散户，在股价破位之后故意拉出一根大阳线，形成股价企稳回升迹象，从而形成大阳线陷阱。

图 2-9，南风股份（300004）：该股在下跌过程中股价逐波走低，经过一波弱势反弹后再次向下滑落，股价重新回到 30 日均线之下。2017 年 4 月 21 日，收出一根涨停大阳线，对股价跌破 30 日均线进行回抽确认。可是，第二天收出一根中阴线，对上涨

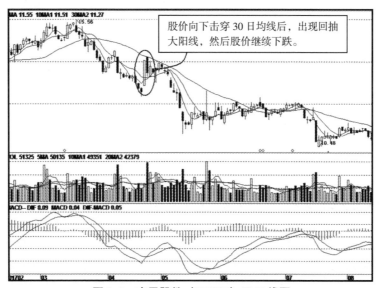

图 2-9　南风股份（300004）日 K 线图

气势造成很大的破坏，表明股价突破30日均线有效，后市仍有一段下跌空间。如果投资者将这根大阳线误读为企稳回升信号而加入到多头行列的话，那么正好落入庄家设置的多头陷阱之中。

那么，如何解读这根大阳线呢？投资者应如何操作？

（1）股价向下突破30日均线后，30日均线由支撑变为压力，大阳线受制于30日均线和前期整理平台的压力，很难重新返回到该区域之上。

（2）次日的中阴线说明股价跌破30日均线有效，回抽确认成功，股价难以走强，并将再次下探。

（3）市场长期处于弱势格局之中，股价易跌难涨。

在实盘操作中，通常成为股价突破的技术位置，如移动平均线、趋势线（通道线）、技术形态、整数点位、黄金分割位或成交密集区域等，这些都是非常敏感的位置，股价突破后大多会出现回抽动作。因此，投资者遇到这类个股时，千万不要被大阳线所骗，应先以回抽动作对待为好，等待股价真正转势之后介入也不晚。

9. 常态盘整中的大阳线陷阱

股价经过一轮上涨或下跌行情后，庄家为了达到出货或建仓的目的，在高位或低位形成震荡走势，在盘整过程中经常出现大阳线。那么这时出现的大阳线是否就意味着行情向好呢？

图2-10，烽火通信（600498）：该股反弹结束后，股价再度回落整理，长时间出现盘整走势。在盘整过程中，2018年4月20日、24日和5月21日、22日分别拉出大阳

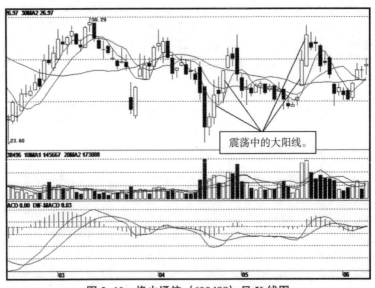

图2-10 烽火通信（600498）日K线图

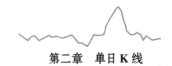

线，但大阳线之后股价均未出现持续上涨走势，追涨介入的投资者短期很难赚钱。

那么，如何解读这些大阳线的技术含义呢？

在研究判断大阳线时，应结合以下四种市场因素综合分析：一是庄家拉高建仓，给散户小恩小惠，诱使散户出局；二是庄家吸足筹码后，吸引散户协助拉抬；三是受消息刺激所致；四是市场本身的自然波动。仅就该股而言，庄家还在建仓过程中，通过上下震荡获取散户手中的筹码，短期难以形成突破走势，所以这阶段出现的大阳线，没有标志性意义。

10. 高位震荡中的大阳线陷阱

股价经过大幅上涨后，处于高价区域，此时庄家的任务就是出货。庄家为了使自己的筹码能够卖个好价钱，就着力将股价维持在高位震荡，不时地出现一根根大阳线，给投资者造成蓄势待发的假象，有的散户经不住大阳线的诱惑而介入，不料庄家一反常态将股价打压而下跌了，这就形成了高位震荡中的大阳线陷阱。

图 2-11，四川双马（000935）：该股经过三波暴涨行情后，短期涨幅十分巨大，庄家获利非常丰厚，因此兑现筹码是庄家的当务之急。所以庄家竭力将股价维持在高位震荡，通过高位大阳线维持市场人气，以达到尽可能在高位出货，分别于 2016 年 11 月 23 日，12 月 6 日、16 日在高位拉出大阳线，以吸引散户跟风介入。但结果都没有出现持续的上涨行情，股价继续维持盘局走势，在大阳线当天介入者，别说赚钱，不被套牢已经万幸了。所以，在高位震荡过程中出现的大阳线，只供观赏，不做买入依据，投资者应从中得到一些启示。该股在 9 月 12 日、13 日收出的两根大阳线，属于

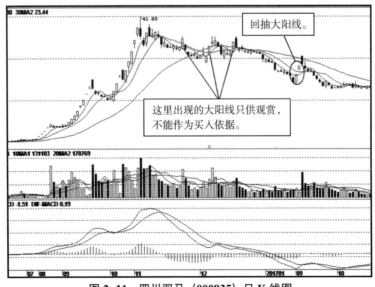

图 2-11　四川双马（000935）日 K 线图

30日均线跌破的回抽大阳线,研判法则前文已述。

　　其实,该股的这几根大阳线均存在一些技术缺陷,11月23日的大阳线产生后,被第二天的一根大阴线覆盖,多头气势一扫而光。12月6日的大阳线产生时,次日股价放量不涨,有主力逢高出货嫌疑。12月16日的这根大阳线形成后,次日股价高开低走,构成乌云盖顶形态,此时的30日均线渐渐下行。由此可见,股价上涨不能得以持续,这些大阳线均成为短期庄家出货的技术陷阱。

　　投资者遇到高位震荡大阳线时,可以暂时放弃对后市行情是否继续走高的猜测,仅短线盘整就是一段难熬的日子,因而选择观望为好。

　　11. 大阳线假突破陷阱

　　股价在长期的运行过程中,可能会形成某一个有意义的位置,如一个整数点位、一个整理形态、一条趋势线、一个成交密集区域或一个时间之窗等,大阳线成功向上跨越或脱离这些重要位置时,说明股价蓄势整理结束,将要展开升势行情,可以积极做多。可是,这个信号有时是庄家为了达到坐庄意图而刻意制造的技术图形,经常在这些位置制造假突破大阳线,形成股价突破的假象,从而成为大阳线突破陷阱。

　　图2-12,沙河股份(000014):该股反弹结束后回落,在前期低点(观察压缩图)附近形成一个盘区,成交量大幅萎缩,似乎股价已经没有太大的跌幅。2017年9月8日,一根放量大阳线拔地而起,脱离了底部盘区的约束,显示股价已经成功构筑底部,给人以无限的想象空间,因而也吸引了不少人跟风入场。但是,股价大大出乎散户意料,次日开始股价震荡走弱,重心不断下移,最后出现加速杀跌,将买入者套牢其中。

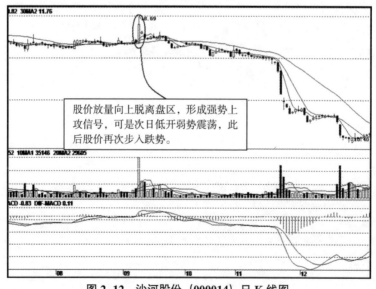

股价放量向上脱离盘区,形成强势上攻信号,可是次日低开弱势震荡,此后股价再次步入跌势。

图2-12　沙河股份(000014)日K线图

从该股图表分析，大阳线存在以下技术疑问：

（1）成交量在当天放出大量后，次日开始立即缩量，不能维持放大态势，表明做多力量不足。

（2）大阳线没有得到有效验证，次日股价低开弱势震荡，当天连起码的冲高翻红的动作都没有，显示上攻力量极弱。

（3）股价很快回落到大阳线的开盘下方，收回了大阳线的全部涨幅，且重心继续下行。其实此时大阳线假突破信号已经非常明了，大阳线突破是一个多头陷阱，投资者应尽快逢高止损离场。

12. 单根放量的大阳线陷阱

在长期的实践中，"放量上涨"或"放量突破"已经成为不少投资者的操盘经验，因此庄家就顺应大众心理进行做盘。为了吸引更多的散户，特意制造剧烈放大的成交量，在日 K 线图上形成天量柱状线，让散户产生许多幻想，结果股价没涨，成为放量大阳线陷阱。

图 2-13，渤海活塞（600960）：股价企稳后维持盘局态势，2017 年 9 月 12 日向上突破盘局，收出一根涨幅超过 7 个点的大阳线，当天出现巨大的成交量，形成放量向上突破之势。这根大阳线吸引不少散户跟风入场，可是第二天成交量难以为继，就立即萎缩下来，股价没有朝突破的方向继续上攻，经过短暂的胶着后，股价开始震荡走低。

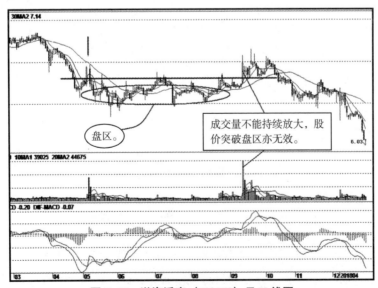

图 2-13　渤海活塞（600960）日 K 线图

股价以放量大阳线的方式向上突破盘区后,为什么不涨反跌呢?根本原因在于成交量方面,股价仅在突破的当天放出巨大的天量,然后快速缩量,在成交量图表中出现"金鸡独立"形态,这种没有持续性的间歇性放量,表明场外资金十分谨慎,跟风意愿不强,因此股价上涨缺乏内在动力,行情很难持续下去,股价向上突破只是庄家欺骗散户的一种出货行为。同时,股价回落到上边线附近时,得不到技术支撑而继续下跌,形成新一轮下跌行情。因此,投资者在实盘操作中,遇到单根放量大阳线突破某一技术位置时,然后出现快速缩量的现象,要小心突破失败。

13. 弱势反弹中的大阳线陷阱

一般而言,反弹是为了更好地积蓄做空能量,反弹结束后股价仍将继续下跌,因此不要被反弹中的大阳线所迷惑。

图2-14,航天长峰(600855):该股股价完成回抽反弹后继续走低,成交量大幅萎缩,盘面弱势特征十分明显。2017年11月14日和22日,分别收出反弹大阳线,可是股价都没有出现持续走强,而是继续阴跌屡创调整新低。随后在2018年1月25日再次收出大阳线,虽然股价在大阳线收盘价上方维持几个交易日,但股价始终无力向上突破前期盘区和下降趋势线的压力,最终导致股价快速下跌。

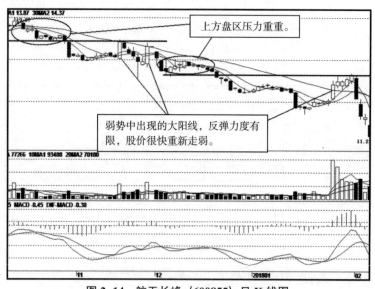

图2-14 航天长峰(600855)日K线图

从该股日K线图中可以看出,这几根大阳线都属于弱势反弹性质。在前面两次反弹中,得不到成交量的积极配合,随后也没有补量出现。在1月25日的反弹中,虽然当天放出成交量,但随后逐日缩量,股价没有继续上攻的势头。而且,股价运行于下降通道之中，盘面弱势特征非常明显，均线系统呈空头排列，股价反弹受制于均线和下降趋势线的压制，因此股价很难走出上涨行情。投资者在实盘操作中，尽量不要参与弱势反弹操作，即使参与仓位也不宜过重，目标也不宜过高，做到快进快出，否则偷鸡不成蚀把米，得不偿失。

三、破解陷阱方法

股价涨涨跌跌，K 线阴阳组合，这是盘面的常见现象。在股市中，出现大阳线的频率非常高，可以出现在任何一个时段，但不同时段的大阳线，它的分析意义也不尽相同，不能一概看涨。

大阳线形成的主要原因：①股价中长期见底，或超跌反弹（报复性反弹）；②庄家自救；③利好消息刺激；④庄家试盘或拉高建仓；⑤市场本身惯性；⑥游资介入。

根据实盘经验，大阳线可以从以下六个方面进行分析：

1. 大阳线与位置

如果在连续下跌情况下出现大阳线，则反映了多方不甘心失败，发起了反攻，股价可能见底回升；如果在涨势刚刚形成时出现大阳线，则表示股价有持续上扬的意味；如果出现在股价上涨趋势中途，则说明此时买方占据市场，股价很可能进入加速上涨的态势；如果在股价连续上涨后的情况下，在高位拉出大阳线，则要小心多方能量耗尽，股价见顶回落。

2. 大阳线与盘面

散户遇到大阳线时，应分析此时股价处于哪个阶段、什么位置，如果股价经过一轮下跌后出现大阳线，为了安全可以观察第二天股价的走势。若第二天盘中的买盘积极，并且当股价震荡下探，没有超过前一天阳线实体的 1/2 位置就被多方快速拉起，那么投资者这时可以进场操作。若第二天盘中的买盘不积极，并且股价震荡下探时幅度较大，也没有明显护盘动作，那么投资者此时应观望为宜，而不应急于进场操作。若在收盘前股价能够被拉起的话，那么可以适当参与操作，否则观望为宜。如果在股价上涨中期出现大阳线，那么只要当天不放出巨量，并且次日不收出大阴线，散户就可以进场操作，否则观望为上。

3. 大阳线与移动平均线

移动平均线具有提示运行趋势、行情强弱、支撑压力、助涨助跌、技术骗线较少等优点，将大阳线与移动平均线一起进行分析，可以提示许多市场信息：

（1）移动平均线向上，市场强势仍将持续，股价向上运行，此时出现大阳线，做多

信号最强,买入。

（2）移动平均线向下,市场处于弱势之中,股价向下运行,此时出现大阳线,做多信号最弱,清空。

（3）移动平均线走平,市场处于横盘态势,股价方向不明,此时出现大阳线,做多信号一般,观望。

（4）移动平均线成45度角运行时最为理想,角度太陡,谨防回落;角度平坦,支撑力度较弱,此时出现大阳线,谨慎看多。

（5）大阳线出现时,黏合后的移动平均线向上发散,加强做多信号。

（6）大阳线出现时,移动平均线已呈多头排列,进一步加强做多信号。

4. 大阳线与乖离率（BIAS）

股价在移动平均线之下且远离移动平均线时（负BIAS值增大）,出现的大阳线为反弹信号,可以轻仓参与;股价在移动平均线之上且远离移动平均线时（正BIAS值增大）,出现的大阳线为短期见顶信号,应当获利了结。

5. 大阳线与成交量

大阳线必须伴随较大的成交量,无论出现在底部区域还是顶部区域,其技术含义都会更加强烈。可以得出这样的结论:成交量可以确认和验证大阳线的有效性,大阳线在成交量的配合下,才更具有操作价值。大阳线与成交量的关系:

（1）大阳线量增。在升势初期或中途,可看涨做多;在升势后期,应观望为宜。在跌势初期或中途,应观望为上;在跌势后期,可谨慎看多。

（2）大阳线量平。在升势初期或中途,可看涨做多;在升势后期,应观望为宜。在跌势初期或中途,应逢高卖出为上;在跌势后期,应观望为宜。

（3）大阳线量减。在升势初期,可谨慎做多;在升势中途,应观望为宜;在升势后期,应卖出为上。在跌势初期或中途,应卖出为宜;在跌势后期,应观望为上。

6. 突破关键位置时要注意的内容

大阳线突破某一个具有十分重要意义的位置时,如果上涨幅度小于3%,应考虑是否属于"破高反跌"形态。如果大阳线的上影线刺破高点,出现"破高反跌"形态的可能性极大。如果大阳线突破高点时,持续时间很短暂（通常少于3个交易日）,应考虑是否属于庄家刻意拉抬所为。

第二节　假大阳线陷阱

一、形态分析精华

1. 形态形成过程

简评：假大阳线为企稳或反转信号，宜进一步确认形态的有效性。

形成过程：假大阳线也叫准大阳线，是大阳线的一种特例，由于股价大幅跳空低开后，在买入盘的推动下，形成逐波向上拉升，最终在最高点或次高点收盘，从而形成大阳线的一种盘面现象。简单地说，就是在K线形态中出现低开高走的阳线。

这种K线是从前后K线组合角度而言的，仅单根K线仍然属于标准的大阳线。值得注意的是，这种K线虽然是"阳线"，但股价不见得都是上涨的，有时股价甚至是下跌的，所以这种K线被称为"假大阳线"。

2. 假大阳线种类

假大阳线有三种不同的K线形态：

（1）上涨假大阳线。股价上涨，而K线为阳的假大阳线。

（2）平盘假大阳线。股价持平（或涨跌幅度不大），而K线为阳的假大阳线。

（3）下跌假大阳线。股价下跌，而K线为阳的假大阳线。

假大阳线的形态特征与标准大阳线相比，除股价实际涨幅不大有别外，其他完全相同。

形成假大阳线的主要市场原因：①利空消息出尽；②市场惯性作用；③庄家行为，刻意制造图形。

技术含义：虽然假大阳线的技术含义与标准大阳线有着相近的市场分析意义和性质，但是由于假大阳线是大幅低开所形成的，所以它的可信度远远次于标准的大阳线，属于次要的看涨信号，实盘中很少以此作为研判依据。

二、假大阳线常见技术陷阱

虽然假大阳线的使用频率不高，但也是庄家坐盘的一种基本手法，有时为了有一个好看的盘面而故意制造，甚至有时成为一种技术陷阱，很多散户就是受假大阳线的

错觉而入场被套的。目前市场上常见的假大阳线陷阱有。

1. 下跌过程中的假大阳线陷阱

在下跌过程中，庄家为了引起市场的注意，特意大幅低开形成假大阳线，使投资者产生错觉而买入被套，从而成为下跌中途假大阳线陷阱。

图 2-15，银鸽投资（600069）：股价见顶后逐波走低，盘面弱势特征非常明显。2018 年 5 月 7 日，受前一个交易日跌停影响，股价跳空从跌停板价位开盘，盘中遇到多方抵抗，打开跌停板后，股价缓缓向上推升至次高价收盘，收出一根振幅达 16.30% 的大阳线（当天实际股价上涨 6.30%）。有的投资者看到这种大阳线后，以为股价止跌回升而纷纷介入。可是，股价没有持续反弹，经过几个交易日的震荡后，继续向下破位。

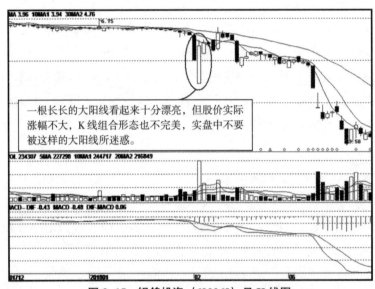

图 2-15　银鸽投资（600069）日 K 线图

毋庸置疑，仅单根大阳线本身而言，具有强烈的看涨意义。但是，如果将这根大阳线放到 K 线组合中去分析，那么它的看涨意义就未必强烈。图表上虽是一根大阳线，当天股价也上涨 6.30%，但整个盘面仍然没有脱离弱势格局，仅是多头盘中抵抗性回抽而已，后市发展趋势依然扑朔迷离。而且，该股下降趋势清晰可见，30 日均线不断将股价压低，均线系统空头发散加剧，MACD、RSI、DMI 等技术指标进一步恶化。因此，投资者在实盘中遇到这种 K 线图形时，可谨慎看多，但不宜做多。

2. 上涨过程中的假大阳线陷阱

假大阳线大多出现在反弹、出货阶段，有时也在调整、洗盘、试盘等阶段中出现，基本属于虚假的多头信号。

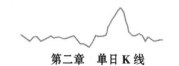

图 2-16，傲农生物（603363）：该股在反弹阶段出现了假大阳线陷阱。股价从高位下跌后出现企稳反弹走势，2018 年 1 月 26 日，股价从跌停板价位开盘，盘中迅速翻红，全天大部分时间维持红盘震荡，尾盘稍有回落，当天股价收涨 2.45%，形成一根长长的大阳线。此处出现这样的大阳线，有的投资者以为股价当天调整结束，后市有望出现加速上涨，因而纷纷介入做多。但是，经过几个交易日的盘整后，股价还是选择了向下破位走势。

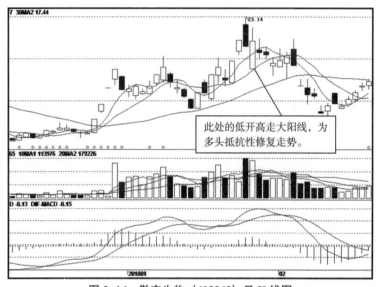

此处的低开高走大阳线，为多头抵抗性修复走势。

图 2-16　傲农生物（603363）日 K 线图

该股与上一个实例银鸽投资（600069）的技术含义基本相同，只是该股的这根大阳线出现在反弹行情之中，而银鸽投资的大阳线出现在下跌途中。从图 2-16 中可以看出，虽然是一根大阳线，但却是一根低开高走的大阳线，当天股价实际涨幅只有 2.45%，特别是随后几天的缩量盘整，更是对这根大阳线产生疑问。由此可以发觉股价反弹接近尾声，多头力量明显减弱，从成交量上就能反映这一点，随后成交量逐步萎缩，表明入场资金已经开始谨慎起来。因此，投资者对后市应多存几分警惕，一旦股价跌破 30 日均线支撑时，应及时离场操作。

三、破解陷阱方法

1. 从大阳线分类来看

大阳线有高开高走大阳线、平开高走大阳线、低开高走大阳线三种。就其上涨力度来讲，这三种大阳线呈依次递减，假大阳线就属于最弱的低开高走大阳线，因此投

资者应认真分析。

2. 分析股价低开的原因是否受消息面影响

对消息的影响程度和消息的真假情况进行认真鉴别。通常判断消息真假的基本方法有以下六种：

（1）辨别消息来源。来自正规渠道的，可信度高；道听途说的，可信度差。

（2）观察盘面变化。真消息会使股价大涨大跌，一去不回头；假消息会使股价虚涨虚跌，很快会反转运行。

（3）判断消息性质。重大消息会引起股价的大幅波动，一般的消息不会引起股价的大幅波动。

（4）看消息的透明度。公开明朗的消息可以作为买卖依据，朦胧传言的消息可信度差，不能作为买卖依据。

（5）看涨跌幅度。假消息会引起股价跌幅较浅，一般为 10%~20%；真消息会引起股价跌幅较深，一般超过 30%。

（6）从时间上看。假消息持续时间较短，股价很快复位甚至超过前期峰点，可以追涨介入做多；真消息持续时间较长，股价难以回升，可以割肉杀出做空。

3. 分析当天市场力度、性质

假大阳线后市走势跟当天的涨幅大小有一定的关系，投资者应结合当前市况，认真分析研究，掌握操盘技能，提高判断准确率。

如果是上涨假大阳线，且当天涨幅较大，原先又处于升势行情之中的，后市可能出现一段续升行情；如果原先处于跌势之中，后市有可能出现止跌回升走势；如果原先处于盘整状态，后市可能出现上涨行情。

如果是下跌假大阳线，若原先处于升势之中，后市可能会放缓上升速率，甚至出现调整走势；若原先处于跌势之中，后市可能继续呈下跌态势；若原先处于盘整状态下，后市可能继续盘整或盘跌走势。

如果假大阳线当天股价持平，若原先处于升势之中，后市可能不改涨升势头；若原先处于跌势之中，后市可能会出现企稳走势；若原先处于盘整状态，后市可能延续盘整走势。

4. 分析庄家行为

如果股价大幅低开，有时甚至以跌停板价位开盘，在连续竞价开始后，一两笔就将股价迅速拉回到前一个交易日的收盘价附近，然后向上盘升直到收盘，这种现象大多是庄家故意做盘所为，这时应结合庄家坐庄意图、建仓成本、坐庄阶段等因素进行

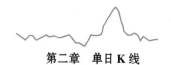

综合分析。

5. 结合成交量进行分析

通常股价上涨要有成交量放大的积极配合，但是在一些暴跌类个股里，特别是在一些开盘即跌停板并有巨量封单的个股里，股价大幅低开或在跌停板位置后，巨量买盘打开封盘，将股价向上推升，当天换手率非常之高，超过 30%。这种放量现象与平常强调的放量有很大的不同，不能作为推升股价的能量，后市往往含有一个盘跌走势或筑底阶段，因此不能作为买入依据。

有时庄家特意通过对敲手法，制造虚假的成交量，形成市场放量的假象，这种放量现象往往难以持续，从而成为放量假大阳线陷阱。

6. 关注第二天的市场表现

如果在假大阳线出现后的第二天股价能够持续放量上行，继续拉出上涨阳线，则后市继续升势的可能性大，如果第二天不能上涨收阳，甚至收出下跌阴线，那么这根假大阳线的看涨意义就值得怀疑。

第三节　大阴线陷阱

一、形态分析精华

1. 形态形成过程

简评：大阴线具有强烈的顶部单日反转或弱势持续信号，宜进一步确认形态的有效性。

特征：在长期被多方控制的火爆行情中，也往往会积蓄不可低估的做空能量，当能量达到极限时便会爆发出来，其结果往往超出预料。大阴线就属于这种现象，其收盘价远远低于开盘价，因此具有强烈的看跌意义。

大阴线与大阳线对称，开盘后股价没有上涨或上涨很少，空方立即发起猛烈的打压，多空双方在争斗中，多方渐渐告退，股价不断向下滑落，甚至一路下泻，临收盘前股价有所减缓，最后股价在最低价或次低价收盘，从而形成实体大阴线，其上下影线都比较短，有时根本没有上下影线，光头光脚的大阴线更让人毛骨悚然。

根据大阴线形成过程，可能出现几种不同形态的大阴线：光头光脚大阴线、带上

下影线大阴线、带下影线大阴线、带上影线大阴线、上影线长于下影线的大阴线、下影线长于上影线的大阴线以及影线长于实体的大阴线、实体长于影线的大阴线等。根据开盘位置会出现低开大阴线和高开大阴线。每种大阴线都有不同的技术含义，但都具有看跌意义。

2. 形态应用法则

（1）收盘价大大低于开盘价。

（2）实体部分较长，股价实际跌幅较大。

（3）没有上下影线，或上下影线很短。

技术意义：股价经过大幅上涨后，空方积累了大量的做空能量，这种能量一旦得到发挥，下跌势头十分猛烈，市场遇到严重的破坏，具有强烈的看涨意义。

3. 形态效力和操作要点

（1）大阴线出现在市场的顶部，或者出现在反弹行情结束时，往往会以强烈的冲击力突破某个长期支撑股价上涨的支撑位（线），股价将迅速脱离顶部区域，应及时卖出。

（2）高位大阴线吞没前面的日K线数量越多，其反转的市场意义越大。

（3）大牛市末期出现的大阴线，应及时退出，甚至不惜赔本撤退。

（4）大阴线经常伴随较大的成交量，意味着下跌能量威力无比。

（5）大阴线可能出现在暴跌行情之中，短期跌幅大，速度快。

（6）后市下跌的力度与阴线长度成正比。

（7）光头光脚的大阴线其分析意义更大。

（8）股价洗盘调整结束后产生的大阴线，可逢低跟进。

（9）有过一段下跌后形成的大阴线，应谨慎做多，防止惯性下跌。

（10）股价经几波下跌后的低位出现大阴线时，可能是空头陷阱。

注意事项：对于大阴线的长短，市场中没有统一的标准，通常其跌幅在5%以上。如果市场中长期以来其他阳线都比较短小，大阴线的标准也适当降低。而且，大盘和个股的大阴线标准也有别，如上证指数的跌幅大多在1%左右，若超过2.5%的跌幅，就可以看成是大阴线。在目前中国股市实行的涨跌停板制度下，个股最大的单日阴线实体可达到股价的20%，即从涨停板开盘，到跌停板收盘。大阴线的力度大小与其实体长度成正比，也就是说阴线实体越长，则空方力度越强；反之，则空方力度越小。

二、大阴线常见技术陷阱

大阴线的陷阱也非常多，很多散户踏空就出现在大阴线之中，目前实盘中经常出现的大阴线虚假信号或技术陷阱有。

1. 低位大阴线陷阱

股价经过长期的大幅下跌或深幅调整后，庄家为了拿到更多的低价筹码，蓄意向下打压股价，收出实体大阴线，造成股价再度下跌之势，产生强烈的看跌信号。可是当投资者卖出股票后，并未出现预期的下跌行情，股价小幅下探后反转向上步入升势行情，从而形成底部大阴线空头陷阱。

图 2-17，麦达数字（002137）：该股经过大幅调整后，在底部企稳震荡整理，庄家为了继续加强低价筹码的收集，从 2018 年 1 月 31 日开始持续打压股价，收出多根下跌大阴线，均线系统呈现空头发散，盘面看空气氛强盛。按常规的研判，这是中长期走势变坏的标志，后市可能继续下跌。可是，经过连续几天的打压后，股价企稳盘整，当庄家成功完成建仓后，股价出现快速上涨行情。可见，如果在出现大阴线的时候出局，那真是割肉割在地板价上。

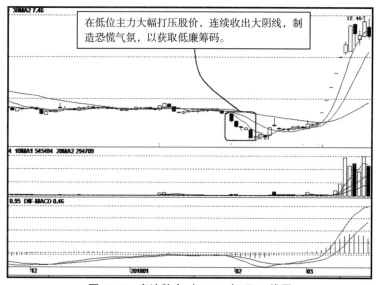

图 2-17 麦达数字（002137）日 K 线图

为什么这时候股价没有继续下跌，反而成为下跌的尾声呢？从位置观察，这些大阴线出现在大幅下跌低位，股价下跌空间有限。从形态上分析，均线系统空头发散后，没有出现持续下跌走势，而是在前期低点附近获得支撑。从量能上看，在股价向下破位时，没有出现明显的成交量，说明底部惜售意识增强。因此，这种没理由的杀跌值得大家密切关注，很可能是庄家诱空的伎俩，投资者别轻易被甩出局。

2. 高位大阴线陷阱

股价经过持续的大幅上涨或反弹行情后,在高位出现大阴线,反映中、短期涨幅过大,市场过度投机或炒作,股价需要回调整理,预示股价快要见顶回落,同时也反映庄家在高位出货,从而形成大阴线卖出信号。可是卖出股票后,并未见股价出现大幅下跌走势,股价小幅回落后获得企稳而再度大幅走高,从而形成高位大阴线卖出陷阱。

图2-18,方大炭素(600516):2017年7月13日,股价在高位拉出一根放量大阴线,而且形成阴包阳K线组合形态,由于当时股价距离底部涨幅已经超过一倍,在这个位置收出这样一根大阴线着实让人担心,当日成交量也明显放大,大有庄家出货嫌疑。在这种背景下,庄家出货是可以理解的。可是,如果据此操作的话,则失去后面的一段巨大涨幅。大背景是分析过了,但细节就体现在这根大阴线的形成过程上,需要从分时图去解读。

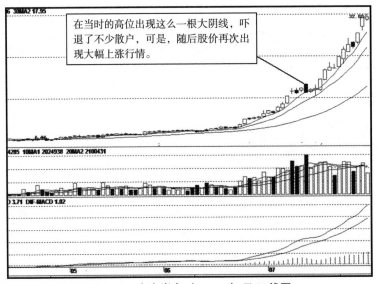

图2-18 方大炭素(600516)日K线图

从分时图上可以看得很清楚,该股当日虽然走势低迷,但全天跌幅却不大,收盘下跌不到5个点,大部分时间保持红盘运行。只是到了临近收盘前1小时,盘中开始放量杀跌,成交量密集放大,但即使如此下来,下跌幅度也不是很大,说明接盘不弱。直到收盘前半个小时,盘中再度放量杀跌。这就让人产生疑问了——为什么在尾盘放量杀跌?说到底就是庄家想在此收出一根大阴线。其实,也可以试想一下,既然庄家要刻意做盘,大家不妨静观其变。随后该股没有延续跌势,股价企稳回升,说明此前的杀跌就是一个空头陷阱,一旦再度拉升时可以积极跟进。

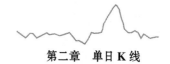

3. 短期暴跌后的大阴线陷阱

股价经过短期的恐慌性砸盘后，空方能量损耗过大，股价可能会出现报复性反弹行情，市场可能会形成阶段性底部，此时在低位出现的大阴线，往往容易成为空头陷阱。

图 2-19，海普瑞（002399）：该股反弹结束后，股价出现快速下跌，然后稍稍企稳形成盘整走势，2017 年 12 月 28 日低开 5.33%后，股价快速下行，全天在跌停价附近弱势震荡，K 线图中这根大阴线的恐慌气氛非常明显，通常构成一个卖出信号。可是，随后股价并没有出现持续性下跌走势，很快企稳并渐渐向上盘高，之后孕育一波快速上涨行情。

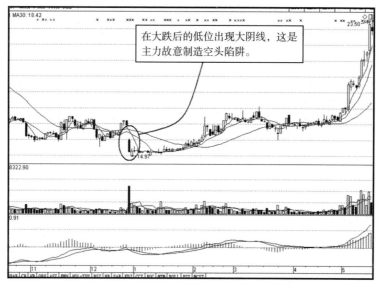

图 2-19　海普瑞（002399）日 K 线图

那么，该股有什么技术疑问呢？从图中可以看出：

（1）股价向下突破时成交量没有放大，表明盘中主动性抛压不明显。通常股价下跌时一般不强调成交量的大小，但在突破的关键位置也要有成交量的放大，才能加强突破的力度。从该股的盘面可以发现，突破时产生的这根大阴线，单从 K 线形态上分析，后市看跌意味十分强烈，但细心观察却发现这根 K 线没有成交量的配合，是无量空跌的典型例子。底部这种价跌量缩的走势，说明没有恐慌盘出现，庄家对筹码掌握得非常好，向下突破则进一步加强了筹码的稳定性。

（2）从价位情况分析，股价总体下跌幅度较大，调整时间充分，基本处于历史性底部区域，中长期投资价值凸显，此处下跌往往是一个低位空头陷阱。

（3）从坐庄角度分析，庄家的建仓成本高于突破价位，股价继续下跌会加大庄家账

户亏损额度。根据实盘经验，一个比较均匀的水平通道形态，市场的平均成本价大概是水平通道的中心价附近，庄家的成本价位相对略低一些，但不会相差太远，因而此时的大阴线为空头陷阱的可能性大，投资者遇此情形切不可盲目斩仓割肉。

根据上述判断分析，可以判断该股出现的大阴线是一个虚假信号，是庄家建仓、试盘或砸盘行为所致。投资者遇到这种走势时以逢低吸纳为主，不宜盲目杀跌；持币者可以在股价重返趋势线之上或突破30日均线时买入。

4. 向上突破后的回抽大阴线陷阱

股价向上突破某一个重要技术位置后，往往会出现向下回抽动作，回抽是确认股价突破有效的一种盘面波动形态，也是一种反趋势的短暂现象，回抽结束后股价将重归上涨之路，因此在回抽过程中出现的大阴线不会持续下跌，投资者反倒可以逢低介入。

图2-20，神马股份（600810）：该股经过长时间的下跌后，股价渐渐见底企稳盘整，然后放量向上脱离盘区，并突破前期反弹盘区压制，庄家为了日后更好地拉升和出货，主动展开洗盘整理。2018年2月9日，股价跳空低开4.82%后，弱势盘跌，股价跌停收盘，K线图中收出一根跌停大阴线，并击穿了10日均线的支撑，技术形态遭到了一定的破坏，人气也受到不小的打击。但是，第二天股价没有继续下跌，第三天收出放量涨停大阳线，全部收回前面的下跌大阴线，构成"早晨之星"K线组合形态，构成短线买入信号。

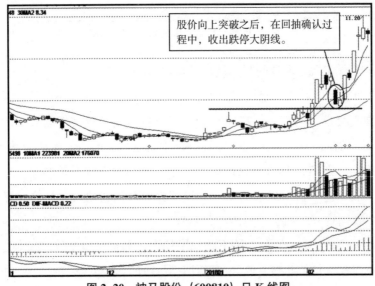

图2-20 神马股份（600810）日K线图

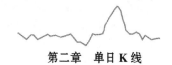

那么，如何解读这根大阴线呢？投资者应如何操作？

（1）股价向上突破盘整区域后，由原先的压力变为现在的支撑，大阴线回落时得到该区域的支撑。

（2）随后股价企稳回升，说明股价向上突破有效，回抽确认成功，股价再次上涨。

（3）30日均线保持升势，股价得到均线支撑而再次走强。

（4）股价再次上攻时，成交量明显放大，说明多头资金开始活跃。

在实盘操作中，通常成为股价突破的技术位置，如移动平均线、趋势线（通道线）、技术形态、整数点位、黄金分割位或成交密集区域等，这些都是非常敏感的位置，股价突破后大多会出现回抽动作。因此，投资者遇到这类个股时，不要对大阴线产生怀疑，在技术没有遭到破坏之前应以回抽动作对待为好，一旦技术走坏则应及时止损出局。

5. 大阴线突破陷阱

股价在长期的运行过程中，可能会形成某一个有意义的位置，如一个整数点位、一个整理形态、一条趋势线、一个密集区域或一个时间之窗等，大阴线成功向下跨越或脱离这些重要位置时，说明股价已经形成破位下跌行情，应当及时卖出观望。可是这个信号有时是庄家为了达到坐庄意图而刻意制造的技术图形，经常在这些位置制造假大阴线，形成股价向下突破的假象，从而成为大阴线空头陷阱。

图2-21，智能自控（002877）：股价见顶回落后，呈现横向震荡走势，形成一条上有压力、下有支撑的盘整带。2018年1月31日开始，连续多根阴线向下突破了这个长

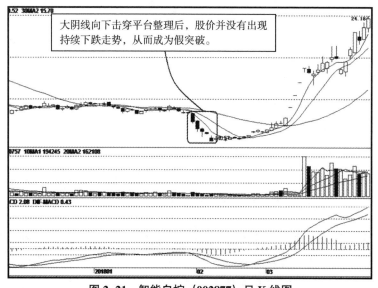

图2-21 智能自控（002877）日K线图

达2个多月的盘整区域,在技术图形上产生破位下跌之势。然而,正当投资者普遍看空后市时,股价却止跌企稳,很快产生一波快速上涨行情。

从该股技术图形分析,在股价向下突破之前,5日、10日、30日均线呈现黏合状态,通常均线系统黏合一段时间后,将面临选择性方向突破,而且突破之后会产生一定幅度的行情。但是,该股在向下突破之后,股价并没有出现持续性跌势,这反映有主力刻意打压行为。而且最关键的问题是,在股价向下突破的几天时间里,成交量并没有明显地放大,从这一方面来看,就反映了在股价回落的过程中,抛盘并不是很重。按道理来说,在股价面临重要突破时会出现较大的成交量,很多前期被套牢的投资者会趁机止损出局。这样一来,成交量就必将出现放大,但在盘面上却没有出现这种情况,这就说明虽然股价出现了破位,但持股者的持股信心还是比较坚定的,没有因此而出现大量的抛售,盘中筹码非常稳固。

图2-22,新和成(002001):该股企稳后渐渐向上盘升,庄家采用边拉、边吸、边洗的综合手法,将股价稳步推高。2017年7月17日,一根大阴线跌破了30日均线支撑,预示股价反弹结束,有再次下跌的可能,因而是一个获利了结的信号。可是,从第二天开始股价就企稳回升了,并很快重返30日均线上方,继续稳步向上盘升。

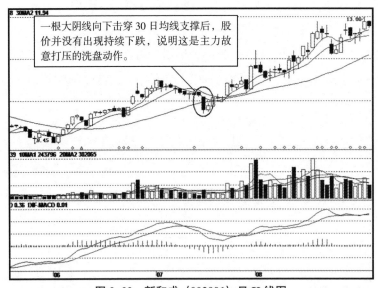

图2-22 新和成(002001)日K线图

从该股日K线图来看,在大阴线向下突破30日均线之后,股价在第二天就向30日均线发起攻击,从这个动作上就可以看出,买方的做多意志比较强烈。当然,这仅是一种推测而已,还不足以说明就是假突破动作。关键在于随后的表现起到了决定性

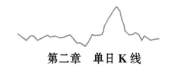

作用，股价很快收复了大阴线实体，并重新站在中短期均线系统之上，这时完全可以判断前面的大阴线是一次假突破动作。其实，从技术上也能看出一些疑点：

（1）该股从底部上涨后第一次出现回调，一般情况下，一个趋势产生后的第一次回调不会是真正的下跌走势，此时股价形成的突破走势往往是假突破的可能性较大。

（2）当大阴线突破 30 日均线后，股价在其下方仅停留一天时间，在时间上和幅度上都没有达到突破要求。

（3）30 日均线保持上行趋势，对股价起到一定的牵引作用。由此可见，投资者在实盘操作中遇到这种情形时，可以结合上述因素进行分析，逢低积极介入，或在股价重返 30 日均线之上时加码买入。

图 2-23，永和智控（002795）：该股主力运作轨迹非常清晰，股价经过长期的下跌调整后企稳震荡，盘面呈现横向震荡走势。2018 年 2 月初，主力为了建仓的需要，持续打压股价，导致整理平台破位。然后，股价回升到前期盘区附近，利用盘区的心理压力进行洗盘。在整理过程中，分别在 3 月 23 日、4 月 23 日和 26 日三次向下击穿 30 日均线的支撑，K 线图中形成下跌大阴线。这些大阴线都有不好的兆头，不少散户因此选择止损操作。然而，正当投资者普遍看空后市时，并没有发现股价出现下跌，从 4 月 27 日开始出现一波快速上涨行情。

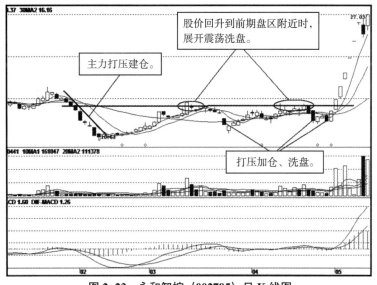

图 2-23 永和智控（002795）日 K 线图

从该股技术图形分析，在收出大阴线的当天及以后的几天时间里，成交量并没有明显的放大，从这一方面来看，就反映了在股价回落的过程中，抛盘并不是很重。按

道理来说，在股价面临盘区附近的压力时，很多前期被套牢的投资者会趁机止损出局。这样一来，成交量就必将出现放大，但在盘面上却没有出现这种情况，这就说明虽然股价出现了破位，但持股者的持股信心还是比较坚定的，没有因此而出现大量的抛售。

6. 不同阶段的大阴线陷阱

大阴线经常出现在庄家建仓、调整、洗盘、试盘等阶段之中，庄家根据不同阶段的坐庄需要，制造各类技术陷阱。庄家会在盘面上特意形成大阴线，加强恐慌气氛，恐吓散户离场，从而达到坐庄目的。

图2-24，星源材质（300568）：这是庄家利用大阴线进行建仓的例子。股价大幅调整后渐渐企稳形成一个盘区，庄家在这阶段吸纳了一定的筹码。为了继续加强建仓效果，庄家采用打压手法强行收集筹码。2018年1月31日开始连续收出5根下跌阴线，股价跌破底部盘区，引发部分恐慌盘出现，庄家顺利收取散户抛盘。很快，股价出现止跌回升，在回升过程中又有一批解牢盘退出，庄家如愿以偿获得低价筹码。庄家通过打压后再拉升股价，建仓效果非常好，此后股价渐渐向上盘高。

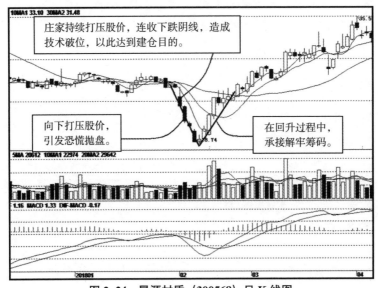

图2-24 星源材质（300568）日K线图

为什么说该股连续下跌阴线是庄家建仓所为呢？第一，股价无量向下突破盘区，表明庄家自身的筹码没有抛售，仅是一些胆小的散户出逃，因此无量空跌疑似是庄家故意动作。第二，股价企稳后呈V形回升，在实盘中V形盘面大多是受外界因素影响所致，要么是利空消息影响，要么是庄家故意所为。该股在没有消息影响的情况下，盘面出现V形走势，说明前面的下跌是庄家故意所为，有了这个认识前提后，接下来

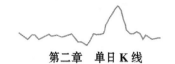

的操作就明确了。第三，股价调整时间较长，累计下跌幅度较大，大幅下跌可能性可以排除，所以此时的下跌倒是一次逢吸的机会。

图 2-25，安阳钢铁（600569）：这是庄家利用大阴线进行洗盘的例子。股价见底后缓缓向上盘升，形成一个小的上升通道，当股价回升到前期盘区下方时，遭到底部获利盘和前期套牢盘纷纷抛压，此时庄家借机开展洗盘调整。2017 年 7 月 17 日，庄家刻意向下打压股价，股价击穿 30 日均线的支撑，在技术形态上遭到一定的破坏。此时，有的散户认为股价反弹结束，因而选择了离场操作。可是，股价并没有持续下跌，次日一根阳线重新拉起，几乎收复了前一天的下跌阴线，此后股价进入震荡拉高行情。

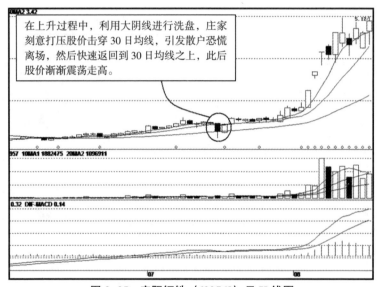

图 2-25　安阳钢铁（600569）日 K 线图

为什么说该股的这根大阴线是庄家洗盘所为呢？主要原因：

（1）大阴线形成时成交量并没有明显的放大，反映在股价回落过程中，抛盘并不是很重，按道理来说，在股价跌破 30 日均线后，会有一定的抛盘量出现，这样的话成交量就必将出现放大，但在盘面上却没有出现这种情况，这就说明虽然股价出现了破位，但持股者的持股信心还是比较坚定的，没有因此而出现大量的抛售。

（2）既然股价已经出现破位，那么就应当迅速脱离突破位置的制约，形成强大的下跌走势，而该股在击穿 30 日均线后，又快速返回 30 日均线之上，这种"破而不跌"的现象就使人产生怀疑。

（3）突破的性质有轻重之分，有时突破一条均线比突破一个形态更有意义，有时突破一个阻力位比突破一条通道更重要，有时则两者完全相反。该股虽然突破了 30 日均

线的支撑，但30日均线依然呈上行趋势，对股价具有向上牵引作用，这时的突破意义就不大。

因此，投资者在遇到类似情形时，应结合技术形态、趋势、波浪和技术指标等对突破性质进行综合评估，这样得出的结果会更加可靠。

图2-26，美联新材（300586）：这是庄家利用大阴线进行建仓或试盘的例子。股价见底后长时间在底部震荡筑底，形成一个横向盘整区域，2018年2月6日股价向下跌破这个盘区的最低点，盘中收出一根大阴线，股价大有再下一个台阶之势，无不让人产生心理上的担心。可是，次日却"一"字涨停，从此开启一波上涨行情。其实，这是庄家测试盘中抛压情况和继续加强低价筹码收集的表现。

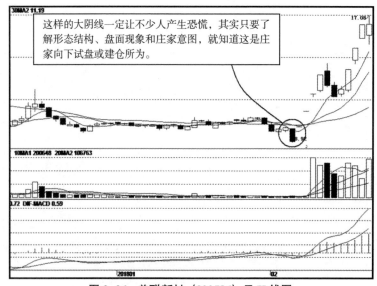

图2-26 美联新材（300586）日K线图

为什么说该股的这根大阴线是庄家试盘或建仓所为呢？主要原因：

（1）股价已经过长时间的下跌调整，盘中交投十分低迷，股价几乎跌无可跌，再次向下击穿前期低点具有一定的虚假性。

（2）在大阴线产生的当天成交量不大，说明浮动筹码抛压不重，仅是少量的散户抛盘，反映底部根基比较扎实。

（3）股价突破后没有出现持续的下跌走势，第二天就"一"字涨停，说明低位有承接盘介入，庄家也不敢大幅砸低，以免在低位造成筹码丢失。因此，这根大阴线是庄家故意打压而成的空头陷阱，投资者可以在回抽确认时积极买入。

三、破解陷阱方法

大阴线可以出现在市场的任何位置，蕴藏着许多市场信息，这种信息只有通过综合分析才能领悟其市场意义。一般而言，大阴线的出现对多方来说是一种不祥之兆，但事实并非这么简单，不能把所有的大阴线都看成后市向淡的信号，也就是说并非一见到大阴线就认为股价要跌。有时大阴线出现后，会出现不跌反涨的市场走势。

大阴线形成的主要原因：①股价中长期见顶；②庄家所为（建仓、洗盘、试盘、砸盘等）；③利空消息影响；④市场本身惯性所致；⑤短线资金撤离市场。那么，如何研判大阴线的后市走势呢？根据实盘经验，可以从以下六个方面进行分析。

1. 大阴线与位置

如果股价累积涨幅已大，在高位出现大阴线时，表示股价即将回档或正在构筑头部，这时应及时离场为宜。若大阴线出现在跌幅较大的底部，暗示做空能量已经释放殆尽，这时的大阴线成为空头陷阱的可能性比较大，不必为此感到惊慌，根据"物极必反"的原理，此时可以逢低吸纳，积极做多。

2. 大阳线与盘面

散户遇到大阴线时，应分析股价处于哪个阶段、什么位置，如果股价经过一轮上涨后，出现实体大阴线时，可以观察第二天的股价走势。若第二天盘中的卖盘较大，并且在股价震荡回升时，没有超过前一天大阴线实体的1/2就被空方快速压低，说明抛压较大，那么投资者这时可以退出观望。若第二天盘中的卖盘不明显，并且股价震荡回升时幅度较大，也没有明显的大手笔抛盘出现，那么投资者此时可以适量参与操作，若当天能够收复大阴线的话，可以大胆参与操作。如果是在股价下跌中期出现大阴线时，不管当天是否放量，也不管第二天是否收出大阳线，这样盘面将继续趋弱，散户就可以离场观望。

3. 大阴线与移动平均线

将大阴线与移动平均线一起分析，可以提示许多市场信息：

（1）在移动平均线呈多头排列的上涨趋势中，大阴线往往不是反转信号，而是喘息换档，大阴线是上升过程中庄家清洗短线获利筹码的结果，也是空头力量的短暂宣泄，这时收出大阴线对后市上涨更加有利，可以逢低介入。

（2）在移动平均线呈空头排列的下跌趋势中，移动平均线对股价构成强大的压力，大阴线会加强做空气氛，此时应逢高减磅或清仓出局。

（3）移动平均线走平，市场处于横盘态势，后市股价方向不明，此时出现大阴线

时，若股价大幅跌破移动平均线，有向下脱离盘区迹象时，应逢高抛出；若股价仅是小幅跌破移动平均线，可关注第二天盘面反应。

（4）大阴线出现时，黏合后的移动平均线向下发散，为后市看空信号。

（5）大阴线出现时，移动平均线已呈空头排列，为进一步加强做空信号。

4. 大阴线与乖离率（BIAS）

股价在移动平均线之下且远离移动平均线时（负 BIAS 值增大），出现大阴线下跌时，短期将酝酿超跌反弹，可以轻仓参与；股价在均线之上且远离移动平均线时（正 BIAS 增大），出现大阴线为见顶信号，应当获利了结。

5. 大阴线与成交量

大阴线的出现也会伴随着放量过程，通常成交量越大，其短期杀伤力越强。尤其是市场快速上涨后，出现向上跳空并带巨量下跌的大阴线，往往是中级调整的开始。但跌势一旦形成，成交量的放大与否没有太大的分析意义，因为跌势之中的成交量没有涨势之中的成交量重要。大阴线与成交量的关系：

（1）大阴线量增。在跌势初期或中途，可看跌做空；在跌势后期，应观望为宜。在升势初期或中途，应观望为好；在升势后期，后市看空。

（2）大阴线量平。在跌势初期或中途，后市看空；在跌势后期，应观望为宜。在升势初期或中途，可逢低适量买入；在升势后期，后市看空。

（3）大阴线量减。在跌势初期，应减仓为宜；在跌势中途，应观望为好；在跌势后期，可逢低买入。在升势初期或中途，可积极买入；在升势后期，谨慎看多。

6. 大阴线与支撑位

在升势中出现大阴线，要观察有没有跌破重要支撑位（线），如果支撑位完好，则不必为之惊慌。当大阴线击穿关键位置时，应观察：如果击穿低点时，下跌幅度小于3%，应考虑是否属于触底反弹形态；如果大阴线的下影线触及低点，则"破低反弹"的可能性比较大；如果大阴线击穿低点时，持续时间很短暂（通常少于 3 天），应考虑是否属于刻意打压行为。

第四节 假大阴线陷阱

一、形态分析精华

1. 形态形成过程

简评：假大阴线为见顶或反转信号，宜进一步确认形态的有效性。

形成过程：假大阴线也叫准大阴线，是大阴线的一种特例，由于股价大幅跳空高开后，在卖盘的抛压下，形成向下滑落，最终在最低点或次低点收盘，从而形成大阴线的一种盘面现象。简单地说，就是在 K 线形态中出现高开低走的阴线。

这种 K 线是从前后 K 线组合角度而言的，仅单根 K 线仍然属于标准的大阴线。值得注意的是，虽然在日 K 线图上是"阴线"，但股价不见得都是下跌的，有时股价甚至是上涨的，所以将这根 K 线称为"假大阴线"。

2. 假大阴线种类

假大阴线有三种不同的 K 线形态：

（1）上涨假大阴线，即股价上涨，而 K 线为阴的假大阴线。

（2）平盘假大阴线，即股价平盘（或涨跌幅度不大），而 K 线为阴的假大阳线。

（3）下跌假大阴线，即股价下跌，而 K 线为阴的假大阳线。

假大阴线的形态特征与标准的大阴线相比，除股价实际跌幅不大有别外，其他完全相同。

形成假大阴线的主要市场原因：①利好消息出尽；②市场惯性作用；③庄家刻意所为。

技术含义：虽然假大阴线的技术含义与大阴线有着相近的市场分析意义、相近的看跌性质，但是由于大阴线是大幅高开所致，其可信度要次于标准的大阴线，因此属于次要的看跌信号，实盘中很少以此作研判依据。

二、假大阴线常见技术陷阱

虽然假大阴线不作为主要的技术分析依据，但庄家经常运用这种手法做盘，有时可能成为一种技术陷阱，让很多散户上当受骗。目前市场上常见的假大阴线陷阱有。

1. 上升过程中的假大阴线陷阱

在股价脱离底部后的上涨中途，庄家为了达到洗盘换手的目的，但又不敢将股价大幅压低，以免造成低位筹码丢失，不得已时特意将股价大幅高开，形成一根长长的假大阴线，如同一把达摩利克斯之剑悬挂在市场的顶端，随时有向下滑落的可能，从而形成上涨中继陷阱。

图 2-27，华锋股份（002806）：该股股价经过长时间的下跌调整后，渐渐企稳，成功构筑底部形态，庄家在此期间大量吸纳低价筹码。2018 年 4 月 17 日股价拔地而起，出现一波拉升行情。在拉升过程中，出现两次典型的跳空高开低走（涨停板开盘）收大阴线现象，当天股价在盘中缓缓向下滑落，在当时的高位收出大阴线。这两根大阴线看起来让人非常恐惧，有的投资者因此选择离场操作，但随后股价继续强势拉升，走势十分坚挺。

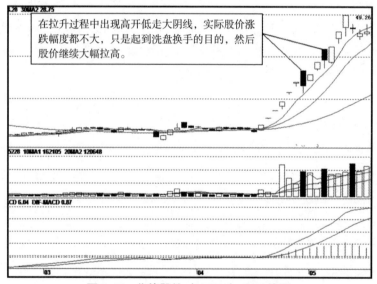

图 2-27　华锋股份（002806）日 K 线图

不可否认，仅单根大阴线而言具有强烈的看跌意义，但如果与前面的 K 线结合起来分析，看跌意义就不那么明显了。图表上虽是大阴线，但当天股价实际涨跌幅度都大，前一根大阴线股价仅下跌 3.04%，后一根大阴线股价却上涨 1.74%，这就说明股价仍然处于强势格局之中，对上涨势头没有造成任何破坏。再说，从坐庄角度分析，如果庄家真正想出货的话，不会拉出这样的大阴线的，反而会拉出一些吸引人的漂亮 K 线。因此，投资者在实盘中遇到这种 K 线图形时，可关注次日盘面表现，若盘面没有走弱则可以继续持股。

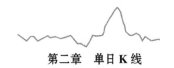

2. 不同阶段的假大阴线陷阱

假大阴线大多在调整、洗盘、试盘等阶段中出现，有时也在反弹、出货阶段中出现，基本都属于虚假信号。

图 2-28，长白山（603099）：这是在股价整理过程中出现的假大阴线例子。该股在筑底过程中，庄家埋伏其中悄然吸纳低价筹码。2018 年 3 月 27 日，股价出现放量涨停，第二天大幅跳空高开 8.60% 后，盘中逐波震荡走低，当天收出一根大阴线。随后继续出现震荡整理走势，但股价并没有出现大跌，在前期低点附近获得支撑后，股价低点渐渐向上抬高。

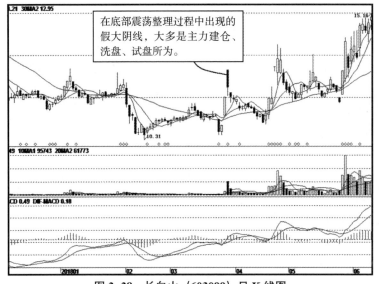

图 2-28　长白山（603099）日 K 线图

从该股走势图中可以看出，虽然是一根大阴线，但却是一根大幅跳空高开低走的假大阴线，庄家这样做的用意可能是测试上方的压力程度和市场跟风情况，以便于日后顺利拉高，或是庄家吸货的一种操作手法。而且，30 日均线已经渐渐走平，表明短期股价下跌力度不会很大，支撑股价企稳走高，投资者可以暂时不必理会这根大阴线的看跌意义。

图 2-29，罗牛山（000735）：这是在洗盘过程中出现的假大阴线例子。该股完成一波小幅拉高后，庄家主动展开洗盘整理。2018 年 4 月 17 日，股价从涨停价开盘后，封盘不到 5 分钟，开板后逐波震荡走低，当天收盘仅微涨 2.11%，一根大阴线从高空而落，让散户大为惊恐。此后，出现小幅下探，成功达到了洗盘换手，股价展开主升浪行情。

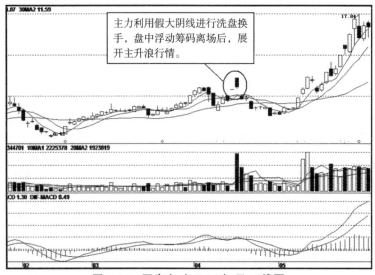

图 2-29　罗牛山（000735）日 K 线图

针对这类个股重点，要从庄家意图进行分析，该股总体涨幅并不大，庄家在这个位置拉出这样一根大阴线，用意是什么？想出货吗？不会，目的就是洗盘。因为，在大阴线之前没有明显的拉升动作，股价没有暴涨行情，仅仅一个 "一" 字板（连续 "一" 字板后的大阴线要注意高位风险），从形态上分析股价突破盘区不久，在此位置不会马上形成头部，所以这时的大阴线洗盘概率较高。

图 2-30，美亚光电（002690）：这是在试盘过程中出现的假大阴线例子。该股见底后渐渐回升，形成一个上升通道，当股价到达前期盘区附近时，在 2018 年 4 月 13 日

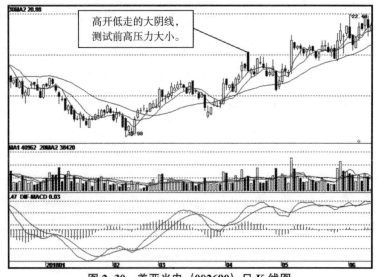

图 2-30　美亚光电（002690）日 K 线图

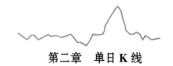

收出高开低走的大阴线，以测试前高压力的抛盘和跟风情况。然后经过短暂的整理后，股价继续向上盘升。

虽然是一根大阴线，但却是一根大幅跳空高开低走的假大阴线，当天股价实际跌幅只有0.81%，这既是对前高压力的测试，也是主力洗盘的表现手法。总体而言，该股盘面表现健康，量价配合理想，30日均线向上走高，股价调整非常充分，大阴线之后可以逢低吸纳。

三、破解陷阱方法

1. 大阴线的分类

大阴线有低开低走大阴线、平开低走大阴线、高开低走大阴线三种。就其效力来讲，低开低走大阴线后市看跌意义最强，平开低走大阴线次之，高开低走大阴线最弱。假大阴线就属于高开低走大阴线，投资者应认真分析。

2. 分析当前市场力度、性质

对假大阴线后市走势的研判，跟当前的市场状态有一定的关系。在升势行情中形成的假大阴线，后市可能仍会上涨。在盘整中出现的假大阴线，表明上攻能量不继，后市可能出现调整。在下跌行情中出现的假大阴线，后市可能会展开调整走势。

若当天假大阴线股价持平，预示股价可能滞胀回落；若是平盘假大阴线，后市可能成为下跌中继走势；若下跌假大阴线，表明下跌动能并未衰竭，后市继续看跌。在盘整行情之中形成的假大阴线，若是上涨假大阴线，预示有可能盘出底部的迹象；若是平盘假大阴线，后市盘整仍将继续；若是下跌假大阴线，后市可能会出现盘跌走势。

3. 分析庄家行为

如果是洗盘形成的假大阴线，后市跌幅不会很大，若是试盘时形成的假大阴线，通常会根据盘面变化展开调整走势，在出货阶段初期也经常出现假大阴线，目的是形成一个假突破形态或产生一个新的高点，以期引起散户的注意。有时股价大幅高开甚至以涨停板价位开盘，在连续竞价开始后，一两笔就将股价迅速打回到前一个交易日的收盘价附近，然后向下盘跌，直到收盘，这种现象大多是庄家故意做盘所为，这时应结合庄家坐庄意图、建仓成本、坐庄阶段等因素进行综合分析。

4. 结合成交量进行分析

通常股价上涨需要成交量放大的支持，但是在一些暴涨类个股中，特别是在一些以涨停板价位开盘并巨量封单的个股里，在巨量卖盘抛压下，股价开板向下滑落，此时也会出现巨大的成交量。这种市场可能会出现阶段性头部，所谓"天量天价"现象，

通常会出现在这些地方。有时庄家特意通过对敲手法，产生巨大的成交量，给散户以放量出货的错觉，从而成为放量假大阳线陷阱。

5.关注第二天的市场表现

如果在假大阴线出现后的第二天能够持续下行，并继续拉出阴线，则后市出现跌势的可能性大；如果第二天没有收阴，甚至收出上涨阳线，那么这根假大阴线的技术含义就值得怀疑。

第五节 一箭穿三陷阱

一、形态分析精华

1.形态形成过程

简评：强烈的底部或顶部单日反转信号，宜进一步确认形态。

特征：一根K线成功穿过短线（5日）、中线（10日）、长线（30日）三条移动平均线，称为一箭穿三，为强烈的单日反转信号。一箭穿三形态就是一根独立的大阳线或大阴线，但不同的是一箭穿三具有更加重要的分析意义，所以将它独立出来分析。

股价开盘后几乎没有回抽动作，股价呈单边发展，最终收于最高价（最低价）或次价位，上下影线很短或没有上下影线，光头光脚的大K线给人以巨大的想象空间。可分为：多头一箭穿三和空头一箭穿三两种形态。

（1）多头一箭穿三形态。股价经过深幅下跌后，在底部较长时间的盘整走势中，成交量持续低迷，交投沉寂，短期、中期、长期均线逐渐接近，突然股价放量上行，成功穿越三条均线的压制，表明庄家吸货宣告结束，市场迎来上涨行情。

或者，股价长时间处于 "牛皮势" 道中，上升速率缓慢，短期、中期、长期均线比较接近，经过一两天的短暂回调后，股价放量向上穿越三条均线，表明市场即将进入加速上涨行情。

或者，股价较长时间处于阴跌行情中，但跌势有所收敛，短期、中期、长期均线十分靠近，突然股价放量向上有力穿过三条均线，表明跌势被扭转，市场迎来转机。

或者，股价经过一段小幅上涨行情后，庄家开始洗盘换手，市场进入强势调整，短期、中期、长期均线从上行走势转为平行走势，突然股价再次放量向上突破整理格

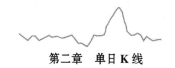

局，表明洗盘换手结束，市场进入新一轮涨势或主升段行情。

当市场出现上述盘面现象时，均为多头一箭穿三形态，为短线比较好的买入信号。

图 2-31，永和智控（002795）：股价经过大幅调整后企稳盘整，庄家在底部吸纳了大量的低价筹码，2018 年 4 月 27 日一根涨停大阳线向上穿过 5 日、10 日、30 日均线的压力，形成看涨的一箭穿三形态，从而开启一波拉升行情。

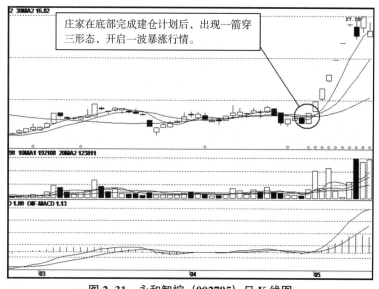

图 2-31　永和智控（002795）日 K 线图

（2）空头一箭穿三形态。空头一箭穿三形态具有较高的可靠性，在任何时候出现这种 K 线形态，都值得投资者认真对待，也因为这个原因，庄家也经常利用一箭穿三制造空头陷阱进行震仓洗盘或建仓。当然，利用一箭穿三制造空头陷阱的股票，通常都是非常具有潜力的大黑马。

股价经过大幅上涨后，在顶部形成盘头走势，市场出现平衡状态，短期、中期、长期三条均线逐渐接近，并呈横向胶着走势。某日，股价放量下行，一举击穿三条均线的支撑，形成一箭穿三形态，表明头部已经构成，市场将结束上涨行情。

或者，股价长时间处于阴跌势道中，短期、中期、长期三条均线压制股价缓缓下跌，偶尔有一两天的反弹行情越过均线之上，但很快股价又放量下跌，形成一箭下穿三条均线，表明市场将有可能出现加速下跌走势。

或者，股价长时间处于慢牛走势，盘面看起来十分坚挺，三条均线向上发散。某日，股价放量向下击穿三条均线，表明升势结束，市场将出现调整走势。

或者，经过一段小幅下跌行情后，股价出现反弹走势，短期、中期、长期均线从

下行走势转为平行走势,突然股价再次放量向下突破三条均线,表明市场进入新一轮跌势。

当盘面出现上述盘面现象时,均符合空头一箭穿三形态特征,为短线卖出信号。

图 2-32,金力泰 (300225):股价经过大幅上涨后,在高位形成平台整理,庄家在这一阶段不断向外派发获利筹码,当庄家基本完成出货后。2018 年 2 月 1 日一根跌停大阴线向下击穿 5 日、10 日、30 日均线的支撑,形成看跌的一箭穿三形态,从而股价出现连续大幅跳水。其实,该股的这根大阴线与前面 1 月 24 日的大阴线组合在一起就构成一个下降三法形态,下降三法形态又符合一箭穿三形态时,看跌效果会更加强烈。

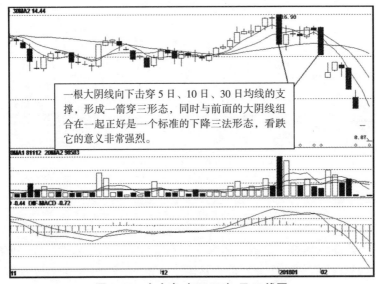

一根大阴线向下击穿 5 日、10 日、30 日均线的支撑,形成一箭穿三形态,同时与前面的大阴线组合在一起正好是一个标准的下降三法形态,看跌它的意义非常强烈。

图 2-32 金力泰 (300225) 日 K 线图

2. 形态应用法则

(1) 收盘价大大高于 (低于) 开盘价,为大阳线 (大阴线)。

(2) 实体部分较长,股价实际涨 (跌) 幅较大。

(3) 没有上下影线,或上下影线很短。

(4) 这根大阳线成功向上 (向下) 穿过三根移动平均线。

技术意义:市场经过一段时间的争夺战后,多空双方力量势均力敌,市场归于平稳,双方在一个相对平衡的格局里运行。但平静往往是酝酿一轮更大的行情,时机一旦成熟则巨大的力量就会朝一个方向喷薄而出,势不可挡,市场轰动效应十分明显,因此一箭穿三形态具有强烈的反转意义。它是股价从位于三条均线之下 (上) 转为位于三条均线之上 (下) 的转折点,也是均线系统由空头 (多头) 排列转为多头 (空头)

排列的关键反转日。

3. 形态效力和操作要点

（1）一箭穿三形态所吞没的日 K 线数量越多，其反转的市场意义越大。第二天股价持续向纵深发展，技术含义更加强烈。

（2）顺大势而行的一箭穿三形态，可以顺势操作。逆大势而行的一箭穿三形态，可靠性不高，投资者尽量不参与为好。

（3）成交量保持活跃状态，无论是向上突破还是向下突破，一箭穿三形态通常伴有较大的成交量，放大的成交量让人感到势不可当。如果是一两天的脉冲式放量或出现顶天立地的单天放量，信号可靠性不高，虚假的可能性极大。

（4）股价成功突破一个重要的技术位置，如压力位和支撑位、趋势线、前期成交密集区、整数点位等，可以积极参与多空博弈。

（5）一箭穿三形态应以实体 K 线作为分析依据，如果仅仅是上下影线部分穿过三条均线，收盘时没有站稳，则没有实质性的技术意义。光头光脚的一箭穿三形态其分析意义更大，后市涨跌力度与 K 线的长度成正比。

二、多头一箭穿三形态常见技术陷阱

在实盘操作中，多头一箭穿三形态向上突破的虚假信号或技术陷阱也非常多，许多被套牢的投资者就"沦陷"在这个形态之中。市场经常出现的多头一箭穿三失败形态有：

（1）股价大幅上涨后，由于庄家没有及时在高位顺利派发筹码，又不想在下跌中出货，于是形成一个高位盘整区。最终使用向上假突破的手法，在拉高过程中悄悄出货，从而成为拉高出货陷阱。

（2）庄家在做盘过程中，感受到上方有重大压力而又不想把这种感觉暴露到盘面上，以防盘中筹码松动，于是就制造假突破形态，进一步稳定筹码，并吸引新资金入场，从而成为假突破陷阱。

（3）大势投资环境逐渐向淡，由于庄家坐庄失误，而没有及时撤退以至于套牢其中，在不断大跌的行情中庄家的资金渐渐缩水。为了扭转这种不利局面，庄家便发动自救行情，在图表上出现一箭穿三形态，因而上涨幅度微小，维持时间也较短暂，结果演变为技术陷阱。

（4）庄家坐庄行为在得不到散户的积极配合时，也会引发技术陷阱的产生，如庄家进行拉升时，遭到多数散户的抛压而被迫放弃拉升，从而演变为技术陷阱。

图 2-33，红日药业（300026）：该股见顶后股价逐波回落，均线系统呈空头排列，2017 年 11 月 24 日一根放量涨停大阳线拔地而起，一举向上穿越 5 日、10 日、30 日均线的压制，形成标准的一箭穿三形态，此为强烈的多头看涨信号。可是，随后股价并没有持续上涨，经过短期盘整后，股价再次陷入盘跌走势。

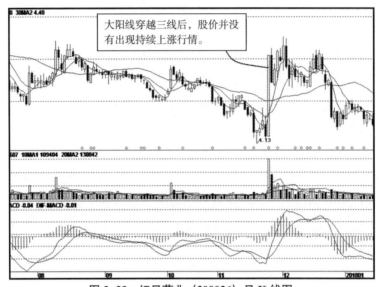

图 2-33　红日药业（300026）日 K 线图

为什么这样一根大阳线出现后，股价没有止跌回升呢？其原因：一是股价仍然受下降趋势压制，没有真正扭转下跌势头。二是上方盘区压力较大，对股价上涨构成威胁。三是成交量没有持续放大，仅仅是单日放量而已。四是 30 日均线刚刚从下行状态转向平走，对股价向上牵引力度不强。

图 2-34，荣华实业（600311）：该股反弹结束后再次步入下跌走势，向下破位后形成横向震荡整理，2018 年 3 月 23 日股价放量涨停，成功向上穿越 5 日、10 日、30 日均线压力，构成一箭穿三形态。可是，股价并没有出现持续的上涨行情，反弹到前期盘区下方时遇到强大的阻力，股价屡攻不破，无功而返后股价进入新一轮下跌行情。在一箭穿三形态附近买入的投资者，就容易遭受套牢之苦。

从该股日 K 线图中可以看出，股价在前期震荡过程中，堆积了大量的筹码，股价向下破位后原先的支撑转化为新的压力，上涨将遇到重大压力。虽然在盘中出现向上穿越的一箭穿三看涨形态，但股价并没有消除上方的阻力，这种情况下任何看涨信号都显得苍白无力。一箭穿三形态也不能一概看多，要谨防下跌过程中出现的失败形态。

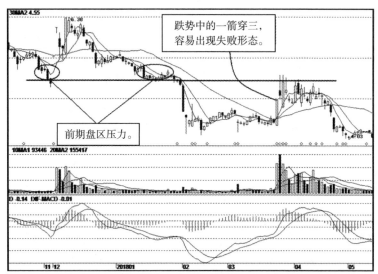

图 2-34 荣华实业 (600311) 日 K 线图

三、空头一箭穿三形态常见技术陷阱

在实盘操作中，空头一箭穿三形态的虚假信号或技术陷阱也非常多，许多踏空者就出现在这个形态之中。市场经常出现的空头一箭穿三失败形态有：

（1）股价已经到了历史底部区域，但由于庄家仓底货不够，筹码达不到坐庄要求，往往采用打压股价的手法，造成破位形态，从而出现技术陷阱。

（2）庄家完成建仓任务后，在股价进入升势之前，往往有一次或多次的试盘动作，而向下打压股价测试底部是否构筑扎实，是庄家常用的一种试盘手法，因此向下试盘容易出现空头陷阱。

（3）庄家坐庄手法不当也会导致空头陷阱的产生，在市场中有些空头陷阱，并不全是庄家主动制造出来的，可能是庄家判断失误而被动产生的。例如，原来庄家想压低股价继续低位吸货，但股价打压下以后，不仅很少抛盘，反而引来很多的接盘，导致庄家丢失低位筹码，于是股价被迫拉起，从而演变为技术陷阱。

（4）利用消息制造空头陷阱，刻意扩大消息的负面影响，空穴来风，制造虚假消息，通过盘面的过度反应制造恐慌场面。

图 2-35，北方创业 (600967)：股价经过洗盘整理后，再度出现升势行情，当股价上涨到一定的幅度后，在高位出现调整走势，不久相继两次出现向下突破，股价一举击穿 5日、10 日、30 日均线支撑，向下的一箭穿三 K 线形态如同断头锄，切断了股价的上涨势头，这种形态后市具有普遍看跌性质。可是，出乎意料的是股价在 30 日均线之下作短暂

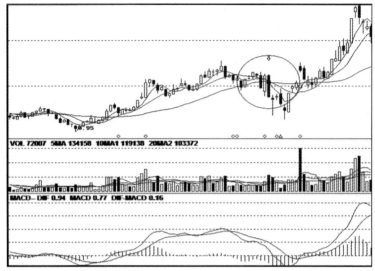

图 2-35　北方创业（600967）日 K 线图

的停留后，很快重返均线系统之上，并产生新一轮加速涨升行情。

　　该股的这两根大阴线乍看的确给人以不祥之兆，但从日 K 线图分析，大可消除这些隐患。当第一根阴线产生后，第二天就被一根阳线所包容，也就是说否定了一箭穿三的下跌信号。在第二根阴线产生后，次日股价探底回升，收出一根长下影线的十字星线，表明下方有承接盘介入。而且，在一箭穿三形成的过程中，没有出现大的成交量，说明浮动筹码不多，盘中抛压不大，筹码基本已被庄家锁定，而庄家也没有在此结束行情的迹象，因此一箭穿三是一次假突破走势。投资者可在股价重返 30 日均线之上时，择机逢低介入。

　　图 2-36，汇鸿股份（600981）：股价见顶后逐波下跌，从最高的 17 元开始下跌，最低下探到了 2.82 元，然后企稳盘整。不久，一根一箭穿三的大阴线向下一举跌破 5 日、10 日、30 日均线的支撑，给本已脆弱的底部构成一定的考验。值得庆幸的是，第二天股价探底回升，重返均线系统之上，并出现向上盘升行情。

　　从该股日 K 线图分析，股价已经到了历史底部区域，庄家已经吸纳了大量的低价筹码，采用打压股价的手法测试浮动筹码抛售情况，从而为后续坐庄做好准备。从盘面观察，在一箭穿三形成的过程中，没有出现大的成交量，说明浮动筹码不多，盘中抛压不大，筹码基本已被庄家锁定。而且，一箭穿三形成后的第二天股价没有出现持续下跌走势，收出一根企稳十字线，说明下方有承接盘介入。再说，股价离前期低点很近，此处对股价具有一定的支撑作用，如果股价继续下探可以观察该点位的盘面反映。但股价并没有下探到前期低点附近，就能企稳回升，说明一箭穿三

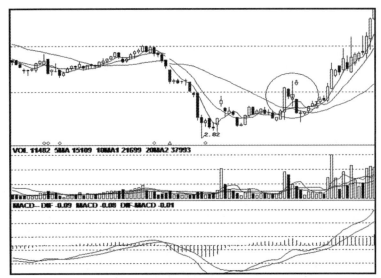

图 2-36　汇鸿股份（600981）日 K 线图

是一次洗盘换手走势。

四、破解陷阱方法

1. 看一箭穿三形态出现的位置高低

经过充分盘整后出现的一箭穿三形态，往往产生强大的爆发力，突破长期形成的阻力位或支撑位，股价迅速摆脱长期形成的盘整区域。股价累积涨幅较大，尤其是涨幅达到一倍或几倍以上的股票，如果在高位出现向上的一箭穿三形态，应谨慎庄家拉高出货。或者，市场经过长期的熊市调整后，股价跌幅超过 50%，这时如果出现向下的一箭穿三形态，则空头陷阱的可能比较大。

2. 关注成交量变化

在成交量方面要符合温和持续放大的特点，如果成交量突然出现特别巨大或短暂的放量，后市的发展就值得怀疑。上涨放量是毋庸置疑的，但在向下的一箭穿三形态中，在突破时的那一天也要有大的成交量出现，这样会加强形态的突破效果。

3. 时间法则

如果某一只股票收盘价连续三天向下跌破移动平均线，那么该均线系统就算有效跌破，股价后市下跌的可能性较大，投资者应及时卖出股票。反之，向上突破亦然。

4. 比率法则

如果某一交易日股价向下跌破移动平均线的幅度超过 3%，那么该均线系统就算有效跌破，股价日后下跌的概率较大，投资者应及时卖出股票，以免被套牢。反之，向

上突破亦然。

5. 关注第二天的走势

向上一箭穿三形态产生后，按技术要求第二天应持续上涨。如果第二天出现向上跳空缺口，表明上涨力度强大。如果第二天出现技术性回调，其回调幅度不应超过上涨阳线实体的1/3。如果第二天收出大阴线，吞没了大阳线的1/2以上，则多头一箭穿三形态的技术含义遭到怀疑。

6. 分析均线系统的趋势

在均线系统呈下降趋势时，出现向上的一箭穿三形态，要小心多方防御抵抗性反弹，谨防多头陷阱。在均线系统呈横向趋势时，出现向上的一箭穿三形态，其可靠性一般，要结合其他技术方法综合分析。在均线系统呈上升趋势时，出现向上的一箭穿三形态，其可靠性较高，后市可以看高一线。

相反，在均线系统呈上升趋势时，出现向下的一箭穿三形态，可能是多方洗盘所为，谨防空头陷阱。在均线系统呈横向趋势时，出现向下的一箭穿三形态，其可靠性一般，要结合其他技术方法综合分析，为安全起见也可以先采取减仓操作。在均线系统呈下降趋势时，出现向下的一箭穿三形态，其可靠性较高，后市可能继续下跌走势，此时可以抛空策略。

经过充分炒作后，在高位盘头区域或平台整理区域出现向上的一箭穿三形态，应谨慎看多，此时产生的向下一箭穿三形态应当斩仓出局。同样，经过大幅下跌后，在盘底区域产生的向下一箭穿三形态，谨防空头陷阱，此时产生的向上一箭穿三形态可以积极参与。

第六节　锤头线陷阱

一、形态分析精华

1. 形态形成过程

简评：锤头线为次要的单日底部反转征兆，宜进一步确认形态的有效性。

特征：锤头线的下影线很长（锤柄），实体K线却很短（锤头），呈锤子状，故称其为锤头线。锤头线指的是股价持续下跌一段时间后在底部出现了一条小实体带长下

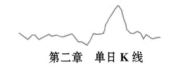

影线的K线。标准的锤头线其下影线长度至少是实体部分的2倍，没有上影线或上影线极短。

在市场的阶段性底部，经常会出现价格快速下跌，创出一段时间以来的新低，但此时空方能量消耗殆尽，主动性买盘开始逢低进入，在低价位斩仓割肉者越来越少，从而导致多空力量的平衡点不断转移，最终当天收盘价高于当天开盘价或略低于当天开盘价而形成"锤头"，显示价格已不能继续下跌。因此锤头是见底的信号，可以适时买进做多。

锤头线有阳锤头与阴锤头之分，其意义基本相同，但一般来说，阳线锤头上攻力度大于阴线锤头。

需要注意的是，如果锤头线出现在大幅上涨后的相对较高位置，则属于看空信号，称为"吊颈线"。

2.形态应用法则

（1）短小的K线实体部分必须处于市场的最下端。

（2）K线实体部分可以是阴线或阳线，其意义基本相同。

（3）锤头线的实体部分较短，下影线很长，而上影线很短或没有。

（4）下影线的长度应当至少为K线实体长度的2倍。

（5）实体为阳线的锤头线，其看涨意义更坚信几分。

（6）一般会伴随着底部放量，放量越明显，信号越强烈。

技术意义：在底部区域出现的锤头线，一般认为是一种强势K线，是股价上涨较为强烈的信号，表明空方的抛售力度渐渐转轻，做空动能渐渐衰竭，失去对盘面的控制，由于在此区域多方积聚了大量的做多能量，一旦多头掌控盘面，就会形成有力的上攻行情，因此是一个做多信号。

这类K线形态与股价出现的位置有关，如果锤头线出现在顶部区域，则是吊颈线形态，一般认为是一种潜在的转势K线，是股价下跌的先兆，表明多方的买盘力量渐渐减弱，做多动能开始动摇，而做空能量悄然形成，一旦空头市场确立，其杀伤力往往是惊人的，因此是一个做空信号。

3.形态效力和操作要点

锤头线可以出现在底部，也可以出现在涨势中途。在下降趋势的低位，属于底部单日反转形态，具有看涨意义。出现在上涨中途，后市可能会出现加速上涨行情。

（1）锤头线意味着多空力量出现微妙变化，多方能量日趋见大，下跌势头随时逆转。一般来说，股价趋势发展越长，越容易被确认反转，也就是说跌势越久、跌幅越

大，在低位发现锤头线的见底机会越高，可以逢低买入。

（2）在底部出现锤头线，表示股价"探底"成功。判断锤头线的利好效力，最重要的是看下影线。下影线要至少是实体的2倍，下影线越长，实体及上影线越小，止跌效果就越明显。

（3）虽说对锤头线的实体颜色要求不太重要，但底部阳线锤头，在散户心里更具有看涨作用，而顶部阴线锤头，在散户心里更具有看跌作用。

（4）股价在低位出现锤头线，若配合观察当日成交量在股价回升时大增，更能反映买盘积极吸纳，见底上涨机会很大，应做好买入打算。

（5）在出现锤头线时，暗示多方已发力攻势将股价推上，但往往是因市场积弱多时，仍会遭到空方顽强抵抗，将股价力压打低，令股价回落再次测试锤头线的低点，只要此低点不破，成功筑底将使底部更加坚固，后市涨势更可看好。

（6）出现锤头线的第二天，开盘价与锤头线实体之间的向上缺口越大，反映低位接盘越多，形态见底的爆发力越强。

（7）锤头线形态出现之后的第二根线一般为阳线，阳线长度越长，则新一轮涨势开始的可能性越大。如果锤头线的第二天收阴线，其阴线长度越长、跌幅越大，则锤头线的看多意义越差，锤头线有可能成为失败形态，出现新一轮跌势的可能性越大。

二、锤头线常见技术陷阱

锤头线虽然是一个底部反转形态，具有较强烈的看涨意义，但是在实盘中，锤头线经常成为多头防守反击的一种K线形态，有时锤头线出现后，股价仍将继续下跌，容易失败从而演变成抵抗性下跌走势，结果利多的锤头线演变为利淡的吊颈线，成为一个虚假的多头信号。

1. 跌势中的锤头线陷阱

股价经过一轮较长时间的深幅下调后，市场中人气极度悲观，股价顺势低开低走，受熊市思维影响和下跌惯性的作用，股价开盘后继续深幅下挫，但由于买盘逢低介入，封堵了下跌空间，并将股价从低位拉起，在当日最高价或次高价收盘，出现标准的锤头线形态，从而构成一个十分漂亮的买入信号。可是，根据这个信号买入后，股价并没有出现预期的上涨行情，或者只是小幅的弱势反弹，很快市场又恢复下跌走势并创出跌势新低，形成低位锤头线陷阱。

图2-37，东方网络（002175）：股价见顶后逐波下跌，盘面弱势特征十分明显，2017年11月17日开盘后节节下滑，此时空方能量得到大量释放，主动性买盘开始逢

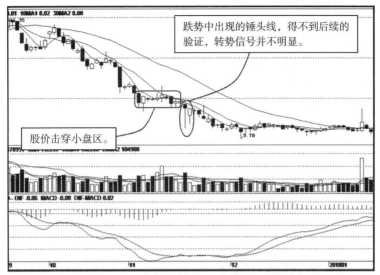

跌势中出现的锤头线，得不到后续的验证，转势信号并不明显。

股价击穿小盘区。

图 2-37　东方网络（002175）日 K 线图

低介入，市场出现扭转乾坤之势，股价再次向上托起，当日收出一根长长的下影线，形成一根标准的锤头线，显示价格已不能继续下跌，因而是一个买入信号。可是，随后股价依然疲弱，继续出现下跌走势，锤头线成为失败形态。

为什么说该股的锤头线产生后没有出现上涨行情呢？主要原因：

从该股日 K 线图分析，在出现锤头线的当天，成交量没有出现明显的放大，表明做多意愿不强，而且均线系统呈现空头排列。特别是第二天股价低开后，在上涨过程中遇到 5 日均线压制明显，虽然收出一根缩量小阳线，但当天股价仍然是下跌的。可以看出，股价上涨显然得不到成交量的积极配合，这种现象至少说明了 5 日均线附近存在着不小的压力。因此，股价要想获得反弹就必须放量突破 5 日均线的阻力，或者逐步消化 5 日均线的阻力，否则反弹必将夭折。所以，在接下来的走势中，并没有出现这种现象，在这之后股价均受 5 日均线的阻力而继续走弱，成交量继续呈现萎缩状态，股价渐行渐弱，最终未能企稳上涨。

2. 盘势中的锤头线陷阱

在股价震荡整理过程中，盘面上蹿下跳，经常出现锤头线形态，由于这时期股价运行趋势并不明确，形态信号的技术含金量也大大降低，因此锤头线的看涨信号容易演变成为失败形态。

图 2-38，希努尔（002485）：这是该股 2017 年 7 月~2018 年 2 月的走势图，在上涨的高位股价进入震荡整理走势，先后出现 7 次锤头线形态，但股价并没有因此形成转势走势，锤头线演变为失败形态。

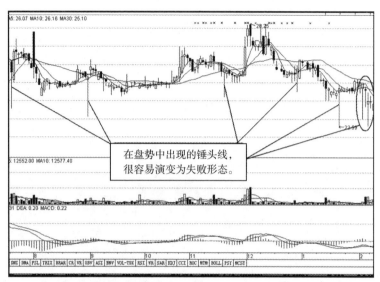

图 2-38　希努尔（002485）日 K 线图

　　一般而言，锤头线出现之前应有一段下跌过程，哪怕只是较小的下降趋势，才能认定为市场正在夯实底部。锤头线出现时，一定要等待其他验证信号的证实，这是锤头线运用中的一条普遍原则。在锤头线之后，如果市场形成一条上涨阳线，并且得到成交量的积极配合，收盘价高于锤头线的收盘价，那么就可以看作上涨锤头线成立的一种佐证。通常次日阳线实体越长，锤头线的可靠性越大。或者，锤头线的实体与次日的开盘价之间如果出现向上跳空缺口，且跳空缺口越大，锤头线越有可能构成市场的底部。

　　3. 中位锤头线陷阱

　　股价经过持续的上涨行情后，多头上攻力量得到充分的发挥，庄家不敢继续拉抬股价，散户不愿追高买入，加之获利盘的增多，庄家借机展开洗盘换手。当洗盘接近尾声时，股价跳空低开后，庄家借势打压，股价出现快速下滑，但顽强的庄家又将股价拉起，于开盘价附近收盘，从而形成一个看好的锤头线形态。可是买入股票后，股价不涨反跌，形成中位锤头线陷阱。

　　图 2-39，汇通能源（600605）：股价见底后出现一波反弹行情，长期低迷的股市被成功地激活，当股价反弹到 10 元上方时遇到较大的阻力，由于盘中累积了较大的获利盘，套现筹码纷纷涌出，股价出现回落调整走势。但由于牛市思维并未彻底转变，多头未死，牛气十足，在回落中途收出两根探底回升的中位锤头线形态，预示股价洗盘调整结束，可以逢低介入操作。可是，当投资者纷纷买入股票后，股价并未出现预期的上涨走势，只是小幅回升或盘整。不久，市场又出现下跌行情，股价创出调整新低。

第二章 单日K线

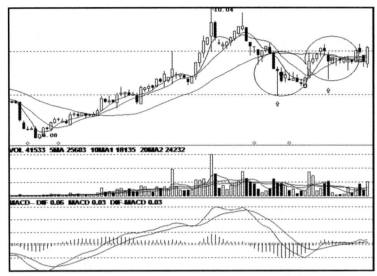

图 2-39 汇通能源（600605）日 K 线图

那么，如何解读这两根锤头线的技术含义呢?

（1）从成交量分析，两根锤头线产生时成交量均没有放大，第二天也没有补量出现，且形成逐步缩量态势，这种现象一方面说明下跌能量减弱，另一方面也反映做多力量不足。

（2）从第二天的市场表现分析，第一根锤头线产生后，第二天股价继续下跌收出阴线，股价受阻于5日均线的压制，说明第一天的探底回升得不到认可。第二根锤头线产生后，虽然次日收出阳线，但却是一根缩量的小阳线，连锤头线的实体也没能吞没，且股价受到均线系统压制明显。

（3）30日均线由上行状态渐渐转为走平，并已由支撑功能转变为压力功能，对股价上涨构成压制。

三、破解陷阱方法

1. 看锤头线出现的位置

一般而言，在低位出现的锤头线，表示下档支撑很强，股价探底成功，显示股价已到近期底部，反弹在即，投资者应果断介入。在中位出现锤头线，通常为庄家洗盘行为，后市仍有升势行情。但在下跌初始阶段出现的锤头线，是顶部或继续下跌的信号，不应错当买入信号。在横向震荡过程中出现的锤头线，后市发展趋势难以判断，不能作为买卖的参考依据。

083

2. 锤头线与均线

锤头线出现或产生时，均线向上移动的，表明洗盘整理结束，则看涨信号更可靠，后市上涨空间较大；均线向下移动的，锤头线的看涨意义不强，可能仅是小幅反弹而已，后市上涨需要其他方面的支持；均线横向胶着的，锤头线为疑似信号，需要后市进一步验证。

3. 分析图形的市场原因或性质

在低位出现的锤头线要分析庄家是出货还是建仓，有时庄家将股价拉高后，很难在高位一次性完成出货任务，不得不将股价放下一个台阶，然后用少量的资金将股价再度拉起，在盘面上给散户形成见底反转的形态，待散户介入减少后，庄家便不断地向外撤退，以致出现失败的低位锤头线。当股价真正到了底部后，庄家害怕股价深跌造成筹码丢失，很快地把股价拉起，从而形成真的锤头线看涨信号。

4. 锤头线形态的买卖时机

要等待验证信号的形成，第二天的走势是锤头线更好的验证信号。锤头线之所以要有一个验证信号，是因为形成该形态时的股价运行走势是下跌的，也就是说，在该形态形成的当日，收盘价处于下跌趋势的较低位置，虽然盘中有所收复失地，但多方并未掌控盘面，因此需要从下一天的走势得到进一步验证。

低位锤头线的第二天能收出上涨中阳线，则锤头线确立，如果第二天高开高走，留下当日不回补的跳空缺口，则看涨意义强烈，为锤头线的验证信号。缺口距离越大，阳线实体越长，后市看涨意义越强烈。相反，如果第二天K线收阴线，则锤头线形态值得怀疑，可以作为下跌抵抗形态对待，后市可能进入横盘整理或继续盘跌，投资者不必心存幻想。

高位出现锤头线后的第二天如果收出上涨阳线，则表明前一日的走势为庄家洗盘所为，市场仍然处于强势之中，股价上涨行情仍将延续一段时间。同样，如果第二天K线收阴线，表明上行压力较大，若低开低走，留下一个当日没有回补的跳空缺口，则看跌意义强烈，验证信号失败，缺口距离越大或阴线越长，后市看跌意义越强烈。

5. 观察第二天的盘面细节

在收出锤头线的第二天，投资者还应注意以下四点：

（1）第二天若是出现下跌走势，股价不能跌破前一天收出锤头线的最低点，可以触及这个最低点，但必须在触及这个最低点时立刻被大买单拉起。

（2）在第二天的运行中，成交量不能出现明显的萎缩，最好与前一天持平或小幅放量。

（3）第二天收盘时，收盘价必须高于开盘价，最好是能收在前一天的收盘价之上。

（4）若是第二天出现低开，股价必须呈现出逐步回升的走势，并且要收出阳线，如果第二天收出一根下跌的阴线，那么后市股价继续下跌的可能性就相当的大。

6. 锤头线与成交量

在底部出现锤头线形态后，需要成交量的积极配合，量增价涨，量价齐升，形态的可靠性较高，否则为疑似信号，但在顶部出现锤头线形态，无须强调成交量的大小。但出现天量或极度缩量时，要警惕转势信号的有效性。

7. 整理形态中的锤头线

锤头线出现在突破颈线后的回抽位置，通常成为强势整理形态。整理形态中的锤头线与顶部形态中的锤头线的区别有两点：

（1）锤头线的位置。如果上涨幅度很大，出现锤头线形态，即使不成为单日反转也足以构成一个重要的警示信号。如果上涨幅度不大，股价刚刚脱离底部，则成为整理形态中的可能性较大。

（2）锤头线形态形成的成交量。如果锤头线伴随巨大的成交量，尤其是出现近期天量的时候，要特别警惕单日反转。如果分时走势图上显示当日是大幅下挫，尾盘缩量拉高，则几乎是庄家出货的走势，如果锤头线形成时的成交量大幅萎缩，则应等待下一个时间窗口，以免落入陷阱。

第七节　吊颈线陷阱

一、形态分析精华

1. 形态形成过程

简评：吊颈线为次要的单日顶部反转征兆，宜进一步确认形态的有效性。

特征：吊颈线也叫上吊线，形态与锤头线相同，只不过两者出现的位置不同，锤头线出现在跌势行情的底部，吊颈线出现在涨势行情的顶部。股价经过一轮持续涨升行情后，在高位出现一条长下影线的小实体 K 线图形，称为吊颈线。

在市场的阶段性顶部，经常会出现股价快速上涨，创出一段时间以来的新高，但此时多方能量消耗过大，主动性获利抛盘悄然形成，在高价位介入者越来越少，从而

导致多空力量的平衡点不断转移，但市场并没有完全失去动力，低档买盘介入又使股价再度攀升，最终当天收盘价高于当天开盘价或略低于当天开盘价而形成"吊颈"，显示价格已不能继续上涨。因此，吊颈是见顶的信号，应当及时卖出。

吊颈线的形成过程是股价开盘后向下大幅下挫，但在下挫之后又被大幅拉起来，最终收出一根长长的下影线。标准的吊颈线不带上影线或上影线很短，其下影线长度至少是实体部分的2倍。吊颈有阳线吊颈与阴线吊颈之分，其技术含义是相同的，但阴线吊颈在散户心理上更具有看跌作用。

2. 形态应用法则

（1）短小的K线实体部分必须处于市场的最上端。

（2）K线实体部分可以是阴线，也可以是阳线，其意义基本相同。

（3）吊颈线的实体部分较短，下影线很长，而上影线很短或没有。

（4）下影线的长度应当至少为K线实体长度的2倍。

（5）实体为阴线的吊颈线，其看跌意义更加突出。

技术意义：吊颈线与锤头线对称，为什么一个是底部反转形态，一个是顶部反转形态呢？这是因为吊颈线是出现在市场已经上涨了一段时间之后，多方力量已经在持续的上涨中消耗殆尽，空头力量则随着股价的上涨渐渐聚集，出现吊颈线时，表明空方力量已经聚集到一定的规模，致使股价短时间内出现大跌。虽然多头最终还是把股价拉了上来，但是吊颈线的出现，表明市场中的多空力量已经发生变化，空方开始给多方造成压力，因此是一个做空信号。

需要注意的是，当吊颈线出现时，一定要等待其他看跌信号的证实，这是运用吊颈线的一条普遍原则。吊颈线次日的开盘价之间存在向下的缺口，其缺口越大，那么吊颈线越有可能构成市场的顶部。在吊颈线之后，如果市场形成了一条阴线，并且它的收盘价低于吊颈线的收盘价，那么也可以看作是吊颈线成立的一种佐证。

3. 形态效力和操作要点

股民习惯上将高位出现的锤子线叫吊颈线，也叫上吊线，"上吊"是个很不吉利的词语，令人毛骨悚然，意味着股价已涨到了尽头，警示人们远离市场，回避风险，因此吊颈线是一个顶部反转信号。

（1）吊颈线的出现表明顶部已经或即将到来，具有强烈的卖出信号。股价上涨趋势发展越长，越容易被确认反转，也就是说，股价涨势越久、涨幅越大，在高位发现吊颈线的见顶机会越高，一旦得到确认应及时卖出。

（2）判断吊颈线的利空效力，最重要的是看下影线，下影线至少是实体的2倍，下影线越长，实体及上影线越小，其效果越明显。长长的下影线揭示高位筹码有所松动，先知先觉者已获利了结。

（3）虽说对吊颈线的实体颜色要求不太重要，但阴线吊颈显示股价见顶机会更大，阴线吊颈在散户心理上更具有看跌作用。

（4）吊颈线实体部分与前一根 K 线形成跳空高开缺口，代表"追高一族"成本高于前一天，多为散户行为。

（5）股价在高位出现吊颈线，虽然对成交量大小没有太严格的要求，但若当天放出巨量可以增加见顶的机会，反映市场放量下跌。

（6）在出现吊颈线时，暗示空方已发力向下打压股价，但往往是因市场多头未退，仍会遭到多方防守反击，竭力将股价推高，令股价上升再次测试吊颈线的高点，只要此高点没有突破，成功构筑头部将使顶部更加完整，后市跌势更可确定。

（7）出现吊颈线的第二天，开盘价与吊颈线实体之间的向下缺口越大，反映高位被套牢的筹码越多，形态见顶的杀伤力越强，应及时离场观望。

（8）吊颈线形态出现之后的第二根 K 线一般为阴线，阴线长度越长，则新一轮跌势开始的可能性越大。如果吊颈线的第二天收阳线，其阳线长度越长、涨幅越大，则吊颈线的看跌意义越差，吊颈线有可能成为失败形态，出现新一轮涨势的可能性越大。

二、吊颈线常见技术陷阱

1. 洗盘吊颈线陷阱

当股价经过大幅度上涨之后，多头优势得到充分的展示，股价创出了上涨新高，盘内聚集了大量的获利筹码，某日庄家顺势高开后，由于散户追涨不够积极，加之获利盘的套现，造成股价快速下滑，但多头未死又神奇般地将股价拉回到高点附近，从而构成吊颈线形态。这一下一上使惊魂未定的散户感到大势已去，因此胜利大逃亡是较好的选择。可谁知道，后市股价竟然出现不跌反涨，而且走势煞是亮丽。

图 2-40，惠威科技（002888）：经过一轮持续打压后，庄家吸纳了大量的低价筹码，然后渐渐企稳回升，股价重回 30 日均线之上。2018 年 3 月 30 日，股价出现"一"字涨停，次日大幅跳空高开，盘中出现剧烈震荡，当天收出一根吊颈线，预示反弹行情受阻。可是，此后股价又连拉 3 个涨停，然后股价回落洗盘，4 月下旬当股价回落到吊颈线附近时，遇到技术支撑而再次走强。

从该股日 K 线图中可以看出，虽然 K 线收出一根吊颈线，但这是强势盘面特征的体现，也是股价突破前期盘区压力的正常盘面反映，通过吊颈线的盘中震荡，让底部

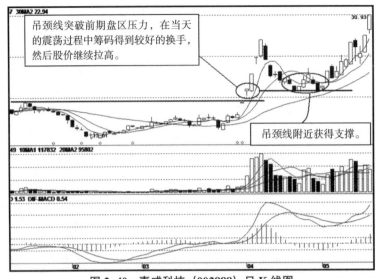

吊颈线突破前期盘区压力，在当天的震荡过程中筹码得到较好的换手，然后股价继续拉高。

吊颈线附近获得支撑。

图 2-40　惠威科技（002888）日 K 线图

获利盘和前期套解盘离场换手，形成合理的持仓结构。然后继续向上拉高，当股价再次回落到吊颈线附近时，得到了有效的技术支撑，说明吊颈线附近震荡换手极其成功，同时也得到 30 日均线的支撑，这时是一个较好的买点，此后股价再度走强。

2. 中位吊颈线陷阱

经过一轮较长时间的上涨行情后，股价处于阶段性高位，市场人气沸腾，某日股价顺势高开，但受获利盘抛压影响，股价向下深幅下挫。最后庄家不甘就此败阵，力挽狂澜，将股价从低位拉起，在当日次高价收盘，由此产生吊颈线形态。这通常是一个短期见顶信号，应当作为卖出信号对待。可是，根据这个信号卖出股票后，才发现这是庄家洗盘行为所致，股价仍将保持强势上涨走势，这种"吊颈"变"锤头"的现象，也成为吊颈线陷阱。

图 2-41，海鸥股份（603269）：该股股价见底后向上盘高，经过两次锤头线洗盘后，股价出现快速上涨。2018 年 2 月 26 日，在当时的高位收出一根吊颈线，此时股价已经有了一定的反弹幅度，加之股价又反弹到前期高点附近，在此出现这样一根吊颈线，通常认为这是短期见顶形态，可以作为卖出信号对待。可是，股价并没有出现大幅调整，经过短暂的调整后，股价再次出现强劲的上涨走势，从而成为虚假的看跌信号。

从该股整个过程来看，在出现吊颈线之前，股价的上涨幅度并不是很大，而且在这之前股价还出现了一段时间的盘整走势，并出现两次锤头线形态。在盘整过程中，股价的波动幅度也是相当小的，而且在这个过程中股价一直在 5 日均线和 10 日均线之间来回震荡。从这些迹象上就可以看出，此时庄家明显是在洗盘整理，而且盘中的浮动筹码

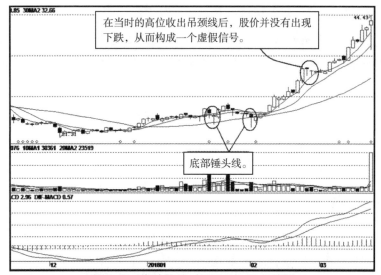

在当时的高位收出吊颈线后，股价并没有出现下跌，从而构成一个虚假信号。

底部锤头线。

图2-41 海鸥股份（603269）日K线图

并不是很多，否则成交量必将呈现出放大的现象。

图2-42，华铁科技（603300）：当股价反弹结束后，再次回落到前期低点附近时，得到技术支撑而再度走强，并再次回升到反弹高点附近。股价在前期反弹高点附近短暂地蓄势整理后，全面消化了上方的压力，股价开始向上突破。2017年1月16日和17日，连续出现两根吊颈线，此时股价处于反弹高点位置，被不少人看作是短期见顶信号，因而当作卖出信号对待。其实，这两根吊颈线是对股价突破前期反弹高点后的一次回抽确认走势，成交量没有出现异常现象，均线系统呈现多头排列，属于正

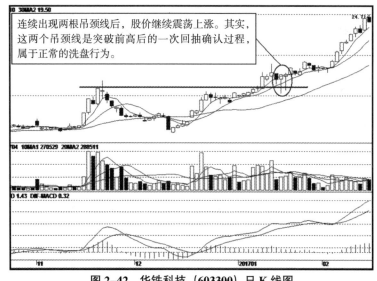

连续出现两根吊颈线后，股价继续震荡上涨。其实，这两个吊颈线是突破前高后的一次回抽确认过程，属于正常的洗盘行为。

图2-42 华铁科技（603300）日K线图

常的回调洗盘整理行为，所以后续股价继续向上震荡走高。

综合上述分析之后可以看出，庄家经过横盘震荡洗盘后，盘中浮动筹码已经很少了，在拉出一根向上突破大阳线时，盘中的短线获利回吐盘也相当少。不然，在随后出现的吊颈线回落过程中，这些短线获利筹码必将一涌而出，获利了结，成交量呈放大态势。大家可以试想一下，既然此时股价的上涨幅度并不是很大，而且在上涨过程中庄家也进行了洗盘，盘中浮动筹码相当少，那么庄家接下来如何做盘呢？答案再明显不过了，庄家肯定会继续把股价拉上去，至于是通过什么方式拉上去，这并不重要。

三、破解陷阱方法

吊颈线的出现是一种不好的预兆，意在提醒投资者，注意风险，及时离场。可是，股市中有着太多的变数，吊颈线不全是"吊人"的工具，有时利淡的吊颈线却演变为利好的锤头线。吊颈线成为真正的"骗人"工具。那么如何分析判断吊颈线呢？

1. 吊颈线与均线

吊颈线如果出现在均线向上角度十分陡峭的时候，其顶部反转信号更可信。因为在均线大角度向上发散时，股价上升速度过快，短时间内多头力量消耗过大，获利盘急剧增加，变盘现象随时发生。此时收出吊颈线，意味着空方能量聚集膨胀，顶部反转信号更强。如果吊颈线出现在上涨初期，均线刚刚开始调头向上，或庄家洗盘换手阶段，或出现在均线稳步上移的多头排列情况下，其顶部反转的信号会大大减弱，这时反而乘吊颈线逢低买入。

2. 吊颈线与成交量

在出现吊颈线时，如果当日成交量放大，或近期出现非常明显的大成交量时，其顶部反转信号更可信。同样，吊颈线形态出现时，当日或前几日的成交量较为萎缩，说明此时股价为无量空涨形态，进一步印证了涨势的不可持续性。但如果在出现吊颈线的第二天股价能够继续走强的话，投资者可以在第二天轻仓买进，或在第三天股价回调时适量买进。

3. 吊颈线与数量

在上涨中途出现吊颈线的当天，股价逐步震荡回落，在回落的过程中成交量出现了明显的放量，但在股价反弹回升的过程中则呈现快速反弹，并且反弹的过程中由大量的对倒盘把股价拉上去，这种情况下投资者就要高度谨慎了。一旦后市股价出现上冲无力，并且是放量滞胀的话，投资者就要果断清仓出局。

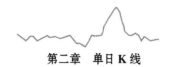

4. 吊颈线与阻力位

吊颈线虽为顶部反转信号，但需要得到后面 K 线的证实。如果它出现在重要的阻力位置时，其顶部反转信号的可信度大增，实盘中不必等到后面的 K 线验证即可提早卖出。在出现吊颈线的当天或第二天，股价放量下行跌破吊颈线的最低点时，投资者就要果断卖出，后市股价出现大跌的可能性相当大。在出现吊颈线后，如果股价跌破 5 日均线的时候，应短线减仓操作，如果跌破 10 日均线应清仓离场。

5. 吊颈线与股价高开

要是在出现吊颈线当天，股价大幅度高开 3 个点以上，开盘之后股价开始一路下跌，最终形成吊颈线的话，那么投资者在当天收盘前几分钟就应该清仓出局。

6. 吊颈线与高价区

对什么是高价区要有一个理性的定义，因为高价区是相对于即时行情而言的，一旦后市出现大幅上扬，就会豁然发现原来的高价区变成低价区了，因此股价创出新高并不可怕。吊颈线也是如此，在盘面细节上股价在高位出现快速回落，但在快速回落之后，股价又出现快速放量拉升的，仍可看高一线。第二天如果出现相似的震荡走势，股价跌幅不大，收出小阴小阳线的话，只要成交量保持与前几天恒等，就不必为之惊恐，后市必有一段主升行情出现。记住，短期内"会涨的股票是不会跌的，会跌的股票是不会涨的"。

第八节　倒锤头线陷阱

一、形态分析精华

1. 形态形成过程

简评：倒锤头线为次要的单日底部反转征兆，宜进一步确认形态的有效性。

特征：倒锤头线形态与锤头线形态正好相反，倒锤头线的上影线很长（锤柄），实体 K 线却很短（锤头），呈倒锤头状态，故得其名。标准的倒锤头线上影线长度至少是实体部分的 2 倍，没有下影线或下影线很短。

倒锤头线的形成过程是在一段大幅下跌的末期，多方积蓄已久的能量展开一次向上攻势，但空方防守反击，坚守空方阵地，向下力压股价，导致多方初战失利，股价

未能在较高位置收盘，留下长长的上影线K线。

这种盘面表示多空力量已悄然发生变化，多方已蠢蠢欲动，蓄谋已久，战胜空方为期不远，市场即将迎来见底反转。倒锤头线可以出现在低位，也可以出现在中高位。在出现下跌趋势的低位，属于低部单日反转形态，具有看涨意义。

需要注意的是，如果倒锤头线出现在大幅上涨后的相对较高位置，则属于看空信号，称为"流星线"。在形态上，倒锤头线和顶部形态中的流星线相同，都是具有长上影线的星线，但一个是顶部信号，一个却是底部信号，两者明显不同。很多朋友不理解，其实道理很简单，"形"同而效用却不同，原因在于所处的"势"不同。同样的东西出现的时机和位置不同，其效用自然也就不同。此形态出现在顶部意味着攻击受阻，因此很容易成为头部；出现在底部代表多方试探性地向上攻击，属于试盘行为，目的就是来测试筹码的锁定程度，一旦筹码锁定良好庄家就有可能向上发动一轮行情，底部也就因此确立。

2. 形态应用法则

（1）短小的K线实体部分必须处于形态的最下端。

（2）倒锤头线的实体较短、上影线很长，而下影线很短或没有。

（3）实体部分可以是阴线，也可以是阳线，其意义基本相同。

（4）上影线长度应远远较实体为长，至少是实体的2倍。

（5）一般会伴随着底部放量，放量越明显，信号越强烈。

技术意义：如果倒锤头线出现在底部区域，通常认为是一种潜在的底部转势K线，是股价回升的先兆，表明空方的卖盘渐渐趋弱，做空动能渐渐衰竭，失去了对盘面的控制，由于在此区域多方积聚了大量的做多能量，一旦多头市场确立，其上涨力度往往是惊人的，因此是一个做多信号。倒锤头线可以是阳线，也可以是阴线，其技术含义是相同的，但底部倒锤头阳线，在投资者心理上更具有看涨作用。

3. 形态效力和操作要点

判断倒锤头线的形态效力和操作要点与锤头线形态的判断方法相似。

（1）在底部出现倒锤头线，表示多方能量日趋见大，这是即将发动行情的征兆。有时在股价整理的阶段也会出现倒锤头线形态。

（2）股价趋势发展越长，越容易被确认反转，也就是说跌势越久、跌幅越大，在低位发现倒锤头线的见底机会越高。要加强倒锤头线的利多效力，最重要的是看上影线的长度，应至少是实体长度的2倍。此外，在底部出现的倒锤头线的实体最好为阳线，这样效果更佳。

（3）倒锤头线出现后，需要进一步确认，才可跟进买入。道理很简单，在形成此形态当日，股价虽见反弹，但仍被空方力压，所以出现倒转的第二天表现，可以判断多空双方的力量。如果第二天以缺口高开，幅度越大，且一段时间维持在高水平，成交量也见配合上升，可确认倒锤头线的见底信号。假如在第二天，开盘价高于倒锤头线的实体，并维持一段时间，预计在前一日低位抛售的空方已出现踏空，而急于买货补仓。补仓盘触发的涨势大大改善了市场气氛，激发了更多买盘加入承接股票，从而出现强烈的低位转势信号。就算第二天，未能以跳空缺口开盘，但只要当日收盘价高于前一日收盘价且呈阳线，都可成功构成见底信号。

（4）倒锤头线在上攻过程中要有成交量的支持。股价在低位出现倒锤头线，若配合观察当日成交量在股价回升时大增，更能反映买盘积极吸纳，见底上涨机会很大，此时可以逢低买入。

（5）在出现倒锤头线时，暗示多方已发动攻势将股价推上，但往往是因市场积弱多时，仍会遭到空方顽强抵抗，将股价力压打低，令股价回落再次测试倒锤头线的低点，只要此低点不破，成功筑底将使底部更加坚固，后市涨势更可看好。

（6）倒锤头线与锤头线相比，后者能以接近全天最高价位收盘利好信号较强烈，即倒锤头线利好信号较锤头线信号要弱。

（7）倒锤头线形态出现之后的第二天一般为阳线，阳线长度越长，新一轮涨势开始的可能性越大。如果第二天收出下跌阴线，其阴线长度越长，跌幅越大，则倒锤头线的看多意义越差，出现新一轮跌势的可能性越大。

二、倒锤头线常见技术陷阱

倒锤头线虽然是单日反转信号，但是庄家设下的诱多信号也屡见不鲜，散户亏损经常出现在这些信号中，因此应有鉴别信号真假的技巧和能力。实盘中常见的陷阱有以下四种。

1. 低位倒锤头线陷阱

股价经过深幅调整后，处于相对底部区域，此时市场极度疲弱，股价受熊市思维影响和下跌惯性的作用，股价跳空低开，但此时场内该卖出的人都卖掉了，不卖的人也属多头一族。因此股价也不会跌到哪里去了，在买盘的推动下，迅速将股价拉高。但是由于熊气未散，市场难以持续走高，很快遭到短线抛压，股价回落到开盘价附近或略高于开盘价企稳，以重新积聚新的上涨能量，因而形成倒锤头线形态，构成一个较佳的买入时机。可是，据此信号买入股票后，股价并没有出现预期的上涨行情，只

是小幅的弱势反弹走势，不久股价又恢复下跌走势，并创出市场新低，形成倒锤头线陷阱。

图2-43，英派斯（002899）：股价见顶后震荡走低，然后形成一个平台整理区域。2017年11月16日，开盘后多方快速将股价拉起，但盘中再次遇到空方的打压，股价快速回落，当天以实体部分短小而上影线很长的K线收盘，这种形态通常表明股价已经跌到了尽头，后市将要迎来升势行情。一般而言，后市要想跌破倒锤头线形成的最低点，往往需要较大的做空力量，也需要较长的时间，因此可以作为买入信号对待。可是，第二天股价跳空低开后逐波走低，盘中一度触及跌停，一根大阴线将倒锤头线的看多气势一扫而光，此后股价向下阴跌，买入散户被套牢其中，成了一个不折不扣的倒锤头线陷阱。

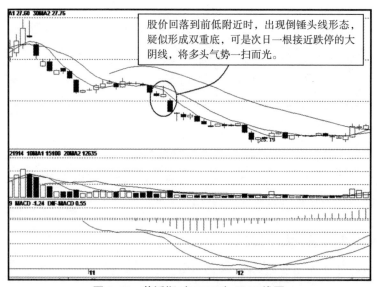

图2-43 英派斯（002899）日K线图

从该股日K线图观察，倒锤头线在企稳后的上攻过程中，得不到成交量的积极配合，表明买盘不够积极，难以推动股价持续上涨。同时，均线系统呈空头排列，股价受到均线压制非常明显，在倒锤头线上涨的当天股价就遇到10日均线阻力，表明上方压力不可低估。因此，当股价再次跌破倒锤头线的低点或击穿前期股价调整低点时，应及时离场。

2. 中位倒锤头线陷阱

股价经过小幅炒作后，处于相对高价位置。为了日后更好地上涨，庄家主动进行洗盘换手，股价出现回落走势。但此时市场已经比较活跃，市场一时受到热情的追捧，

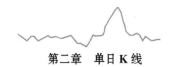

股价顺势跳空高开，并向上大幅拉升，由于场内堆积了大量的获利筹码，在套利盘抛压下，股价迅速滑落，在略高于开盘价附近收盘，留下较长的上影线，产生倒锤头线形态，显示股价洗盘基本结束，因此形成一个较好的买入点。可是投资者买入股票后，股价并没有出现持续上涨走势，只是小幅上冲或横盘走势，甚至直接下跌，不久市场出现新一轮下跌行情，将投资者套牢其中，形成中位倒锤头线陷阱。

图 2-44，精伦电子（600355）：股价经过大幅的下跌调整后企稳反弹，长期低迷的股性被成功地激活，当反弹到 5 元上方时遇到较大的阻力，由于盘中积累了较大的获利盘，低位获利筹码和前期套牢筹码纷纷涌出，股价出现回落调整走势。随后在 K 线图中收出一根倒锤头线，预示股价洗盘调整结束，可以逢低介入操作。可是，当投资者纷纷买入股票后，股价并未出现预期的上涨走势，第二天股价就出现连续跌停，买入者深套其中。

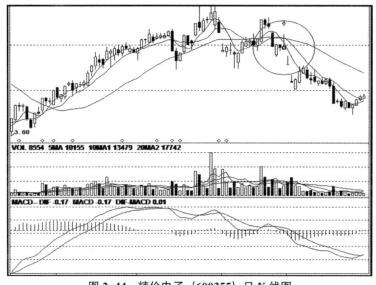

图 2-44 精伦电子（600355）日 K 线图

那么，如何解读该股这根倒锤头线的技术含义呢？主要原因：

（1）从成交量方面分析，倒锤头线产生时成交量没有明显放大，说明场外资金介入十分谨慎，有庄家用少量的资金拉高出货嫌疑。

（2）第二天股价出现跌停，彻底否定了倒锤头线的技术含义，也反映了庄家借倒锤头线出货的真实意图。

（3）股价受均线压制非常明显，倒锤头线当日以"神针穿线"式穿过三条均线的压制，一度激发人气，鼓舞人心，但遗憾的是未能在均线上方企稳收盘，最后回到均线

系统之下收盘，均线系统进一步恶化。

（4）倒锤头线形态失败后，疑似构筑头肩顶形态，因此在股价跌破头肩顶形态的颈线位时，投资者应迅速离场操作，以免遭受深套。

3. 盘整中的倒锤头线陷阱

在震荡盘整过程中，股价运行趋势捉摸不定，容易产生各种图表形态，而这些技术图形也有庄家故意打造的虚假盘面。

图 2-45，浦东金桥（600639）：股价反弹结束后渐渐滑落，形成一条重心不断下移的盘整带。在盘整过程中，股价走势变化无常，时起时落，操作难度非常之大，期间先后 4 次出现倒锤头线形态（图中圆圈处），但均没有出现上涨走势。同时，倒锤头线要求短小的 K 线实体必须处于形态的最下端，而盘整势道显然不具备这一要素。因此，投资者在实盘操作中，对于在震荡盘整中出现的倒锤头线不能当作买卖信号，应改采用其他技术分析方法进行判断。

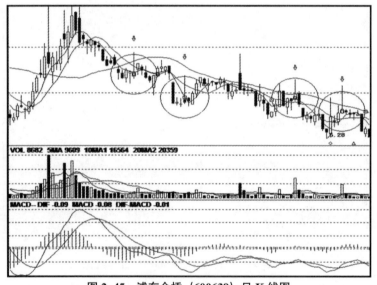

图 2-45　浦东金桥（600639）日 K 线图

4. 一字线后的倒锤头线陷阱

股价经过连续的"一"字形或"⊥"字形跌停后，打开跌停板产生震荡，从而形成倒锤头线形态，这时通常说明股价已经跌到尽头，往往是短线买入机会。但在实盘中，这时形成的倒锤头线形态仅仅是多头抵抗性走势，后市仍有一跌，所以此时出现的倒锤头线不是一个好的买入信号。

图 2-46，三变科技（002112）：该股受利空消息影响，在 2018 年 2 月 22 日复牌后

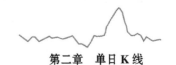

股价连收 3 个跌停，第四天受下跌惯性影响，股价继续从跌停价位开盘，在尾盘 10 分钟内巨量打开跌停板，股价冲高回落，收出倒锤头线形态。次日，股价低开高走，冲高回落再次收出倒锤头线形态。那么，这两根倒锤头线形态能否构成买入信号呢？不能。因为，该股股价连续"一"字形跌停后，做空动能并没有释放殆尽，仅仅是多头的防御性抵抗而已，加之基本面的利空，短期很难改变整体弱势格局。

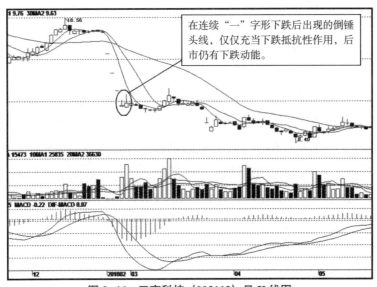

图 2-46　三变科技（002112）日 K 线图

三、破解陷阱方法

倒锤头线虽然是单日反转信号，但虚假信号非常多，散户经常出现操作失误，对此应有鉴别信号真假的技巧和能力。

1. 倒锤头线与均线

均线处于上升时出现倒锤头线，经常是中途调整的最低位置，也是很好的买点。如果在均线呈空头排列时出现倒锤头线，其看涨作用就黯然失色。无论是上升趋势还是下跌趋势，形成倒锤头线前，市场调整越充分，倒锤头线的反转作用就越强烈，后市上涨或反弹力度也就越大。

2. 底部的倒锤头线

在底部要谨防下跌抵抗性走势，分析这方面因素应当从盘面细节入手，通常股价刚脱离头部不久，下跌幅度不深的位置，出现倒锤头线形态，往往是多方防守反击后形成的一种 K 线形态，出现抵抗形走势的概率更大，因此这时不能过分地用技术图形

去套盘面走势,否则容易套牢在半山腰上。正确的做法是等待股价充分调整后,或股价在跌势的中后期出现急跌时,或技术指标出现严重超卖时,其倒锤头线形态的成功率比较高。

3. 阶段性高位的倒锤头线

在阶段性高位形成倒锤头线,要分析庄家是试盘还是出货,股价上行是否遇到重要的阻力区域,进而分析其上影线是在上攻时遇到阻力无功而返所致,还是庄家特意将图形制作成"射击"形顶部形态。若是前者情况,后市下跌概率较大;若是后者情况,则是庄家虚晃一枪,后市将迎来新的上涨行情,投资者不必为之受惊。

4. 等待验证信号出现

在市场底部出现倒锤头线时,应该等待验证信号出现,只有出现了验证信号后,才能进场操作。如果出现倒锤头线的第二天股价能够走强,且能够收出大阳线的话,则这根大阳线就是一个验证信号,此时可以逢低介入。如果出现倒锤头线的第二天,股价走势仍然很疲弱,且收出阴线的话,投资者就不必急于进场,应观察接下来几天的市场表现。若在接下来几天里股价重新走强,且能够收出大阳线,包容了前面的阴线,那么前面出现的这个倒锤头线才可以看作是有效的反转信号,此时投资者才可以进场操作。

5. 倒锤头线与成交量

成交量对倒锤头线的预示作用也有参考价值,底部放量会强化倒锤头线见底的信号意义,否则为疑似信号。

第九节　流星线陷阱

一、形态分析精华

1. 形态形成过程

简评:流量线为次要的单日顶部反转征兆,宜进一步确认形态的有效性。

特征:该形态的外观恰如其名,像一颗流星。在高位出现流星线,反映该交易日股价在高位开盘后,通常受惯性的影响,股价大幅向上拉升,但遇到套利盘的抛压,股价持续时间不长,很快返回到开盘价附近,最终以类似星线形态收盘,形成一条实体短小而上影线长长的 K 线，因其形态和走势如同宇宙流星一般，故称为流星线。

流星线一般出现在阶段性顶部，这证实高位承接力较弱，失去上升的持久性，预示股价可能出现反转向下走势，宜获利了结或顺势抛售。流星线与倒锤头线的形态相同，只是位置不同，流星线出现在高位，而倒锤头线出现在低位。

在 K 线形态上，锤头线、吊颈线、倒锤头线、流星线非常接近，有时容易混淆，辨别方法：锤头线与吊颈线形态相同，但锤头线出现在市场的底部，看涨；吊颈线发生在市场的顶部，看跌。倒锤头线与流星线形态相同，但倒锤头线出现在市场的底部，看涨；流星线发生在市场的顶部，看跌。

2. 形态应用法则

（1）短小的 K 线实体必须处于市场的最上端。

（2）K 线实体部分可以是阴线，也可以是阳线，其意义基本相同。

（3）流星线的实体部分较短，上影线很长，而下影线很短或没有。

（4）上影线的长度应当至少为 K 线实体长度的 2 倍。

技术意义：在顶部区域出现的流星线，一般认为是一种衰竭性 K 线，是股价下跌较为强烈的信号，表明多方的买入力度渐渐减弱，做空动能渐渐而生，多方失去对盘面的控制，由于在此区域空方积聚了大量的做空能量，一旦空头掌控盘面，就会形成有力的下跌行情，因此是一个做空信号。但其可靠性一般，属于次要的单日反转信号，形态宜进一步确认，其技术意义不如"黄昏之星"K 线组合形态。

3. 形态效力和操作要点

判断流星线的形态效力与吊颈线形态的判断方法相似。

（1）流星线必须发生在上升趋势之后，或者出现在波段行情的相对高点，才能具有判断意义。通常股价趋势发展越长，越容易被确认反转，也就是说股价涨势越久、涨幅越大，在高位发现流星线的见顶机会越高。

（2）流星线只有出现在短线超买的情况下可靠性才高，在牛皮势道或横盘势道中却没有分析价值，这期间流星线形态往往失去判断意义，而且在一段行情中频繁出现类似流星线时，则不宜使用。

（3）判断流星线的利空效力，最重要的是看上影线的长度，上影线要至少是实体的 2 倍，说明高位抛压越重。此外，虽说对流星线的实体颜色要求不太重要，但是阴线流星线显示股价见顶机会更大，在散户心理上更具有看跌作用。

（4）股价在高位出现流星线，虽然对成交量大小没有太严格的要求，但若当天成交量放大，可以增加见顶的概率。

（5）在出现流星线时，暗示空方已发力向下打压股价迹象，但往往是因市场多头未退，仍会遭到多方防守反击，竭力将股价推高，令股价上升再次测试流星线的高点，只要此高点没有突破，成功构筑头部将使顶部更加完整，后市跌势更可确定。

（6）出现流星线的第二天，如果开盘价与流星线实体之间出现向下的跳空缺口，反映高位被套的筹码越多。缺口越大，形态见顶的杀伤力越强。流星线与吊颈线相比，前者以接近全天最低位收盘，利空信号更为强烈。

二、流星线常见技术陷阱

1. 洗盘流星线陷阱

股价经过持续的大幅度上涨行情之后，多头优势得到充分的展示，股价创出了历史新高，盘内聚集了大量的获利筹码。某日，开盘后由于市场人气沸腾，庄家顺势将股价拉高，但散户追涨热情不高，加之获利盘的套现，造成股价快速下滑。最终以星线报收（或K线实体部分较短），留下长长的上影线，这种形态表明股价失去了上升动能，或者为庄家拉高出货所致。通常，后市要想突破流星线形成的最高点非常不容易，因此是一个卖出信号。可谁曾想，后市竟然出现不跌反涨，而且走势十分强劲。

图2-47，泰禾集团（000732）：该股经过大幅调整后，在底部出现长时间的震荡整理走势，在低位庄家吸纳了大量的低价筹码，然后股价反弹回落，形成一个明显的阶段性高点，当股价再次回落到前期盘区附近时，连续两天放量涨停，股价突破前期反弹高点的压力。2017年12月28日和29日，股价冲高回落，长长的上影线构成吊颈线

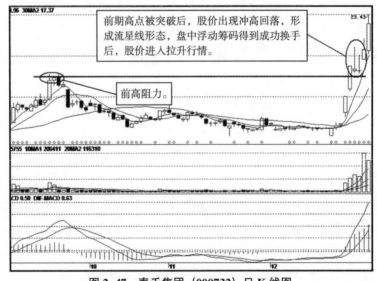

图2-47　泰禾集团（000732）日K线图

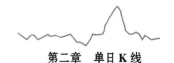

形态，预示股价上涨遇阻，短期有回调风险，构成短线卖出信号。可是，股价并没有像大众想象的那样，而是 2018 年 1 月 2 日股价创新高，形成快速拉升行情。

从该股日 K 线图中可以看出，虽然流星线出现在当时的高点，但此时股价刚刚突破，上涨幅度也不大，盘面走势当属正常，量价配合得当，这是实力庄家的普遍坐庄手法。而且，股价突破之后，也需要一次回抽确认和洗盘过程，流星线正好是一种技术性修复走势。

2. 中位流星线陷阱

流星线可以出现在长期趋势的高价位区域，也可以出现在阶段性头部区域。在一波持续的升势行情中，某日，股价小幅高开后，在买盘的积极推动下，股价快速向上拉升，但因后续力量不济，股价快速向下滑落，最终以星线报收（或 K 线实体部分较短），留下长长的上影线，这种形态通常表明股价失去了上升动能，或者为庄家拉高出货所致。一般而言，后市要想突破流星线所形成的最高点，往往需要较大的做多力量，也需要较长的时间。因此，这种形态产生后必须引起足够的警觉，安全的做法是先退出来再观察，以免长时间套牢在高位。

但是，在实盘中流星线出现后，股价只是小幅回档调整或者根本没有下跌动作，股价立即出现上涨行情，让崇尚"技术形态"的投资者踏空而出，从而流星线成为一个空头陷阱，庄家成功地完成了洗盘换手或低价建仓的目的。

图 2-48，建设银行（601939）：经过一段时间的箱体整理后，股价开始向上突破。2018 年 1 月 2 日，开盘后买方积极推动股价上涨，由于多头力量减弱，抛盘随之出现，股价冲高回落，形成一根上影线很长而实体短小的流星线，预示着股价即将见顶，是一个卖出信号。可是，流星线产生后股价并没有出现大幅的下跌走势，经过短暂的小幅回调整理后，股价再次形成强劲的上攻行情。

从该股日 K 线图上分析，虽然在相对高位出现了一根流星线形态，但并不是一个可靠的顶部信号。主要原因：一是股价突破后的总体涨幅不大。二是从盘面观察，股价紧贴均线系统稳步上行，走势十分稳健，坐庄手法非常老道，不像快速拉升那样大起大落，此时出现流星线时，其见顶概率不高。当然需要注意的是，若在快速自救行情中，或是快速反弹行情中，或是游资介入的快速短炒行情中，出现流星线时，短期见顶的概率非常高。三是均线系统保持完好，继续呈现多头排列，特别是 30 日均线对股价构成较大的技术支撑。四是股价调整时得到前期箱体上边线的支撑，回调幅度有限，而且流星线出现后股价仅是小幅下跌，很快形成新的攻势，说明这根流星线的虚假性更大。由此可见，这根流星线是股价上涨过程中的一次正常调整走势，而不是市

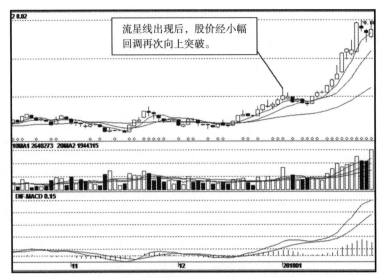

图 2-48　建设银行（601939）日 K 线图

场的真正顶部，投资者逢回调低点可以介入。

3. 盘整中的流星线陷阱

在震荡盘整过程中，出现的流星线可靠程度不高，有时可能是庄家故意打造的虚假图表信息。

图 2-49，天龙集团（300063）：股价长时间处于震荡整理过程中，盘面起伏不定，股价运行方向不明确，操作难度非常之大，这期间产生的技术图表不宜作为买卖依据。该股在 2013 年 4 月 24 日和 5 月 31 日分别出现一根流星线（图中画圈处），结果均没

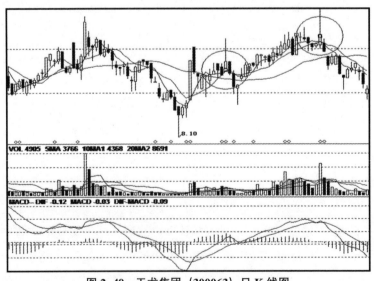

图 2-49　天龙集团（300063）日 K 线图

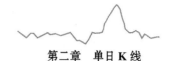

有产生预期的走势，按这些图表去操作容易陷入被动之中。针对这些技术信号，只要记住"短小的流星线必须处于市场的最上端"的辨认法则，就能克服其技术误区。

4. 试盘流星线陷阱

在坐庄过程中，庄家需要对盘面进行试盘，以观察盘中抛压和跟风情况，然后庄家见风使舵，采取对应的坐庄策略，所以在此时也经常出现流星线形态。

图 2-50，瀚蓝环境（600323）：该股经过一轮急挫后，释放了大量的做空能量，然后慢慢企稳回升，在前期盘区下方形成一个盘区，庄家在吸纳了大量的低价筹码后，蠢蠢欲动，多次对盘区本身的约束发起试盘。分别在 2018 年 4 月 16 日、19 日、20 日发起向上试盘，股价冲高回落，形成吊颈线形态。在 4 月 18 日采用向下试盘，股价探底回升，收出锤头线形态。经过上下试盘后，表明盘中筹码比较稳定，不久股价开始向上盘升。

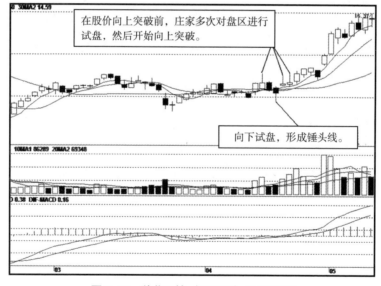

图 2-50 瀚蓝环境（600323）日 K 线图

三、破解陷阱方法

由于流星线是一个次要的单日反转信号，因此失败形态很常见，尤其是在强势整理或洗盘换手中更为突出，加之庄家的刻意行为，其形态信号更是扑朔迷离。根据多年的市场经验，遇到这种信号时应把握以下五点。

1. 结合均线分析

如果流星线远离均线，股价超过 10 日均线 15% 以上，且股价累计涨幅较大，显示

市场短期处于不理智状态，则短线有回归均线的要求。如果股价紧贴均线系统上行，则看30日均线的支撑和压力程度，这样可以避免操作失误。在一个缓升行情中，K线围绕均线上下波动，此时流星线的看跌意义不强，下跌幅度也有限，均线具有较强的支撑作用。

2. 看成交量的变化

如果流星线形成时，成交量创近期天量，则市场反转的可能性大，信号可靠性高，否则可靠性低。如果流星线前一根K线伴随着天量，市场发生反转的可能性也很大，投资者可以据此做出买卖决策。

缩量的流星线应引起投资者的警觉，但缩量后继续上涨的，往往意味着庄家已经完全控盘，这类个股成为超级大黑马的可能性很大。而对这样的情况应使用流星线实战操作的另一条重要规则，那就是耐心等待"验证信号"的出现。当然，同时也可以采取适当减仓的保护性措施。

3. 判别流星线形态的性质

了解这种形态是庄家试盘整理所为，还是市场本身构成的强大压力。如果是庄家试盘时形成的，后市上涨的机会比较大，则形态的看跌意义大大降低。如果股价下跌来自市场本身的压力，则看跌意义就越强烈。

4. 分析流星线形态的位置

观察盘面是否试图突破一个重要的阻力位、前期的成交密集区域、一个整数点位等，在这些关键位置出现的流星线，也具有重要的市场分析意义。通常是股价有一个短暂的回抽动作，然后恢复上涨走势。如果是短线高手可以速战速决，成功做一波涨升行情。

5. 分析第二天的市场表现

最重要的一点就是流星线形成后，在上涨行情中，出现一个向上发散的流星线，分析第二天的市场表现情况，如果第二天股价反转向下运行，收出一根大阴线或者跳空大幅低开呈低开低走态势，则形态信号的可靠性高。如果第二天股价仍然朝流星线原来的方向运行，且收出一根与趋势同向的上涨K线，则"反转"信号为虚假信号，股价仍然朝原来的趋势继续发展。因此散户应当顺势而为，保持看多思维，才能把握行情节奏。

第三章　双日K线

第一节　乌云盖顶陷阱

一、形态分析精华

1.形态形成过程

简评：上升动力减弱，见顶反转信号。无须确认，利淡信号强烈。

特征：乌云盖顶形态与曙光初现形态相对应，由两根K线组成，第一根K线是一根坚挺向上的阳线，第二根K线为一根跳空高开低走的阴线。即第二天的开盘价超过第一天的最高价，也就是说超过第一天K线上影线的顶端，但是股价却收在接近最低价的水平，并且收盘价明显向下深入到第一天阳线实体中。通常深入到第一天阳线实体的幅度越大，则说明该形态的技术意义越高，即顶部反转形态的可靠性越高，如果全部吞没第一根阳线实体，则见顶信号更加明确。

乌云盖顶形态的形成过程：

（1）第一天是一根坚挺向上的大阳线或中阳线，显示涨势强烈。

（2）第二天，股价跳空高开低走，收出大阴线或中阴线，第二天的开盘价超过第一天的最高价，也就是说超过第一天K线上影线的顶端，但是收盘却收在大阳线的实体之内，且接近最低价收盘。

（3）第二天的阴线收盘价明显向下深入到第一天阳线实体的一半位置以下，通常深入到第一天阳线实体的幅度越大，则该形态的技术含义越高，即顶部反转形态的可靠性越高，如果全部吞没第一根阳线实体，就构成穿头破脚形态，则见顶信号更加明确。

一般情况下，乌云盖顶形态发生在一个长期上升趋势的高位，在实盘中前后两根

K 线 "黑洞" ——股市 K 线常见技术陷阱及破解方法

K 线既可以是光头光脚的 K 线，也可以是带上下影线的 K 线，其判断意义没有太大的区别。

事实上，如果投资者将第一根线的开盘价及第二根线的收盘价一并分析，便会出现一个长上影线而无下影线（或很短）的流星线形态，同样代表利空信号。如图 3-1 所示。

图 3-1　乌云盖顶形态简化过程示意图

2. 形态应用法则

（1）第一日为大阳线，继续其上升趋势。

（2）第二日为大阴线，其开盘价高于前一日大阳线的最高价。

（3）第二日的阴线收盘价低于前一日大阳线实体的一半位置以下。

（4）乌云盖顶形态应出现在上涨趋势的顶部或阶段性高点。

技术意义：乌云盖顶为顶部反转形态，市场走势原本处于上升趋势之中，突然某一天出现一根大阳线，第二天市场开盘向上跳空高开，此时买方完全掌握着行情的主动权。这可能是庄家营造利好气势，最后一击以达到推高出货的目的。然而，第二天开盘后股价并没有持续上冲，也没有在高位企稳，而是向下回落，收盘价深入到第一天阳线实体的 1/2 以上，或者接近最低价，这意味着市场上升动力已经耗尽，买方策划的最后一波上攻失利，结果被卖方控制局面，形成下跌趋势。

3. 形态效力和操作要点

乌云盖顶形态是一个见顶信号，预示着股价可能见顶回落，为强烈的卖出信号，一旦出现该形态，应果断离场，散户应该对这一形态有所了解和把握，凡在高位出现乌云盖顶形态，第二天又继续收出阴线时，应坚持卖出股票，等待股价回调。在实际操作中，可以通过以下三个方面判断反转力度的强弱：

（1）第二根阴线深入到第一根阳线实体部分超过 1/2，深入幅度越深，说明市场见顶回落的概率越大，否则见顶反转的意义不大。若第二天大阴线所显示的收盘价低于前一日阳线的实体，则演变成穿头破脚包容形态，同属利淡信号，应逢高了结。

（2）第二天开盘时股价以跳空缺口向上穿越主要阻力区，然后很快掉头向下，证明买盘的力量弱，高位缺乏接盘，大势见顶的迹象已经显露，这是加强形态的见顶信号。

（3）第二天开盘初期的成交量越大，表明其中潜伏的投资者获利回吐的意义越强，但也反映有人入市买货，股价一旦被压低回落，这批在高位买货的人士将会亏损并套牢，将来股价一旦接近高位，即引发这批人士争相抛盘，高位抢货的人士将成为日后潜在的抛盘，今后市场再上涨的机会降低，乌云盖顶形态发挥的见顶效力因此而更为强烈。

特别提醒：第一天大幅高开形成的一字线、十字线、T 字线或锤头线，与大阳线具有相同意义，可以理解为实体大阳线。第二天在高位大幅低开形成的小阴线、十字线、⊥字线或倒锤头线，从图形表面上看，似乎不符合乌云盖顶形态的基本特征，但其研判意义是相同的，投资者应注意。

二、乌云盖顶常见技术陷阱

股价经过一段时间的上涨行情后，在相对高位拉出一根加速上涨的大阳线，接着第二天市场借势高开，但略作冲高后，坚守不住市场抛压，股价向下滑落到第一天的大阳线实体之内且吞没了大半条阳线，形成了标准的乌云盖顶形态，构成卖出信号。投资者据此纷纷抛售股票离场，等待股价的深幅回调。可是，乌云盖顶形态产生后，经过短暂的蓄势整理，股价重拾升势，形成乌云盖顶形态陷阱。通常有反弹高点乌云盖顶陷阱、上涨中途乌云盖顶陷阱、洗盘或试盘中的乌云盖顶陷阱和突破前的乌云盖顶陷阱等。

1. 反弹高点乌云盖顶陷阱

在下跌过程中，股价出现超跌反弹，不久一个乌云盖顶形态封堵了上涨势头，预示股价反弹结束，股价将再次出现下跌走势，从而构成卖出信号。但是，卖出后股价只是小幅下跌或横盘整理，很快又回到上涨通道之中，因而形成反弹高点乌云盖顶陷阱。

图 3-2，通策医疗（600763）：该股经过长时间的下跌调整后，在低位出现横向盘整走势，2017 年 10 月 10 日股价放量突破箱体形态，当日股价强势涨停，可是第二天股价高开低走，收出一根大阴线，形成乌云盖顶形态。这个形态对股价上涨十分不利，且股价又遇到前期成交密集区域压制，因而后市发展难以乐观，卖出信号更加强烈。可是，股价经过短暂的整理后，在 10 月 24 日再次形成突破走势，从此进入中期上涨行情。

该股庄家利用乌云盖顶形态，成功制造了一个空头陷阱。从技术图表分析，不难发现空头陷阱的一些蛛丝马迹：第一，在见底反弹时，成交量出现温和放大，量价配合默契，反映做多动能悄然而成。但在调整过程中成交量大幅萎缩，说明浮动筹码渐渐减少，庄家已经控制了整个盘面。第二，股价成功向上突破底部箱体整理，摆脱底部震荡闷局，而乌云盖顶形态正是对突破后的一次回抽确认过程。第三，股价成功站

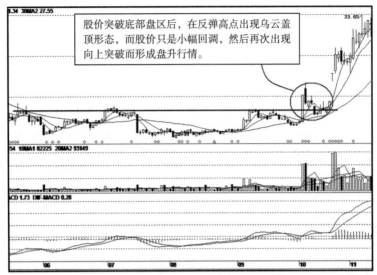

股价突破底部盘区后,在反弹高点出现乌云盖顶形态,而股价只是小幅回调,然后再次出现向上突破而形成盘升行情。

图3-2 通策医疗(600763)日K线图

于均线系统之上,均线系统向多头发散,30日均线有力地支撑股价上行。由此可见,该股技术面已由弱势转为强势,又得到基本面的支持,此时出现乌云盖顶形态属于庄家正常的洗盘换手过程。

实盘操作策略:当乌云盖顶形态形成后,如果出现一根长长的阳线实体,而且其收盘价超过了乌云盖顶形态的最高价,或者股价直接开盘涨停,突破乌云盖顶形态(该股就是如此),那么这可能预示着新一轮上冲行情的到来,可以积极买入。

2. 上涨中途乌云盖顶陷阱

在实盘操作中,有时庄家采用边拉边洗的方式将股价稳步推高,这时候乌云盖顶形态经常出现。通过该形态制造空头陷阱,既可以达到洗盘的目的,又不会对大趋势造成破坏,坐庄效果非常好。

图3-3,隆华节能(300263):该股探底成功后,步入震荡盘升行情,均线系统呈多头排列,形成一条坚挺的上升通道。庄家利用乌云盖顶形态的看跌属性,在中途故意收出乌云盖顶形态,而股价并没有出现明显的回调,依然我行我素地上行,以达到洗盘效果,从而成为上涨过程中的乌云盖顶陷阱。

从该股日K线图分析,乌云盖顶形态的技术疑问有:

(1)在成交量方面没有出现异常,说明筹码没有大规模出逃,庄家依然控制整个盘面。

(2)均线系统支撑有力,30日均线有力地支撑股价上行。

(3)盘面走势稳健,股价涨跌有序,回调恰到好处。

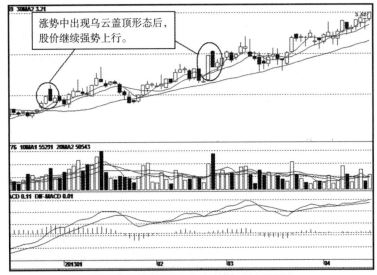

涨势中出现乌云盖顶形态后，股价继续强势上行。

图 3-3　隆华节能（300263）日 K 线图

（4）该股上市后没有被炒作过，属于具有炒作潜力的次新股。由此可见，虽然该股出现了一个乌云盖顶形态，但并未对整个形态造成破坏，属于庄家边拉边洗的坐庄方式。

分析判断乌云盖顶形态，属于上涨过程中的调整形态，还是上涨后期的顶部形态，可以参考以下五个方面因素：

（1）股价已经大幅上涨，涨幅在一倍或几倍的，则属于头部形态的可能性大。

（2）在出现乌云盖顶形态之前的几天里，股价出现加速上涨过程，且此时成交量也明显放大，则属于头部形态的可能性大。

（3）在出现乌云盖顶形态之前的上涨过程中，经常在买二或买三处挂出大单，但一直都没有成交，这是庄家引诱投资者接盘的伎俩。而且，在乌云盖顶形态产生的当天，盘中出现了大量的主动性抛盘，且在委买处挂出大手笔买单，当股价下跌到这些价位附近时，这些买单却不见了，然后在低几个价位上又重新出现，以此吸引投资者接盘，这是真正的乌云盖顶形态的盘口现象。

（4）真正的顶部乌云盖顶形态出现后，股价会快速脱离该形态。有时会出现短暂的平台整理形态，不时地出现上冲动作，但坚持不到两三天股价就出现明显的回落，随后出现大跌行情。

（5）如果乌云盖顶形态出现之后的第二天或几天里，股价快速被拉起，成交量也明显放大，说明前面的大阴线为洗盘所为，后市仍将持续升势行情。

3. 洗盘、试盘中的乌云盖顶陷阱

庄家为了后市更好地拉升，经常运用乌云盖顶形态进行洗盘或试盘，散户把乌云

盖顶当作头部形态，纷纷抛出筹码而落入乌云盖顶陷阱之中。

图 3-4，网达软件（603189）：股价经过长时间的大幅调整后，在 2018 年 2 月见底企稳，底部渐渐向上抬高，形成一波盘升行情。当股价反弹到前期盘区附近时，盘面出现一定的震荡。2018 年 4 月 27 日，出现一根高开低走的大阴线，将前面的这根大阳线吃掉了一半，从而构成乌云盖顶形态。那么，此后的行情如何演变呢？经过短暂的下跌调整后，庄家成功地完成了洗盘和试盘目的，庄家目的达到后，股价开始向上突破。

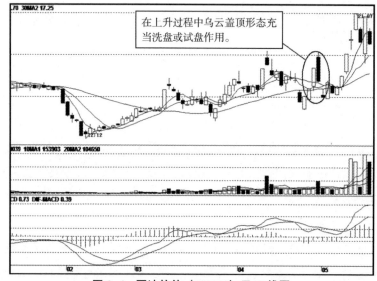

图 3-4　网达软件（603189）日 K 线图

为什么说该股的乌云盖顶形态成为空头陷阱呢？主要原因：

（1）当股价下跌触及前期低点附近时，遇到较强支撑而回升，庄家洗盘点到为止。

（2）均线系统保持多头排列，对股价具有较强的支撑作用，此后虽然一度击穿 30 日均线，但很快被拉回到均线之上，说明庄家洗盘恰到好处。

（3）股价高开后，对上方压力进行较好的测试，成功消化了上方的阻力。

（4）乌云盖顶形态产生后，成交量明显萎缩，说明做空力量不强，主动性抛盘不大，筹码已被庄家锁定。因此，该乌云盖顶形态是股价上涨过程中的一次洗盘动作。

图 3-5，鑫富药业（002019）：股价经过长时间的大幅调整后，渐渐企稳回升，当股价反弹到一定幅度后，庄家开始洗盘换手。不久，出现一根高开低走的大阴线，将前面的这根大阳线吃掉了一半，从而构成乌云盖顶形态，预示股价后市将出现下跌调整走势。但是，经过短暂的下跌调整后，庄家成功地达到了洗盘目的，股价出现一轮快速涨升行情。

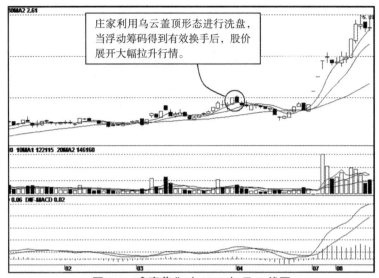

图 3-5　鑫富药业（002019）日K线图

为什么说该股的这个乌云盖顶形态成为空头陷阱呢？主要原因：

（1）当股价下跌触及前期成交密集区域时，遇到较强支撑而回升，庄家洗盘点到为止。

（2）均线系统保持多头排列，对股价具有较强的支撑作用，此后虽然一度击穿30日均线，但很快被拉回到均线之上，说明庄家洗盘恰到好处。

（3）乌云盖顶形态产生后，成交量明显萎缩，说明做空力量不强，主动性抛盘不大，筹码已被庄家锁定。因此，该乌云盖顶形态是股价上涨过程中的一次洗盘动作。

4. 突破前的乌云盖顶陷阱

股价在上涨过程中，遇到上方阻力时，很多时候庄家不会急于突破，而是采用消化的方法，消除上方的压力，然后成功向上突破。因此，庄家经常采用乌云盖顶形态制造空头陷阱，让那些摇摆不定的筹码离场，最后一举向上有效突破。

图 3-6，全远激光（300220）：股价经过回调整理后，重返30日均线之上，但股价遇到前期成交密集区域和双重顶的阻力，股价一次性成功突破的难度比较大。此时庄家不急于突破，而是在阻力区下方形成一个乌云盖顶形态，让那些意志不坚定的投资者在阻力区突破之前离场，当浮动筹码清洗完毕后，庄家便发起向上攻势，成功突破阻力区的压力，股价出现上涨行情。

该股庄家在突破阻力区之前，构筑一个乌云盖顶形态，进行反手做盘，其目的非常明确，就是消除上方压力。从该股日K线图分析，该股前期大幅缩量，成交极其低迷，显示庄家已经掌控大局，在突破之前再次进行洗盘，浮动筹码清理更为彻底。同

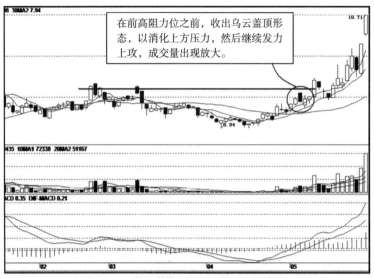

在前高阻力位之前,收出乌云盖顶形态,以消化上方压力,然后继续发力上攻,成交量出现放大。

图 3-6　全远激光（300220）日 K 线图

时,股价已成功站于 30 日均线之上,趋势渐渐转强。而且,成交量出现温和放大,显示资金开始活跃,后市走高的可能非常大。MACD 指标也成功穿越 0 轴,说明势道渐渐趋于强势。因此,成功的投资者对于这个乌云盖顶形态并不感到可怕。

三、破解陷阱方法

1. 乌云盖顶与成交量

一般情况下,股价下跌无须成交量的配合,但乌云盖顶形态如果有成交量方面的积极配合,在向下深入到前一天阳线实际部分时,成交量同步放大,超过前一日成交量的 2/3 以上或 5 日均量的一倍以上,说明高位抛压大,其形态的可靠性会增强。

2. 分析当日分时走势

插入时间早晚不同,也会有不同的分析意义和判断结果。通常插入时间越早,其可靠性越高,插入时间越晚其可靠性越低,特别是尾盘打压,都是不正常的盘面表现,其欺骗性更大。在乌云盖顶形态中,若开盘后很快即插入到阳线的实体部分较深,表明第一天的拉升为假动作,是庄家为出货而刻意拉升。若在中盘时段插入,表明上方压力较大,庄家放弃上攻,上涨行情暂时告一段落。若在尾盘几分钟甚至更短的时间里,以迅雷不及掩耳之势偷袭打压股价,表明庄家故弄玄虚,虚晃一枪,制造空头市场,后市还将有续升行情出现。

3. 乌云盖顶与阻力位

乌云盖顶形态出现在市场的顶部是散户普遍可以接受的形态,但有时出现在水平

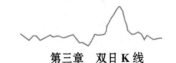

整理的末端，其形态效果也非常明显。例如，股价遇到一个短期无法攻克的重要阻力位，庄家一时又无耐心消化这个阻力位，而主动选择放弃，最终股价向下滑落，其杀伤力也是可怕的。散户不要以为不是市场顶端，而轻视了这个形态，结果吃了大亏。

4. 看股价所处的位置

股价较高的，涨幅较大的，特别是主升浪行情之后出现的乌云盖顶形态，其可靠性远远比底部出现的信号要高得多，因此适时应逢高减仓或出局观望为宜。尤其是那些上涨超过一倍或几倍的股票，市场本身积累了巨大的风险。或者，在乌云盖顶形态出现之前，股价有过加速上涨走势的，风险都很大。

5. 有经验的投资者还可以观察一些盘面细节

在乌云盖顶形态出现之前，股价加速拉升过程中经常会在委买处挂出大手笔买单，但真正成交的却很少，这是庄家引诱散户接盘的假象。在形态出现的当天，盘中出现了大量的主动性抛盘，且在股价下跌过程中在买二或买三的位置不断有大手笔的买单挂出，但股价却步步走低。当股价下跌几个价位后，这些大买单又会在下面的价位上重新挂出，如此反复多次，庄家的筹码也所剩无几了。当形态出现后，在委买价位就没有大买单了，只是一些零散小单出现，且盘面上出现大量的主动性抛单。通过这些盘面细节变化，可以确定乌云盖顶形态的可信度。

6. 进行综合分析

乌云盖顶形态产生后，结合技术指标、形态、趋势和波浪等因素综合分析，进行相互验证统一。例如，技术指标有无出现死叉、顶背离现象，股价是否向下突破一个重要技术形态，如下降三角形、上升楔形、头肩顶等，以及乌云盖顶形态是否出现在第5浪上升的后期，若出现这些因素时，乌云盖顶形态的可靠性比较高，应及时离场观望。

第二节　曙光初现陷阱

一、形态分析精华

1. 形态形成过程

简评：下跌动力减弱，见底反转信号。无须确认，利多信号强烈。

特征：曙光初现形态（也叫刺透线或斩回线）与乌云盖顶形态相对应，它出现在行情的底部。由两根K线组成，其形成过程：

（1）第一天的K线是一根向下的大阴线或中阴线，显示跌势持续向下。

（2）第二根K线为一根跳空低开高走的大阳线或中阳线，即第二天的开盘价低于第一天的最低价，也就是说低于第一天K线下影线的底部，但是股价却收在接近最高价的水平。

（3）阳线的收盘价明显向上深入到第一天阴线实体中，收盘价至少高于第一根阴线实体的1/2，这样才是标准的曙光初现形态。

一般情况下，曙光初现形态发生在一个超长期下跌趋势的末端，在实盘中前后两根K线既可以是光头光脚的K线，也可以是带上下影线的K线，其判断意义没有太大的影响。

曙光初现形态的强弱程度，可以用比例进行分析。通常，第二天的阳线深入到第一天阴线实体的幅度越大，则说明该形态的技术意义越高，即底部反转形态的可靠性越强。

曙光初现形态有一条重要的法则就是阳线必须深入到阴线实体的1/2（中点）之上，如果阳线深入到阴线实体的2/3以上，说明多方上攻力度强势；如果阳线仅仅深入到阴线实体的1/3位置附近，则说明上涨力度不够，后市仍需要观察。如果全部吞没第一根阴线实体，则见底信号更加明确。

为了更好地理解形态的含义，可以将曙光初现形态进行还原处理（还原就是指将两根K线合为一根K线去分析和理解，以前一根K线的开盘价为还原后的开盘价，以后一根K线的收盘价为还原后的收盘价，若后一根K线的收盘价高于前一根K线的开盘价，则为阳线，反之为阴线），这样就可以得到一根长下影线、无上影线（或很短）的锤头线，然后根据锤头线的相关法则进行研判。如图3-7所示。

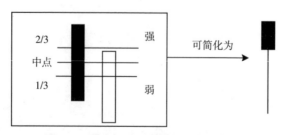

图3-7 曙光初现形态简化过程示意图

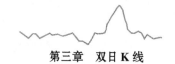

需要注意的是，曙光初现的形成过程、技术意义和一般操作策略与乌云盖顶形态刚好相反。但是需要注意的是，在底部形成的曙光初现形态比在顶部形成的乌云盖顶形态更需要时间。也就是说，乌云盖顶形态中要求阴线实体深入阳线实体的一半以上，如未成功，则需要等待，参考其他看跌信号，还有灵活参考的余地。但在曙光初现形态中，要求阳线实体必须深入阴线实体的一半以上，否则形态不成立，这是因为在底部反转中应该更加谨慎。

2. 形态应用法则

（1）第一日为大阴线或中阴线，继续其下跌趋势。

（2）第二日为大阳线或中阳线，其开盘价低于前一日大阴线的最低价。

（3）第二日的收盘价位于前一日大阴线实体的一半以上。

（4）曙光初现形态应出现在下跌趋势的底部或阶段性低点。

技术意义：在股价经过很长一段时间的下跌之后，空方的量能已经得到了比较充分的释放，或者股价已经毫无下跌空间，于是盘面上出现了十分强烈的转势信号。在某两个交易日里，前一个交易日里收出了大阴线或中阴线，延续了原来的下跌势头，后一个交易日股价跳空低开进一步加强了下降的气势，但是市场迎来了报复性反弹，立即收出一根截然相反的大阳线或中阳线，且大幅深入到前一根阴线实体的中部，说明原先由空方控制的局面即将成为过去，早晨的阳光已经普照大地，盘面上一扫阴遁之气，后市股价走势将会迎来一片艳阳天，从而成为一个潜在的底部反转形态，且阳线穿入阴线的幅度越大，反转信号越强，所以这样的 K 线组合形态看涨意义十分强烈。

3. 形态效力和操作要点

（1）第二天上涨的大阳线，深入第一天大阴线实体越深，见底回升的机会越大，若第二天大阳线所显示的收盘价高于前一日阴线的实体，则演变成破脚穿头形态，利多信号进一步加强。

（2）第二天反弹的大阳线，成交量若配合上升，此形态利好见底信号越强，逢低积极做多。

（3）曙光初现形成之后，第二天继续上涨收出阳线，形态可信度更高。此时投资者不要急于入场，可等待股价回调时逢低买入。

特别提醒：第一天大幅低开形成的一字线、十字线、⊥字线或倒锤头线，与大阴线具有相同意义，可以理解为实体大阴线。第二天在低位大幅高开形成的小阳线、十字线、T字线或锤头线，从图形表面上看，似乎不符合曙光初现形态的基本特征，但其研判意义是相同的，投资者应注意。

二、曙光初现常见技术陷阱

股价出现一段下跌走势后，在低位出现一根加速下跌的大阴线，第二天开盘时惯性跳空低开，但股价并未下跌多少即向上拉起，并深入到第一根的大阴线实体之内，收复了大部分失地，当日在次高点收盘，形成了标准的曙光初现形态。通常这是一个底部信号，投资者可以介入做多。可是，曙光初现产生形态后，市场并没有出现乐观的上涨行情，反而出现下跌走势，曙光初现形态就成了骗人的陷阱。常见的有高位曙光初现陷阱、中位曙光初现陷阱和无量曙光初现陷阱等。

1. 高位曙光初现陷阱

股价经过一轮上涨行情后，由于获利盘的涌出，股价向下回落，一根大阴线加剧了下跌势头，但第二天一根大阳线向上拉起，构成一个曙光初现形态，预示股价调整结束，市场将重现生机，因此构成买入信号。但是，买入后股价只是小幅上涨或横盘整理，很快又出现下跌走势，因而形成曙光初现陷阱。

图3-8，三安光电（600703）：该股股价跟随大势下跌，2018年2月出现一波反弹行情，反弹结束后出现震荡走势。3月16日在反弹高点收出一根大阴线，但第二天股价惯性低开后向上拉起，这根大阳线深入到前一天的大阴线之内，形成曙光初现形态，预示着股价调整即将结束，可能出现新一轮涨升行情。可是，股价并没有想象的那么乐观，经短暂的整理后，股价向下滑落，并击穿30日均线的支撑，从而成为高位曙光初现陷阱。

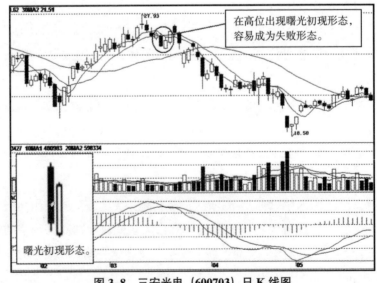

图3-8 三安光电（600703）日K线图

从该股日 K 线图可以看出，曙光初现形态出现在刚刚开始调整的高位，而非下跌趋势的底部或阶段性低点，这一点非常重要。即使在形态上符合曙光初现特征，但形态产生的具体位置不够理想，也不会产生如期的效果，通常在盘整走势中或高价位出现的曙光初现形态，其可靠性往往不高。因此，投资者在实盘操作中，在考虑形态特征的同时，还要注意具体位置的高低，特别在多头陷阱之中，形态特征往往是十分完美的。如果片面注重形态特征，而忽视具体位置高低，就容易落入陷阱之中。

2. 中位曙光初现陷阱

股价在持续的下跌行情中，空头气氛十分强盛，任何做空因素都会加剧下跌势头。但如果股价经过一段时间的下跌后，出现曙光初现形态时，就预示股价将止跌回升，因而构成买入信号。但是，买入后股价只是小幅上涨或横盘整理，很快又出现下跌走势，因而成为中位曙光初现陷阱。

图 3-9，常山药业（300255）：股价见顶后逐波盘跌，不断创出调整新低，2017 年 11 月 17 日一根大阴线向下击穿了整理小平台，加剧了市场空头气氛，但是第二天惯性低开后向上拉起，这根大阳线深入到前一天的大阴线实体之内，形成曙光初现形态，预示股价将扭转下跌势头，因而可以乘机买入。可是，股价并未因此止跌企稳，仍然在弱势中缓缓阴跌，将入场者套牢其中。

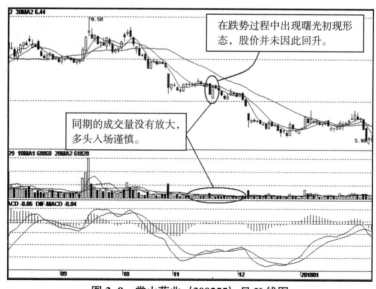

图 3-9　常山药业（300255）日 K 线图

该股在形态上符合曙光初现形态特征，但美中不足的是：

（1）股价始终处于弱势之中，并没有形成有效的向上突破，形态中的这根大阳线是

对股价向下突破整理平台的一次回抽确认走势。

（2）均线系统呈现空头排列，做空力度非常强大，30日均线压制着股价不断走低。

（3）成交量不能有效放大，说明入场资金寥寥可数，制约着股价的反弹力度。因此，此时出现曙光初现形态，很容易演变为失败形态或多头陷阱，投资者应认真分析。

3. 无量曙光初现陷阱

在曙光初现形态中成交量也十分重要，在第二根上涨阳线中成交量必须明显放大，才能推动股价进一步上涨，否则就是虚张声势，十有八九是庄家设置的多头陷阱。

图3-10，百花村（600721）：经过一段时间的盘跌后，当股价回落到前期低点附近时，一根大阴线之后，出现了一根上涨阳线，收回了大阴线的一半以上失地，形成一个曙光初现形态，且疑似构成双重底形态，具有双重利好意义，这时被不少投资者所看好。可是，经过几个交易日的横盘整理后，股价再次步入下跌走势，从而成为曙光初现陷阱。

图3-10　百花村（600721）日K线图

如此标准的曙光初现形态，为什么股价不涨反跌呢？

通过该股日K线图分析，其主要原因在于成交量方面，在曙光初现形态出现之后，成交量并没有出现相应的放大，特别是第二根阳线得不到成交量的积极配合，随后的几个交易日里也没有出现补量，表明场外资金十分谨慎，做多意愿不强，因此弱势盘面很难扭转。这种情况下，股价上涨是虚张声势的盘面表现，为庄家出货行为。因此，投资者在实盘操作中，遇到无量曙光初现形态时，要小心形态失败。特别是第二根阳

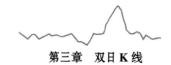

线中，若成交量仍然拘谨放不开，可在反弹高点选择卖出操作。

在实盘操作中，投资者在分析成交量时，要注意四种盘面现象。

（1）无量上涨阳线。

（2）放出巨大的天量阳线。

（3）放量不涨或小涨的阳线。

（4）放量后快速缩量的阳线。

这四种盘面现象，均为量价配合失衡，小心形态失败，提防多头陷阱。

三、破解陷阱方法

1. 曙光初现与成交量

一般情况下曙光初现形态要有成交量方面的积极配合，在向上插入到阴线实体部分时，成交量必须同步放大，超过前一日成交量的 2/3 或 5 日均量的一倍，且不是单日的脉冲式放量，而是要持续多日放量，这样形态信号才能巩固，否则其形态的可靠性不高，为疑似信号。

2. 分析当日分时走势

插入时间早晚不同，也会有不同的分析意义和判断结果，通常插入时间越早，其可靠性越高，插入时间越晚其可靠性越低，特别是尾盘拉升，都是不正常的盘面表现，其欺骗性更大。在开盘后股价很快被拉起，插入到阴线实体内部，表明第一天的下跌为庄家刻意所为，下方有较强承接盘，股价将出现一波升势行情。若在尾盘较短暂时间迅速拉起，表明庄家在做"美人图"，有虚张声势之嫌，后市难以出现上涨行情。

3. 观察均线系统

短期股价离均线系统越近，形态信号的可靠性越差，短期股价离均线系统越远，形态信号的可靠性越高，因为股价一旦远离移动平均线，根据葛氏移动平均线法则，短期股价有反弹或回落的要求。

4. 看股价所处的位置

在股价较低、涨幅又不大的低位形成曙光初现形态，其可靠性远远比高位出现的信号要高得多，因此应以逢低吸纳或持股待涨为主。但是股市的规律是：下跌容易，上涨难。在底部更需要时间，更需要耐性和意志，虽然是一个上涨转势形态，但不一定马上出现拉升行情。

5. 观察次日的走势

这样可以进一步判断庄家的真实意图，如果曙光初现形态产生后在第二天立即出

现一根大阴线，收盘价低于曙光初现形态中第二根阳线的最低价，应否定形态见底的可能，预期后市继续下跌。

6. 曙光初现与V形底

曙光初现形态产生后，在日K线图中呈现V形底，在形态理论上V形底形态的准确性不甚高，通常有一个回抽确认过程。因此，建议散户可在股价返回到V形底的颈线附近时，适当地减仓操作为好。若此处再次出现曙光初现形态，在K线形态上就构成了"W"底形态，其准确性远远高于"V"形态，这时投资者可以加大筹码的流动。

7. 进行综合分析

仅凭两根阴阳K线涨跌来判断行情的发展方向，未免有点主观臆断性，因此还要结合其他技术特征，如技术指标、形态、趋势、波浪以及庄家意图、持仓成本、坐仓手法等进行综合分析研判，才能有助于散户踏准市场节拍，摸准涨跌规律。

四、相近技术形态

在实盘操作中，经常出现几种与曙光初现形态十分接近的K线组合形态，如待入线、切入线、插入线等，这些形态虽然比较少见，也不属于重要的K线形态，但对分析K线力度强弱具有重要的参考意义，如图3-11所示。

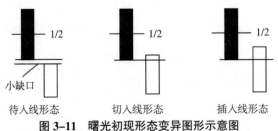

图3-11 曙光初现形态变异图形示意图

为了更好地理解形态的含义，可以对形态进行简化，如图3-12所示，待入线可简化为带下影线的大阴线，切入线可简化为带长下影线的中阴线或长阴线，插入线可简化为带长下影线的中阴线，这样就可以用单根K线分析方法进行研判。

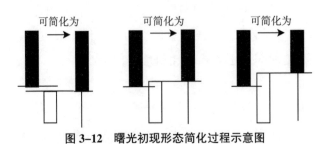

图3-12 曙光初现形态简化过程示意图

1. 待入线

简评：高位看跌，低位看涨，宜进一步确认形态的有效性。

特征：待入线也叫颈上线，主要在下跌趋势中出现，先出现大阴线，紧随其后的阳线实体收盘价，仅仅回升到前一根大阴线的下影线（最低价）附近而停止上攻步伐，当天的阳线收盘价低于前一天的阴线收盘价，与前一天阴线实体有一段小距离，说明股价反弹力度较弱，后市仍有承前下跌趋势，故成为整理形态，但在长期下跌后的低位往往具有止跌或看涨意义。

辨认形态法则：

（1）一根大阴线出现于下跌趋势之中。

（2）第二天开盘于前一天的最低价之下，形成一个向下的小缺口，股价反弹时受到前一天最低价的压制。

（3）第二天收盘价在前一天的最低点下方。

技术意义：市场一直朝着下跌的方向发展，一根大阴线加强这种下跌趋势的延续。第二天股价跳空低开，形成一个向下的跳空小缺口，随后股价反弹到前一日最低点附近时，因缺乏做多力量的支持，而遭到空头的压制，使得股价不能继续上涨，导致市场趋势继续向下调整。市场中待入线出现的频率很高，但只有出现在高位和低位的待入线才有研究和分析的价值。

注意：待入线形态中前大阴线与后小阳线之间的缺口，主要是指两条 K 线实体之间形成的缺口，上下影线之间有无缺口，则无关紧要。待入线和向下跳空星形线本身就是属于同一形态的 K 线，所显示的信号也是一致的，不论是按待入线操作还是按向下跳空星形线操作，都是正确的，不会误事。

图 3-13，上海科技（600608）：该股经过长时间的下跌调整后，在底部企稳盘整，不久，出现一个待入线形态，虽然还不能确定股价立即出现上涨行情，但可以说明股价已经没有太大的下跌空间了，若后市有成交量或大势配合，股价将会很快进入上涨走势，投资者不妨逢低吸纳。此后，股价渐渐走高，成交量温和放大，均线系统呈现多头排列，形成一条坚挺的上升通道。

2. 切入线

简评：高位看跌，低位看涨，宜进一步确认形态的有效性。

特征：待入线也叫颈内线，同样在下跌趋势中出现，收盘价仅仅略微高于前一根大阴线实体的收盘价位置，较待入线为好，较曙光初现弱，后市仍有承前下跌趋势，也属于整理形态，但在长期下跌后的低位往往具有止跌或看涨意义。

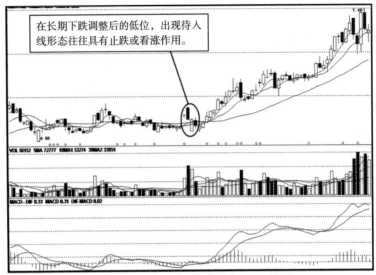

图 3-13　上海科技（600608）日 K 线图

辨认形态法则：

（1）出现在明确的下跌趋势中，以一根大阴线作引子。

（2）第二日的阳线，其开盘价低于第一日的最低价。

（3）切入线和待入线的差异：待入线的第二日阳线收盘价低于第一日阴线收盘价，而切入线的第二日收盘价则与第一日收盘价相近。

技术意义：就形态而言，第二根的阳线未能大幅高于第一根的阴线，反映反弹动力仍然较弱，在反弹日的低位买货者会观察尾市，假如收盘价仍然没有大幅高于前日收盘价，他们便会感到不安，趁还有少许利润而抛售离场，于是引发股价再次下跌。

如何判断形态效力？如果第二根阳线出现时，股价反弹而成交量不够积极，就会加强形态的利淡效力。

图 3-14，同德化工（002360）：该股股价在跌势末期出现快速打压后，在低位出现切入线形态，虽然当天的阳线仅仅略微插入到前一天的阴线实体之内，但对跌势起到中流砥柱的作用，而且在前一天也已经出现了一个同样的形态，所以紧随其后出现的这个切入线，看涨意义会更明显，从此股价出现一波力度较大的反弹行情。

3. 插入线

简评：高位看跌，低位看涨，宜进一步确认形态的有效性。

特征：插入线也叫戳入线，与上面两种形态十分相似，同样是由前面的一根大阴线和后面的一根小阳线组成。不同的是，插入线的第二根阳线，其开盘价要比前面两种图形的开盘价开得高一些，收盘价收在前面一根阴线实体内的位置也高一些，一般

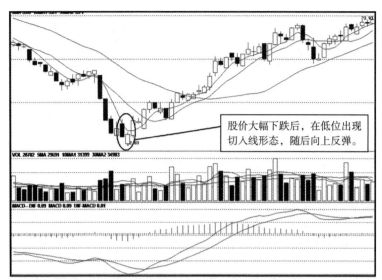

股价大幅下跌后，在低位出现切入线形态，随后向上反弹。

图 3-14　同德化工（002360）日 K 线图

要求达到前阴线实体中心线以下附近的地方，但还没有超过中心线（约在 1/3 位置）。插入线虽然较待入线和切入线强劲，第二日的反弹水平较高，但看涨意义始终不及曙光初现形态强烈，所以插入线仍属于看淡信号，但在长期下跌后的低位往往具有止跌或看涨意义。

辨认形态法则：

（1）在下跌趋势中出现大阴线。

（2）第二根阳线，其开盘价低于前一日的最低价。

（3）第二根阳线的收盘价深入到前一根大阴线内，但未能超过其实体的一半。

技术意义：在判断形态效力时，观察反弹时成交量的变化，若成交量过低，显示反弹力度较弱，成为跌市中的整理形态机会更大，但要结束股价所处的具体位置进行分析，才具有研究和操作价值。在高位的插入线，显示见顶信号，应卖出股票；在低位的插入线，显示市场即将见底，可作为多头信号操作。

图 3-15，赛象科技（002337）：该股走势图中，曾经出现两个插入线形态，但所产生的结果完全不一样，前一个是看跌形态，后一个是看涨形态，这就充分说明了插入线具有很强的弹性，即高位看跌，低位看涨，所以在实盘判断时一定结合股价所处的具体位置进行科学的分析。

在操作待入线、切入线和插入线这三种形态时，应注意以下三点：

（1）要分析股价高低位置，若是处在高位，要坚决卖出股票；若是处在低位，可以考虑做多，但底部形态有可能需要一段时间的等待，因为主力需要足够的筑底时间。

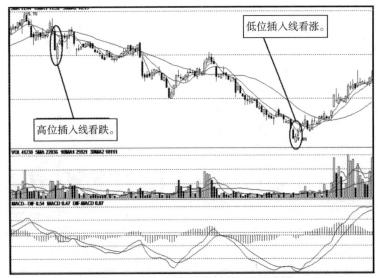

图 3-15　赛象科技（002337）日K线图

（2）高位形态的卖出时间，要坚持"宜速不宜缓"的原则。具体要求是：高位出现上述三种形态时，应在形态形成日的当天卖出股票。一般情况下，收盘前几分钟，就可以确认形态的形成，此时就可挂单卖出，万一当日不能成交，第二天上午开盘前，应利用集合竞价的机会卖出，这两档时间，是高位最佳卖出机会，不应错过。

（3）低位形态的买入时间，则适宜于"宜缓不宜速"的原则，也就是说在低位出现这些形态时，不要马上介入，应观察一两天，待行情出现止跌反弹的迹象时，才可以出手吸筹。具体要求是：低位出现这些形态后，股价上涨的高度超过其形态的最高价时，就是最佳买入时机。

相关形态由弱到强依次排列：待入线—切入线—插入线—曙光初现。

第三节　包容线陷阱

一、形态分析精华

1. 形态形成过程

简评：阳包容线利好，阴包容线利淡，均宜确认形态。

特征：包容线主要由两根实体颜色相反的阴阳K线组成，出现在市场的转折点上，

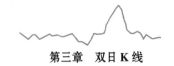

有分析意义的包容线多发生在底部和顶部。根据包容的 K 线颜色不同，可以分为阳包容线和阴包容线两种。阳包容线也叫破脚穿头线，为利好形态；阴包容线也叫穿头破脚线，为利淡形态。

阳包容线形态出现在市场的跌势之中，先出现一根实体相对较小的阴线，第二天股价先跌破第一天阴线实体的低位部分，后呈急促反弹，升破第一天阴线实体的高位收市，形成一根大阳线，阳线实体两头都超过阴线实体的上下边，将第一天的阴线实体全面吞没。

简单地说，就是在两根 K 线组合中，右边的阳线完全吃掉左边的阴线，第二根阳线的最低价低于第一根阴线的最低价，最高价则高于第一根阴线的最高价，这就叫"阳包容线"。

阴包容线形态正好相反，它出现在市场上升趋势之中，前面的 K 线是根小阳线，后面的 K 线是根大阴线，后面的阴线实体吞没了前面的阳线实体。

阴包容线形态的形成过程与阳包容线形态正好相反，它出现在市场上升趋势之中，前面的 K 线是根小阳线，后面的 K 线是根大阴线，后面的阴线实体吞没了前面的阳线实体。

包容线有三种基本类型：

（1）同性相包，即阳包阳、阴包阴。阳包阳是由于第二根阳线的大幅低开、低开高走造成的；阴包阴是由于第二根阳线的大幅高开、高开低走造成的。将同性相包的两根 K 线合并起来，将会得到一根较大的 K 线，通常表示市场原来的运动趋势将继续维持。

（2）包星线，即阳包星、阴包星。阳包星可以看成是阳包阳，阴包星可以看成是阴包阴，都是趋势方向不变的信号。

（3）异性相包，即阳包阴、阴包阳。阳包阴的两根 K 线合并之后是一根阳实体、长下影线、无上影线（或很短）的锤头线，可以分别作为转势信号出现波段低点，或作为续升信号出现在上升途中，或作为转势信号出现在波段高点。阴包阳的两根 K 线合并之后是一根阴实体、长上影线、无下影线（或很短）的流星线，可以分别作为转势信号出现在波段高点，或作为续跌信号出现在下跌途中，或作为转势信号出现在波段低点。

在实盘中，包容线经常出现变异的形态：一是大幅低开或高开形成的十字星或小实体 K 线（第一根）。二是第二根大幅高开或低开形成的十字星或小实体 K 线。三是多线包容形态，后面的一根 K 线包容了前面两根以上的小 K 线。

阳包容线可以还原为锤头线或 T 字线，阴包容线可以还原为流星线或⊥字线。

2. 形态应用法则

（1）包容线必须发生在明显的上涨或下跌趋势中，而不是横盘整理走势。阳包容线是在下跌趋势的末期，而阴包容线则在上涨趋势的末期。

（2）包容线中的两根K线实体，一般呈相反的颜色（少数情况颜色相同）。在阳包容线中，第一根为阴线或星线形态，而第二根为大阳线；在阴包容线中，第一根为阳线或星线形态，而第二根为大阴线。

（3）包容线，即第二根K线的实体部分必须将第一根K线实体吞没，但不一定要求覆盖第一根K线的上下影线。

（4）包容线的两根实体K线的上端或下端可以相等，但两者不可以同时相等。

技术含义：包容线是重要的反转形态，阳包容线是市场底部反转信号，阴包容线是市场顶部反转信号。

在阳包容线中，股价经过一段时期的下跌后，突然间一根低开高走的大阳线拔地而起，包容覆盖了左边的阴K线，这种现象反映多方已全面控制大局，被视为下跌波段结束的信号。阳包容线是一种极为强烈的底部反转信号，不仅信号十分明显，而且暗示其力度非常强劲，如果出现阳包容线后，紧接着第三天股价持续攀升收大阳线的话，那么这个信号得以确认，预示后市是大涨行情。当然，与第一根大阳线相关的成交量是最重要的，其K线的长短，以及吃掉左边的阴K线的多寡，可以用来衡量其后市上涨力度的大小。

在阴包容线中，股价经过一段时期的上涨后，突然间以一根大阴线向下而落，包容覆盖了左边的阳K线，第二天股价虽创新高，但高位承接乏力，遇到抛压打击，显示上升势头已遇到破坏，被视为上涨波段结束的信号。阴包容线是一种极为强烈的顶部反转信号，不仅信号十分明显，而且暗示其力度非常强劲，如果出现阴包容线后，紧接着连续出现大阴线的话，那么这种情形预示后市是大跌行情。当然，这时的成交量并不十分重要，但其K线的长短，以及吃掉左边的阳K线的多寡，可以用来衡量其后市下跌力度的大小。

因此，在上涨趋势的顶部或是下跌趋势的底部出现包容线形态时，说明市场走势将会进入反转阶段。此时包容线形态所起的作用，就是有可能构成市场的一个反转信号。要是这种走势形态出现在市场趋势的中部或在震荡行情中发生，那么它的技术意义就没那么重要了，反转信号就没有那么强烈（重要技术位置除外）。因此不论是阳包容线还是阴包容线，必须发生在波段循环的高点或低点，才有预示市场发展发生变化的意义。

3. 形态效力和操作要点

（1）在包容线形态出现之前，市场必须处于一个清晰可辨的上升趋势或下跌趋势中，哪怕这个趋势是短暂的（但有时也可能发生在一个重要的技术位置），这样才具有技术分析意义。在盘整行情中，形态较小的微型包容线，没有形态效力或很小。

（2）包容线中的第一根 K 线颜色是反映市场的原来趋势，第二根 K 线颜色相反，表示改变第一天的市场趋势。因此，第二根 K 线实体一般和第一根 K 线实体的颜色相反，但在特殊情况下也有例外现象。这种特殊情况的前提条件是：第一根 K 线实体较小，小到几乎成为十字线或者接近于十字线。另一种情况是，第一根 K 线是大幅低开或高开时，第二根 K 线有可能就出现相同颜色的 K 线。由此可见，在长期的下跌趋势之后，一个小小的阳线实体或一个由大幅低开高走的阳线被一根大大的阳线实体包容覆盖，那么此时也可能会构成基本底部反转形态。反之，在上升趋势中如果一个小小的阴线实体或一个由大幅高开低走的阴线被一根大大的阴线实体包容覆盖，那么此时也可能会构成顶部反转形态。

（3）包容线的第一根 K 线的实体部分短小，而第二根 K 线的实体部分很长，显示原先趋势的力量已减弱，扭转原先趋势的力量则相当强劲。如果第二天的实体不仅吞没了第一天的实体，还吞没了第一天的上下影线部分，那么这种形态的成功率将大为提高。也就是说，在阳包容线形态中，第二根 K 线实体越长，显示买盘的积极性越大，后市向上机会越高。相反，在阴包容线形态中，第二根 K 线实体越长，显示卖压较重，后市向下机会越高。

（4）如果形态中的两根 K 线实体长度不是差得太远，随后很可能产生横向发展，形态效力较低，这时应认真分析再做买卖决策。

（5）第一天 K 线实体的任何部分都不可以超越第二天 K 线的实体（两根实体 K 线的上端或下端可以相等，但两者不可以同时相等），如果第一天 K 线的实体长度只有或不足第二天实体的 30%，则此形态更为强而有力。

（6）标准的阳包容线中，阳线的上影线通常不长，代表买盘力道并未充分释放，后市仍有较大上涨动能。而标准的阴包容线中，阴线的下影线通常不长，代表卖盘力道并未充分释放，后市仍有较大下跌动能。

（7）在阳包容线出现时，留意第二天股价由低位反弹回升时的成交量，若发现成交量配合股价反弹上升，代表购买力增强，形态的成功率也会增大。

（8）阳包容线形态出现之后，为了谨慎起见，最好配合下一日走势，更能确认。例如，阳包容线形成之后，如果能跳空上涨、开高走高，则最理想；如果开平走低甚至

低开低走，则留意有骗线可能；如果跌破第二根阳线最低点，反转形态以失败告终。

包容线的变体：①大幅高开或低开形成的十字线或小实体K线（第一根）。②第二根大幅高开或低开形成的十字线或小实体K线。③双线包容形态，后面的一根K线包容了前面的两根K线。④三线或多线包容形态，后面的一根K线包容了前面的三根或多根K线。

二、阳包容线常见技术陷阱

1. 中位阳包容线陷阱

在下跌趋势的中段，也常常出现阳包容线形态，庄家刻意让投资者误以为是股价反转或是反弹的信号，从而纷纷入场操作，结果股价不但不反转，反而加速下跌。这种情况一般出现在大势经过一轮下跌行情之后，此时被套牢的散户渴望反弹行情的到来，场外的资金也期待底部形成，渴望进场抄底。正因为散户有这种心态，所以才会导致这种假阳包容线形态的出现，把投资者给蒙骗了。

图3-16，振华股份（603067）：股价见顶后一路震荡下跌，不断创出调整新低，且未见任何止跌企稳迹象。2017年10月10日，股价低开创出新低后，在买盘的推动下股价向上反弹，收复了第一天阴线实体的全部失地，并在第一天阴线的开盘价上方收盘，形成阳包容线形态，预示后市将止跌回升，是一个难得的买入信号。可是买入股票后，不但没有出现上涨行情，反而继续呈现阴跌走势，从而成为阳包容线形态陷阱。

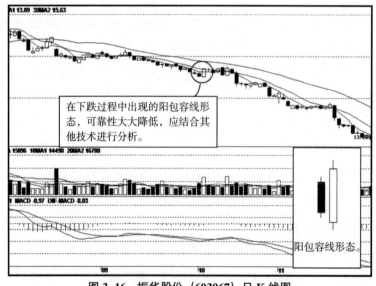

在下跌过程中出现的阳包容线形态，可靠性大大降低，应结合其他技术进行分析。

阳包容线形态。

图3-16　振华股份（603067）日K线图

如何解读该股的阳包容线形态呢？从该股走势图分析，主要存在以下疑点：

（1）盘面弱势特征十分明显，股价处于下降通道之中。

（2）均线系统呈现空头排列，30 日均线对股价上涨构成重大压力。

（3）成交量大幅萎缩，表明做多意愿不强，难以推动股价上涨。

（4）阳包容线形态出现后，股价没有延续强势上涨，得不到有效确认。因此，在这种情形之下出现阳包容线形态，容易演变为失败形态。

需要注意的是，在市场下跌趋势的底部，或是在市场上涨趋势的头部，出现这种阳包容线形态的走势时，说明市场很可能会进入反转的走势。但在股价经过一轮长期的下跌之后，突然出现一根大大的阳线，把前面的一根阴线覆盖掉，此时投资者在操作策略上一定要谨慎对待，千万不要看见大大的阳线实体出现，就以为这是有效的包容线反转信号。这个时候不应该匆忙做出买进的决定，因为市场经过一轮下跌，不可能仅凭这根大阳线，就能一下子激起投资者的做多热情，让市场立即转好。此时出现这种阳包容线形态，大部分是庄家的一个虚假动作，不但不是市场的反转信号，反而很可能是市场进入加速下跌赶底的信号。因此，碰见这种情况时，投资者不能盲目进场操作，而应该以观望为主，等待市场筑底稳固后，再买进还来得及。

如果这种包容线形态出现在股价经过一轮下跌趋势之后，并且股价已经反复震荡筑底，或者是市场下跌的速度已经有所减缓时，那么此时出现阳包容线形态，就具有一定的市场含义，预示着股价即将进入反转阶段了。在操作策略上，投资者就应该选择时机进场操作。如果第二天股价开盘后能够继续走强的话，那么在当天的震荡当中。投资者就可以在股价震荡回落时选择买进，此时是一个较佳的买入时机。如果第二天股价走势不是那么强劲的话，股价很可能会先震荡几天再反转。此时，投资者可以趁股价震荡时逐步买进，或者是等股价经过震荡后开始走强时，进场买进也可以。

2. 低位阳包容线陷阱

股价经过一轮调整走势后，在相对较低价位，不日一根大阳线拔地而起，包容了前面的一根或数根阴线，或者包容了一根或多根小阳小阴线，或包容了数根十字线，这种形态通常表明底部已经探明，后市将迎来升势行情，投资者可以看多做多。但是在实盘操作中常常出现形态失灵，庄家频繁地在包容线中设置各类陷阱，令投资者防不胜防。

图 3-17，威创股份（002308）：该股见顶后一路震荡下跌，不断创出调整新低，股价累计跌幅较大。2018 年 3 月 5 日，一根大阴线向下击穿 5 日、10 日、30 日均线的支撑，形成一箭穿三形态，第二天股价低开高走，收出一根涨停大阳线，两根 K 线构成

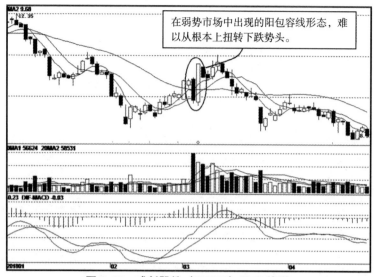

在弱势市场中出现的阳包容线形态，难以从根本上扭转下跌势头。

图 3-17 威创股份（002308）日 K 线图

阳包容线形态。在股价大幅下跌的低位，出现这样一个阳包容线形态，看涨意识大增，可以认定是一个底部买入信号。可是，事实出乎预料，经过几个交易日震荡整理后，盘面重新走弱，股价重回 30 日均线之下，将短线技术高手全部套牢。

这种阳包容线陷阱，庄家通常利用一些技术巧合。例如，股价在行进过程中，庄家利用压力位（支撑位）、整数关口、前期高点（低点）、成交密集区域等关键技术位置制造一些技术陷阱，股价下跌到关键技术位置附近时，股价遇到了支撑而回升，形成一个大阳线实体，把前面的阴线实体全部覆盖掉。但股价随后经过几天的运行后，又重新回到下跌趋势之中，因此就形成了阳包容线陷阱。在该股走势中，庄家在前期低点附近，利用技术支撑的大众心理，拉出大阳线制造多头陷阱。

在空头市场出现的阳包容线形态，投资者不妨想一想，一段下跌行情中，盘面上阴线一根接一根，跌跌不休的行情里，股民个个闷得发慌。这时如果突然间出现一根大阳线，能成功扭转跌势吗？显然不可能。该股中趋势线处于下降，上方盘区阻力，30 日均线持续下行，这些主要技术指标均不支持股价走高。

辨别这种阳包容线陷阱的方法，除了从周期循环的角度观察之外，分析"大众心理"也是重要的依据。大家知道，凡是在底部区域，通常都是人心最脆弱的时刻。如果仅仅凭一根大阳线，就让股民重拾信心，那么未免有些牵强，因此这个阳线是"假阳线"的概率就很大。反之，当出现大阳线上涨，在散户犹豫不决时，才是真正的底部信号。

3. 无量阳包容线陷阱

在阳包容线形态中成交量是十分重要的，第二根上涨阳线中成交量必须积极配合

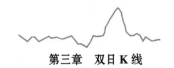

股价上涨，且量价配合得当，才能推动股价强势上涨，否则容易演变为失败形态或多头陷阱。或者，虽然阳包容线形态当天有放量现象，但如果第二天不能持续放量，或者立即缩量整理，那么这个阳包容线形态的可靠性就值得怀疑。

图3-18，上海梅林（600073）：股价反弹结束后继续向下阴跌，2017年12月13日收出一根光头光脚的大阳线，从而构成阳包容线形态，通常是一个止跌看涨信号。但是，此后股价并没有出现像样的上涨行情，所以，凭借该K线组合形态买入的散户被套牢其中，这是什么原因呢？

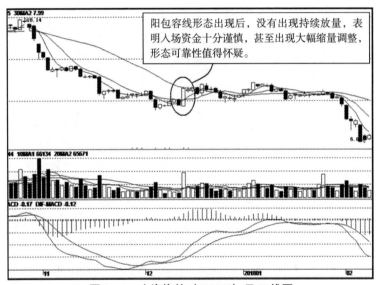

图3-18　上海梅林（600073）日K线图

从该股走势图分析，其主要原因在于成交量方面，虽然在阳包容线形态的第二根上涨阳线有成交量放大，但从形态的第二天开始成交量立即萎缩下来，股价得不到成交量的积极配合，随后的几个交易日里也没有出现补量，表明场外资金十分谨慎，做多热情不高，因此很难从根本上扭转弱势盘面。而且，均线系统呈现黏合现象，显示多空双方处于胶着状态，多方并没有占据优势。这种情况下出现阳包容线形态，很容易演变为失败形态，或者是因为庄家减仓而产生的虚张声势行情。因此，投资者在实盘操作中，遇到无量阳包容线形态时，要小心形态失败，为安全起见可逢高退出观望为宜。

4. 震荡中的阳包容线陷阱

阳包容线形态是一个可靠的见底信号，但不是所有的阳包容线形态都会上涨，有时阳包容线形态出现在横向整理行情之中，这时方向并不明朗，很容易演变为箱体整理，甚至出现下跌走势，这也是一种阳包容线失败形态。

图3-19,大连三垒（002621）：股价经小幅反弹后形成横盘整理，股价大起大落，盘面毫无规则，后市方向并不明朗。2013年8月26和9月5日分别产生了阳包容线形态，此时出现的这个形态不能盲目做多，正确的做法就是场外观望，等待突破方向，或寻求其他技术分析方法，以免陷入盘整旋涡中。因此，投资者在实盘操作中，遇到这种盘面情形时，一定要等到趋势明朗后再做买卖决策，短线高手可以根据箱体法则进行高抛低吸操作。

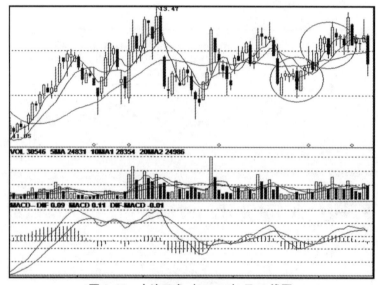

图3-19　大连三垒（002621）日K线图

三、阴包容线常见技术陷阱

1. 中位阴包容线陷阱

股价经过连续一段时间的攀升行情后，在相对高位一根大阴线飞流直下，包容了前面的一根或数根上涨阳线；或者，包容了一根或多根小阴小阳线；或者，包容了数根十字线，通常这些形态出现后，往往是一个见顶信号，投资者以卖出操作为主。但是在实战操作中，并不像投资者预期的那样悲观，股价没有下跌多少就止跌回升，且形成强劲的上涨行情，因此就成了顶部阴包容线形态陷阱。在我国股市中这类陷阱出现的概率比较多，投资者应谨慎操作。

图3-20，恩华药业（002262）：该股成功探明底部后，股价渐渐盘升而上，并突破前期盘区压力。2018年4月13日，一根大阴线从天而降，完全抹去了第一天的上涨大阳线，一个标准的阴包容线形态泯灭了前一天的上涨势头，不少投资者见此形态纷纷

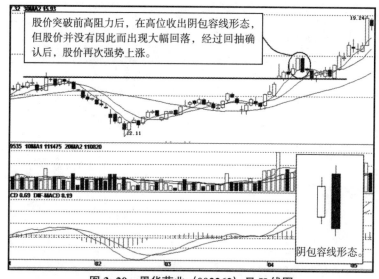

股价突破前高阻力后，在高位收出阴包容线形态，但股价并没有因此而出现大幅回落，经过回抽确认后，股价再次强势上涨。

阴包容线形态。

图 3-20　恩华药业（002262）日 K 线图

抛售离场。可是，股价并没有出现明显的回调，回抽到前期盘区附近时，股价得到技术支撑而企稳回升，此后股价再次步入强势盘升行情，从而成为阴包容线形态陷阱。

从该股日 K 线图分析，阴包容线有以下技术疑问：

（1）在成交量方面没有出现异常，出现缩量调整，量价配合理想，说明筹码没有大规模出逃，庄家依然控制整个盘面。

（2）均线系统呈现多头发散，对股价支撑有力，30 日均线有力地支撑股价持续上行。

（3）股价突破前期盘区后，技术上本身需要一次回抽确认过程，而且盘面走势稳健，股价涨跌有序，回调恰到好处，正好落到前期盘区附近时，得到技术支撑而再次走强。

由此可见，虽然该股出现了一个阴包容线形态，但并未对整个形态造成破坏，属于庄家正常的上升换档过程。

在实盘操作中，有时庄家采用边拉升、边洗盘、边整理的方式将股价稳步推高，这时盘面经常出现阴包容线形态。通过该形态制造空头陷阱，既可以达到洗盘的目的，又不会对大趋势造成破坏，坐庄效果非常好。

图 3-21，京东方 A（000725）：该股股价经过充分的蓄势整理之后，展开新一波上涨行情，均线系统呈多头发散，成交量出现温和放大。2017 年 10 月 19 日，一根高开低走的大阴线，吞没了前面的三根小 K 线，构成阴包容线形态。在这个相对较高的位置，出现这样一个空头形态，对股价上涨十分不利，预示着股价有回落调整要求，因此可以作为卖出信号对待。可是，股价并没有出现持续下跌走势，次日就止跌企稳，

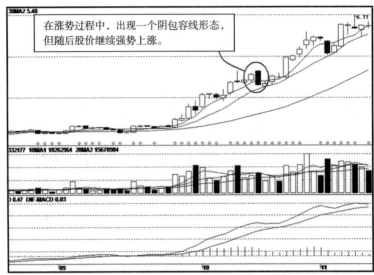

在涨势过程中，出现一个阴包容线形态，但随后股价继续强势上涨。

图 3-21　京东方 A（000725）日 K 线图

随后股价继续强势上涨。

该股庄家利用阴包容线形态，成功制造了一个空头陷阱。从技术图表分析，不难发现盘面的一些技术疑点：

（1）在调整过程中成交量出现缩量态势，属于涨时放量、跌时缩量的理想配合模式，说明浮动筹码渐渐减少，庄家已经控制了整个盘面。

（2）盘面走势稳健，股价涨跌有序，坐庄手法老练，股价飘带式上涨，一副大牛股风范。

（3）均线系统呈多头发散，趋势坚挺有力，10 日均线我行我素地上行，支持股价不断走高。

由此可见，该股技术面始终处于强势之中，阴包容线没有从根本上对形态造成破坏，属于庄家边拉升、边洗盘、边整理的坐庄方式。

当然，阴包容线形态所产生的具体位置十分重要，如果在市场处于上升趋势时出现阴包容线形态的走势，投资者在操作上就要相当谨慎了。市场经过一轮上涨行情之后，出现这种阴包容线形态，预示着上涨即将结束。特别是在股价经过加速上涨后，出现的阴包容线更具有市场判断意义，反转的信号更加强烈。一旦在这个时候出现阴包容线，投资者就应该立刻卖出手中的股票，获利了结，不要对市场再抱有什么幻想。

2. 低位阴包容线陷阱

在股价上涨的中途，庄家刻意做出阴包容线形态，用来对筹码进行换手，以达到清洗浮筹的目的，此时的阴包容线是庄家用技术形态来迷惑散户投资者的。庄家做出

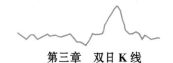

这种包容形态之后，便借势刻意打压股价，使其震荡或者小幅回落。散户看见这种情况，误以为市场产生见顶反转，就会卖出手中的筹码，庄家也就达到了预期的洗盘目的，这是因为散户心中对后市的看法存在疑虑，一有风吹草动，立刻引发强大的卖压出现，于是形成一条超长的大阴线，成为阴包容线形态陷阱。但是，阴包容线形态陷阱出现后，股价不一定会马上上涨，一般在形态形成之后缓缓上涨，直到完全吃掉这根大阴线以后，股价才会迈开大步前进。

图 3-22，赛为智能（300044）：该股经过小幅反弹走势后，在均线附近收出一根大阴线，这根大阴线完全吞没了前一根阳线，形成阴包容线形态。此时有的投资者以为反弹行情结束，而动摇了持股耐心。但是，随后的股价走势与投资者的预料完全相反，股价经过短暂的横盘整理后，开始出现加速上涨走势，卖出的投资者因踏空而后悔。

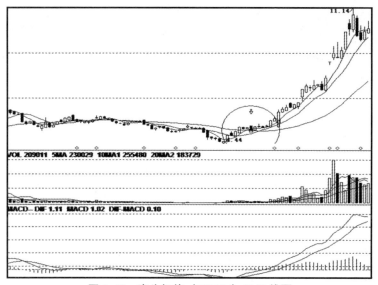

图 3-22　赛为智能（300044）日 K 线图

从该股的日 K 线图可以看出，一是股价刚刚在底部启动不久，出现阴包容线形态，那么这根阴包容线的杀跌力度就不强，也不具备市场反转的意义，股价依旧朝着原来上涨的趋势继续上升，最多也就是停顿一下，或者先震荡一下而已，最终还是会沿着原来的方向继续上行，在这个时候出现阴包容线，预示着加仓的机会来了，投资者可以趁这个机会买进。二是股价从 30 日均线之下向上穿越到 30 日均线之上，说明股价渐渐走强，阴包容线是对股价突破均线后的一次回抽确认过程。三是成交量大幅萎缩，说明底部浮动筹码已经很少，庄家已成功锁定筹码，因而后市上涨的概率非常大。

图 3-23，洲明科技（300232）：该股成功探明底部后，出现小幅反弹走势，不久一

根大阴线完全吞没了前一根阳线，形成阴包容线形态。投资者看到这种阴包容线后，会觉得行情即将结束，因为股价毕竟也有一定的涨幅，因此会产生卖出的冲动。正是由于投资者有这种心态，庄家接下来采取了让股价回落的操盘手法。投资者看见股价回落走势，就以为自己的判断是正确的，于是便会把手中的筹码卖出。但是，投资者没有预料到的是，自己卖出股票后，股价并没有下跌多少，经过一段时间的横盘整理，股价开始慢慢回升了，最后进入了加速上涨阶段，使卖出的投资者后悔莫及。

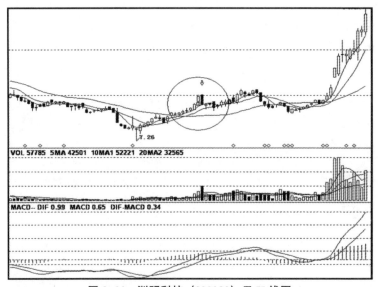

图3-23　洲明科技（300232）日K线图

3.震荡中的阴包容线陷阱

阴包容线形态出现在上涨趋势的末端时，其可靠性比较高，若发生在横盘整理行情或箱体震荡走势中，其可靠性就不高。这时容易出现失败形态，实盘操作难度非常大，投资者可以暂时不予理睬。

图3-24，永安行（603776）：该股股价回落后进入震荡盘整走势，形成一个下有支撑、上有压力的箱体整理形态，盘面几起几落，短期没有突破箱体上下边线。2018年5月28日，股价放量涨停，由于受到箱体上边线的压力，次日股价回落，全部收回了前一天的涨幅，K线形态构成阴包容线形态。如果这是一个独立的形态，那么看跌意义是非常强烈的。我们将这个形态放到整体的K线走势图当中，其看跌意义就没那么强烈了，因为这个形态处在一个标准的箱体之中，且股价距离箱体的下边线很近，也就是说股价下跌空间不大。此后，经过短暂的震荡整理后，股价在6月8日放量向上突破箱体的上边线压制。

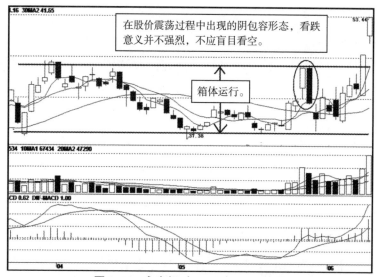

在股价震荡过程中出现的阴包容形态，看跌意义并不强烈，不应盲目看空。

箱体运行。

图3-24　永安行（603776）日Ｋ线图

遇到这样的盘面走势，投资者的确进退两难，最好的解决办法就是观望，不要用形态法则去研判它，更不要过早地下结论，一定要等到趋势明朗后再做买卖决策。当然，短线技术高手根据箱体法则进行高抛低吸，也是一种不错的操作方法。

四、破解陷阱方法

1. 观察形态产生的时间早晚

一般情况下，插入时间越早，其可靠性越高；插入时间越晚，其可靠性越低。特别是尾盘打压或拉升，都是不正常的盘面表现，其欺骗性更大。

在盘面细节上，开盘后很快即插入到第一天Ｋ线的实体部分较深，表明第一天的Ｋ线为假动作所为，为庄家刻意行为。若在中盘时段插入，表明上方压力较大，庄家放弃上攻，上涨行情暂时告一段落。若在尾盘最后几分种甚至更短的时间里，以迅雷不及掩耳之势打压股价，表明庄家故弄玄虚，虚晃一枪，制造空头市场，后市还将有续升行情出现。

2. 观察成交量变化

在阳包容线形态中，价升量增，价跌量缩，量价配合理想，信号可靠性较高，无量上涨，说明虚张声势，信号可靠性不高。价跌量升，量价背离，表明筹码有松动现象，有庄家出逃嫌疑。一般情况下，成交量方面应超过前一日成交量的2/3以上或5日均量的一倍以上，且不是单日的脉冲式放量，而是要持续多日放量，否则其形态的可靠性不高，为疑似信号。但是阴包容线出现时，不一定要求有成交量放大的支持，因

137

为下跌无须成交量的配合，这一点是两个形态不同的一面，投资者应有所了解。

3. 分析次日走势

包容线只有两根K线组合而成，但仅凭两根K线组合情况分析判断后市，断然以此作为买卖依据，未免有点主观牵强性。因此建议投资者观察次日（或多日）的走势状况，如果次日股价在前一日收盘价附近盘稳或继续朝着包容方向纵深发展，则形态信号的可靠性较高。如果次日股价反向回到包容线以内较深位置运行，或反而重新包容前一日的K线，则构成新的反包容形态，说明对方力量十分强大，先前的形态属于庄家刻意所为，具有欺骗的性质。

4. 观察股价位置

在高价位区，阴包容线形态的可靠性大，阳包容线形态的可靠性差。反之在中、低价位区，阴包容线形态的可靠性差，阳包容线形态的可靠性大。

5. 观察力度大小

如果包容线力度大，一根K线包容了数根阴阳线，如同一把"屠刀"，切断了各种中线、短线的阻力和支撑，其信号的可靠性高，否则可靠性低，为疑似信号。

6. 观察技术指标状态

如KDJ、RSI、W%R等在超买超卖区域出现严重钝化或钝化时间较长，则包容线的可靠性高，反之可靠性低。再如MACD、RSI、KDJ等有背离功能的技术指标出现顶背离或底背离时，也是判断行情发展趋势的重要技术指标，可以根据背离法则进行研判，这样可以克服K线的某些盲点。

7. "反打前三现象"

在阳包容线形态陷阱和阴包容线形态陷阱中，常常出现"反打前三"的盘面现象。所谓"反打前三"，即在多头趋势中，前面连续涨了三根阳线，突然第四天一根大阴线实体把前面三根阳线吃掉，盘面上的这种形势，具有相当的威慑效果，尤其在散户心中对股价的运行仍存有相当大疑虑的时候，大部分散户会极度恐惧，纷纷抛出筹码退出市场。当这些没有信心的散户离开市场之后，股价却仍然朝原来的上涨方向前进，连续走出上涨行情。同样，在空头趋势行情中，前面连续跌了三根阴线，突然第四天一根大阳线实体把前面三根阴线吃掉，出现这种形态后，股价却仍然朝着原来的下降方向运行，连续走出下跌行情。

第四节 孕育线陷阱

一、形态分析精华

1. 形态形成过程

简评：底部孕育线属见底征兆，顶部孕育线属见顶征兆，宜进一步确认形态的有效性。

特征：孕育线也叫母子线或叫身怀六甲，它与包容组合形式相反，后面的小实体被前面的大实体所包容，也就是前面一根实体很长的K线（母线），后面一根实体很短的K线（子线），且前一根的实体部分完全包容后一根K线的实体部分，如同母亲怀抱婴儿，"孕育"着新的生命和希望，暗示股价将产生新的走势。

孕育线可能出现于市场中的各个阶段，技术意义强烈的是底部孕育线和顶部孕育线。孕育线可分为阳孕育线、阴孕育线和孕育星线。阳孕育线就是子线为阳线的孕育线，母线则可以是阳线，也可以是阴线。相反，阴孕育线就是子线为阴线，同样母线可以是阳线，也可以是阴线。有时子线可以是十字线，但母线不能为星线或小阳线，它是孕育线的特殊形态，是比普通形态更为强烈的反转组合形态。

根据孕育线的不同组合形式，便可产生以下六种基本孕育线形态：

（1）母线是阳线，子线也是阳线的孕育线。

（2）母线是阴线，子线是阳线的孕育线。

（3）母线是阳线，子线是阴线的孕育线。

（4）母线是阴线，子线也是阴线的孕育线。

（5）母线是阳线，子线是十字线的孕育线。

（6）母线是阴线，子线是十字线的孕育线。

由此可见，孕育线可分为三种类型：一是阳孕育线，如第（1）、（2）种形态；二是阴孕育线，如第（3）、（4）种形态；三是孕育星线，如第（5）、（6）种形态。这些K线组合形态，表明多空双方的力度减弱，若出现在高位或低位，则是一种见顶或见底的反转信号。通常，阳孕育线还包括阳孕阳、阳孕阴、阳孕星，阴孕育线还包括阴孕阴、阴孕阳、阴孕星。

底部孕育线，在明显的下跌趋势中，出现一根大阴线会强化利淡的气氛，但第二天股价高开反映下跌力度放缓中，有买入盘吸纳，但买入盘仍然谨慎，未见大幅抢高而使股价急升，故收盘时仍在前一日大阴线范围内，犹如母亲怀有身孕一样，形成利多的底部孕育线。细心观察此形态相对包容形态中的破脚穿头只有一点不同，破脚穿头中的第一根K线实体较短，第二天K线实体较长，而底部孕育线刚好相反，就是第一根K线实体较长，第二根K线实体较短。阳孕育线可合并为带长下影线的阴线或锤头线。

顶部孕育线与底部孕育线相反，在上涨趋势中，大阳线的第二天股价低开反映上涨力度放缓，有卖盘抛售，虽然未见股价大幅下跌，但利淡的顶部信号已初露端倪。阴孕育线可合并为带长上影线的阳线或流星线。

孕育线是价格按趋势运动时发生停顿的一种K线组合，其共同特征是第二天的开盘价与第一天的价格运行方向相背离：前一天收大阳线时次日低开，前一天收大阴线时次日高开，形成反方向运动。这是一种警戒信号，提示交易者密切关注价格运动的变化，顺势而为。当孕育线出现在高价区和低价区时，基本上会形成反转信号。当然，当它发生在行情不同的位置时，还需具体情况具体分析。

2. 形态应用法则

（1）在第一根K线之前存在明显的市场运行趋势。

（2）第一天的K线颜色并不是孕育线排列的必要条件，也就是说在下跌趋势中，若第一根K线属大阳线，后一根小K线属阴线，也可构成底部孕育线。相反，在上升趋势中，若第一根K线属大阴线，后一根小K线属阳线，也可构成顶部孕育线。

（3）孕育线只计实体部分，即第二根小K线的实体部分必须在第一根大K线实体之内，上下影线无须包括在内。

（4）在孕育线形态中，第二根K线的颜色并不要紧，这一点与包容线形态有所不同（包容线形态颜色应当互不相同），但在多数情况下，孕育线的两个实体的颜色也是不同的。上下影线的大小通常也是无关紧要的。

（5）孕育线两根实体的上端或下端可以相等，但两者不可以同时相等。

技术含义：孕育线是市场走势的一个次要反转信号，预示着当前市场趋势将要反转，或者市场将要进入平静状态，有时候这种形态构成了重大趋势变化的重要信号，特别是这种形态出现在市场顶部或底部的时候。

孕育线揭示了股价在其前后走势健康状况的明显反差。如果是在牛市行情中出现的话，那么孕育线形态中前面涨势，表明市场本来充满了活力，但是后面小实体K线的出现，则反映了市场犹豫不定，这说明牛市方向的推动力正在衰弱，因此市场走势有可能发生反转。相反，要是这种形态出现在跌势中，那么孕育线形态中前面跌势，反映市场抛售压力沉重。但是，随着后面一根小实体的出现，又表明市场徘徊不定，这根小实体 K 线起到了中流砥柱的作用，说明卖方的力量正在衰落。所以此时这种形态的出现，可能会构成市场跌势的反转。

通常，孕育线出现在头部或底部区域时，预示着接下来的走势与先前行情的方向相反。也就是说，波段循环到高点孕育线时，市场会孕育出下跌的新行情；波段循环到低孕育线时，市场会孕育出上涨的新行情。但是，底部出现这种孕育线形态时，其行情的复苏通常非常缓慢，毕竟孕育中的"小生命"，还要等待一天天地长大，不可能一夜之间长大成人，这也是将这种 K 线形态命名为孕育线的理由。

3. 形态效力和操作要点

（1）孕育线中第二根小 K 线的表现，对形态是否成功确立具有重要性。若第二根小 K 线（包括影线部分）完全处于第一根大 K 线实体内，或处于中央部分，预示未来趋势呈转向的机会更强烈。

（2）在下跌趋势中所构成的底部孕育线，第二根小 K 线实体位于第一根大 K 线实体的较下端，随后可能出现横向的走向，股价未必能够急促反弹回升。同样在上升趋势中所构成的顶部孕育线，第二根小 K 线实体位于第一根大 K 线实体的较上端，随后可能出现横向的走向，股价未必能出现急促下跌走势。

（3）第二根小 K 线的实体部分越短小，孕育线信号越明确。

（4）虽然孕育线的第一根 K 线颜色并不重要，但是为了进一步加强孕育线的信号效力，可以加强对 K 线颜色排列的比较。在下跌趋势中，第一根为大阳线，第二根为小阴线，所构成的底部孕育线，相比第一根为大阴线，而第二根为小阳线的排列，利多气势较盛，原因是大阳线本身已具有利好意义。相反，在上涨趋势中，第一根为大阴线，第二根为小阳线，所构成的顶部孕育线，相比第一根为大阳线，而第二根为小阴线的排列，利淡气势较浓，原因是大阴线本身已具有利淡意义。另外，虽然在理论上并不强调孕育线的阴阳，但在实践中如果孕育线颜色相同反而加强信号力度。在下跌趋势中，第一根大阳线后面为一根低开高走的小阳线，可以加固前一根大阳线的力度。道理很简单，虽然在底部出现一根大阳线，但空方仍有残余势力，经过第二天的小阳线后，彻底消灭空方能量，这样多方可以义无反顾地上涨。同理，顶部孕育线亦然，两根阴线总比一阴一阳的杀伤力大。

（5）在盘整中形态较小的微型孕育线，没有形态效力或很小，是仅供参考的信号。

4. 注意事项

（1）在孕育线形态中，第二根K线实体越小，则整个形态越有力量。因为，第二个实体越小，市场的矛盾心态就越大，所以，越有可能酿成趋势反转。在极端情况下，随着第二根K线的开盘价与收盘价之间的距离收窄，这个实体越来越小，最后就形成了一根十字线。

（2）一般的孕育线形态并不属于主要的反转形态，但是，十字孕育线恰恰是一种主要的反转信号。十字孕育线所蕴含的技术意义，比普通的孕育线重要得多。

（3）孕育线也可能引发底部整理过程，不过，当孕育线形态（尤其是十字孕育线）出现在市场顶部比出现在市场底部时更有效力。

二、孕育阳线常见技术陷阱

孕育线被视为一种"警告"或"提示"信号，或者说是一种准市场逆转信号，也就是说，如果它出现在升势中，它就是在警告人们：目前市场继续将股价推高的力量已经减弱，多头行情已接近尾声，随之而来的很可能就是下跌行情。

如果它出现在下跌市场中，就是在提醒人们：目前市场下跌的势头已趋缓，股价可能见底回升，或者继续下跌的空间已很小，市场正在积蓄力量，等待机会向上突破或反转。

所以，孕育线所提示的买卖信号，只是"准市场逆转信号"。投资者在极强或极弱的市场或个股中见到孕育线的K线组合后，不要马上做出买进卖出的决定，可以继续跟踪观察一日或几日，并结合其他的技术指标进行综合分析，然后再作定夺。

1. 高位看涨孕育阳线陷阱

在股价经过大幅上涨后的高位，出现孕育阳线时，则标志着股价出现了严重的滞涨，后市股价出现下跌的可能性极大，这往往是股价即将出现大幅下跌的前兆。

图3-25，银星能源（000862）：该股在股价上涨高位出现了孕育阳线形态，但随后经过几天的盘整后引发了一波下跌行情。

这是一个典型的高位孕育阳线陷阱，从日K线图中可以看出，股价出现孕育阳线之前就已经出现过一次筑顶过程，随后就出现了回落，但在股价回落之后又出现了快速拉升。有的投资者看见这种现象时，认为这是股价新一轮上涨行情的开始，但是此时股价已经处于市场的高位区域，在这种情况下投资者应该要思考一下这会不会是庄家在故意拉高出货，下面就此分析一下这个过程中股价的走势情况。

该股出现孕育阳线之前股价出现了一路上涨现象，当股价大幅拉高之后涨停板就被打开，但股价依旧出现上涨，不过在这个时候成交量出现了快速放大的现象。从成

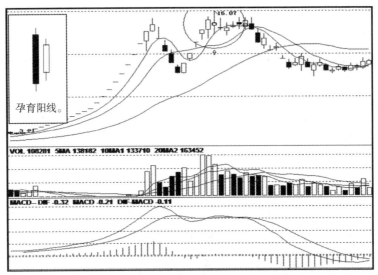

孕育阳线。

VOL 108281 5MA 138182 10MA1 133710 20MA2 163452

MACD--DIF -0.32 MACD -0.21 DIF-MACD -0.11

图 3-25 银星能源 (000862) 日 K 线图

交量的放大上就可以看出，在这个过程中出现了大量的获利盘，要不然在涨停板被打开之后股价就不会出现大幅的回落，而且股价也不会在继续冲高过程中受到阻力而回落，并且成交量也不会呈现出快速放大的现象。随后股价就出现了快速回落的走势，但在回落之后很快又出现了一波快速的拉升，投资者仔细观察这波快速拉升过程就能发现问题。在这个过程中，成交量出现了持续的放大，而在之前的一路拉涨停的过程中成交量呈现出极度萎缩现象。如果这里的放量上涨是股价新一轮上涨行情的开始，那么股价就必将会突破前一高点而继续向上拓展空间，但是当股价向上冲击前一高点并创出本轮上涨行情的新高之后就出现快速回落的走势，并形成了这种孕育阳线形态。在出现这种形态之后，股价的上涨动力就明显出现了衰退。因此，从这些迹象来看，这完全不符合股价即将出现新一轮上涨行情的条件。

由此可以断定，这里股价出现的再次拉高是庄家故意拉抬股价引诱投资者去接盘而达到高位出货的目的。因此，这里出现的孕育阳线就是股价下跌的前兆。通过这个例子的分析，投资者遇到这种两次拉高走势，并且在股价拉高过程中出现持续放量之后出现孕育阳线时，投资者一定要高度谨慎，这往往是庄家出货的后期。

对于这类个股，投资者要掌握以下技术要点：

（1）在出现这种孕育阳线时，股价已经过大幅上涨，并且在出现这种孕育阳线之前的几天里股价出现了加速拉升，在加速拉升的过程中成交量呈现出持续放量的现象。

（2）如果在出现这种孕育阳线之前股价已经创出了一个高点，那么在出现这种孕育阳线的当天，股价在冲击到前一次的高点附近时或者是创出新高之后就出现了快速回

落的走势，并且在回落的过程中盘中的卖盘不断涌现，当天的成交量也呈现出明显放大的现象。

（3）出现这种孕育阳线之后股价的上涨动力明显出现了衰退，买方并没有再次向上发起攻击。

当出现孕育阳线时，盘中呈现出以上迹象的话，投资者就要时刻注意，这往往是庄家出货的后期，后市股价必将会出现下跌的行情。因此，在操作上投资者可以参考以下技巧：

（1）要是在出现这种孕育阳线之前，股价出现了一波加速拉升的行情，并且在这个过程中不断有卖盘涌现，同时成交量也出现了持续的放大，在股价拉升的过程中不断有大手笔的买单挂在买二或买三处。这些大手笔的买单都是庄家故意挂在上面的，目的就是让投资者误认为买盘积极，出现这种情况时，一旦在出现孕育阳线的当天股价出现冲高回落，并且成交量也呈现出明显放大的现象，那么投资者在出现这种孕育阳线的当天就应该清仓出局，后市股价必将出现下跌行情。

（2）要是在出现这种孕育阳线之后股价并没有很快就出现下跌走势，而是在高位维持震荡，但是在震荡的过程中股价的重心逐步下移。出现这种现象时投资者要时刻注意，一旦后市股价出现向下跌破这个震荡平台的话，那就标志着一轮下跌行情的开始，此时投资者要立刻清仓出局，不能再犹豫不决。

（3）出现这种孕育阳线之后一旦股价放量跌破5日均线的支撑时，稳健型投资者要立刻清仓出局。要是股价跌破了10日均线的支撑时，就要无条件卖出，哪怕是在高位追高被套了也要止损出局，否则就会越套越深，出现这种情况时后市必将出现大幅度下跌走势。

2. 跌势中看涨孕育线陷阱

股价在下跌过程中，在相对低位出现看涨孕育线，预示着股价止跌回升，投资者可以买入做多。但是买入之后，股价并没有出现预期的涨升行情，经过短暂的盘整后，股价继续走弱，并很快创出看涨孕育线的新低点，使投资者套牢其中，成为看涨孕育线的牺牲品。这种情况主要反映庄家在高位没有成功完成出货任务，且大势已去无法在高位维持股价，只能在下跌中寻找出货机会，因此拉出一根大阴线后设置孕育线。此时，散户误以为是股价企稳回升或是反弹的信号，从而纷纷入场操作，当庄家完成出货后，市场再现跌势，股价渐行渐低，套牢散户。

图3-26，洪都航空（600316）：股价反弹结束后，再次步入下跌走势，不久一根大阴线向下突破了前期低点，形成了加速下跌势头，可是第二天股价小幅高开，最终收

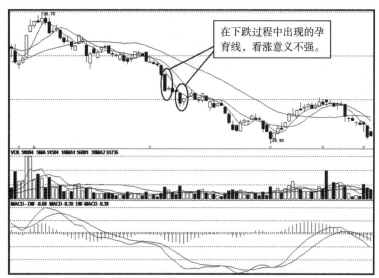

在下跌过程中出现的孕育线，看涨意义不强。

图3-26　洪都航空（600316）日K线图

出一根小阳线，从而形成看涨孕育线。小幅下跌后，紧接着出现同样的信号。根据看涨孕育线的理论，此时股价可能见底企稳，可以进场买入。可是，随后股价继续走低，不给入场者任何解套机会，从而成为看涨孕育线陷阱。

该股在股价下跌过程中出现了两个看涨孕育线形态，但出现这种形态之后股价并没有止跌回升，反而出现了新一轮的下跌走势。从日K线图中可以看到，股价在盘跌过程中突然一根大阴线跌破了前期低点，虽然在第二天小幅高开高走，未能继续创出新低，收出一根小阳线，但当天股价上涨压力重重，股价向上运行并不顺畅，且盘面处于下跌弱势之中，均线系统仍然空头排列，对股价上涨构成重大压制。投资者在操作策略上一定要谨慎对待，切不可遇到看涨孕育线出现，就认定是有效的反转信号。此时不应匆忙买入，因为市场下跌过程中，不可能仅凭这一两根看涨孕育线，就能一下子激起投资者的做多热情，让市场立即转好。此时出现这种看涨孕育线形态，大部分都是庄家的一个假动作，或者是对前面这根大阴线的一次技术性修复，属于多头抵抗性走势，不但不是市场的反转信号，反而有可能是市场进入加速下跌赶底的走势。因此，实盘中碰见这种情况时，投资者不能盲目进场操作，而应该以观望为主，等待市场筑底稳固后，再行决定买卖操作策略。

对于这类个股，投资者需要掌握以下技术要点：

（1）出现看涨孕育线之前股价要有一个蓄势整理过程，空头能量得到释放后，多头信心渐渐恢复。

（2）看涨孕育线要有成交量的积极配合，特别是第二根上涨阳线，成交量要同步放

大，否则容易演变为失败形态。

（3）形态必须得到进一步确认，在出现看涨孕育线形态时，如果第三天股价能够继续走强并收出一根上涨大阳线，收盘价高于前两天的最高价，那么，说明前面的这根下跌阴线是庄家洗盘所为，后市股价出现继续走强的可能性很大。

3. 无量看涨孕育线陷阱

在看涨孕育线形态中，成交量也十分重要，第二根上涨阳线中成交量必须明显放大，才能推动股价上涨，否则就是虚张声势，多为庄家设置的多头陷阱。但在实盘操作中，有的投资者只注重K线组合形态，而忽略了成交量的大小，结果造成重大操作失误。

图3-27，康旗股份（600061）：股价反弹结束后，再次步入阴跌走势，分别在2018年4月18日和5月13日出现看涨孕育线形态，这两个形态也被一些投资者所看好。可是，股价并没有因此出现止跌回升走势，反而股价重心渐渐向下滑落，从而成为看涨失败形态。

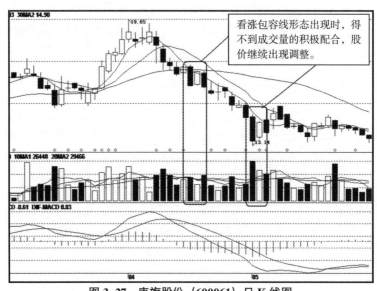

看涨包容线形态出现时，得不到成交量的积极配合，股价继续出现调整。

图3-27 康旗股份（600061）日K线图

从该股的日K线图中可以看出，股价上涨得不到成交量的积极配合，特别是第二根阳线中成交量没有同步放大，随后的几个交易日里也没有出现补量，表明场外资金十分谨慎，做多意愿不强，因此弱势盘面很难扭转。而且，均线系统继续呈空头排列，不断压制股价走低，盘面弱势特征十分明显。这种情况下出现的看涨孕育线形态，准确性大大降低，没有太高的技术含量，或者是超跌后的一次技术性修复走势。因此，投资者在实盘操作中，遇到无量看涨孕育线形态时，要小心形态失败。

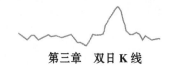

图 3-28，皖南高速（600012）：股价经过一段时间的下跌调整后，不久一根大阴线再次向下创出调整新低，第二天小幅高开后，股价渐渐向上盘升，当天收出一根小阳线，形成一个孕育阳线形态，这个形态也被一些投资者所看好。可是，经过短暂的横盘整理后，股价再次步入下跌走势，从而成为孕育阳线陷阱。

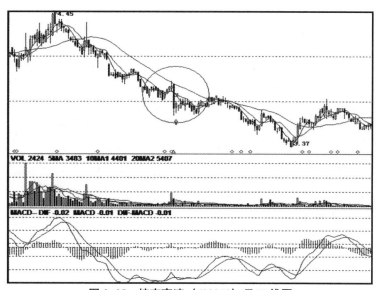

图 3-28　皖南高速（600012）日 K 线图

从该股的日 K 线图中可以看出，股价上涨得不到成交量的积极配合，特别是第二根阳线中成交量没有同步放大，随后的几个交易日里也没有出现补量，表明场外资金十分谨慎，做多意愿不强，因此弱势盘面很难扭转。而且，均线系统继续呈空头排列，不断压制股价走低，盘面弱势特征十分明显。这种情况下出现的孕育阳线，没有太高的技术含量，多为庄家出货所为，或者是超跌后的一次技术性修复走势。因此，投资者在实盘操作中，遇到无量孕育阳线形态时，要小心形态失败。

三、孕育阴线常见技术陷阱

1. 中位孕育阴线陷阱

股价经过一轮上涨行情后，在相对高位一根大阳线奔腾而上，进一步激发市场做多热情，但美中不足的是第二天收出一根低开后震荡的小 K 线，呈现孕育阴线，预示股价滞涨回落，投资者可以卖出做空。但是卖出之后，股价并没有出现预期的下跌走势，只是小幅回档，经过短暂的盘整后，股价重拾升势，并很快创出孕育阴线的新高点，使投资者踏空，从而成为孕育阴线陷阱。

图3-29，外高桥（600648）：股价经过长时间的下跌调整后企稳回升，股价从6元多开始上涨到了16元上方，涨幅超过160%。不久，出现了两个孕育阴线形态，暗示股价上涨遇到一定的压力，后市有回调的可能。这时对于一个已经翻番的个股，选择逢高离场并不为过。但后市经过短暂回调后，很快企稳回升，走出一轮波澜壮阔的上涨行情。

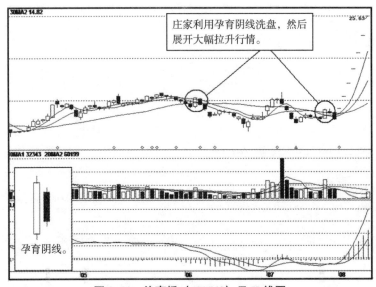

图3-29　外高桥（600648）日K线图

那么，如何解读这两个孕育阴线形态呢？第一个孕育阴线产生后，成交量大幅萎缩，说明浮动筹码抛压不大，没有出现大量的恐慌盘，反映筹码已被庄家锁定，持股信心比较坚定。当股价向下回落时，遇到前期成交密集区域，此处对股价构成一定的支撑作用。第二个孕育阴线产生之前，股价曾经出现向上攻击，但放量不涨，上攻无功而返，此后几天股价顺势回落，此时疑似形成双重顶形态。但从盘中可以看出，空方能量得到了充分的释放，股价回落到前一次回调低点附近企稳，最终未能突破双重顶的颈线，因此孕育阴线对后市威胁不大。

然后，将两个孕育阴线形态进行分析，就可以发现以下技术疑问：

（1）在孕育阴线之前，股价走势相当稳健，主动性买盘非常积极，股价在分时走势图上的走势相当平稳，很少出现直线式拉升或直线式回落，也没有出现大手笔对倒动作。在这种情况下，即使股价上涨遇到一定的阻力，但经过短暂的回调蓄势之后，还有继续向上运行的潜力。

（2）在前一段的整个上涨过程中可以看出，庄家采用边拉边洗式推高股价，其真实意图就是志在高远，行情不会速战速决。

（3）量价配合十分默契，涨时放量，跌时缩量，理想的做盘模式。

（4）在该股中最让投资者迷惑的是那根放量不涨的K线，不少投资者看见这根K线就认为盘中的抛压相当严重。在这里，当成交量出现放大时，一定要仔细观察成交量是如何放出来的，若这些成交量是由对倒所致的话，那么即使出现巨量也不能说明盘中出现了严重的抛压，因为这往往是庄家在自买自卖所导致的。相反，要是放大的成交量是由于盘中不断地出现主动性抛盘所致的话，那么就反映这个位置附近出现了重大的压力。因此，只要观察盘面细节，找出成交量放大的真正原因所在，盘面疑点就能迎刃而解。

综合以上分析，该股仍然具有较大的上涨潜力，持股者不必急于出局，持股等待后市发展变化。在这种盘面走势中，即使判断失误也很少出现快速下跌走势，那时止损出局其损失也不会太大。

2. 低位孕育阴线陷阱

股价经过小幅上涨后，庄家为了有利于今后坐庄拉高，在起步不久就进行洗盘换手，或者上涨过程中遇到明显的压力时，为了消化上方压力，便会出现孕育阴线形态。散户看见这种形态时，对后市的看法存在疑虑，于是纷纷卖出手中的筹码。散户的这种做法，正中庄家意图。待洗盘结束或压力消除后，股价就大幅上涨，盘面气势磅礴。如此这般走势，踏空的散户咋不叫冤？

图3-30，陆家嘴（600663）：庄家成功完成建底任务后，底部渐渐抬高，但股价上涨遇到前期成交密集区域的阻力，股价难以成功突破。这时庄家主动展开调整，在盘

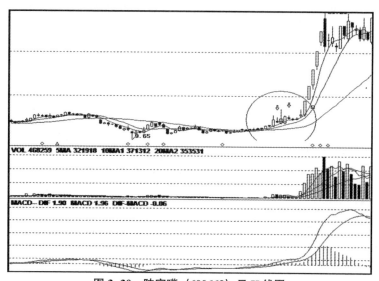

图3-30 陆家嘴（600663）日K线图

中出现两个孕育阴线形态，让那些意志不坚定的投资者在阻力区突破之前离场，当浮动筹码清洗完毕后，上方的压力即被消化，这时庄家就轻而易举地突破阻力区，股价出现连续5个涨停板，上涨势头十分凌厉。

在实盘中如果遇到上方阻力，很多时候庄家不会急于突破，而是采用消化的方法，耐心消除上方的压力，然后成功向上突破。因此，庄家经常采用孕育阴线形态制造空头陷阱，让那些信心不足的筹码离场，最后一举向上突破。

其实，该股形成孕育阴线形态时，也能从盘面发现一些技术疑点。首先，该股前期大幅缩量，成交量极其低迷，显示庄家已经掌控大局，在突破之前再次进行洗盘，浮动筹码清理更为彻底。其次，股价已成功站于30日均线之上，趋势渐渐转强，在均线系统之上发生孕育阴线形态，其可靠性不高。只要股价不破30日均线，后市走高的可能性非常大。最后，MACD指标也成功穿越0轴，RSI指标也在强势区域波动，说明势道渐渐趋于强势。因此，成功的投资者对于这个孕育阴线形态并不可怕。

3. 洗盘孕育阴线陷阱

在股价上升趋势中，庄家为了日后更好地拉升、派发，中途少不了洗盘整理走势，而看跌包容线形态也是庄家常用的一种洗盘手法，不少散户看到这样的形态后，以为股价反弹结束，担心股价再次出现下跌，于是纷纷选择减仓操作，可是股价并没有因此出现深幅下跌，反而出现上涨走势，狠狠地打肿了散户的脸。

图3-31，安妮股份（002235）：该股长时间处于盘跌状态，每一次反弹结束后都出现阴跌走势，2018年1月8日拉出一根突破性大阳线，而第二天却出现弱势震荡，从

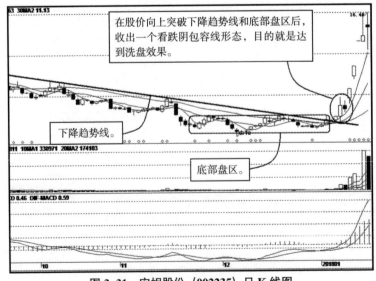

图3-31　安妮股份（002235）日K线图

而形成阴包容线形态。单从这个形态看，有着看跌性质，由此也成为人们竞相减仓的理由。可是，庄家就是反大众思维操作，第二天股价高开高走，连拉 3 个涨停，出局的散户顿感后悔。

其实，在该位置出现的这个看跌阴包容线形态只是庄家为了洗盘而已，很多时候当行情真正向纵深发展时，看跌形态往往起反作用，即回档是为了更好地上涨，反弹是为了更深地下跌。从趋势分析，股价已经向上突破下降趋势线的压制，成交量出现放大，股价成功站于均线系统之上，并形成多头发散，在股价回调时并没有对趋势和均线产生影响，也就是属于洗盘回调整理，所以这种形态不足以引起恐慌抛售，这可能是庄家故意设下的一个诱空形态。

四、孕育十字线常见技术陷阱

1. 高位孕育十字线陷阱

股价上涨过程中，经常在出现一根大阳线之后，紧跟着出现一根十字线，在图形上的各个方面都符合孕育十字线形态，属于标准的卖出信号。无疑这个形态给人的感觉是不舒服的，可是这通常是庄家强势整理的一种基本手法，股价后市仍然我行我素地上涨，高位孕育线成为一个虚假的卖出信号。

图 3-32，华谊兄弟（300027）：该股见底后向上盘升，在上涨运行过程中，出现了孕育十字线形态，此时股价涨幅离起涨点已经超过一倍。不少投资者看到这种形态后，以为股价涨势已尽，后市将面临回落风险，因而纷纷选择离场操作。可是，出现这种形

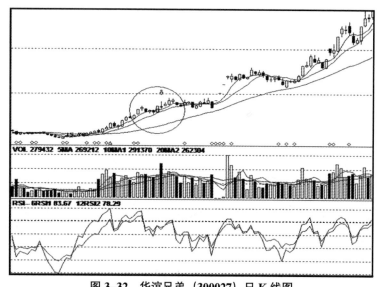

图 3-32 华谊兄弟（300027）日 K 线图

态后买方在第二天就开始出来反击，并且在接下来的第三天里就直接向上冲击新高，随后股价经过短暂的横盘整理后，就迎来了一波快速上涨行情，使出局者陷入踏空窘境。

从该股日K线图中可以看出，在这之前股价一直依托5日和10日均线的支撑稳健地向上攀升，虽然在孕育十字线的当天股价出现了回落，但是在股价回落到5日均线附近又被快速拉起，最终收于5日均线上方。从这些迹象来看，就可以判断出当天股价出现了主动的回落，庄家以冲高回落的走势释放大量的做空能量。此时投资者不妨试想一下，假如当天盘中出现了大量抛压的话，那么股价还能被快速拉起并收于5日均线之上吗？因此可以排除庄家在这里出货的可能。如果股价上涨真正遇到阻力而出现回落的话，那么在接下来的第二天或者是在接下来的几天里，股价必将出现大幅度的回落走势。但事实没有出现这种现象，股价接下来的几天里，受到5日和10日均线的强大支撑，而且在随后的横盘整理过程中，股价两次回调到孕育十字线附近时均遇到支撑而回升。再说，在出现孕育十字线之后，股价根本没有触及30日均线，说明市场强势依旧。

对于这类个股，在操作上投资者可以参考以下技巧：

（1）如果在出现这种孕育十字线之前，股价的上涨趋势很顺畅，没有出现大量的抛盘现象，并且在出现这种孕育十字线之后的第二天股价出现了继续走强并收出放量上涨的阳线。那么激进型投资者在第二天收盘前几分钟就可以入场买进，但不要重仓操作，稳健型投资者应该等到股价向上成功突破了这个技术压力位置之后再去买进。

（2）如果在出现这种孕育十字线之前，股价上涨时受到了严重的抛压而导致股价受阻回落的话，并且在出现这种孕育十字线之后的第二天股价并没有走强迹象，而是收出一根下跌的阴线，那么在这种情况下，投资者最好不要去碰它，后市往往会出现一波回落的行情。投资者应该等到股价回落企稳后再次向上拉升时买进。当然要是在出现这种现象之后股价在接下来的几天里能向上发力突破这个技术压力位置的话，投资者就可以在股价连续三天站稳在这个技术压力位置之上时入场买进，除此之外就不要轻易去买进。

（3）在出现这种孕育十字线时，收出十字线当天的成交量不能出现天量，而且当天股价的震荡幅度不能太大。在出现这种孕育十字线之前，股价向上冲击时受到了一定的阻力而回落的话，那么在回落的过程中，盘中不能有大量的抛压出现，而且当股价回落到10日均线附近时，必须受到强大的支撑而回升。

2. 低位看涨孕育十字星陷阱

图形特征与高位孕育十字星形态相反，是个诱人的看涨信号。但是，也经常演变

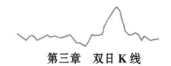

为多头抵抗性反弹走势，而后股价依然向下阴跌，成为孕育线做多陷阱。

图 3-33，云铝股份（000807）：股价反弹结束后，再次陷入跌势，2018 年 2 月 6 日一根跌停大阴线向下击穿了前期盘区低点支撑，可是，第二天股价跳高 3 个多点开盘，全天在前一天大阴线实体之内运行，K 线收出十字线，第三天再收十字线，从而形成一个孕育十字线形态，通常这个形态有止跌回升作用，可以作为买入信号对待。可是，随后股价并未因此走强，又一根接近跌停大阴线，刷新了调整新低，随后虽有反弹但仍然受制于前期盘区的压制，从而成为低位孕育十字线失败形态。

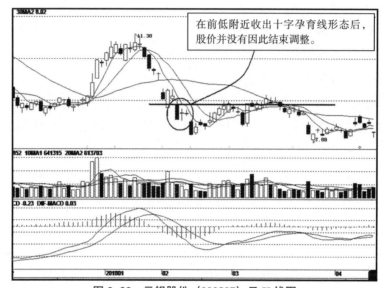

图 3-33　云铝股份（000807）日 K 线图

从该股的日 K 线图中可以看出，股价上涨得不到成交量的积极配合，特别是第二根阳线中成交量没有同步放大，当天的成交量比前一天的成交量还小，随后的几个交易日里也没有出现补量，表明场外资金十分谨慎，做多意愿不强，因此弱势盘面很难扭转。而且，股价处于弱势之中，均线系统呈现空头排列，对股价上涨构成重大压力。这种情况下出现的孕育十字线形态，没有太高的技术含量，或者是超跌后的一次技术性修复走势。

因此，投资者在实盘操作中，需要掌握以下技术要点：

（1）出现孕育十字线形态之前，股价要有明显的止跌现象，且有一个蓄势整理过程，空头能量得到释放后，多头信心渐渐恢复。

（2）孕育十字线形态要有成交量的积极配合，特别是第二根 K 线中，在分时走势图上应当是涨时放量、跌时缩量的现象，否则就是下跌过程中的一种暂时停顿，后市

将会继续下跌。

（3）形态必须得到进一步确认，在出现孕育十字线形态时，如果第三天股价能够继续走强并收出一根上涨大阳线，收盘价高于前两天的最高价，这说明前面的这根下跌阴线是庄家在洗盘，后市股价出现继续走强的可能性很大。

五、破解陷阱方法

1. 在股价已有一定升幅的高位出现看跌孕育线时

如果股价能够继续走强，第二天股价收于孕育线的母线的最高点以上，表明此时的行情依然处于强势之中，这时投资者可以持股观望，但不宜买入做多，一旦盘面出现松动现象，股价上涨无力时，就应果断卖出观望。

2. 股价在底部出现孕育线时

投资者在操作策略上应关注第二天的走势，主要注意以下三点：

（1）第二天股价涨幅超过3%以上，表明反转的可靠性高，投资者可以大胆买进做多。

（2）第二天股价小幅上涨或者震荡走势，表明市场走势不十分明确，此时不可以急于进场操作，应继续观察接下来的走势。如果接下来的几天里能够持续走高，则反转信号得以确立，投资者可以进场操作，否则不要轻易进场操作。

（3）第二天股价并没有出现预期的上涨走势，反而向下回落并打破孕育线的低点，此时孕育线是失败形态，多为庄家刻意所为，预示后市还有一定的跌幅，投资者宜离场观望。

3. 当行情向纵深发展的过程中出现孕育线时

这时的孕育线往往可靠性不高，大多为疑似信号，其孕育形态的目的往往起反作用，即回档是为了更好地上涨，反弹是为了更深地下跌。在生活中，人们下蹲是为了跳得更高，回拳是为了更好地出击，这与股市的回档和反弹的道理是一样的。

4. 观察量价配合情况

量价配合得当，信号可靠性高，量价失衡为疑似信号。在底部形态产生的过程中，量价同步放大，表明有场外资金悄然介入，信号可靠性高，否则为虚张声势，以修复技术为主，为疑似信号。在高位如果价跌量大，表明筹码有松动现象，见顶的可能性大，但下跌不需要有成交量放大的配合，这一点投资者应当有所区别。

5. 观察股价发展趋势的变化

这方面总的策略是，在原趋势没有发生根本性转变之前，任何相反的技术形态，

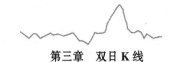

都难以改变原趋势的发展方向，其间的信号多为虚假信号或疑似信号，而同方向的技术形态，其信号可靠性高，也就是说在下降趋势中出现看涨孕育线形态信号时，反转的可能性不大，而出现看跌孕育线形态信号时，趋势的持续性可能更大。相反，在上涨趋势中出现看跌孕育线形态信号时，其反转的可能性不大，而出现看涨孕育线形态信号时，趋势的持续性可能更大。

6. 实战中使用孕育线的原则

孕育线与其他反转信号不同的是，这种信号的市场反转力度不是那么强烈，是一个次要的反转信号。在实战中大体把握以下四个原则：

（1）在底部出现孕育阳线，是买入做多信号，可以看多做多。

（2）在底部出现孕育阴线，是止跌信号，可以看多但不做多。

（3）在高位出现孕育阴线，是卖出做空信号，可以看空做空。

（4）在高位出现孕育阳线，是滞涨信号，可以看空但不做空。

7. 孕育十字线的技术意义

在这里重点提示一下孕育十字线形态，该形态所蕴含的技术意义，要比普通的孕育线形态重要得多，一般的孕育线不属于主要反转形态，但是孕育十字线形态却是一种主要的反转形态，也就是说，孕育十字线形态出现在市场底部的话，那么预示着接下来的走势很可能会反转走强。相反，孕育十字线形态出现在市场顶部时，则预示着接下来的走势有可能会反转下跌，而且形态出现在顶部时，所代表的市场含义更加有效。

在底部出现孕育十字线形态时，应密切关注形态后的第二天走势，若第二天股价继续走强并收出阳线，那么这根阳线就是市场反转的确认信号，此时投资者可以跟进操作了。相反，如果出现孕育十字线后，接下来的走势仍然很弱的话，则表明买方力量还很弱小，不足以产生反转走势的力量，这时投资者不要急于进场操作，应当等待股价企稳后再进场操作。

如果孕育十字线形态出现在市场上涨趋势的顶部时，那么投资者应引起高度重视，因为这个时候出现的孕育十字线形态，是最具有市场反转意义的，也就是说此时的反转信号是最强烈的，一旦出现这种孕育十字线形态，市场出现走弱的话，应果断卖出筹码，获利了结。哪怕这种孕育十字线形态出现后，市场走势仍然比较强劲，也要密切关注股价的动态，一旦市场转弱，就要立即卖出。

第五节　接吻线陷阱

一、形态分析精华

1. 形态形成过程

简评：接吻线为次要的反转形态，宜进一步确认形态的有效性。

特征：在股市中，有着许多与现实生活十分相似之处，两条 K 线之间的盘口走势渐渐接近，最终两个口 "接吻" 在一起，俗称接吻线，也叫反攻线或回归线。这种形态与待入线相似，只不过该形态比待入线反转意义更强烈。

接吻线由两条阴阳相反的 K 线组合在一起，两条 K 线的开盘价不同，但收盘价相等或十分接近，即先是一条开盘后低走的阴线与一条开盘后高走的阳线组合在一起，其收盘价相等或十分接近，或者先是一条开盘后高走的阳线与一条开盘后低走的阴线组合在一起，其收盘价相等或十分接近，就形成了接吻线。前者为看涨接吻线，也叫 "好友反攻"，后者为看跌接吻线，也叫 "淡友反攻"。接吻线既可以出现在持续跌势的底部，也可以出现在持续升势的顶部，也有可能出现在回调洗盘阶段，均为次要的反转形态。

看涨接吻线的形成过程，股价反复下跌后，在低位收出一根下跌大阴线，第二天股价延续下跌惯性大幅跳空低开，甚至以跌停板价格开盘。这时多方开始策动反攻，由于买盘不断介入，逐步回升到前一个交易日的收盘价附近，当日涨跌价格不大，从而形成一根低开高走的大阳线，这根阳线的收盘价等于或接近于前一天阴线的收盘价，这就形成了看涨接吻线。虽然当天的股价涨幅不大，但是意味着先前的下降趋势将被扭转过来，后市可能迎来一段升势行情，是一个反转见底信号。细心观察，曙光初现形态与接吻线形态相似，差异只是在曙光初现形态中，第二根大阳线要求深入到前一根大阴线实体之内一半以上，而接吻线的大阳线未够深入，仅触及第一根阴线的收盘价或最低价，就利好气势来说，曙光初现形态强于接吻线形态。

看跌接吻线的形成过程与看涨接吻线相反，发生在股价反复上涨后，在相对高位收出一根上涨阳线，第二天股价乘势大幅跳空高开，甚至以涨停板价格开盘。空方开始策动反攻，将股价压低，回到前一天的阳线收盘价处收盘（两天的收盘非常接近），就出现大阴线，于是先前的上涨趋势被遏制，这就形成了高开低走的看跌接吻线。在

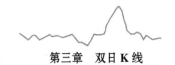

这种形态中，第一根阳线没有上影线或很短，而第二根阴线没有下影线或很短。接吻线形态与乌云盖顶形态相似，差异只是在乌云盖顶形态中，第二根大阴线深入在前一根大阳线实体之内一半以上，而接吻线的大阴线未够深入，仅触及第一根阳线的收盘价。就利淡气势来说，不如乌云盖顶形态强烈。

2. 形态应用法则

（1）接吻线两根K线的颜色必须相反，其方向逆向而行。K线排列为：在看涨接吻线中，为前阴后阳；而在看跌接吻线中，为前阳后阴。

（2）接吻线第一天和第二天的收盘价相同或十分接近。

（3）形态出现在趋势的末端，第一根K线反映市场的原先趋势。

技术含义：看涨接吻线具有一定的吸引力，使不少投资者产生浓厚的兴趣，因此经常演变为单日反转行情，形成V形图形。从坐庄意图分析，庄家大幅低开是为了制造更具恐慌的盘面，引起散户抛盘出现，造成股价的深幅下跌。但是由于散户介入并与庄家抢筹，导致股价快速回升到前一交易日收盘价附近，在这个平衡位置震荡，当日涨跌幅度都不大，但是低位的大阳线总是给人留下美好的想象，因此是一个多头看涨信号。如果接吻线出现在横向盘整或方向不明的市场里，后市股价可能还会在原来的股价水平维持一段时间。

看跌接吻线具有一定的恐惧性，特别是高位更为恐怖，如同一把架在多方头上的大摩利克斯之剑，随时都有落下的可能。从K线图表上看，反映多方追高意愿不够强烈，且有见好就收的味道，庄家原本想通过高开来吸引投资者的追捧，以进一步推动股价的上涨，但适得其反没能引起投资者的兴趣，反而引来抛盘出现。这时庄家不敢顶风而作，只好随机应变，适当回避风险，任凭股价自然滑落到上一个交易日的收盘价附近，这时获得企稳震荡。因为前一天的收盘价是双方经过一天厮杀后的结果，基本达到市场的平衡，因此当日的涨跌幅度不会很大。但高位的大阴线总是不好的，给投资者留下抹不去的阴影，因此后市往往看跌。如果接吻线出现之前，市场是横向震荡走势的，股价将重新回到前期的平衡格局之中，继续呈现横向震荡走势。

接吻线可以发生在上升趋势或下降趋势中，一个显著的特征是收盘价并没有推进到前一天K线实体的内部，而仅仅回到前一天的收盘价附近。此形态的反转意义不如包容线、插入线、孕育线等形态，其分析意义市场看法不统一，形势发展有可能反转，也有可能形成调整走势。

3. 形态效力和操作要点

（1）两条K线开盘价之间的距离越远，收盘价越接近，技术分析意义越强烈，市

场转势信号越可靠。在看涨接吻线中，第二天的开盘价必须向下大幅跳空，显示原先的趋势非常明确，但收盘时股价回升到前一天收盘价附近，预示后市有止跌转强趋势。相反，在看跌接吻线中，第二天的开盘价必须向上大幅跳空，显示原先的趋势非常明确，但收盘时股价回落到前一天收盘价附近，预示后市有见顶转弱趋势。

（2）在接吻线中，两根K线实体部分越长，形态可靠性越高。如果第二根K线的实体比第一根长，则形态效力更强。

（3）形态信号伴随巨大的成交量时，若出现在高位，预示多空意见分歧较大，应卖出观望，若发生在底部横盘震荡，往往是股价将要启动的迹象。在看涨接吻线中，第二根阳线的出现，股价反弹时成交量倍增，更显多头的购买力量，利好效力更强。在跌势的末端出现看涨接吻线时，要有成交量放大的积极配合，才能推动股价的上涨，在盘整行情中，可以不考虑成交量的大小。

（4）接吻线是一个次要的反转形态或转势疑似信号，需要其他验证信号支持。看涨接吻线的技术含义弱于"曙光初现"形态，看跌接吻线的技术含义弱于"乌云盖顶"形态。顶部接吻线的可靠性，要高于低部接吻线。

（5）看涨接吻线出现在有一定涨幅的高位，可以择高离场观望；看跌接吻线出现在有一定跌幅的低位，可以试探性地逢低介入。接吻线出现在震荡市道中，不必为之惊慌，可以静观其变。

二、看涨接吻线常见技术陷阱

在实盘操作中，看涨接吻线形态经常演变为多方防守反击的一种失败形态，成为多头陷阱。出现这些陷阱的主要原因有：①在平衡市或牛皮市道中，庄家进行试盘所致。②受某种利空消息影响。③压低股价继续吸货。④制造假阳线（准阳线）出货。⑤受惯性作用或技术性修复走势等。这种虚假形态经常出现在以下两个时间段里。

1. 低位看涨接吻线陷阱

股价出现一轮较长时间的下跌行情后，在低位收出一根下跌大阴线，由于空头力量占据市场优势，同时受惯性作用的影响，第二天股价大幅跳空低开，这时买盘逢低介入，将股价推升到第一日的收盘价附近，从而形成一个看涨接吻线形态。此时不少投资者以为见底信号出现，而纷纷介入做多。但是，这种信号经常演变为多方防守反击的一种失败形态，市场继续出现跌势，成为一个多头陷阱。

图3-34，红豆股份（600400）：股价见顶后逐波回落，长期处于震荡盘跌状态，不久出现一波快速反弹行情后，股价再次回落，2018年3月23日一根跌停大阴线加剧了

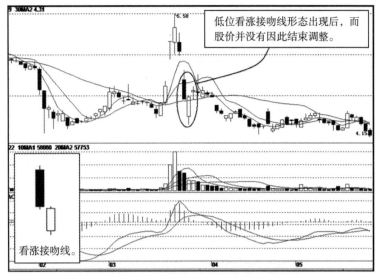

图 3-34　红豆股份（600400）日 K 线图

调整气势，但第二天股价大幅低开 4.16% 后，惯性下探到前期低点附近时，暂时得到技术支撑而企稳回升，股价快速回升到前一天的收盘附近，收出一根止跌性大阳线，当天股价微涨收盘，前后两根 K 线的收盘价非常接近，构成一个看涨接吻线形态。但是，随后股价并没有出现如期的上涨行情，股价反而渐渐向下盘落，入场者很难获利。

从该股的日 K 线图可以看出，这是在下跌过程中的多头抵抗性看涨接吻线，最终很容易形成失败形态。其原因：

（1）股价下探到前期低点后，虽然遇到一定的技术支撑，但上涨力度明显不足，这从随后几天的震荡走势就能反映出，股价上涨遇到很大的压力。

（2）成交量不仅没有放大，反而出现萎缩状态，显示多头力量不足，这种现象只有一个结果：只有下跌，不会上涨。

（3）移动平均线已构成空头排列，对股价上涨构成重大压力，30 日均线向下说明中期趋势并不明确，短期行情不太乐观。

（4）股价重新回落到前期盘区之下，前期盘区对股价构成新的压力。想要再次突破，难度大增。

可见，在弱势行情中出现的看涨接吻线形态，其可靠性非常低，通常看涨形态一旦失败，该位置在很长一段时间里将成为日后的阻力区域。

2. 中位看涨接吻线陷阱

股价经过一段上涨行情后，上方遇到一定的压力和获利盘的抛压，股价见顶回落并形成一股做空力量，市场出现回调走势，K 线图收出一根下跌阴线，给市场蒙上一

层恐慌阴影，第二天股价大幅跳空低开，这时多方发起反攻，将股价推升到第一天的收盘价附近。这时不少投资者以为庄家回调洗盘结束，市场可能迎来新的回升行情，于是就成为一个看涨信号。但是，这种信号也容易演变为多方防守反击的一种抵抗形走势，成为多头陷阱或失败形态，市场不断创出新低。

或者，在股价下跌过程中，空方能量得到一定的释放，但受下跌惯性的影响，在K线图中收出一根下跌阴线后，第二天股价大幅跳空低开，这时多方逢低介入，将股价推升到第一天的收盘价附近，当天收出一根大阳线，形成看涨接吻线形态。这时不少投资以为下跌即告结束，后市可能迎来上涨行情，但是这种信号常常演变为下跌中继形态，因而成为多头陷阱，市场继续出现下跌走势。

图3-35，老凤祥（600612）：股价反弹结束后向下走低，不久收出一根几乎跌停的放量下跌大阴线，空方能量得到较好释放，由于受下跌惯性的影响，第二天股价大幅跳空低开，这时多方逢低介入，很快将股价推升到第一天的收盘价附近，当天收出一根低开高走大阳线，前后两根K线的收盘价非常接近，形成一个看涨接吻线形态。预示下跌行情即将结束，后市可能迎来反弹行情，因此可以买入做多。但是，随后股价只是小幅上涨，不久就渐渐走低，形成新一轮下跌走势。

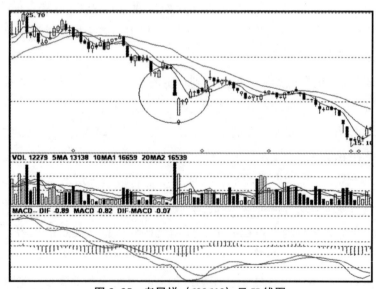

图3-35 老凤祥（600612）日K线图

从该股的日K线图中可以看出，看涨接吻线并不具备大幅上涨条件。其原因：

（1）股价已经陷入弱势之中，扭转这种态势需要时间和力度。大阳线可能是对股价超跌后的一次技术性修复走势，股价一旦回到上轨线附近，容易遇阻回落。

（2）从形态分析，股价回到了前期低点附近，虽然有构筑三重顶形态的可能，但前面的两个低点遭到严峻的考验，此时如果不有力拉起并突破颈线压制的话，后市仍存在许多变数，因此在股价没有成功突破其颈线之前，应谨慎观望为好。

（3）均线系统呈现空头排列，30日均线对股价反弹构成重大压力，不断压制股价向下走低。

（4）后续成交量萎缩，难以推动股价大幅上涨。因此，投资者遇到这种走势时，还是尽量不要参与为宜，持股者可逢高减磅操作。

三、看跌接吻线常见技术陷阱

在实盘操作中，看跌接吻线形态经常演变为空方防守反击的一种失败形态，成为空头陷阱。造成这种结果的主要原因：①在平衡市或牛皮市道中，庄家进行试盘所致。②受某种利好消息影响。③庄家利用反向思维方式操作，通过高开制造虚假的大阴线来吓唬投资者，以此达到高位洗盘换手的目的。④受惯性作用或技术性修复走势。因为，庄家遇到重大的题材时，不敢轻易采用古老的向下回调式洗盘，而是通过高开的形式，主动给投资者送红包，得到小恩小惠的投资者见到大阴线后，纷纷抛售筹码而去，这样便轻而易举地落入庄家设置的空头陷阱之中。这种陷阱经常出现在以下两个时间段里。

1. 中位看跌接吻线陷阱

股价完成一段下跌行情后，市场出现反弹走势，并在反弹高点收出一根上涨阳线，多方形成一股势力。第二天股价大幅跳空高开，但这时获利盘和解套盘出现，将股价压低到第一天的收盘价附近，从而形成一个看跌接吻线形态，构成一个卖出信号。但是，这种信号经常演变为空方防守反击的一种失败形态，从而成为空头陷阱，市场继续向上运行，不断创出新高。

图3-36，天宸股份（600620）：庄家成功完成建仓任务后，渐渐脱离底部区域，股价步入上升通道之中。不久，在上涨过程中收出一根涨停大阳线，第二天顺势大幅跳空高开后，股价未能在高位挺住，而是渐渐向下回落，当日报收于前一天的收盘价附近，形成一个看跌接吻线形态。不少投资者见此形态后，以为反弹行情已经结束，因而纷纷卖出股票。可是，股价经过短暂的小幅回调后，仍然运行在上升通道之中，从而使不少散户落入看跌接吻线陷阱中。

从该股的日K线图中可以看出，这是在上涨过程中出现的空头抵抗性看跌接吻线，最终很容易形成失败形态。其原因：

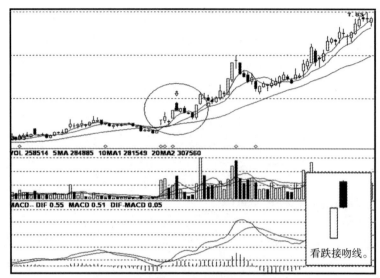

图 3-36　天宸股份（600620）日K线图

（1）在长期的筑底过程中，庄家吸纳了大量的筹码，迫切需要一个上涨空间。

（2）均线系统呈现多头排列，股价依托均线稳步上行，看跌接吻线对均线系统没有造成破坏，通常在均线上方产生的空头形态其可靠性不高。

（3）量价配合得当，升势继续存在。可见，在上涨过程中产生的看跌接吻线往往是一个技术陷阱，在实盘中要注意此类现象。

2. 高位看跌接吻线陷阱

股价经过一轮较长时间的持续上涨行情后，出现一根上涨大阳线，形成再次上涨的势头。随后在第二天由于受惯性影响，股价顺势大幅跳空高开，这时多头逢高减仓，股价形成盘跌走势，下滑到第一日的收盘价附近收盘，从而形成一个看跌接吻线形态。此时不少投资者以为阶段性头部形成，而纷纷抛售股票离场，从而构成一个卖出信号。但是，这种信号经常演变为空方进攻的一种失败形态，成为空头陷阱，市场继续出现升势行情。

图 3-37，中国软件（600536）：该股股价成功见底后，出现一波力度较大的反弹行情，不久在反弹高点收出一根涨停大阳线，但第二天却高开低走，股价报收于前一天的收盘价附近，形成一个看跌接吻线形态。此时，股价与起涨点相比其涨幅已接近100%，可以说是高价区了，在此价位产生看跌接吻线，更加坚定了不少投资者的获利了结心态，因而构成卖出信号。可是，随后走势大出意料，股价经过短暂的整理后，再次出现大幅上涨行情，从而形成高位看跌接吻线陷阱，使不少散户踏空受骗上当。

那么，如何解读该股的技术特征呢？可关注以下盘面现象：

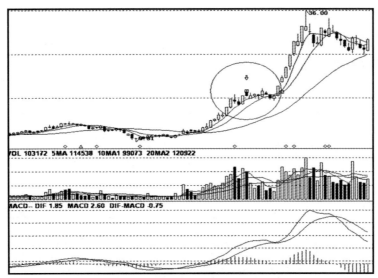

图 3-37 中国软件 (600536) 日 K 线图

（1）股价见底后，庄家介入较深，吃进大量的低价筹码，从成交量的温和放大就能说明这一点。

（2）股价处于强势之中，均线系统向多头发散，看跌接吻线并没有对均线系统造成破坏。

（3）股价向上突破前期高点后，没有进行回抽确认，看跌接吻线是一次正常的技术性修复走势。

（4）股价向上突破后，形成高档盘旋走势，反映后市上涨动力未减，看跌接吻线形态出现后的第二天股价就形成止跌性小阳线，因此看跌意义遭到质疑。会涨的股票不会跌，会跌的股票不会涨，如果此时的接吻线是一个真正的阶段性顶部的话，那么股价就会快速下跌，不会给散户逢高退出的机会，庄家既然敢于在高位顶住压力，后市定有好戏。

因此投资者在实盘中遇到这种盘面时，不必为短暂的回调所影响。一般情况下，在一个业已形成的多头市场中，任何看跌技术形态在没有得到其他信号的认可时，只是一个疑似形态，大多充当短期技术性回调而已。

四、破解陷阱方法

1. 分析当前市场价位

在市场高位，庄家主要任务是出货，尽快将手中的获利筹码顺利地转移给散户投资者，以获得丰厚的利润。这时如果出现看涨接吻线形态，起到两方面的作用：一是

高开是给散户一个"想象的空间",而庄家却悄然地出货;二是保持图形完整,因为当天的收盘价与前一天的收价盘持平,任何技术形态都没有遭到破坏,让散户安心持股,庄家有充分的时间出货。

在跌势中位,看涨接吻线是一个反弹信号,形态往往演变为下跌中继形态,后市仍将下跌一截。在涨势中位,看跌接吻线是一个洗盘信号,形态往往演变为上涨中继形态,后市仍将上涨一程。在市场低位,市场经过大幅下跌后,充分释放了空头能量,是止跌的一个标志,此时可以逢低介入,等待股价上涨获利。

2. 等待验证信号的出现

在看涨接吻线形成后,如果第二天能够收出上涨大阳线,则可以验证底部形态确立或洗盘结束,阳线越长,看涨意义越强烈。如果第二天收出下跌阴线,其长度超过昨日阳线的1/3,则应引起重视,小心演变为下跌抵抗性走势,阴线越长,失败的概率越大。如果第二天收出一根涨跌幅度不大的星线,通常为底部企稳信号,市场对上一交易日的阳线验证有效,看涨立场不变。

在看跌接吻线形态产生后,如果第二天收出下跌阴线,则可以验证顶部接吻线形态确立或反弹结束,阴线越长,看跌意义越强烈;如果第二天出现下跌跳空缺口,则下跌欲望越强,缺口越大,看跌意义越强烈。如果第二天收出上涨阳线,则有可能否定顶部形态的确立,阳线越长,看跌疑问越大;如果第二天出现上涨跳空缺口,则看跌接吻线被否决,后市将迎来升势。

3. 从成交量中分析未来发展变化

底部出现看涨接吻线形态时,需要成交量的积极配合。股价上涨要得到成交量配合是不可争议的,成交量较小不能推动股价的大幅上涨,但是巨大的天量也是极不正常的一种盘面现象,尤其是在图表中出现单根巨大的柱状线,其后市值得怀疑,这是陷阱最容易出现的盘面。若成交量极度萎缩,说明缺乏上攻能量,后市同样要引起重视。

4. 这类K线形态要关注分时走势图

一般而言,这类图形在分时走势中,形成时间越早,信号的可靠性越高,形成时间越晚,信号越值得怀疑,特别是在尾盘较短的时间内,庄家利用大手笔买单迅速将股价拉高或打压到前一个交易日的收盘价附近,从而形成看涨或看跌接吻线时,投资者应高度警惕,以免落入陷阱之中。

5. 结合葛兰碧移动平均线法则,分析接吻线转势概率的高低

得到均线系统支持的接吻线形态,转势的概率大;与均线系统背驰的接吻线形态,转势的概率低。

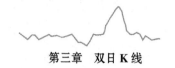

6. 顶部的接吻线形态比底部的接吻线形态可靠性高

当投资者遇到顶部看跌接吻线信号时，不妨先出局观望，无须等待验证信号的出现，这样可以避免许多失误。当投资者遇到底部看涨接吻线信号时，暂时不要急于介入，等待验证信号的支持，这样虽然提高了持仓成本，但是可以规避市场非系统性风险，这也证明了"宁可放过，不可错过"的道理。

7. 在横向震荡或方向不明朗的市道中出现接吻线时

股价回到原来的市场状态之中，那么这根接吻线为庄家试盘或吸货的可能性比较大，也有可能是行情将要启动的前兆，这时的操作策略是静观其变，不要急于介入，要等待买入时机成熟时再进场。

第六节　分手线陷阱

一、形态分析精华

1. 形态形成过程

简评：强烈的反转形态，底部看涨，顶部看跌，无须确认信号。

特征：在股市中有时很有趣，有了接吻线，也就有了与之对应的分手线，两条 K 线之间的盘口距离越来越远，向两边分开，称为分手线，或叫靠背线。它由两根 K 线组合在一起，开盘价处于相同价位或十分接近、收盘价不同的两条 K 线组合在一起，即一条开盘后低走的阴线与一条高开高走的阳线组合在一起，且第二天的开盘价与第一天的开盘价相同或十分接近，这是看涨分手线。或者，一条开盘后高走的阳线与一条低开低走的阴线组合在一起，且第二天的开盘价与第一天的开盘价相同或十分接近，就形成了分手线，这是看跌分手线。

分手线既可以出现在持续跌势的底部，也可以出现在持续升势的顶部，也有可能在回调洗盘阶段或反弹回升阶段发生，均为强烈的反转形态，其反转意义比接吻线要大得多。

看涨分手线的形成过程，第一天开盘后向下逐波走低形成大阴线，第二天却跳高在第一天的开盘价附近开盘，并向上走高形成大阳线，这就成为看涨分手线。通常是在股价下跌或回调的低点，在相对低位收出一根下跌阴线，第二天股价却出其不意地

大幅高开，开盘价与前一日的开盘价相当。然后，股价出现上升走势，当日收出一根上涨阳线。在这种形态中，第一根阴线的上影线很短或没有上影线，第二根阳线的下影线很短或没有下影线。

看跌分手线的形成过程与看涨分手线相反，第一天开盘后向上逐波走高形成大阳线，第二天却跳低在第一天的开盘价附近开盘，并向下走低形成大阴线，这就成为看跌分手线。通常是在股价上涨或反弹的高点，在相对高位收出一根上涨阳线，第二天股价却没能继续上升，反而出其不意地大幅低开，开盘价与前一日的开盘价相当。然后，股价出现下跌走势，当日收出一根下跌阴线。在这种形态中，第一根阳线的下影线很短或没有下影线，第二根阴线的上影线很短或没有上影线。

2. 形态应用法则

（1）分手线两根K线的颜色必须相反，呈反方向运行。K线排列为：在看涨分手线中，为前阴后阳；而在看跌分手线中，为前阳后阴。

（2）分手线两根K线的开盘价相同或十分接近。

（3）形态出现在趋势的末端，第一根K线反映市场的原先趋势。

技术意义：在看涨分手线中，股价经过持续的下跌行情后，或经过充分的回调洗盘，释放了大量的空头能量，空方放弃了对盘面的控制，物极必反，第二天多方趁机介入，股价大幅跳空高开，开盘时就全面收复了前一交易日下跌的失地，并将股价再度推高，成功扭转市场下跌势头，因此具有转势看涨意义。

同样，在看跌分手线中，股价经过持续的上涨行情后，或者经过一波有力的反弹行情，多方能量得到有效的发挥，盘内囤积了大量的获利筹码，加之恐慌心理，第二天空方借机突然袭击，股价大幅跳空低开，开盘时就把前一天的阳线全部吃光，并将股价再度压低，将上一交易日的入场者全线套牢，因此其形态具有看跌意义。

3. 形态效力和操作要点

（1）两条K线的开盘价相同或十分接近，第二条K线实体越长，其反转信号越强烈。

（2）看跌分手线要比看涨接吻线、乌云盖顶、阴孕育线、阴包容线、倾盆大雨等形态的信号强烈得多；同样，看涨分手线要比看跌接吻线、曙光初现、阳孕育线、阳包容线、旭日东升等形态的信号强烈得多。

（3）看涨分手线需要成交量方面的支持，底部量增价升，后市看涨。若出现缩量的回升走势，要谨防虚假图形；看跌分手线并不注重成交量的大小，但顶部量增价跌，后市看空意义更加强烈。

（4）由于分手线的当天大幅跳空开盘，股价涨跌幅度比较大，可能出现短线回抽动作，并关注回抽时的支撑和阻力程度。

（5）第二根 K 线实体长于第一根 K 线实体，或者第二天股价出现涨停、跌停，则形态反转意义更加强烈。通常，分手线的第二根 K 线实体越长，反转信号越强烈。

（6）第二根 K 线实体与第一根 K 线实体之间，如果留下一个没有回补的跳空缺口，则形态反转的可信度更高。

二、看涨分手线常见技术陷阱

股价大幅下跌到了低位，套牢于盘中的散户苦不堪言，又是一条大阴线更加给市场增加了几分寒意，可是第二天出其不意地跳高到第一天开盘价附近开盘，随后步步走高收于当天的最高点或次高点，形成标准的看涨分手线。这个看涨分手线给市场带来几许欣喜，可是正当大家意犹未尽时，股价又出现了下跌，市场再现凄凉。形成看涨分手线陷阱，下跌路，漫漫兮。

图 3-38，安彩高科（600207）：股价见顶后一路震荡走跌，不断创出调整新低，连续收出若干根小阴线后，2017 年 5 月 10 日出其不意地高开高走，收出一根几乎接近涨停的放量大阳线，从而形成一个看涨分手线形态，预示股价有结束下跌迹象，因而是一个买入信号。可是，形态产生后的连续几个交易日，股价低开弱势震荡，几乎啃定了大阳线的全部涨幅，经过短暂的横向震荡后，股价出现向下阴跌，将买入者全线套牢。

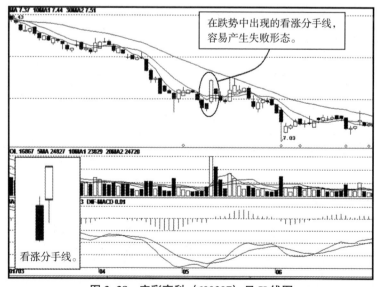

图 3-38 安彩高科（600207）日 K 线图

从该股的日K线图中可以看出，导致虚假形态的主要原因：

（1）股价处于弱势势道之中，下降趋势清晰可见，单凭一根阳线或一个看涨分手线形态还难以改变整体下降趋势。

（2）成交量未能积极配合，形态产生后的第二天就开始缩量，多方缺乏上涨动能。

（3）均线系统依然空头排列，对股价上涨构成重大压力。一般而言，出现在均线系统之下的看涨分手线，其可靠性往往不高。

（4）股价已进入大C浪调整期，通常在C浪调整中往往时间长、幅度大。因此，投资者遇到这种看涨分手线时，不应急于介入，应等待势道转强后再行决策。

图3-39，广日股份（600894）：经过一轮成功的炒作后见顶回落，股价渐趋走低，不久一根超过7个点的大阴线加剧了下跌势头，可是第二天却出其不意地大幅跳空高开，几乎在前一天的开盘价附近开盘，当天股价不断向上走高并收于涨停价位，一条下跌的阴线与一条大幅高开的阳线构成一个看涨分手线形态，预示股价有调整结束重回上升势头，因而是一个买入信号。可是，股价走势并不是想象的那样乐观，原来这个看涨信号是假的，第三天股价大幅低开后渐行渐低，最终以跌停板报收，重新构成一个看跌分手线，而这个看跌信号却是真的。同样的位置一个是假信号、一个是真信号，这就把投资者搞糊涂了。

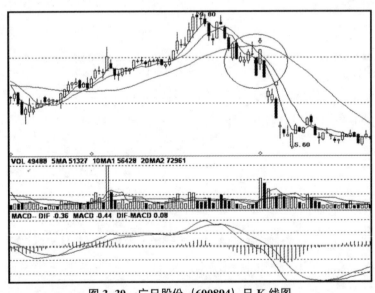

图3-39 广日股份（600894）日K线图

那么，如何解读该股的看涨分手线形态呢？从该股的日K线图中可以看出，存在这样四点技术疑问：

（1）股价已经过成功炒作，从最低 2.10 元开始上涨到最高 9.80 元，涨幅超过 300%，庄家获利非常丰厚，兑现获利筹码，迫在眉睫，因此后市上涨空间受到限制。

（2）在整个上涨过程中，股价第三次向下突破 30 日均线支撑，一般而言，在股市中也是再一再二不能再三，也就是说第一是假突破，第二次也可能是假突破，那么当第三天出现同样的走势时，可能就是真的了。

（3）成交量放大略显突然，虽然当天股价封于涨停板状态，但有大量的抛盘出现，股价上涨压力较重。

（4）看涨分手线产生于均线之下，其形态的可靠性和上涨力度均受到限制。投资者遇到这种看涨分手线时，如果第三天股价出现大幅低开后，冲高无力时应尽快清仓退场观望。

三、看跌分手线常见技术陷阱

在股价上升趋势中，盘面强势拉出一根漂亮的阳线，可是第二天却跳低在第一天的开盘价位置附近开盘，且全天向下走低收出一根大阴线，形成标准的看跌分手线，见此情形投资者纷纷卖出股票。可是，后来的走势大出预料，股价只是小幅回档而已，很快恢复上涨行情，从而形成看跌分手线虚假信号。

图 3-40，鲁银投资（600784）：股价经过一轮快速调整后，在低位拉出一根上涨阳线，可是第二天股价却大幅低开，当天盘中逐波走低，收出一根跌停大阴线，形成一个标准的看跌分手线，说明前一天的阳线为下跌抵抗性反弹走势，预示着股价将继续

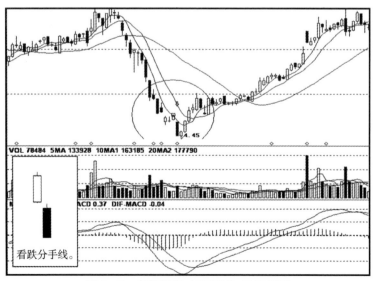

图 3-40 鲁银投资（600784）日 K 线图

呈现跌势。可是,第二天开盘后股价仅仅略作下探就企稳回升,第三天继续拉出大阳线,从而扭转了下跌势头,走出一波上涨行情。

对于该股的看跌分手线形态,可关注以下三个方面的盘面因素:

(1)股价经过一轮快速下跌后,释放了大量的做空能量,多头有乘机反击的可能。

(2)股价下跌遇到了前期低点的支撑,疑似构成双重底形态,因此只要不破前期低点就可以大胆持仓或买入。

(3)股价向下突破双重顶形态的颈线后,已经达到最小量度跌幅,后市有企稳回升的可能。综合上述因素,此时出现的看跌分手线为空头陷阱的可能性大,股价将出现上涨行情,投资者遇此情形时应积极做多。

下面是一个发生在涨势过程中的看跌分手线虚假形态。

图3-41,贵州茅台(600519):该股经过充分的调整后,股价开始震荡走高,均线系统呈多头排列,不久在上升过程中,产生一个标准的看跌分手线,这个形态预示着股价上涨即将结束,因此是一个卖出信号。可是,随后股价小幅下探后就企稳回升,股价重回强势上升通道之中,从而形成看跌分手线失败形态。

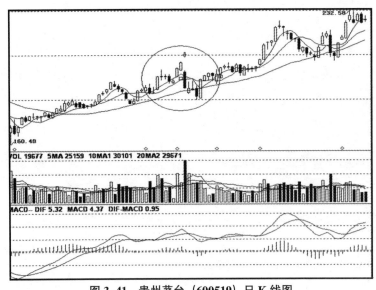

图3-41 贵州茅台(600519)日K线图

从该股日K线图中可以看出,股价上升趋势已经形成,市场处于强势之中,看跌分手线对上涨趋势不构成破坏。而且,该股均线系统呈现多头排列,30日均线不断上移,对股价构成重要支撑。通常发生在均线系统之上的看跌形态,其可靠性不高,为疑似看跌信号。因此,出现在上涨过程中的看跌分手线,要结合其他因素进行分析。

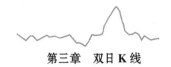

四、破解陷阱方法

虽然分手线的反转力度比其他许多单根 K 线大，但失败形态经常出现，需要投资者引起足够的重视。根据经验可从以下五个方面寻找破解方法。

1. 分析股价当前所处的位置

一般而言，在长期的涨势末期，股价从低位上升涨幅超过一倍或几倍的，若出现看跌分手线形态时，其可靠性高。同样，股价从顶部开始经过大幅下跌，股价累计跌幅超过 50%，若此时出现看涨分手线形态时，其可靠性也高。对于反弹行情的认识，一般正常的上涨幅度为 20%~50%，超过这个幅度时，其形态值得分析。

2. 等待验证信号的出现

在看涨分手线形成后，如果第二天能够收出上涨阳线，则可以验证底部看涨分手线确立，阳线越高则看涨意义越强烈。如果第二天收出下跌阴线，其长度超过前日阳线的 1/3，则应引起重视，小心演变为下跌抵抗性走势，阴线越长，失败的概率越大。如果第二天收出一根涨跌幅度不大的星线，通常为底部企稳信号，市场对前日的阳线验证有效，看涨立场不变。

在看跌分手线形态产生后，如果第二天收出下跌阴线，则可以验证顶部看跌分手线确立，阴线越长则看跌意义越强烈；如果第二天出现下跌跳空缺口，则下跌欲望更强，缺口越大，则看跌意义越强烈。如果第二天收出上涨阳线，则有可能否定了顶部看跌分手线的确立，阳线越长，看跌疑问越大；如果第二天出现上涨跳空缺口，则看跌分手线被否决，后市将迎来升势。

3. 分析成交量变化

在看涨分手线形态中，股价高开高走，成交量应同步放大，不仅使前一天介入的散户全部获利，且让当日入场的散户有解套的机会。庄家甘愿如此抬高价位接走筹码，后市肯定有戏。如果缩量上涨，十有八九是虚张声势的假图形。在看跌分手线形态中，股价低开低走，如果成交量放大，表明抛压较重，庄家有出逃嫌疑，将近期追高买入的散户全部拴在顶端，后市有再下一截的要求。如果缩量下跌，也要谨防虚假图形。

4. 顶部的看跌分手线比底部的看涨分手线要可靠得多

当投资者遇到顶部看跌分手线信号时，不妨先出局观望，无须等待验证信号的出现，这样可以避免许多失误。当投资者遇到底部看涨分手线信号时，暂时不要急于介入，等待验证信号的支持，这样虽然提高了持仓成本，但可以规避市场非系统性风险，这也证明了"宁可放过，不可错过"的道理。

5. 关于阻力位或支撑位

股价的上涨或下跌是否成功突破一个重要的阻力位或支撑位，如整数点位、密集区域、整数关口等，这样可以加强信号的准确性。

第七节　镊顶镊底形态陷阱

一、形态分析精华

简评：温和的次要转势形态，镊顶预示后市见顶回落，镊底预示后市见底回升，均为待变征兆，宜进一步确认形态的有效性。

根据 K 线的阴阳组合，可以分为：①两阳镊底（镊顶）；②两阴镊底（镊顶）；③阴阳镊底（镊顶），包括前阳后阴镊底（镊顶）和前阴后阳镊底（镊顶）等。

根据 K 线的数量多少，可以分为：①两日镊底（镊顶）；②三日镊底（镊顶）；③多日镊底（镊顶）等。

根据 K 线的形状，可以分为：①实体镊底（镊顶）；②影线镊底（镊顶）；③星线镊底（镊顶）等。

1. 镊底形成过程

镊底是一种形象的说法，两根 K 线如同一把镊子，具体地说是指两根 K 线的最低价几乎相同，这与双日平底形态有点相似，不同之处就是镊底形态中的两根 K 线形体大小相近，且大多是一阴一阳组合。这里特别强调镊底的最低价也最好是同一个价格，越接近越好，若是相差太大，就没有分析意义了。镊底既然是最低价几乎相同，就是在这个最低价处有强有力的支撑，不让股价轻易跌破这个价位。除了巧合的因素外，这种情况通常是庄家行为，因为散户不可能约定在此接盘，所以镊底是庄家短线拒绝下跌的标志性组合 K 线，可定义为关键 K 线，具有强烈的看涨意义。

镊底出现在阶段性底部往往是短线上攻的特殊信号，标准的镊底形态是前阴后阳组合形态，但在实盘中也会出现不少的变化形态。

2. 镊顶形成过程

镊顶跟镊底正好相反，要点在两根 K 线的最高价几乎相同，这与双日平顶形态有点相似，不同之处就是镊顶形态中的两根 K 线形体大小相近，且大多是一阴一阳组合。

如果两根 K 线相差太远就没有这个形态的特殊含义了，因为要收出相同的最高价需要有人为的力量，巧合毕竟是少数。在同样的价位见顶回落很可能是庄家在控制，在这个价位上堆放了大量的卖单，因此股价至此为止，难以逾越。既然庄家刻意不让股价突破这个价位，那么形成顶部的可能性极大。

镊顶形态不一定是紧邻的两根 K 线，中间也可以相差几根 K 线，其市场含义是相同的，那就是此处是一个"顶部"，在实盘中见到该信号时可以考虑离场，当然也要看具体的股价位置和整体的趋势等。标准的镊顶形态是前阳后阴组合形态，但在实盘中也会出现不少的变化形态。

3. 形态应用法则

（1）出现在明显的下跌（上升）趋势的端部，震荡盘整中的镊底（镊顶）线为常规形态，对技术分析无实质意义。

（2）两个低点（或高点）相同或相近（两者只差一两个价位也可以接受），一般计上下影线价位，若实体相等更好。

（3）标准的形态为相邻的两根 K 线排列规则，但也不局限于此，有时候两根 K 线之间，可能出现数日的不规则走势。

技术意义：在下降趋势的末期出现镊底形态，意味着市场将要进入反转回升的走势，其技术含义就是一个反转信号，通常在市场处于下跌趋势的底部时出现镊底形态，那么此时的这个镊底形态就代表下跌趋势随时都可能会结束，如果镊底形态出现在市场趋势的中部时，它所代表的技术含义也没有太大的价值，一般股价经短暂的反弹后会按照原来的运行方向继续下行，不具有反转信号的功能。

同样，镊顶成为顶部形态时，通常是前阳后阴或前阴后阴，如果是前阴后阳就要小心了，甚至市场含义是相反的。前阳后阴和前阴后阴的镊顶形态，通常是阶段性顶部，这说明后面这根 K 线的走势很关键。前阳后阴的镊顶形态说明什么呢？前日阳线上涨，但次日平开低走，走势完全逆转，而且最高价控制在相同的价格上，这就有理由相信这是庄家在做顶，至少是庄家不想让股价突破这个价位，那么后市就此回落的可能性极大。前阴后阴的镊顶形态走势更为疲软，说明两次冲击都失败，这个价位成为难以逾越的障碍，后市回落的可能性就更大。

4. 形态效力和操作要点

一般情况下，镊顶镊底形态不作为一个强烈的反转信号，但如果它出现在一个长期趋势的端部，或者是另一个更大反转信号的一部分，其重要性就很强了。在操作中应掌握以下要点：

（1）镊顶形态属于一种比较温和的反转形态，不像其他单日反转形态那样来得疾风骤雨，但它的分析意义也许更值得注意，因为温和的顶部往往又是厚实的顶部，在行情发展的相当长时间内，都可以看见它在发挥作用。

（2）在成交量方面，镊顶形态往往有缩量的倾向，喜欢以是否放量来确认趋势反转的投资者往往对这类顶部的反应相当迟钝，然而随后的行情发展令其大感意外。因而至少可以把镊顶形态所形成的高位看作是近期的阻力，才不至于过分掉以轻心。

在镊底形态形成后，需要有成交量放大的支持，量价配合要得当，否则难以推动股价上涨。

（3）有时镊顶和镊底需要与其他K线组合使用，相互验证，可以构成相当强烈的反转信号。例如，十字线、孕育线、包容线等K线组合，其反转意味相当浓烈，并可伴随急剧放量，一旦遇到此类形态时，应迅速采取行动才不至于痛失好局。

（4）镊顶和镊底形态可以由实体K线组成，也可以由上下影线和十字线构成。上下影线越长，转势信号越明显。若第二根K线是星线或大阴线，可以根据其相关原则进行分析。

（5）镊顶和镊底形态可以由相邻的两根K线组成，也可以由相隔较近的K线组成，属效力较差的反转形态，需其他形态作进一步确认，但若发生在过度升势或跌势的末期，其反转形态的机会较大。构成镊顶和镊底形态的K线也可以相隔很远，并且中间夹着较长期的市场变化；或者在镊顶和镊底形态之内，同时包含着其他的K线图形因素，这样可以加强形态效力。

（6）"镊顶"的两个高点之间，如果间隔很多根K线，那么构成典型的双重顶形态了，其见顶信号更加强烈。同样，"镊底"的两脚之间，如果间隔很多根K线，那么就构成了典型的双重底形态，其见底更加强烈。

（7）在周线及月线图形所发生的镊顶和镊底形态，要比日线图的来得重要，试想在周线图形中形成的形态，其最低价或最高价已经过两周的测试，但该价位未被突破，反映形态成功构成，只要市场环境配合随时都会转势。

二、镊顶形态常见技术陷阱

股价见底后出现一波上涨行情，由于短期股价已经有一定的涨幅，恐高心理油然而生，股价上档渐显疲态，于是在高位出现平头K线形态，显示市场上攻力度不足，下跌势头显现，因此是一个可靠的卖出信号。

可是，当投资者纷纷抛售筹码后，市场却没有大家想象的那么悲观，股价经短暂

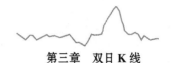

的回调换手后，市场进入新一轮攻势或出现主升浪行情，令出局者唏嘘不已，从而形成平头形态陷阱。

经常成为陷阱或失败形态的主要原因：

（1）庄家洗盘换手结束，股价重新走强，平头形态失败。

（2）庄家试盘行为，抛盘不大而接盘活跃，股价进入拉升行情。

（3）庄家仓底筹码不够，继续吸纳。

（4）遇到初级技术压力，蓄势后向上突破，平头形态失败。

（5）市场处于狂热，投资热情高涨，出现平头形态。

图 3-42，方直科技（300235）：该股股价经过小幅上涨后收出一根涨停大阳线，而次日却收出一根跌停大阴线，通常这是一个具有强烈看跌性质的镊顶形态。但是，该股经过短期调整后，得到 30 日均线的支撑而出现新的上涨行情。如果不观察整体走势，很可能就会被洗盘出局，失去后面的上涨利润。

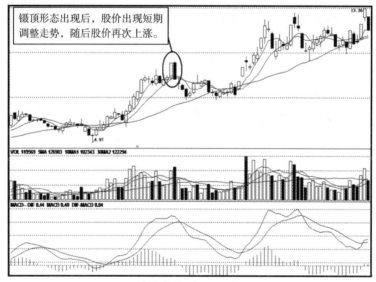

图 3-42　方直科技（300235）日 K 线图

该股的镊子顶形态显然属于洗盘性质，其原因是：

（1）股价前期总体涨幅不大，庄家不可能在此价位选择出货。

（2）镊顶形态出现后，股价下跌幅度并不大，这就让人产生怀疑了，既然是顶部形态，股价就应迅速脱离顶部区域，否则就不是一个真正的顶部形态。

（3）30 日均线我行我素地上行，牵引股价向上走高，一旦再次向上突破，相信是一只短线牛股。

图 3-43，物产中大（600704）：该股成功见底后出现一波反弹行情，当股价反弹到 6.60 元附近时遇阻震荡，该位置又是前期高点附近，前期解套盘和底部获利盘的涌出，对股价上涨构成一定的压力。股价先后三次到达 6.64 元价位形成平头形态，显示市场上行压力较大，因此形成卖出信号。可是投资者卖出股票后，股价却经短暂的横盘整理后，市场进入快速上涨行情，从而形成平头形态陷阱。

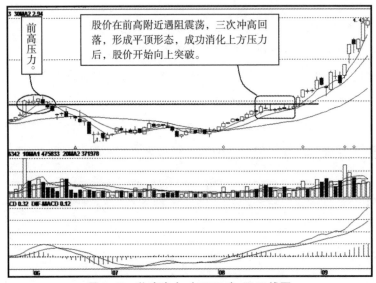

图 3-43　物产中大（600704）日 K 线图

从该股的日 K 线图中可以看出，导致平头形态失败的主要原因：

（1）庄家利用前期高点阻力位主动进行洗盘换手，股价出现滞胀情况，洗盘结束后股价开始新的上涨行情。

（2）虽然出现平头形态，但均线系统呈现多头发散，强势特征明显，支撑股价进一步走高。

（3）从技术形态观察，已成功构筑双重底形态，股价成功突破双重底形态的颈线位，后市股价看高一线。

（4）量价配合理想，成交量温和放大，市场已渐渐趋向活跃，投资热情开始形成。因此，这时出现的平头形态是股价上涨过程中的正常调整走势，而不是顶部形态。

三、镊底形态常见技术陷阱

股价见顶后出现一段下跌行情，累积跌幅较大，这时抄底心理开始形成并悄然介入，阻挡了股价的进一步下跌，于是在低位出现平底 K 线形态，显示市场下跌力度不

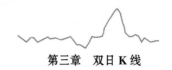

足，上涨势头显现，因此是一个较好的买入信号。

可是，当投资者介入后，市场并没有出现像样的上涨行情，经过弱势反弹或整理后，股价重归跌势，将入场者个个套牢，从而形成平底形态陷阱。

容易形成陷阱或失败形态的原因大致有：

（1）庄家放弃护盘行为，股价向下滑落，锯底形态失败。

（2）庄家试盘行为，测试底部是否成功扎实。

（3）庄家实现顺利出货，弃庄而去。

（4）散户行为，出现弱势反弹。

（5）遇到初步技术支撑，然后向下突破，导致出现技术陷阱。

（6）市场极度低迷，投资气氛冷淡。

图 3-44，厦门国贸（600755）：股价反弹结束后向下盘跌，均线系统呈现空头排列，下跌趋势明显。该股在收出一根下跌阴线后的次日反转收出上涨阳线，形成锯底形态，也是一个阳包容线形态，通常这是一个看涨信号。但是，股价并没有出现像样的上涨行情，仅凭该形态买入的人被套牢其中，这是什么原因呢？

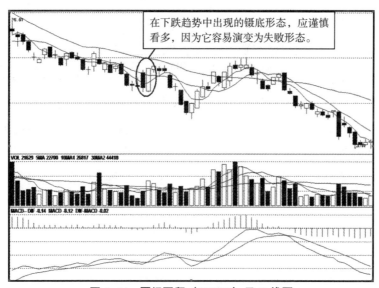

图 3-44　厦门国贸（600755）日 K 线图

从该股的日 K 线图分析，其主要原因是市场处于下跌趋势之中，均线系统呈现空头排列，不断压制股价走低，盘面弱势特征非常明显，市场不支持多头信号，这种情况下出现的锯底形态，其看涨效力自然大为失色，此时投资者应小心对待。

图 3-45，川金诺（300505）：该股见顶后股价逐步走低，累计跌幅超过 70%，股价

严重超跌，触底反弹行情一触即发。2017年12月4日，一根光脚大阴线又使股价创出新低，大有加速下跌之势，可是第二天接近平价开盘后，股价快速回升，当日一根大阳线收复了前面的大阴线，构成平底形态。在股价大跌之后出现这样的平底形态，着实吸引部分抄底者，因而容易当作买入信号对待。但是，随后的走势出乎意料，经过小幅上涨后再次走弱，股价重归阴跌之路。

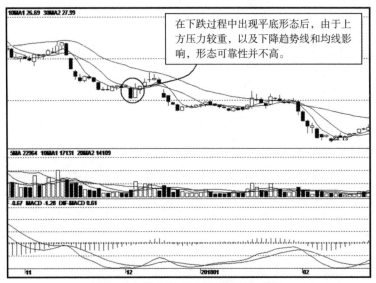

图3-45　川金诺（300505）日K线图

导致该股平底形态失败的原因：一是成交量大幅萎缩，平底形态产生后，成交量没有明显放大。二是市场处于弱势格局之中，下降趋势明显。三是均线系统呈现空头排列，均线压制股价进一步走低。

在股市技术分析中，必须以市场趋势为大前提，离开这个大前提去讲什么分析，那都是脱离实际的伪分析，得出的结果当然不可靠。任何技术信号都是在市场趋势的作用下，才能体现出信号本身的含义，同向的技术信号可以产生神奇的作用，反向的技术信号可能一无是处，镊底形态当然也不例外。如果镊底形态出现在下跌趋势中，就很难推动股价上涨，容易演变为失败形态或多头陷阱。

在实盘中，投资者遇到这种形态时，应注意以下要点：

（1）判断股价所处位置高低，是低价区域还是高价区域。

（2）分析股价运行趋势，是上升趋势还是下跌趋势。

（3）观察成交量情况，股价上涨是否得到成交量的密切配合。

（4）观察镊底形态出现后的次日走势，这是验证形态是否有效的重要环节。

四、多日平头平底常见技术陷阱

1. 形态形成过程

简评：次要的趋势反转信号，宜进一步确认形态的有效性。

特征：多日平头平底形态与二日平头平底形态相同，只不过持续的时间较长，出现的持平次数较多。它是一个温和的转势征兆，宜进一步确认形态。

形态辨认法则：

（1）出现在趋势行情端部的多日平头平底形态，才有技术分析意义；而出现在震荡盘整行情中的多日平头平底形态，对技术分析无意义。

（2）多个高点（或低点）相同或相近（只差一两个价位可以接受），一般以上下影线价位做参考，若实体相等更好。

（3）形态内可能出现数日的不规则走势。

（4）平底或平头出现的次数越多，反转意义越强。

2. 多日平头陷阱

在实盘操作中，股价经过一段上涨行情后，经常出现超过三根以上 K 线平头的形态。这种形态大多出现在庄家高度控盘的个股行情中，在行情的中部、顶部有可能出现这种形态，一旦形态构筑成功，往往会成为中线、长线的顶部。同样，这种形态如果出现空头陷阱时，其后市上升幅度相当惊人，因此是投资者普遍关注的形态。

如果这种图形顺利构筑成功，后市有可能出现两种盘面现象：一种是呈圆头形态，在平稳中悄然离去；另一种是庄家弃庄，股价跳水或快速脱离顶部。

导致多日平头形态失败的主要原因有：

（1）股价上涨遇到技术压力，在市场消化技术压力后，庄家发力向上突破重要技术阻力区域，多日 K 线平头失败。

（2）庄家洗盘换手行为或公司前景被看好，庄家不愿放低股价洗盘，以免造成筹码丢失，而是通过横盘的方式完成换手目的，待洗盘换手成功后，庄家开始发力向上，造成多日 K 线平头失败。

（3）市场投资环境趋同，推动股价上涨，多日 K 线平头形态失败。

（4）也有可能是修复技术形态，等待技术指标上行支持，在少数情况下是老庄与新庄的交接，新庄接过筹码后进入拉升行情。

图 3-46，海虹控股（000503）：股价成功见底后出现一波较大的上涨行情，股价从5.34 元开始上涨到了 8.80 元附近时遇到一定的压力，在该位置形成多日平头形态，显示

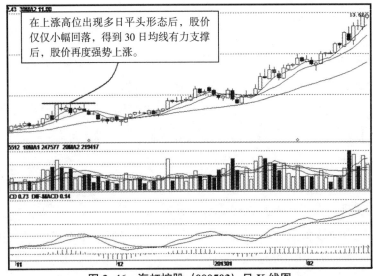

在上涨高位出现多日平头形态后，股价仅仅小幅回落，得到30日均线有力支撑后，股价再度强势上涨。

图 3-46　海虹控股（000503）日 K 线图

市场上行压力重重，因此形成卖出信号。可是投资者卖出股票后，股价却经短暂的小幅回调，市场再次步入上涨行情，此后股价涨幅超过 200%，从而形成多日平头形态陷阱。

从该股的日 K 线图中可以看出，导致多日平头形态失败的主要原因：

（1）庄家主动进行洗盘换手，股价出现滞涨情况，洗盘结束后股价开始新的上涨行情。

（2）均线系统保持多头排列，多头特征明显，股价回调到 30 日均线附近时获得支撑而进一步走高。

（3）量价配合理想，成交量温和放大，市场已渐渐趋向活跃，投资热情开始形成。

（4）从坐庄意图分析，庄家敢于在此顶住压力，扛住股价，后市定有好戏。因此，这时出现的多日平头形态是股价上涨过程中的正常调整走势，而不是顶部形态。

3. 多日平底陷阱

在实盘操作中，股价经过一段下跌行情后，也会经常出现超过三根以上 K 线平底的形态。这种形态大多为在庄家悄悄压价吸筹所致，在市场极度低迷时也会出现这种盘面现象。在行情的中部、底部也有可能出现这种形态，一旦形态构筑成功，往往会成为中线、长线的底部，行情的持续性要超过一般形态。同样，这种形态如果出现多头陷阱，其后市下跌幅度也相当之大，因此投资者不应忽视这种形态。

如果这种图形顺利构筑成功，后市有可能出现两种盘面现象：一种是呈圆底形态，在平稳中悄然上涨；另一种是庄家快速拉升，股价快速脱离底部。

导致多日平底形态失败的主要原因有：

（1）庄家选择在次级价位暗中悄然出货，当无人接手筹码时，股价便下行一个台阶，这就出现了平底失败形态。

（2）股价下跌遇到了技术支撑，在市场淡化技术支撑后，股价便出现下跌突破，于是就成为平底失败形态。

（3）庄家放弃护盘行为，股价向下运行导致平底形态失败。

（4）庄家试盘行为，测试底部构筑是否扎实。

（5）市场极度低迷，散户参与热情不高，难以推动市场反转运行格局。

图 3-47，华新水泥（600801）：当股价见顶后回落到一定的幅度时，股价渐渐企稳盘整，从而形成多日平底形态，说明股价得到较强的支撑，后市面临反弹行情，因此可以买入做多。但是买入股票后，股价只是小幅弱势反弹，很快跌破整理平台，继续呈现弱势盘跌走势。

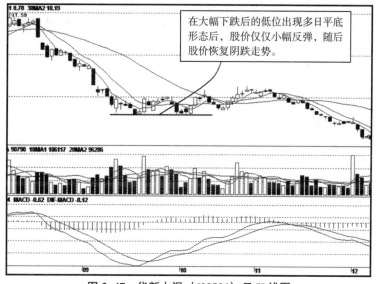

图 3-47　华新水泥（600801）日 K 线图

从该股的日 K 线图中可以看出，导致多日平底形态失败的主要原因：

（1）成交量没有明显放大，市场缺乏做多热情。

（2）市场处于弱势格局之中，下降趋势明显。

（3）均线系统呈现空头排列，空头特征明显，30 日均线压制股价进一步走低。因此，这时出现的多日平底形态只是股价超跌后的一种技术性修复而已，或者是下跌过程中的多头抵抗性走势，股价上涨时机还不成熟。

五、破解陷阱方法

1. 平头和平底形态产生之后的第二天走势非常关键

在平头形态中，如果第二天股价下跌再收阴线，表明庄家在高位出货，市场可能会出现头部形态，这时应及时卖出手中的股票。如果第二天股价继续上涨收出阳线，甚至吞没了回归阴线创出的市场新高，表明上涨动力并未受到影响，甚至这根阴线之后，股价上涨更加有力，气势更加强盛，这时就应坚定地持股，与庄共舞到底。

在平底形态中，如果第二天股价继续上涨收出阳线，表明股价探底成功，巩固底部的有效性，后市可能迎来上涨行情。如果第二天股价下跌收出阴线，并创出市场调整新低，表明下跌势头并未结束，股价将延续弱市格局。

2. 平头形态只有出现在上涨趋势的顶部时，才具有反转信号的技术含义

投资者在实际操作过程中遇到了这类K线形态走势，要随时做好卖出操作准备，如果能得到其他K线技术指标的验证，那么对市场的反转预测就更具有市场价值。而平底形态只有出现在下跌趋势的底部时，才具有反转信号的技术含义。

3. 在顶部出现平头形态时

其反转力度要比出现在底部的平底形态强烈得多，所以投资者看到这种平头形态时要特别注意，尤其是出现在股价加速上涨的顶部，就具有市场反转意义。在市场顶部出现这种形态后，一旦接下来的走势转弱的话，投资者应立刻卖掉手中的筹码，回避市场可能带来的风险。平底形态有时其回升时间比较长、速度比较慢，也就是说出现在底部的平底形态不一定立即上涨，可能会进入较长时间的盘整走势，这一点投资者应有所了解。

4. 平头和平底形态出现在趋势行情的中部时

这并不代表市场要进入反转，但可以反映原来的运行趋势会放缓，展开调整走势，投资者如果遇到这种情况，操作上就应该根据市场的原有趋势，决定买卖策略。

5. 限制股价上升势头的平头形态

如果平头形态仅仅限制了股价的上升势头，迫使股价强势整理，就会出现平头失败形态，较多的时候平头并不真实充当顶部，而是股价在涨势中暂停攻势的一段盘整走势，当股价再次向上突破平头时，说明上冲阻力已经撕开，此时应重新买入。

6. 在高位出现放量滞胀的平头线形态

这时要谨慎操作，小心庄家高位出货。平头线的第二根K线如果是阴线，其看跌效果比阳线要强，阴线长度越长，股价见顶的可能性越大。多日平头线一旦脱离盘整

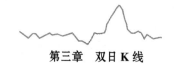

区域，其看跌效果非常之大。底部多日平底形态却不一定立马会涨，市场的底部往往需要更长时间的整固。

7. 在平头线后面，看跌意义更加强烈的形态

（1）平头加十字线形态：先呈大阳线，后出现见顶十字线、十字胎形态，两日的最高价接近。

（2）平头包容线形态：第二日一根大阴线飞流直下，包容了前一天的 K 线实体，呈阴包容形态，见顶信号更加强烈。

（3）平头加大阴线：涨势的顶端出现一根大阴线，前景不容乐观，大阴线本身具有较好的看跌意义。

（4）平头加乌云盖顶形态：第二日所呈现的阴线实体深入第一日的阳线实体的一半以上，可视为乌云盖顶见顶形态。

（5）平头加吊颈线和 T 字线形态：第二日出现吊颈线或 T 字线，同属见顶形态，利淡后市。

（6）平头加流星线和⊥字线形态：第二日一根向上的流星线或⊥字线，最高价相近，为见顶信号。

（7）平头加孕育线：在平头的同时又符合看跌孕育线形态，为进一步加强看跌信号。

8. 在平底线后面，看涨意义更加强烈的形态

（1）平底加十字线形态：先呈下跌大阴线，后出现见顶十字线、十字胎形态，两日的最低价接近。

（2）平底加包容线形态：第二日一根大阳线飞奔而上，包容了前一天的 K 线实体，呈阳包容形态，见底信号更加强烈。

（3）平底加大阳线：跌势的底端出现一根大阳线，扭转弱势颓势，大阳线本身具有强烈的看涨意义。

（4）平底加曙光初现形态：第二日所呈现的阳线实体深入第一日的阴线实体的一半以上，可视为曙光初现见底形态。

（5）平底加锤头线和 T 字线形态：先呈下跌大阳线，后出现利好的见底锤头线或 T 字线形态，两日的最低价接近，后市看多。

（6）平底加倒锤头线和⊥字线形态：第二日出现倒锤头线或⊥字线，同属见底形态，利好后市。

（7）平底加孕育线：在平头的同时又符合看涨孕育线形态，为进一步加强看涨信号。

9. 特殊情况

市场也会出现两根并列线的最高点和最低点都相同的情况，这种平底形态一般出现在市场下跌趋势的底部，也有少数出现在上涨趋势的头部。这种形态形成过程、图形特征、技术含义、操作要点以及技术陷阱的破解方法等与平头形态和平底形态是相同的。

但是这种形态如果定性不准，就会出现两种截然相反的结果。例如，若将这种形态定性为平头形态，那么据平头形态的一般研判法则，后市看跌；若将这种形态定性为平底形态，那么据平底形态的一般研判法则，后市趋势为看涨。因此对平头平底的定性是该形态的核心技术要点。

那么，如何把握这些技术要点，这正是要研究探讨的问题。据多年的实盘经验总结如下：

（1）形态出现的位置，高位用平头法则研判，而低位用平底法则研判。

（2）观察移动平均线，空头排列时用平头法则研判，多头排列时用平底法则研判，而盘整时需要谨慎对待。

（3）等待验证信号的出现，形态形成后的第二天走势相当需要。

（4）结合即时的市场投资气氛进行综合分析，在投资气氛高涨的市场中，可用平底法则研判，在投资气氛冷淡低迷的市场中，可用平头法则研判，这样或许会错过一些机会，但却能避免更大的失误。

第八节　二日K线的相关问题

一、二日K线还原形态

为了进一步加强对各种K线的理解和应用，可以采用二日K线还原法则进行分析，即将两个交易日的K线收盘价，通过算术加减的办法，还原为理性单日K线图形，就可以直观地分析转势力度的强弱，从而快速提高判断能力。

具体方法：将第一天的开盘价作为还原K线的开盘价，第二天的收盘价作为还原K线的收盘价。也就是说将两天的K线叠加成为一天的K线，然后根据单日K线理论的研判法则进行分析。

（1）乌云盖顶的两根 K 线还原后，就是一根长上影线的 K 线，形似顶部流星线，如果实体很小，则可以还原为⊥字线，加强该形态的空头气势。

（2）曙光初现的两根 K 线还原后，就是一根长下影线的 K 线，形似底部锤头线，如果实体很小，则可以还原为 T 字线，加强该形态的多头气势。

（3）阳包容线的两根 K 线还原后，就是一根长下影线的 K 线，形似底部锤头线，如果实体很小，则可以还原为 T 字线，加强该形态的多头气势。

（4）阴包容线的两根 K 线还原后，就是一根长上影线的 K 线，形似底部流星线，如果实体很小，则可以还原为⊥字线，加强该形态的空头气势。

（5）孕育阳线的两根 K 线还原后，就是一根长下影线的 K 线，形似底部锤头线，如果实体很小，则可以还原为 T 字线，加强该形态的多头气势。

（6）孕育阴线的两根 K 线还原后，就是一根长上影线的 K 线，形似底部锤头线，如果实体很小，则可以还原为⊥字线，加强该形态的多头气势。

（7）看涨接吻线的两根 K 线还原后，就是第一天的阴线实体，下影线则朝第二天的方向延伸，在这里，尽管还原后的线形不能支持该形态，但也并不矛盾，因此仍支持其多头气势。

（8）看跌接吻线的两根 K 线还原后，就是第一天的阳线实体，上影线则朝第二天的方向延伸，在这里，尽管还原后的线形不能支持该形态，但也并不矛盾，因此仍支持其空头气势。

二、二日 K 线形态演化过程

股市瞬息万变，从一种形态演化为另一种形态只是瞬间之事，掌握形态的变化有助于加强对市场的判断。以当日开盘价为基准，形态演化大致有以下三种形式：

（1）当日开盘跳低到前一日 K 线之下，若走低收阴，常规形态，继续看跌。若走平，呈十字线、T 字线或⊥字线等。若探底回升，有可能成为锤头线或 T 字线。走高至前一日下影线低点附近收盘，为颈上线；升至前一日收盘价附近收盘，为待入线或看涨接吻线；深入至前一日 K 线实体一小部分收盘，为切入线；深入至前一日 K 线实体一半以上收盘，为曙光初现；继续上升就有可能演变为阳包容线，后市看涨。

（2）当日开盘跳高到前一日 K 线之上，若走高收阳，常规形态，继续看涨。若走平，呈十字线、T 字线或⊥字线等。若冲高回落，有可能成为流星线或⊥字线。若走低至前一日的收盘价附近，为看跌接吻线；深入至前一日 K 线实体一半以上收盘，为乌云盖顶；继续深入就有可能演变为阴包容线，后市看跌。

（3）当开盘于昨日K线之内，就有可能成为孕育线，或镊顶镊平底形态等。

三、二日K线形态强弱比较

在K线基本形态中，二日K线组合数量不多，形态也不十分复杂。掌握形态强弱，对实战有一定的帮助。

一般而言，涨势形态信号最强烈的当数看涨分手线，其次为阳包容线形态，然后依次是孕育阳线、曙光初现，最弱的是看涨接吻线和平底线。

跌势形态信号最强烈的当属看跌分手线，其次为阴包容线形态，然后依次是孕育阴线、乌云盖顶、看跌接吻线、平头线等，最弱的是切入线、待入线、颈上线等。

第四章 三日K线

第一节 早晨之星陷阱

一、形态分析精华

1. 形态形成过程

简评：早晨之星见底征兆，后市利好，无须确认形态的有效性。

特征：早晨之星也叫启明之星，有云开雾散、曙光初现之寓意，预示市场迎来艳阳天，在寓意上是跌势将尽，大势即将转暖，跌势即将结束，因此是一个十分可靠而经典的底部反转形态，在实盘中受到投资者的广泛信赖。

一个标准的早晨之星形态由三根K线组成，其形成过程：

（1）第一天，在下跌过程中，股价延续跌势产生一根较长的实体大阴线，显示大势大跌，同时也说明空方能量得到进一步宣泄。

（2）第二天，股价跳空低开，但跌势趋缓而呈低位牛皮走势，收盘价与开盘价差不多在同一个水平，形成一个十字线形态（小实体阴阳K线亦可，其分析意义更佳），这根K线为早晨之星形态的主体部分。

（3）第三天，股价强势上涨，出现较大的反弹走势，收出一根较长的实体阳线，其实体部分或全部吞食第一根阴线的实体，显示出多头已经开始了初步的反攻。

简单地说，就是第一天下跌收出大阴线，第二天初步止跌收出星线，第三天上涨收出大阳线，说明股价扭转下跌趋势。早晨之星形态大多出现在下降趋势的末端，是一个较强烈的趋势反转信号，谨慎的投资者可以结合成交量和其他指标分析，得出相应的投资参考。

2. 形态应用法则

（1）第一根K线的颜色承接原先趋势，也就是说发生在下跌趋势中的早晨之星，第一根应为阴线。

（2）第三根K线颜色应与第一根相反，即为阳线。

（3）第二根K线可以小幅高开或低开，也可以与第一根K线实体之间产生小缺口，而且第二根K线属阴线或阳线，并不影响分析。

（4）第二根K线可以是小幅上涨或下跌的十字线或小实体K线，并不影响形态的实盘分析。

（5）第三根阳线实体的长度越长，后市上涨力度越大。也就是说，第三根阳线实体收盘价深入第一根阴线实体之中越多，其信号就越可靠。

技术意义：这种形态意味着下跌行情即告结束，市场开始见底回升，就像早晨的太阳一样，给人以无限生机。第一根阴线是因为受到前期下跌走势的影响，由于恐慌性抛盘出现而形成一根大阴线。第二根十字线表明下跌功能衰竭，低位抛压减轻，在图形上形成星线的主体部分，这个星线可以是阳线，也可以是阴线。第三根阳线拔地而起，并收复了第一天的大部分失地，表明下跌势头被成功扭转，确定成功筑底，市场发出看涨信号。

3. 形态效力和操作要点

（1）理想的早晨之星形态，第二根星线与第一根大阴线之间有一个小小的向下跳空缺口，第三根阳线应小幅高开，可加强早晨之星效力。

（2）第三根阳线要求插入到第一根阴线以内的1/2以上。通常，插入越深，看涨意义越大，如果全部吞没第一根大阴线，则看涨意义更强烈。

（3）如果第一根阴线的成交量较小，而第三根阳线的成交量较大，这一点表明了原先趋势力量的衰弱，及新趋势力量的增长。或者，第三根阳线的成交量明显放大，超过第一根和第二根K线的成交量的三成以上，代表股价在反弹时买盘积极，更有利于后市见底回升。

（4）早晨之星形态出现在前期低点附近，其反转上涨的意义更大。

（5）早晨之星形态出现在长期下跌的末期、暴跌之后、回调洗盘结束之时，其准确率较高。

（6）早晨之星形态如果出现在横向整理区域，虽然是看涨信号，但实盘效果不佳，容易出现失败形态。

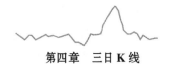

二、早晨之星常见技术陷阱

在实际操作中，早晨之星形态也有许多虚假信号，股价经过大幅下挫后，在底部构成一个早晨之星形态。正当散户笑逐颜开，以为下跌行情已经"雨过天晴"时，孰料暴风雨才正要开始，蓦然发现却是一个多头大骗局。

1. 低位早晨之星陷阱

股价出现一轮较长时间的下跌行情后，在低位收出一根下跌阴线，由于空头力量占据市场优势，同时又受惯性作用的影响，第二天股价大幅跳空低开，这时买盘逢低介入，将股价推升到第一天的收盘价附近，当天以十字线报收，但第三天小幅高开后，向上高走收出一根大阳线，从而形成一个看涨早晨之星形态。此时，不少投资者以为底部来临，而纷纷介入市场。谁知，这是一个多头陷阱，股价很快出现新一轮下跌走势，套牢了不少投资者。

图4-1，大庆华科（000985）：该股反弹结束后股价再次向下回落，不断创出调整新低，2017年12月7日在低位产生一个早晨之星形态，而且该形态又出现在大跌之后，股价累计跌幅较大，因而不少投资者以为是一个见底回升信号。但是，后市走势却完全相反，股价经过短暂的整理后，再次陷入盘跌走势，早晨之星成为一个失败形态或技术陷阱。

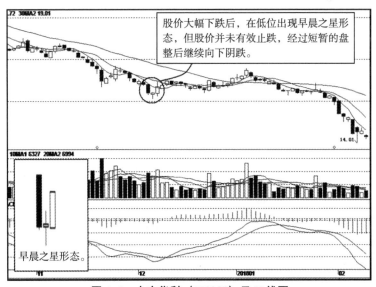

图4-1　大庆华科（000985）日K线图

从该股的早晨之星形态分析，这三根K线本身多头攻击的力量一般，因为：一是总体成交量不大，做多的热情不高，特别是早晨之星形态出现的几个交易日里，成交量出现明显的萎缩状态，得不到成交量的积极配合，单靠盘中仅有的残余力量，难以推动股价持续上涨，一旦多头不力，空头势力将再度掌控盘面，股价将再度走弱。二是股价见顶后，形成了一条下降趋势线，盘面渐渐走弱，股价受下降趋势压制，很难扭转弱势局面。三是均线系统呈现空头发散，不断压制股价走低，MACD、RSI、KDJ、DMI等多项技术指标没有转强迹象，因此下跌势头仍将延续一段时间。

2. 中位早晨之星陷阱

股价经过一波反弹行情后，开始向下回落调整，当股价下跌到一定幅度时，跌势有所企稳，形成一个早晨之星形态。此时不少投资者以为洗盘换手结束，股价将重拾升势行情，因而纷纷买入股票。但是，这种信号经常演变为弱势反弹行情，股价很快出现新的下跌走势，从而成为多头陷阱，股价不断创出新低。

图4-2，雅克科技（002409）：该股连拉7个涨停后，股价快速回落，在下跌过程中先收出一根大阴线，第二天跳空低开弱势震荡，收出一根十字线，鉴于该股已有充分调整，在这样的位置出现十字线也许是一个触底信号。随后的三个交易日收阳线，形成"红三兵"形态，这三根阳线与前面两根K线组合成为一个早晨之星形态，预示庄家洗盘换手结束。既然是早晨之星，那就意味着希望来临，投资者可以适当介入。可是，股价并没有因此走强，经过一段时间的横向震荡后，股价继续向下阴跌。

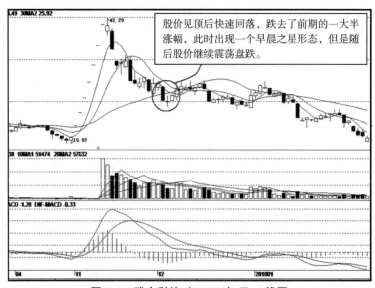

图4-2 雅克科技（002409）日K线图

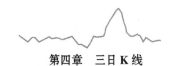

那么，这个早晨之星形态有何市场含义，操作的价值有多大？这里重点关注的是股价位置，该股虽然经过较长时间的调整后，出现一波快速拉升行情，但股价见顶后呈倒V形快速回落，股价跌去前期涨幅的一半以上，也就是说市场已由强势转变为弱势，此时即使有反弹，其力度也不会很大。因此，此后的走势以做空为主，多头最多也就是采取反弹性质的操作。在整体走势明确的背景下，这个早晨之星则很可能只是弱势反弹走势，期望不能太高，稍有获利即全身而退。而且，股价已经回落到30日均线以下，反弹时受到30日均线压制非常明显，不久30日均线开始下行，向下移动的30日均线阻止了股价的上涨势头。

3. 震荡中的早晨之星陷阱

下面是一个发生在震荡行情中的早晨之星形态，该形态虽然是看涨信号，但如果出现在横向整理区域，其实战效果不佳，容易出现失败形态，投资者应注意。

图4-3，鹏博士（600804）：股价经过长时间的大幅调整后，出现一波反弹行情，反弹结束后在高位形成震荡走势，不久出现一个早晨之星形态。那么，这个早晨之星形态是否具有实际操作价值呢？没有技术指导意义，因为出现在盘整市道中。早晨之星形态必须发生在长期下跌行情的末端、暴跌之后、回调洗盘结束之时，才具有实际指导意义。而在横向波动阶段其准确率不高，容易演变为失败形态，因此投资者尽量不要参与为宜，或者采用其他方法进行分析，如果是短线技术高手可以适当地进行高抛低吸，但要快进快出，要求不宜过高。

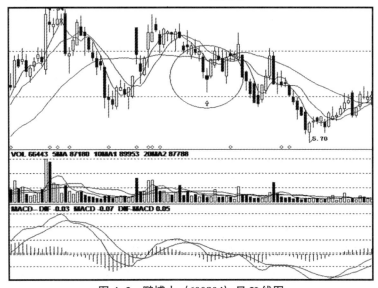

图4-3 鹏博士（600804）日K线图

三、破解陷阱方法

1. 看早晨之星形态出现的位置

形态发生在高位，股价已经有较大的涨幅，后市可能仅仅是一波小幅上涨行情，属于庄家出货行情，投资者应及时逢高离场。如果形态发生在低位，股价跌幅较大，可能是真正的见底信号，投资者可以逢低介入。

2. 看早晨之星的下影线和成交量

如果早晨之星形态中的下影线较长，并伴随较大的成交量，表明有买盘介入，投资者可以及时跟进，否则应谨慎对待。

3. 看移动平均线和负乖离率

如果股价远离移动平均线之下，负乖离率偏大，市场将要出现报复性反弹行情，投资者可以介入做一波反弹行情，以30日移动平均线作为短线获利点止盈了结。

4. 看第四天的K线

早晨之星形态产生后，第四天继续拉出阳线，其可靠性更高。如果第四天股价回调时，超过第三天实体阳线的1/2，其可靠性大大降低。

5. 将早晨之星作为提示性信号

谨慎的投资者可以把早晨之星形态看成是一个提示性信号，待股价向上突破下跌趋势线、技术形态或出现其他看涨信号时，再采取买卖行动。同时，把止损位设在早晨之星形态的最低价附近，股价有效跌破最低价位时，应及时离场观望。

6. 早晨之星的应用场景

早晨之星形态只有在趋势行情的底部、上涨途中回调洗盘时，才具有测市判势的意义。在下跌途中或牛皮盘整市里，则无实质性的分析意义，应改用其他技术分析方法进行研判。

7. 早晨之星形态与超跌反弹行情的关系

在跌势初期出现早晨之星形态，以庄家出货行情对待为好，此处不可以恋战。在跌势中途出现早晨之星形态，不妨把它当作反弹行情或庄家自救行情对待为上。在跌势末期出现早晨之星形态，可以与成交量一起进行分析。

8. 关于初次出现的早晨之星形态

在一轮下跌趋势行情中，可能多次出现早晨之星形态，初次出现的早晨之星形态，其可信度最差，其后准确率逐步提高。反之，在一轮上涨趋势行情的洗盘整理过程中，也可能多次出现早晨之星形态，初次出现的早晨之星形态，其可靠性最高，其后准确

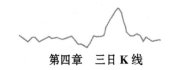

率逐步降低。

9. 将早晨之星形态与支撑位结合在一起进行分析

如果股价下跌遇到重要支撑位，如趋势线、技术形态、一个浪形的转折点、黄金分割线、成交密集区域和整数关口等，若在这些区域附近出现早晨之星形态，其信号的可靠性较高。或者说，处在支撑位之上的早晨之星形态，看涨效力更加强烈。

四、早晨之星的变体

在实盘中除了标准的早晨之星形态外，还存在许多变体早晨之星，这些变体早晨之星与标准的早晨之星在判断意义上基本相同。

1. 晨星十字

简评：晨星十字利好，无须确认形态。

特征：晨星十字为十字星形的延续形态。基本上是早晨之星的变种形态，中间的K线以十字线取代，属利好的见底形态。

辨认形态法则、技术意义、判断形态效力与早晨之星形态相似，唯一不同的是第二根K线一定是十字星。

2. 底部弃婴

简评：底部弃婴为见底征兆，后市利好，无须确认形态。

特征：基本上与晨星十字差不多，唯一不同的是底部弃婴中的第二天十字线，架空在第一天阴线及第三天阳线之外，其形态与岛形底接近。

法则：第二天K线为十字星，其影线与第一天及第三天K线的上下存在缺口，也就是说在底部弃婴中，第二天的十字星上影线应不与第一天阴线的下影线重叠，以及不与第三天阳线的下影线重叠。其技术意义大致与早晨之星形态相似。

总体而言，底部弃婴的形态效力虽比早晨之星及晨星十字罕见，但利好效力更强烈。

3. 实盘中常见的变体早晨之星形态

（1）早晨双星、早晨三星、早晨多星。中间分别包括两根星线、三根星线、多根星线的早晨之星，其底部反转性质与标准的早晨之星相同。

（2）小实体早晨之星。星线是小型阴阳实体K线的，称为小实体早晨之星，其底部反转性质与标准的早晨之星相同。

（3）缺口早晨之星。星线与实体K线之间的跳空缺口当天没有回补，如果早晨之星底部反转形态成立，则这个缺口就可能成为竭尽缺口或突破缺口，即星线前面的缺口为竭尽缺口，而星线后面的缺口为突破缺口，因此这种形态的早晨之星比标准

形态的早晨之星具有更强烈的看涨意义。实盘中有以下三种缺口早晨之星：

第一种，左边缺口早晨之星，也叫向下跳空缺口或竭尽缺口，即第二天星线与第一天阴线之间存在向下的跳空缺口。

第二种，右边缺口早晨之星，也叫向上跳空缺口或突破缺口，即第二天星线与第三天阳线之间存在向上的跳空缺口。

第三种，双边缺口早晨之星，也叫岛形早晨之星，即星线与第一天阴线和第三天阳线之间都存在跳空缺口，这是一种非常罕见的形态，具有强烈的看涨意义。

第二节　黄昏之星陷阱

一、形态分析精华

1. 形态形成过程

简评：黄昏之星是见顶征兆，后市利淡，无须确认形态的有效性。

特征：夕阳无限好，只是近黄昏。黄昏之星意味着日落西山，夜幕悄然来临，预示着市场上涨行情即将末了，因此是一个比较可靠的顶部反转形态。

标准的黄昏之星形态由三根K线组成，其形成过程：

（1）先是一根较长的实体阳线，股价延续强势上涨势头。

（2）第二天股价跳空高开，但上涨势头明显减弱，形成了一个十字星形态（实体小阴小阳K线亦可，分析意义相同）。

（3）第三天股价小幅低开，并产生一根较长的实体阴线，其实体部分明显向下深入到第一天实体阳线之内，显示头部形态构成，这就形成了一个标准的黄昏之星形态。

从原则上说，在理想的黄昏之星形态中，第一天阳线与第二天星线之间，应当形成价格跳空，然后第二天星线与第三天阴线之间形成另一个价格跳空。但是，通常第二个价格跳空有时很难得到，这种形态的关键之处在于第三天阴线向下深入到第一天阳线实体的深浅程度。虽然黄昏之星形态在上升趋势后更为重要，但是如果它处于横向盘整区间的高位，那么，在其他看跌信号的确认条件下，也是一个重要的看跌形态。

2. 形态应用法则

（1）第一天K线的颜色承原先趋势，也就是说发生在上涨趋势中的黄昏之星形态，第一天 K 线应为阳线。

（2）第二天 K 线可以是小幅上涨或下跌的十字线或小实体 K 线，这不影响形态的实盘分析。

（3）第三天 K 线颜色应与第一天相反，即为阴线。

（4）第二天 K 线与第一天 K 线的实体之间有跳空缺口时，第二天 K 线为阴线或阳线，并不影响分析。

（5）第三天阴线实体的长度越长，后市下跌力度越大。也就是说，第三天阴线实体收盘价深入到第一天阳线实体之中越多，其信号就越可靠。

技术意义：这种形态意味着涨升行情的结束，市场开始见顶回落。第一天阳线是因为受到前期上涨走势的影响，由于跟风盘不断介入而形成一根大阳线。第二天的十字线表明上涨功能的衰竭，在图形上形成星线的主体部分，这个星线可以是阳线，也可以是阴线。第三天阴线倒挂而下，并吞没了第一天的大半部分阳线，表明股价上涨势头遇到抑制，市场发出看跌信号，顶部信号产生。

3. 形态效力和操作要点

（1）理想的黄昏之星形态，第二天十字线与第一天阳线之间有一个小小的向上跳空缺口，第三天阴线应小幅低开，这样可以加强黄昏之星形态的效力。

（2）第三天大阴线的收盘价深入到第一天大阳线的实体内，超过第一天阳线的 1/2，则有助于加强形态效力。通常，插入越深，看跌意义越大。

（3）在黄昏之星形态中，若第三天大阴线的成交量较第一天阳线为大，代表股价在下跌时抛盘较多，后市见顶下跌概率越大。

（4）黄昏之星形态出现在前期高点附近，其反转下跌的意义更大。

（5）黄昏之星形态出现在长期上涨的末期、暴涨之后、超跌反弹结束之时，其准确率较高。

（6）黄昏之星形态如果出现在横向整理区域，虽然是看跌信号，但实战效果不佳。

二、黄昏之星常见技术陷阱

在实盘操作中，黄昏之星形态也有许多虚假信号，股价经过一轮涨升行情后，在高位区域形成一个极其标准的黄昏之星形态，投资者见此图形而纷纷抛售手中的股票，可是随后的股价走势并没有出现预期的下跌行情，经过短暂的休整后，股价重返升势，甚至走出主升浪行情，否定了这个具有强烈看跌意义的黄昏之星形态，使离场的投资者顿生悔意。

1. 高位黄昏之星陷阱

股价经过较长时间的持续上涨行情后，一根上涨大阳线形成加强上涨势头，但第二天在高位收出一根十字线，股价上涨势头遭到一定的扼制，第三天一根大阴线从上而下，股价的上涨势头被彻底扭转，一个看跌的黄昏之星形态形成。但是，当投资者纷纷抛空股票后，股价只是小幅回落或经短暂的横向整理后，市场再拾升势行情，从而形成一个空头陷阱。

图4-4，工商银行（601398）：该股成功见底后，股价稳步上行，形成一个坚挺的上升通道，均线系统呈多头排列。2017年6月5日，在高位形成一个黄昏之星形态。此时，股价已经有了不小的涨幅，为确保利润而退出观望，成为不少投资者的普遍操作策略。但是，股价经过小幅的回落整理后，重新回到上升通道之中，其后股价仍有不小的涨幅，出局者少获一大截利润。

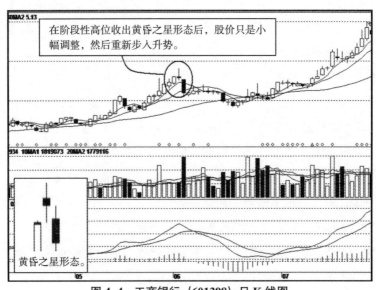

图4-4　工商银行（601398）日K线图

那么，这个黄昏之星形态是见顶信号吗？乍看起来很像头部信号，特别是第三天大阴线伴随着巨大的成交量，通常这是庄家出货的表现，这样的看跌形态，进一步加强了投资者的看空思维。但从该股的盘面分析，便会发现一些技术疑点：

（1）股价成功脱离底部后，形成一条明显的上升通道，当股价到达上轨线附近时，出现技术性修复走势是正常的，此时出现黄昏之星形态并不意外。因此，对于这个黄昏之星形态，在没有向下击穿上升通道的下轨线之前，应定性为技术性修复走势，既然如此，就不是一个顶部形态。

（2）均线系统完整，在股价回落过程中虽然一度击穿了30日均线，但30日均线仍然保持上行走势，对股价上涨起到向上牵引作用。

（3）从形态上看，黄昏之星形态出现之后，股价回落幅度并不深，如果是真正的顶部信号，则会出现快速回落脱离顶部区域。所以，该形态该跌不跌，就有一定的虚假性。

在实盘中遇到这种情形时，稳健者可以坚定持股信心，当然若是短线技术高手也可以做一把高抛低吸的短差，持币者可以在股价重回30日均线之上时跟进。在实盘中可以参考以下技巧进行操作：

（1）如果在出现黄昏之星形态之前，股价经历了加速拉升的过程，且在加速拉升时成交量呈现出持续放大的话，可能后市有一段下跌走势，那么投资者可在当天清仓观望。

（2）若在拉升过程中成交量没有出现明显放大，但是在出现黄昏之星形态之后的高位震荡中，出现了明显的放大现象，那么同样预示着股价将要调整。

（3）如果在形成黄昏之星形态之后的两三天内，股价出现了快速反弹，而且在反弹过程中不断有大手笔的买单把股价迅速拉起，但是当股价反弹到一定高度的时候，盘中不断有主动性抛盘出现，在卖盘抛压下股价出现了大幅的回落，这也是股价将要下跌的信号。

2. 中位黄昏之星陷阱

股价经过较长时间的持续下跌行情后，市场出现反弹走势，但上涨幅度不大，在相对高点形成一个看跌的黄昏之星形态，预示股价反弹结束，市场将重拾跌势，因此构成卖出信号。但是这种信号经常演变为空方防守反击的一个失败形态，成为空头陷阱，市场继续向上运行，不断创出新高。

图4-5，舒泰神（300204）：该股庄家在低位吸纳了大量的廉价筹码后，股价开始向上盘升，然后在反弹高点出现震荡走势。不久股价再次上攻，第二天在高位收出一根十字线，第三天股价却以跌停报收，完全吞没了第一天的上涨阳线，从而形成强烈看跌的黄昏之星形态。此时，不少投资者以为涨势已尽，因而纷纷抛售股票离场。可是，后来的走势大出预料，形态出现后的第二天跳空低开弱势震荡，收出一根小星线，第三天一根向上拉起的大阳线，组成了一个新的早晨之星形态。

那么如何解读该股的这个黄昏之星形态呢？一般而言，庄家介入一只股票后，如果不是大盘有问题，庄家在股价这么一点儿涨幅下就出局的可能性极小。因此这是一个十分矛盾的问题，后市到底如何还需要认真分析。

（1）虽然第三天股价以跌停报收，但成交量并不特别巨大，表明主力资金没有出逃，仅仅是一些恐慌性散户抛盘而已，这是庄家洗盘所要达到的结果。

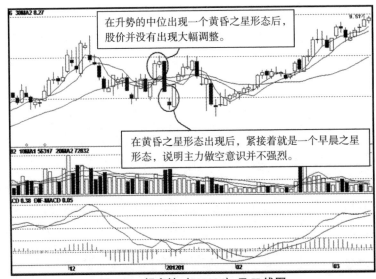

在升势的中位出现一个黄昏之星形态后，股价并没有出现大幅调整。

在黄昏之星形态出现后，紧接着就是一个早晨之星形态，说明主力做空意识并不强烈。

图 4-5　舒泰神（300204）日 K 线图

（2）虽然第三天股价大幅下跌，但仍然还在盘整区域范围以内，通常一个业已形成的盘整区域，本身就具有较强的技术支撑。因此，在股价脱离盘整区域之前，黄昏之星形态只是一个看跌疑似信号，而不是看跌决定信号。

（3）从随后迅速萎缩的成交量中可以发现，卖盘并不严重，筹码进一步被锁定。

（4）黄昏之星形态出现之后，紧接着就是一个早晨之星形态，意味着多空胶着，股价下跌空间不大。

可见，该股中的黄昏之星形态是一个空头陷阱，投资者遇到该盘面时，应当坚定持股信心，持币者可以在盘整区域的底边线附近逢低适量吸纳。

3. 低位黄昏之星陷阱

在大幅调整后的低位，庄家为了建仓或洗盘的需要，往往会故意构筑黄昏之星形态，误导散户抛售筹码离场后，股价很快出现拉升行情。

图 4-6，贝肯能源（002828）：该股股价大幅下跌后，庄家在低位吸纳了大量的低价筹码，经过一段时间的筑底后，底部渐渐向上抬高。2018 年 5 月 11 日，出现一个黄昏之星形态，该形态让不少散户产生恐慌。可是，经过几个交易日的蓄势整理后，股价出现快速拉升行情。

4. 洗盘黄昏之星陷阱

股价经过小幅上涨后，庄家利用黄昏之星形态进行洗盘换手，是一种较好的坐庄方式，因此这时的黄昏之星形态就是一个空头陷阱。

图 4-7，外高桥（600648）：该股经过长时间的下跌调整后，渐渐企稳上涨，股价

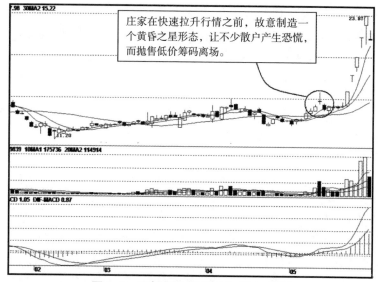

图 4-6　贝肯能源 (002828) 日 K 线图

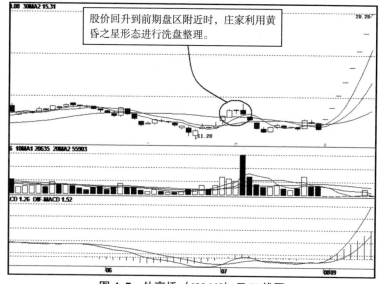

图 4-7　外高桥 (600648) 日 K 线图

从 6 元下方开始上涨到了 16 元上方,短期股价涨幅较大,这时股价开始回调整理,在高位出现一个看跌黄昏之星形态。那么,这个黄昏之星形态是不是见顶信号呢?初看起来很有可能,特别是第三根下跌大阴线中伴随着巨大的成交量,这通常都是庄家出货的表现,而且股价涨幅已经达到 170% 以上,以及在黄昏之星形态产生之后的几天里,股价出现继续下跌走势,验证了黄昏之星形态的有效性,后市股价下跌无疑。但是,庄家志在高远,不肯就此罢休,经过短暂的回调整理后,股价出现快速飙升走势,连拉 12

个涨停板后，经过一天的短暂调整后，又连续拉出4个涨停板，短期涨幅巨大。

这时不少投资者深感纳闷，在如此高的价位，出现如此标准的黄昏之星形态，股价怎么不跌反涨呢？从该股的日K线图分析，其主要存在以下技术疑问：

（1）在黄昏之星形态之前，股价走势相当稳健，主动性买盘非常积极，股价在分时图中走势相当平稳，很少出现直线式拉升或直线式回落，也没有出现大手笔对倒动作。在这种情况下，即使股价上涨遇到一定的阻力，但经过短暂的回调蓄势之后，还有继续向上运行的潜力。

（2）在前一段的整个上涨过程中可以看出，庄家采用边拉边洗式手法推高股价，其真实意图就是志在高远，行情不会速战速决。

（3）量价配合十分默契，涨时放量，跌时缩量，是理想的做盘模式。

（4）在该股中最让投资者迷惑的是第三天放量冲高后回落下跌，最终收出一根下跌大阴线，不少投资者看见这根K线就认为盘中的抛压相当严重。在这里，当成交量出现放大时，一定要仔细观察成交量是如何放出来的，若这些成交量是由对倒所致的话，那么即使出现巨量也不能说明盘中出现了严重的抛压，因为这往往是庄家在自买自卖所导致的。相反，若放大的成交量是由于盘中不断地出现主动性抛盘所致的话，那么就反映这个位置附近出现重大的压力。因此，只要观察盘面细节，找出成交量放大的真正原因所在，盘面疑点就能迎刃而解。

（5）虽然随后几天股价出现持续下跌走势，但还没有跌破盘整区域的底边线，通常一个业已形成的盘整区域，本身就具有较强的技术支撑作用。因此在股价脱离盘整区域之前，黄昏之星形态只是一个疑似看跌信号，而不是决定性看跌信号。

综合以上分析，该股仍然具有较大的上涨潜力，持股者不必急于出局，可以持股等待后市发展变化。在这种盘面走势中，即使判断失误也很少出现快速下跌走势，那时止损出局其损失也不会太大。

三、破解陷阱方法

1. 认真分析行情性质

通常在由散户主导的行情、庄家自救的行情之中，黄昏之星形态要高度警惕，随时有可能出现下跌走势。当然，如果有足够的理由证明庄家在洗盘换手，可以不必理会其形态，甚至可以采用反技术操作。

2. 看黄昏之星形态出现的位置

形态发生在高位，股价累计涨幅比较大，可能是真正的见顶形态。形态发生在低

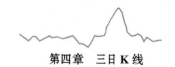

位，股价涨幅不大的，属于正常回档整理的可能性较大，后市仍有上涨潜力。一般而言，在长期的熊市末期，股价从高位回落跌幅超过 50%，若出现黄昏之星形态时，其可靠性较差。同样，股价从底部开始，经过充分炒作后上涨幅度达到一倍甚至两三倍的，若出现黄昏之星形态时，其可靠性较高。对于回调洗盘的认识，一般正常的洗盘幅度在 20% 左右，超过这个幅度时，其形态值得分析。对于反弹行情的认识，虽然反弹幅度有时难以预测，但可以运用阻力位、黄金分割线、成交密集区域等进行判断，若在这些区域附近出现黄昏之星形态，其信号的可靠性较高。

3. 看黄昏之星的上影线和成交量

如果形态中的上影线较长，并伴随较大的成交量，应采取减仓观望的保护性措施。

4. 看移动平均线和乖离率

股价远离移动平均线、乖离率偏大时，市场存在回调的要求，此时如果出现黄昏之星形态，其准确率较高。

5. 看第四天的 K 线

黄昏之星形态产生后，第四天继续拉出阴线，其可靠性更高，如果第四天股价盘中反弹时，超过第三天实体阴线的 1/2，其可靠性大大降低。

6. 将黄昏之星作为提示性信号

谨慎的投资者可以把黄昏之星形态看成是一个提示性信号，待股价突破上升趋势线、技术形态或出现其他看跌信号时，再采取买卖行动。同时，观察黄昏之星形态最高价附近的盘面反应，股价有效突破最高价位时，应持股待涨。

7. 黄昏之星的应用情景

黄昏之星形态只有在趋势行情的顶部、下跌途中的反弹高点时，才具有测市判势的意义。在上涨途中，牛皮盘整市里，则无实质性分析意义，应改用其他技术分析方法进行研判。

8. 黄昏之星形态与回抽确认走势的关系

在涨势初期出现黄昏之星形态，以庄家建仓对待为好，此处可以逢低吸纳，在涨势中途出现黄昏之星形态，不妨把它当作回抽确认或震荡洗盘对待为上，在涨势末期出现黄昏之星形态，不管成交量是否放大，以先离场观望为好。

9. 关于初次出现的黄昏之星形态

在一轮上涨趋势行情中，可能多次出现黄昏之星形态，初次出现的黄昏之星形态，其可信度最差，其后准确率逐步提高。反之，在一轮下跌趋势行情中，也可能多次出现黄昏之星形态，初次出现的黄昏之星形态，其可靠性最高，其后准确率逐步降低。

10. 将黄昏之星形态与阻力位结合在一起进行分析

如果股价上涨遇到重要阻力位，如趋势线、技术形态、一个浪形的转折点、黄金分割线、成交密集区域和整数关口等，若在这些区域附近出现黄昏之星形态，其信号的可靠性较高。或者说，处在阻力位之下的黄昏之星形态，看跌效力更加强烈。

四、黄昏之星的变体

在实盘中除了标准的黄昏之星外，还存在许多变体黄昏之星形态。这些变体黄昏之星形态与标准的黄昏之星形态在判断意义上基本相同。

1. 夜星十字

简评：夜星十字利淡，无须确认形态。

特征：夜星十字为十字形的延续形态。基本上是黄昏之星的变种形态，中间的K线以十字线取代，属利淡的见顶形态。

辨认形态法则、技术意义、判断形态效力与黄昏之星形态相似，唯一不同的是第二天K线一定是十字星。

2. 顶部弃婴

简评：顶部弃婴为见顶征兆，后市利淡，无须确认形态。

特征：基本上与夜星十字差不多，唯一不同的是顶部弃婴中第二天十字线，架空在第一天阳线及第三天阴线之外，其形态与岛形顶接近。

法则：在顶部弃婴中，第二天的十字星下影线应不与第一天阳线的上影线重叠，以及不与第三天阴线的上影线重叠。技术意义大致与黄昏之星相近。

总体而言，顶部弃婴形态效力与黄昏之星形态相近，顶部弃婴虽比黄昏之星及夜星十字罕见，但利淡效力更强烈。试想，在顶部弃婴形态中，第二天以缺口高开，大批投资者被迫追货，买入股票，但第三天又以缺口低开，导致大批投资者被套牢，触发止损盘出现，未来抛压将会很大。

3. 实盘中常见的变体黄昏之星形态

（1）黄昏双星、黄昏三星、黄昏多星。中间分别包括两根星线、三根星线、多根星线的黄昏之星，其顶部反转性质与标准的黄昏之星相同。

（2）小实体黄昏之星。星线是一小型阴阳实体K线的，称为小实体黄昏之星，其顶部反转性质与标准的黄昏之星相同。

（3）缺口黄昏之星。星线与实体K线之间的跳空缺口当天没有回补，如果黄昏之星形态底部反转形态成立，则这个缺口就可能成为竭尽缺口或突破缺口，即星线前面

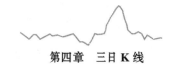

的缺口为竭尽缺口，而星线后面的缺口为突破缺口，因此这种形态的黄昏之星比标准形态具有更强烈的看跌意义。实盘中有以下三种缺口黄昏之星：

第一，左边缺口黄昏之星，也叫向上跳空缺口或竭尽缺口，即第二天星线与第一天阳线之间存在向上跳空缺口。

第二，右边缺口黄昏之星，也叫向下跳空缺口或突破缺口，即第二天星线与第三天阴线之间存在向下跳空缺口。

第三，双边黄昏之星，也叫岛形黄昏之星，即星线与阴线、阳线之间都存在跳空缺口，这是一种非常罕见的形态，具有强烈的看跌意义。

第三节　三星形态陷阱

一、形态分析精华

1. 形态形成过程

简评：三星形态为转势在即，宜进一步确认形态的有效性。

特征：三星形态由三根十字线组成，它是个极为罕见的形态，是一种意义十分重大的反转形态，一旦出现，千万不要忽视。

在反复跌势下，出现三根十字线，构成底部三星形态，三星拱照，预示后市回升机会较大。相反，在反复上涨后，出现三星形态，说明顶部买盘告竭，股价摇摇欲坠，见顶回落的可能性非常之大。

在实盘操作中，标准的三星形态非常少见，所见到的大多是其变体或近似图形，尽管如此其技术意义也不容忽视。可分为底部看涨三星形态和顶部看跌三星形态。

2. 形态应用法则

（1）三根 K 线均属十字线，收盘价与开盘价相近，只差一两个价位也可以接受，毕竟世事无完美。

（2）中间的十字线与前后两根之间都有跳空开盘的现象，而跳空情况是指收盘价与开盘价之间，并非严格意义上的跳空缺口。

（3）三个十字线呈三角形排列，上下影线长短相当。

（4）三星的相关形态有早晨之星、黄昏之星、弃婴之星等。

技术意义：市场可能处于长期上升或下跌趋势中，趋势逐渐变缓，线形的实体也逐渐缩小。在反复下跌趋势中，出现第一根十字线，显示跌势在放缓中，以引起投资者关注。所呈现的第二根十字线，显示市场已不再有任何趋势及方向存在，只要多空任何一方肯出击，便会扭转局势。当出现第三根十字线时，给下跌趋势以致命一击，已经显示出强烈的不确定性。因为当天股价开盘后率先向上跳空攀升，虽未以大阳线报收，但收盘价高于第二根十字线的收盘价，反映买盘已积极入市，预示后市向好。

在反复上升趋势中，出现第一根十字线，分明告诉人们前进的动力减弱，随时有停止步伐或回头休整。第二根十字线更是加剧了犹豫的心理。第三根十字线几乎给市场以肯定的回答：股价要下跌了。

3. 形态效力和操作要点

（1）第二根十字线跳空的情况，不只是收盘价，也包括上下影线，此形态更具效力。

（2）底部出现三星形态后，再呈现大阳线，成交量配合上升，可以进一步确认形态属利好形态。相反，在顶底出现三星形态后，在股价脱离顶部时也会出现较大的成交量，这样可以加强形态效力。无量下跌可能是庄家洗盘行为，但脱离顶部后成交量将有所萎缩。

（3）处在阻力位之下的三星形态，看跌效力强烈；处在支撑位之上的三星形态，看涨效力强烈。

（4）只有出现在趋势行情的末端才有分析意义，在盘整中的任何三星形态都没有涨跌效力。远离均线的三星形态有强烈的回归要求，形态效力较强。

二、三星形态常见技术陷阱

1. 低位看涨三星陷阱

在股价长期的下跌趋势中，出现第一根十字星后，紧跟其后出现第二根低开十字线，显示市场底部即将来临，引起多头投资者的兴趣，然后出现第三根跳空上涨十字线，给投资者以足够的信心和鼓舞，形成标准的底部"三星形态"，这是投资者喜欢的买入信号。可是买入股票后，却发现是一个多头陷阱，股价不但没有上涨反而出现继续下跌走势，将投资者套牢其中。

图4-8，中捷资源（002021）：该股反弹结束后一路下跌，股价不断创出调整新低，累计跌幅比较大，分别在2017年12月初和12月下旬两次出现底部看涨三星形态（图中圆圈处）。三星拱照，给投资者带来几许欣慰，加之股价调整时间充分，可以视为见底信号。可是，随后股价仍然阴跌不止，继续创出调整新低。

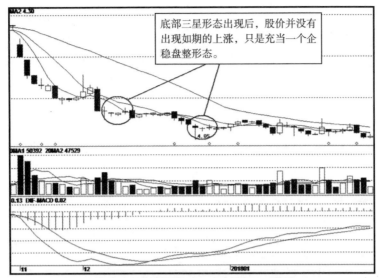

底部三星形态出现后，股价并没有出现如期的上涨，只是充当一个企稳盘整形态。

图4-8 中捷资源（002021）日K线图

那么，为什么说该股三星形态成为了失败形态呢？主要原因：一是在三星形态中成交量大幅萎缩，说明没有新的资金入场，多方缺乏做多热情，对后市走势存在疑虑，不能吸引市场的积极响应。二是市场处于弱势格局之中，下降趋势非常明显，单凭三星形态不能形成有效的反转走势。三是均线系统向下发散，继续空头排列，弱势特征明显，30日均线压制股价进一步走低。因此，这时出现的三星形态只是股价下跌过程中的一个停顿过程，要真正走出市场底部还要有其他多头信号的支持。

2. 高位看跌三星陷阱

股价经过一轮上涨行情后，在高价位区出现三星形态，表明多头凝聚力开始分散，个人私欲膨胀而自顾奔跑，这给空方以绝好机会，乘机打压股价，在图形上呈顶部"三星形态"，这是一个获利了结的卖出信号。可是投资者卖出股票后，才发现这是庄家洗盘动作，股价小幅回调后，再次出现强劲的上涨行情。

图4-9，汉得信息（300170）：在长时间的底部震荡过程中，庄家成功地完成了建仓任务，然后出现一波上攻行情，不久当股价突破前期高点后，在相对高位形成一个高位滞涨三星形态（图中圆圈处）。股价多次上攻无功而返，此处出现这个形态给投资者带来几许忧虑，因而成为一个卖出信号。可是后市并未见股价有大幅调整出现，而是继续呈现强势盘升走势，股价涨幅依然可观，三星形态成为一个空头陷阱。

那么，如何解读这个三星形态呢？该股走势与图4-8的中捷资源（002021）走势正好相反。一是前期成交量明显放大，说明有新增资金入场，也得到市场公众的认可。二是市场处于强势格局之中，上升趋势已经形成，三星形态并未破坏上升趋势，只是

205

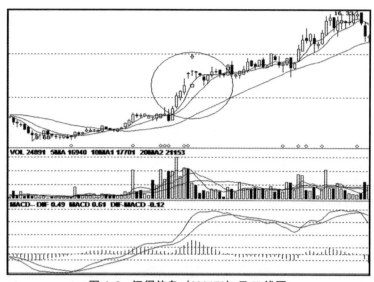

图4-9　汉得信息（300170）日K线图

对上升趋势中股价出现快速上涨时，进行一次技术性修复走势。三是均线系统向上发散，多头特征明显，30日均线支持股价进一步走高。因此，这时出现的三星形态只是股价上涨过程中的一次技术性修复，还未能形成真正的顶部。

三、破解陷阱方法

1. 评价K线形态时，离不开整体位置

在不同的股价位置，有不同的市场分析意义，操作方法也不尽相同，甚至相反。在股价已经大幅下跌的低位，三星形态是股价见底的信号，可以跟进做多。如果股价是在下跌途中，下跌幅度不大，此时出现三星形态只是反弹而已，可以逢高退出。如果是高价位区域，底部三星形态则是庄家骗人的陷阱，而此时看跌的三星形态却是一个真实的信号。那么，如何辨别价位的高低呢？

根据多年的市场经验，低价位可以从以下五点把握：

（1）股价大幅下跌，跌幅超过50%。

（2）调整时间3个月以上。

（3）成交量极度萎缩至地量。

（4）股价跌无可跌，近期出现空头信号时，下跌幅度不大。

（5）上市后一直没有很好表现过的。

当出现以下市场因素时，可以认定为高价位区域：

（1）涨幅巨大，一倍或几倍的。

（2）刚刚退潮的前期市场龙头股或热门股。

（3）成交量持续放出天量，出现量价背离现象。

（4）市盈率很高的，股价未来投资价值被严重透支。

（5）上涨动能衰竭，近期出现其他多头信号时，上涨幅度不大。

2. 三星形态与成交量

成交量放大不全是好事，缩小也不全是坏事，重点是成交量的放大要有节奏，张弛有序，量价配合得当。在三星形态中第三根K线必须要放量，这是攻击新方向的原动力，如果比前面两根星线的量还小，则说明攻击力度不够，虚假信号的可能性非常大。

3. 三星形态与均线的关系

均线系统上行的，看涨三星形态较可靠，看跌三星形态可靠性差。均线下行的均线系统，则相反。短期10日均线和中长期30日均线的支撑和压力作用非常重要，投资者可结合实盘自行分析。

4. 寻求其他技术指标的支持

观察MACD、RSI、MDI、BOLL、KDJ、BIAS等技术指标，是否具有同样的交叉、背离、强弱等信号出现，相互验证一致，则准确性高，否则应谨慎为之。

第四节　红三兵陷阱

一、形态分析精华

1. 形态形成过程

简评：红三兵形态挺进，为底部强烈反转信号，无须确认形态。

特征：红三兵形态由三根上涨阳线组成，每一根K线较上一日价格上涨，稳步成梯状向上攀升的大阳线所形成，三根实体阳线长度相近，其势如同三个坚挺刚强的士兵，给人以可靠的安全感，因此是一个普遍看涨的转势信号。

红三兵形态是K线技术的重要形态之一，在底部出现一根上涨阳线后，再连续出现两根大体相当的阳线，后一根阳线的开盘价处于前一根阳线的实体之内或与前一日K线的收盘价持平，当日收于最高价位或次高价位，其上下影线均比较短。

红三兵形态根据技术含量高低可分为前进红三兵、受阻红三兵、停顿红三兵三种。

（1）前进红三兵形态，在底部出现三根大小相当的阳线，上下影线比较短小，成交量温和放大，具有上攻态势。在形态中，出现第一根阳线实体之后，随后紧跟着出现了第二根阳线，且第二根阳线实体的开盘价在前一天阳线实体内部或者在其附近的位置上，第三根阳线实体的开盘价在第二天阳线实体内部或者在其附近的位置上。这三根阳线实体的收盘价，都处于当日走势的最高价或者接近当日最高价。

（2）在受阻红三兵形态中，其中第二根和第三根K线，或者仅仅是第三根K线，表现出上涨势头减弱的迹象，从而构成一个前进受阻的红三兵形态。作为上涨势头减弱的具体表现，受阻红三兵的阳线实体既可以是一个比一个小，也可以是后面两根阳线实体具有相对较长的上影线。

（3）在停顿红三兵形态的后两根K线中，前一根为长长的阳线实体，并且向上创出近期新高，后一根只是一个小的阳线实体。在红三兵停顿形态中，最后一根阳线实体既可以从前面一根长长的阳线实体跳高开盘，也可以深入到前一根长长的阳线实体内部。一般而言，最后一根阳线未能创出新的高点，即在前一根阳线最高点下方运行，从而停止了红三兵形态的前进势头。

此外，红三兵形态还有两种特殊形态：一种是阳线一条比一条加长，形态呈扩散形发展，这种形态短线爆发力比较大，表明庄家有力地将股价大幅拉高。这种形态的研判法则，可以参考扩散形形态。另一种是阳线一条比一条短小，形态呈收敛形发展，这种形态预示股价上行乏力，上涨势头趋弱，短线面临技术回调。这种形态的研判法则，可以参考收敛形形态。

值得注意的是，在实盘中有时出现一种与红三兵形态相似的图形，这就是倒三阳形态。倒三阳形态的特征：

（1）倒三阳经常出现在下跌初期。

（2）由三根小阳线组成。

（3）每日都是低开高走，股价小幅下跌。

（4）股价总体呈下降趋势。

第一根K线以跌势收盘，后两根K线的收盘价低于或接近第一根阳线开盘价，虽然图表上连收三根阳线，但实际股价却出现了连续三天下跌走势。倒三阳形态是一个卖出信号，后市看跌。此种情况多数发生在控盘程度较高的庄股中，出现这种K线图下跌概率极大，投资者要趁早果断斩仓离场。

这种组合常被误认为"三个红小兵"组合，这要注意它们出现的区域，即高档区或低档区或行情途中。这种组合是下跌途中的假象，形如一棵枯枝上飞来的三只小白鹤，恰似一点美好的点缀，却无实质性作用。

2. 形态应用法则

（1）红三兵形态必须出现在市场的底部。

（2）每天的开盘价应该在前一根阳线的实体或附近水平。

（3）每根阳线的收盘价应在全日最高价或附近水平。

（4）三根阳线的实体长度相近，是由呈梯状向上攀升的大阳线形成的。

技术意义：红三兵形态表明有场外资金源源不断地介入市场，中长期看好市场前景，推动股价稳步上行，底部特征十分明显，因此是一个可靠的见底反转信号。在股价下跌趋势中出现前进红三兵形态时，则标志着股价即将见底反转。如果是在股价已经有一定上涨的市道中出现红三兵形态，则表示股价将加速上涨的可能性极大；如果股价在经过横盘后出现红三兵形态时，意味着股价将向上突破，这是行情启动的前奏。

需要注意的是，红三兵形态有一定的弹性，第二日和第三日的开盘价可以在前一日实体之内的任何部位，但开盘最好位于前一日实体中点的上方。必须记住，每天的开盘价之所以会低于前一日收盘价，是因为市场存在一定抛压，健全的涨势总需要伴随一定程度的抛压。

3. 形态效力和操作要点

（1）第二日及第三日的开盘价可以在前一日实体之内的任何部分，但如果开盘价在前一日实体的中间部分，成阶梯形状上升，利好效力强。

（2）红三兵形态一般出现在市场见底回升的初期，因而回升幅度不大，速度缓慢，但走势相当稳健，此阶段逢低建仓可以来得相当容易，且风险不大。

（3）三根阳线的成交量比较平均，与前期缓慢下跌时的成交量基本持平，显示买盘力量持续，进一步确认走势，在随后的突破飙升阶段，成交量会成倍放大。红三兵形态通常预示着市场见底，稍后阶段产生"井喷"式上升的机会较大。

（4）如果红三兵形态的阳线实体过长，长度过大，短期技术指标显示有超买迹象，谨防短线技术回调。

（5）上涨趋势持续一段时间后，在高位出现红三兵形态，谨防出现多头陷阱。在高位出现前方受阻红三兵形态或停顿红三兵形态时，应及时采取保护性措施。

（6）经过充分盘整后向上突破形成的红三兵形态，比超跌反弹出现的红三兵形态要可靠得多。

（7）确认红三兵形态的强弱法则：第一，如果高低点整体涨幅在20%以上，其中最后一根 K 线实体涨幅在5%以上，说明股价涨势极强。第二，如果高低点整体涨幅在15%

左右，其中最后一根K线实体涨幅在3%左右，说明股价涨势呈中性。第三，如果高低点整体涨幅在10%以内，其中最后一根K线实体涨幅仅在1%左右，说明股价涨势偏弱。

4.红三兵形态注意事项

（1）三根阳线不能太长，如果太长的话，说明攻势过猛，短期获利回吐的压力也加大，最好是三根中阳线或小阳线，更易厚积而薄发。

（2）三根阳线对应的成交量应温和放大，最好是一天比一天大，显示庄家资金慢慢潜入。如果过大，则树大招风，容易吸引更多的跟风盘，反而不利于庄家拉升；如果过小，则说明后市拉升力度可能不够。

（3）红三兵虽然是一种很典型的底部形态，但是投资者在买入时，也应该设好止损位，如果股价跌破了红三兵形态的低点，则见底形态失败，短线投资者应该考虑及时止损出局。

二、前进红三兵常见技术陷阱

红三兵形态在股市技术分析中占有十分重要的地位，是重要的K线形态之一，但在实盘中虚假信号经常发生，常见的技术陷阱有以下四种。

1.低位红三兵形态陷阱

股价经过较长时间的下跌调整后，形成底部震荡走势，中长期底部渐渐凸显出来。不久，市场出现逼空走势，三条阳线拔地而起，红三兵形态分明告诉大家底部已经成功构成，股价即将脱离底部，转入升势行情，三阳开泰，给人带来无限的遐想，因此是一个比较好的买入时机。可是，当投资者纷纷介入后，股价并没有出现预期的上涨行情，一波小幅反弹之后，宣告红三兵形态失败，从而套牢大批投资者。

造成这种失败形态的主要因素有：

（1）底部没有探明。红三兵形态仅是一个普通超跌反弹走势，通常为多方防守反击的抵抗性结果。

（2）价位较高。庄家为了顺利实施出货计划，在高位制造红三兵形态，从而形成技术陷阱。

（3）庄家试盘。拉升时机未到，股价重新回归调整或下跌走势。

（4）庄家自救。庄家没有顺利撤退，但股价已经下跌一截，因而套牢于盘中，只有依靠自救行情才能顺利脱身，这时容易出现多头陷阱。

（5）非主流板块跟风而为。主流热点退却后，非主流板块跟风下跌，因而产生技术陷阱。

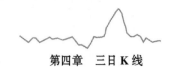

图4-10，健民集团（600976）：股价见顶后一路下跌，在相对低位初现企稳迹象，2017年12月6日开始连续三天收阳，形成比较标准的红三兵形态。三根小阳线虽然每根上涨幅度不大，但合起来的力度却不小，可以相当于一根大阳线的实际价值。这个红三兵形态形成于调整的低位，具有一定的止跌意义，因而不少投资者作为买入信号对待。第二天大幅高开后股价快速冲高，这时更加坚定了多头信心，有的投资者不惜追高买入。可是，股价很快就滞涨回落，第三天股价大幅跳空低开，随后股价渐行渐弱，不断创出调整新低，红三兵形态成为多头陷阱。

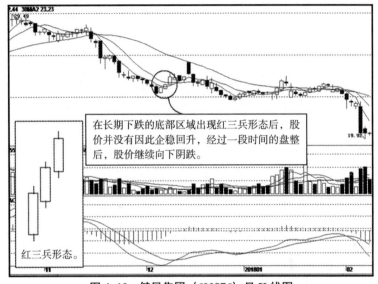

在长期下跌的底部区域出现红三兵形态后，股价并没有因此企稳回升，经过一段时间的盘整后，股价继续向下阴跌。

红三兵形态。

图4-10　健民集团（600976）日K线图

该股造成红三兵形态失败的主要原因：一是市场处于弱势格局之中，下降趋势明显，股价受下降趋势线的上轨线压制。二是均线系统呈现空头排列，30日均线持续走低，股价虽然一时冲破30日均线，但没有构成有效突破条件。三是在红三兵形态中，成交量放大不明显，难以推动股价上涨。

2. 中位红三兵形态陷阱

中位红三兵形态陷阱可分为：上涨中途红三兵形态陷阱和下跌中途红三兵形态陷阱两种。

上涨中途红三兵形态陷阱，表现为股价脱离底部出现一定的涨幅后，经过洗盘调整而再次出现红三兵形态时，表明洗盘调整结束，买盘重新加强，股价有望再现涨升行情，可以买入做多。可是，买入后股价并没有上涨，小幅上涨到前期高点附近时，遇阻回落形成双头形态，将追高介入的散户套牢。

下跌中途红三兵形态陷阱，表现为股价脱离顶部出现一定的跌幅后，出现反弹走势，在反弹高点出现红三兵形态，表明买盘进一步加强，股价将加速上涨，可以追涨买入做多。可是，买入后股价却冲高回落，反弹行情结束，股价重归下跌走势，红三兵形态成为套牢散户的多头陷阱。

图4-11，新天药业（002873）：这是上涨中途出现的红三兵形态陷阱。股价经过大幅调整后，企稳并出现一波力度较大的反弹行情，反弹结束后股价出现小幅回落，然后企稳再度上涨，2017年11月9日开始连拉三根阳线，K线图中形成红三兵形态，表明股价洗盘调整结束，后市仍有上涨潜力，因而不少投资者纷纷买入做多。可是，买入后股价并没有预期的上涨行情，小幅上涨到前期高点附近时，遇阻回落形成双头形态。

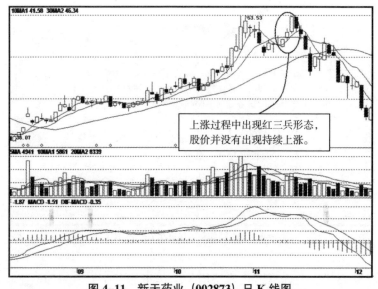

图4-11　新天药业（002873）日K线图

造成该股红三兵形态失败的主要原因：一是股价受前期高点压制明显，在没有突破前期高点之前出现的任何看涨信号均为疑似信号，不能作为确定形态对待。二是均线系统由上升转为走平，横向移动的30日均线对股价支撑力度不强，表明上涨势头渐渐减弱，一旦向下击穿便对股价构成压力。三是在红三兵形态中，成交量放大不明显，难以推动股价上涨。

在遇到上涨过程中调整，出现红三兵形态时应注意：

（1）在出现红三兵形态之前，股价涨幅不能过大，上涨最好不能超过50%，而且在上涨过程中股价不能频繁出现大幅度的波动。

（2）在洗盘回落过程中，成交量必须出现缩小，而且股价在回落到10日均线附近

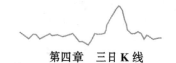

时，必须受到强大的支撑而回升。在回升过程中成交量必须再次放大，才能推动股价进一步上涨。

（3）如果出现红三兵形态之前，股价一直呈现出稳健地向上攀升趋势，只要在红三兵形态中成交量持续放大，后市股价必将会出现一波加速上涨行情。

（4）如果出现红三兵形态之后，股价出现了一段时间的震荡整理，但在这个过程中股价波动幅度并不是很大，而且在整个过程中成交量始终没有出现放量现象，当股价再次放量上涨时，意味着后市将会继续上涨。

图4-12，香山股份（002870）：该股股价下跌过程中出现了红三兵形态陷阱。股价反弹结束后逐步走弱，不久初步得到企稳。2017年8月25日开始股价连续三天上涨，形成红三兵形态。可是，买入后股价却出现横盘整理，不久破位下行，股价出现快速下跌走势，红三兵形态成为套牢散户的多头陷阱。

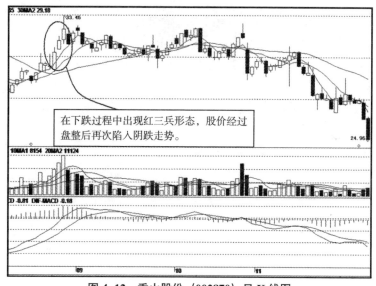

图4-12　香山股份（002870）日K线图

那么，如何解读这个红三兵形态呢？从该股日K线图中可以看出：一是市场处于弱势格局之中，上涨气势不够强盛。二是红三兵形态出现之后，成交量没有持续放大。三是前期套牢盘较大，上行压力较重。四是股价处于盘整区域内，没有形成突破走势。

对于这类个股，投资者可以从以下三方面因素进行分析：

（1）在出现红三兵形态之前，股价必须经历长期且大幅度的下跌调整，下跌幅度最好超过50%。

（2）在红三兵形态出现之前，股价震荡幅度收窄，成交量呈现持续萎缩状态。股价

向上突破震荡平台的过程中，成交量持续放大，并且股价上涨非常流畅。

（3）在红三兵形态出现之后，股价应快速上涨，多头气势强盛。

3.高位红三兵形态陷阱

当股价经过长期的上涨后，在高价位区出现红三兵形态时，就应引起投资者的高度谨慎关注了，这往往是股价上涨的尾声，预示着股价即将迎来一波下跌行情，这通常是庄家故意拉高股价完成出货的一种坐庄手法。但在实盘操作中，总有一些投资者禁不住漂亮形态的诱惑，盲目追涨而落入技术陷阱之中。

图4-13，老白干酒（600559）：该股股价见底后经过几轮成功的炒作，已位于高价区域，不久在高位出现一个红三兵形态，在形态产生之后的第二天，股价就出现了冲高并创出了本轮上涨行情的新高，大有展开新一波上涨行情之势。可是，股价很快就出现了回落，直到收盘时收出一根带长上影线的阴线，红三兵形态成为一个失败形态。

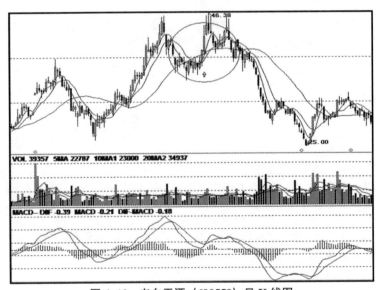

图4-13 老白干酒（600559）日K线图

当看到这种情况时，投资者就应该思考以下五个问题：

（1）此时股价所处的位置，在出现红三兵形态时，已经经过了大幅度的上涨。在这种情况下，股价出现加速拉升，要么是股价快速拉起一波新的上涨行情，要么就是庄家在故意拉高出货。明显可以看出，股价涨幅已经超过150%，这时的红三兵形态应引起警惕。

（2）如果这里出现的红三兵形态标志着买盘力量在增强，那么接下来股价就必将继续向上拉升，即便出现震荡停顿，股价的重心也会逐步上移。但是在该股盘面上，并

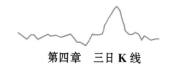

没有看到这些现象的出现。

（3）红三兵形态必须得到成交量的积极配合，才能推动股价的进一步上涨。而该股成交量却没有放大，说明做多意愿不强，市场跟风不积极，股价上涨值得怀疑。

（4）在出现红三兵形态之后的第二天，股价虽然出现了走高，但是在创出新高之后很快就出现了回落，这表明盘中遭到回吐盘抛压。最关键的是在之后的走势中，股价重心是不断下移的，从这个迹象上就可以看出买方力量在不断衰退。

（5）股价冲高回落时，疑似构筑双重顶形态，此时投资者应高度警惕，一旦双重顶有效构成应及时离场操作。

综合以上这些盘面迹象，就可以断定这里出现的红三兵形态是庄家在故意拉高，其真正的目的并不是拉高股价，而是用这种方式吸引投资者去跟风接盘，从而达到出货的目的。

　4. 反弹红三兵形态陷阱

股价短期超卖后，必然会出现反弹，从本质上讲反弹只是对下跌过程中的一种技术性修复走势，反弹结束后股价仍将继续原来的下跌走势，因此在反弹行情中容易出现虚假技术信号，而红三兵形态是较为常见的多头陷阱。反弹中的红三兵形态陷阱分为强势反弹红三兵形态陷阱和弱势反弹红三兵形态陷阱两种。

图 4-14，亚星锚链（601890）：这是强势反弹红三兵形态陷阱（见图 4-14 中画圈处）。该股上市后就出现盘跌走势，成交量大幅萎缩，不久出现一波力度较大的反弹行情，当股价反弹到前期成交密集区域附近时，连续收出三根上涨阳线，构成一个红三

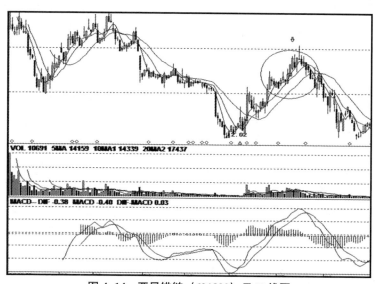

图 4-14　亚星锚链（601890）日 K 线图

兵形态，似乎给人以向上突破的感觉，因此是一个买入信号。但红三兵形态出现之后，股价并没有出现持续上涨行情，股价很快回落并渐渐盘跌，套牢了不少投资者。

那么，如何解读该股的这个红三兵形态呢？从日K线图中可以看出：

（1）股价上涨遇到前期成交密集区域的阻力，此时低位获利盘和高位解套盘的松动，对股价上涨构成了重大压力。

（2）在整个反弹过程中成交量没有明显放大，拘谨的量能达不到上涨要求。

（3）股价从底部开始反弹后，反弹幅度已经达到30%，无论后市如何发展，市场需要一个蓄势过程，因此当出现红三兵形态后，如果不能持续放量拉升的话，形态的看涨意义将会大大降低，应逢高出局观望。

（4）从浪形形态分析，股价呈标准5浪反弹走势，而红三兵形态出现在上升第5浪行情中，也就是说股价处于最后的推动浪中，一旦见顶回落股价将进入A浪调整走势。因此，投资者在反弹过程中遇到红三兵形态后，若出现滞涨现象时应及时出局，更不能追涨买入。

图4-15，东方日升（300118）：这是弱势反弹红三兵形态陷阱（见图中圆圈处）。股价从最高25.42元开始一路下跌，不久，股价跳空低开低走，当天以跌停板收盘，创出5.15元新低，第二天股价跳空低开后向上盘升，当日报收小阳线，然后继续反弹再收两根小阳线，从而形成一个红三兵形态。但股价随后并没有出现持续上涨走势，第二天股价就出现冲高回落走势，红三兵形态成为一个多头陷阱。

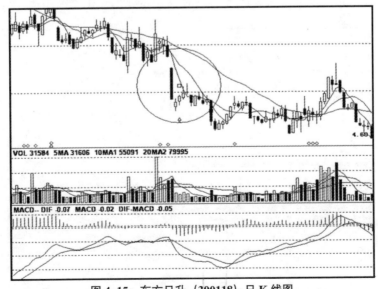

图4-15　东方日升（300118）日K线图

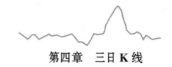

那么，这个红三兵形态有什么意义？投资者应该如何操作？

从 K 线形态上很难做出正确的判断，那就放在大背景下来审视一下。出现红三兵形态之前，一根大阴线形成急跌走势。随后的红三兵形态走势有上涨乏力的感觉，三根小阳线累计涨幅不及前一根大阴线的 1/3，说明反弹力度极其脆弱，只是股价超跌后的一种技术性修复走势。从成交量上也可以看出一些征兆，连续三天的成交量低于前面的平均量，说明场内交易比较清淡，资金入场十分谨慎，股价虽然出现回升走势，但要小心股价继续下跌。而且整个势道十分脆弱，均线系统呈现空头发散，股价受 5 日均线压力后进一步走低。此时可以想象得到，股价连 5 日均线都突破不了，怎么指望后市上涨呢？综上所述，这是一个弱势反弹形态，实盘中遇到此类盘面时，谨慎操作为宜。

通过上述两个实例分析，对反弹行情的力度强弱，可以从以下八个方面进行分析：

（1）是否有政策面和消息面的支持。如果有政策面和消息面的潜在利好配合支持，那么反弹力度和空间一般较大。否则，反弹仅仅只是庄家的一种自救行为而已，力度和空间都不会很大。

（2）对下降趋势扭转的级别大小需要做出准确的判断。如果是较长趋势、大周期趋势的扭转，则反弹的力度较强、空间较大。否则，应降低反弹力度和空间的预期。

（3）关注反弹时的位置。从浪形结构上分析，如果前面的循环浪形已告终结，目前是否正展开新一轮循环的 1 浪推动或 3 浪推动？如果是，则反弹力度较强、空间较大。如果大盘仍运行在循环浪形的 A 浪或 C 浪延长之中，或者反弹已在第 5 浪上，那么反弹力度和空间的预测需要持谨慎、保守的态度。

（4）观察反弹过程中的价量配合情况，这是一个非常重要的指标。如果成交量能持续有效放大，表明有场外新增资金介入，对行情的延续和纵深发展极为有利，反弹力度较大，反弹空间可以看高一线。否则，如果量能持续减少，应持谨慎、保守的态度。

（5）观察市场是否酝酿有热点产生，而且是否对指数和市场人气具有较强影响力和号召力的持续性领涨板块涌现。如果有，反弹力度和空间则会大些；如果仅仅是短暂热点，那么对反弹力度和空间分析要保守地进行预测。如果个股处于热点之中，甚至是领涨龙头股，则反弹力度和空间会大些；如果不在热点之中，则反弹的力度要小得多。

（6）观察市场中是否涌现出有赚钱效应的龙头股品种。反弹行情的延续和纵深发展，需要市场不断培育出数个涨幅巨大的龙头品种，以此来激发、领涨人气。如果有，则反弹的力度和空间将会增大；如果没有赚钱效应的龙头品种，反弹的力度和空间将会受到制约，应持保守、谨慎的态度。

（7）注意观察反弹中板块轮动的节奏。如果热点板块比较集中，而且持续性较长，

则大盘反弹的力度和空间就会大些。如果热点切换过快，板块轮动频繁，或后续热点不能及时跟上，那么，反弹力度和空间就会大大受限。

（8）反弹时的技术状态。如果反弹是从大周期技术低点开始反弹，则反弹的力度和空间将会大些。否则反弹力度较弱，反弹空间较小。

三、受阻红三兵常见技术陷阱

受阻红三兵形态是见顶回落征兆，宜进一步确认形态的有效性。

受阻红三兵形态是标准红三兵的变种形态，但两者略有不同：一是位置不同。受阻红三兵形态出现在一个明确升势或累积升幅已多的高位，而标准红三兵形态则在下跌趋势或刚摆脱跌势的第一个阶段。二是外形略有不同。标准红三兵形态的三根阳线实体相近，而受阻红三兵形态最后两根阳线或一根阳线的实体呈现缩短现象，且上下影线较长，表现出上涨势头减弱的迹象。受阻红三兵形态的阳线实体既可以是一个比一个短小，也可以是后面两根阳线实体具有相对较长的上影线。形态辨认法则：

（1）连续三根阳线，每日的收盘价均比前一日为高。

（2）每日的开盘价在前一日实体内。

（3）第二根或第三根阳线具较长的上下影线，显示上升力量正减弱。

（4）受阻红三兵形态出现在一个明确升势之中或累积升幅已多的高位。

技术意义：三根阳线的长度不断缩短，显示升势力量消失，买盘若不再积极吸纳，市况将要出现获利回吐，是见顶的征兆。受阻红三兵形态的效力，每天的阳线实体越来越短小，而上下影线偏长，加强形态见顶的机会。

但是在实盘操作中，经常出现受阻红三兵失败形态。在盘面上表现为，股价经过一段时间的上涨或反弹后，在相对高位出现受阻红三兵形态时，说明上涨势头减弱或竭尽，可视为卖出信号。但卖出后，受阻红三兵形态没有阻止股价上涨，经过短暂的整理后仍然继续上涨，从而成为一个空头陷阱。

图4-16，欧普康视（300595）：该股股价经过长时间的下跌调整后，在底部形成横盘整理，在庄家建仓末期故意向下击穿横盘整理区间的底边线，制造空头陷阱，然后股价企稳回升。在回升过程中，分别在2018年2月下旬和3月上旬形成受阻红三兵形态。形态内的阳线实体一个比一个短小，特别是第三根K线中，表现出上涨势头明显减弱的迹象，股价冲高回落形成较长的上影线。这种盘面现象预示着后市股价上涨乏力或反弹即将结束，因此是一个卖出信号。但是，随后股价走势依然坚挺地向上盘升，如果在受阻红三兵形态附近卖出，显然已经踏空。

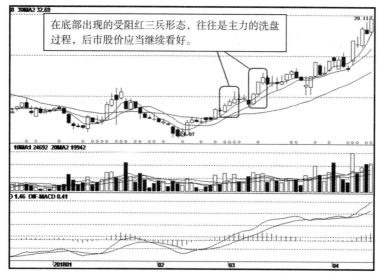

在底部出现的受阻红三兵形态，往往是主力的洗盘过程，后市股价应当继续看好。

图 4-16 欧普康视（300595）日 K 线图

那么如何解读这个受阻红三兵形态呢？从该股日 K 线图中可以看出：

（1）股价向下击穿前期低点时，在时间上没有达到有效突破要求的三天以上，股价第三天就返回到盘整区域之内，说明是一次假突破动作。

（2）股价向下击穿前期低点时，成交量不大，说明没有出现恐慌性抛盘现象，筹码已经完全被锁定。

（3）股价重新返回到均线系统之上，5 日和 10 日均线不断上行，支撑短期股价走高，随后 30 日均线上行，这样短期内股价没有太大的风险。

（4）量价配合理想，形成涨时放量、跌时缩量的正常盘面现象。

（5）受阻红三兵形态应当出现在一个明确升势之中或累积升幅已多的高位，而该股却出现在底部区域，这不符合形态位置要求。由此可见，该股虽然出现一个受阻红三兵形态，但总体盘面比较健康，不至于造成大幅下跌走势，所以是一个失败形态。

四、停顿红三兵常见技术陷阱

停顿红三兵形态是见顶回落征兆，宜进一步确认形态的有效性。

停顿红三兵形态也为红三兵的变种形态，出现在升势末段时间，反映上升力量急速减弱，小心见顶。在停顿红三兵形态的后两根 K 线中，前一根为长长的阳线实体，并且向上创出近期新高，后一根只是一个小的阳线实体。在红三兵停顿形态中，最后一根阳线实体既可以从前面一根长长的阳线实体跳高开盘，也可以深入到前一根长长的阳线实体内部。一般而言，最后一根阳线未能创出新的高点，即在前一根阳线最高

点下方运行,从而停止了红三兵形态的前进势头。形态辨认法则:

(1)第一根和第二根阳线实体较长。

(2)第三日的开盘价接近第二日的收盘价。

(3)第三日的K线形态,可以是十字线或陀螺线。

(4)停顿红三兵形态出现在一个明确升势之中或累积升幅已多的高位。

技术意义:反映升势正在减弱中,在第三日上升动力突然失去,如果随后再呈大阴线,可以确认见顶信号,跌势即将开始。在停顿红三兵形态中,如果第三日出现的小阳线、十字线、陀螺线,与第二日的大阳线的上端有缺口出现,显示买盘做最后一击,尽力推高股价以出货,后市下跌机会更大。

但是在实盘操作中,经常出现停顿红三兵形态陷阱。在盘面上表现为,股价经过一段时间的上涨或反弹后,在相对高位出现停顿红三兵形态时,说明上涨势头减弱或竭尽,可视为卖出信号。但卖出后,停顿红三兵形态没有停止股价的上涨步伐,或经过短暂的整理后仍然继续上涨,从而成为一个空头陷阱。

图4-17,铁龙物流(600125):股价经过长时间的横向震荡后,虽然在2017年7月17日向上突破盘区整理,但股价又受到前期盘区的压力,从而形成一个停顿红三兵形态,在形态中前面两根K线为长长的阳线实体,最后一根K线只是一个小的阳线实体,且深入到前一根阳线实体内部,第三根阳线未能创出新的高点,即在前一根阳线最高点下方运行,从而停止了红三兵形态的前进势头,预示股价将出现下跌调整走势。但是经过短暂的小幅下跌后,股价再度走强,出现一轮快速飙升行情。

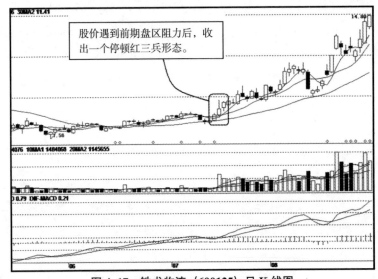

图4-17 铁龙物流(600125)日K线图

从该股日 K 线图中可以看出，停顿红三兵形态只是充当洗盘换手的一种坐庄手法，股价上涨并没有停顿，其原因：

（1）股价处于历史底部区域，下跌空间已经不大。

（2）停顿红三兵形态出现之后，成交量不大，说明没有出现恐慌性抛盘现象，筹码已经完全被锁定。

（3）停顿红三兵形态应当出现在一个明确升势之中或累积升幅已多的高位，而该股却出现在底部区域，这不符合形态位置要求。

（4）该股前期没有被大幅炒作过，具有一定的投资价值和上涨潜力。因此，投资者遇到此种情形时，要将股价与所处的价位高低、基本面情况和其他技术因素结合在一起进行综合分析。

五、破解陷阱方法

在实盘操作中，红三兵形态也经常出现虚假的信号或演变为多头陷阱，投资者在实盘中遇到这种走势时，应把握以下七个方面要点。

1. 关注股价下跌幅度、成交量和均线

在红三兵形态出现之前，股价必须经过长期的大幅下跌，下跌幅度应超过 50%。而且在下跌过程中成交量应呈现逐步萎缩态势，特别是在加速下跌趋势时，成交量没有明显的放大，说明抛盘已经减弱。红三兵形态中的第三天阳线收盘时，股价应突破 10 日或 30 日均线的阻力。

2. 红三兵形态与回调幅度

由于红三兵形态具有逼空性质，往往导致短线技术指标超买，需要有一个回调修复过程，因此把握回调走势非常重要。一般而言，正常的回调幅度不能过深，通常为上涨幅度的 1/3 位置或黄金分割位作为极限位置，如果回调幅度过深，超过上涨幅度的 1/3，就会破坏强势形态，再次上涨将遇到强大的压力，上涨幅度或力度将大打折扣，因此对回调幅度过深的股票要多加小心，不能因为下跌大就认为拿到了便宜货而贸然介入。要明白"会跌的股票不会涨，会涨的股票不会跌"的道理。

3. 红三兵形态与理想的买入时机

不是形态形成时立即买入，而是等待回调确认有效后再度上扬时介入，因为红三兵形态出现时往往短期股价已经有一定的涨幅，此时如果立即入场，可能会买在短期高点位置，特别是大幅上涨的大阳线，因此要等待回调时逢低介入比较好，这样可以避免一些失误，而且红三兵形态的上涨速度比较缓慢，追高介入有一定的短期市场风

险，需要耐心等待逢低介入才是上策。

4. 观察形态出现的位置

在实盘操作中，投资者遇到红三兵形态时，操作上应注意寻找红三兵形态下方的重要支撑点，如5日、10日均线等，如果下方有重要支撑，可以考虑把止损位设在此支撑位之下，结合整体的收益比或成功率，决定是否建仓。

5. 注意红三兵形态的风险

受阻红三兵形态和停顿红三兵形态在一般情况下不属于顶部反转形态，但有时也可能引起不可忽视的下跌行情，通常如果这两类红三兵形态出现在较高价格水平，则更有预测意义。投资者如果遇到这种形态时，考虑的就是回落市场带来的风险，一旦第二天收出阴线就应先止损，等待回落后再进场操作也不晚。因此，对这两种形态不可盲目乐观，持股者可选择先行离场观望，落袋为安，持币者宁可错过，不可错买。

6. 关注成交量的配合情况

得到成交量支持的，行情才能持久，无量空涨的肯定不可靠。理想的成交量是三天基本持平或温和放大，过大或过小的不规则的成交量，都应引起怀疑。

7. 红三兵整体是上攻形态，但是攻击的力度是有差别的

光头光脚阳线构成的红三兵形态是最干净有力的形态，带有上影线则攻击力度要差很多。另外，三根K线的长短也能显示力度变化，实体越来越长说明攻击力度在加强，越来越短则是攻击力度在减弱。

第五节　黑三鸦陷阱

一、形态分析精华

1. 形态形成过程

简评：三只乌鸦，不祥之兆，强烈见顶反转信号，无须确认形态。

特征：黑三鸦形态也叫暴跌三杰，由三根下跌阴线构成，实体阴线大小相近，呈阶梯状下跌走势，每日的开盘价均在前一日阴线的实体内，但开盘后即下挫形成阴线，收盘价向下跌落，三根阴线有秩序地呈下跌走势。黑三鸦形态的相对形态自然是红三兵形态。

在盘面上顶部出现一根下跌阴线后，再连续出现两根大体相当的阴线，后一根阴线的开盘价处于前一根阴线的实体之内或在前一日的收盘价附近，当日收于最低价位或次低价位，其上下影线均比较短。说明上档卖压十分沉重，多方每次高开后均被空方打压下去，已经失去上升动力，是多方能量耗尽的信号。

黑三鸦形态根据技术含量高低可分为突破黑三鸦形态、支撑黑三鸦形态、停顿黑三鸦形态三种。

此外，黑三鸦形态还有两种特殊形态：一种是阴线一条比一条加长，形态呈扩散形发展。这种形态短线杀伤力比较大，庄家有力地将股价大幅压低。这种形态的研判法则，可以参考扩散形形态。另一种是阴线一条比一条短小，形态呈收敛形发展。这种形态预示股价下跌动能衰竭，短线面临技术反弹。这种形态的研判法则，可以参考收敛形形态。

在实盘中，黑三鸦有许多变化形态，这些变化了的形态具有相同或相近的分析意义，切不可认为其不符合标准形态而忽视了这些形态所蕴含的市场风险。

2. 形态应用法则

（1）黑三鸦形态应出现在市场的顶部，每天的收盘价向下收出新低。

（2）每天都跳高到前一根阴线的实体内或附近开盘，最后以下跌收盘。

（3）每一根阴线的收盘价应在全日最低价或附近水平。

（4）三根阴线的实体长度相近，呈梯状下跌的大阴线所形成。

黑三鸦形态具有一定的弹性，第二天和第三天的开盘价可以在前一天实体之内的任何部位，但开盘最好位于前一天实体中点的下方，三根阴线的收盘价都应当处于当日最低价或近似最低价。必须记住，每天开盘价之所以会高于前一天收盘价，是因为市场存在一定的买盘，下跌趋势总是需要伴随一定程度的反弹。理想的形态还要求第一根阴线的实体，在前一根阳线的高点以下。

技术意义：从黑三鸦形态的形成过程中可以看出，买方的能量有了明显的衰退，并且在股价回落的过程中有场内资金悄悄撤离市场，从而使得股价出现了持续回落。在这种情况下，一旦买盘不能及时出来反击的话，就会引发大量的获利回吐盘，这样一来后市股价必将会出现下跌。虽然下跌不十分凶猛，但对技术形态破坏力极强，头部特征初露端倪，因此是一个可靠的见顶转势信号。如果在股价经过大幅上涨后的高位区域出现这种形态，那么往往预示着庄家出货。

3. 形态效力和操作要点

（1）第二天及第三天的开盘价可以在前一天实体之内的任何部分，但如果开盘价在

前一天实体的中间部分，成阶梯形状下降，利空效力更强烈。

（2）在黑三鸦形态出现之前，股价已经有一段涨幅，多方持续上攻明显体力不支，因此黑三鸦形态一般出现在市场见顶回落的初期，虽然还没有形成巨大的恐慌，但对技术形态造成极强的破坏，有大厦将倾的忧虑。

（3）黑三鸦形态看跌信号的强度和真实性，受成交量的影响很大，此时如果出现成交量放大，其看跌作用更强。若是成交量温和放大，表明市场的杀跌能量开始有节制地释放，随后有可能出现加速放量下滑之虞。

（4）持续的下跌走势可能会导致技术指标的超卖，经过短暂的弱势反弹修复后，市场再现跌势，因而常常演变为下跌三法走势。

（5）形态的第一天开盘价位置，最好在前一天阳线实体的最高价下侧，这样可以加强黑三鸦形态的空头走势。

（6）经过充分盘整后向下突破形成的黑三鸦形态，比技术回调出现的黑三鸦形态要可靠得多。在大幅下跌后的低位出现黑三鸦形态时，应谨防出现空头陷阱，此时不应盲目杀跌。

二、黑三鸦常见技术陷阱

1. 高位黑三鸦形态陷阱

股价经过一波较大的上涨行情后，多方力量得到较好的发挥，同时又遇到上行压力，股价停止了原来的上涨趋势，盘面形成震荡调整走势。不久，三根持续向下的阴线形成了黑三鸦形态，彻底动摇了多方的信心，技术形态呈现空头趋势，预示股价出现深跌走势，因此是一个较好的卖出时机。

可是在实盘操作中，投资者根据这个技术形态卖出股票后，股价并没有出现预期的下跌行情，仅仅是小幅的技术性回探，很快结束调整走势，市场出现新一轮上升行情，令出局者唏嘘不已。

构成失败形态或技术陷阱的主要原因有：

（1）正常的庄家洗盘行为。

（2）遇到技术压力需要消化。

（3）庄家故意向下试盘行为。

（4）股价未到庄家目标价位。

（5）有时庄家坐庄手法失误，造成一时筹码松动，庄家不得不重新锁定筹码，这时也有可能出现技术陷阱。

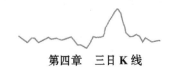

图 4-18，聚飞光电（300303）：该股股价见底后企稳回升，当股价有了一定的反弹幅度后，遭到低位获利盘和前期套牢盘的双重打压，股价出现回落走势。连续三天下跌，形成一个黑三鸦形态，此时有的投资者以为反弹行情结束，股价将出现下跌走势，因而纷纷抛出股票。可是，谁曾想这是一个虚假的黑三鸦形态，当股价回调到 30 日均线附近时，遇到较强支撑而止跌回升，从此股价进入稳步盘升行情，股价累计涨幅巨大。

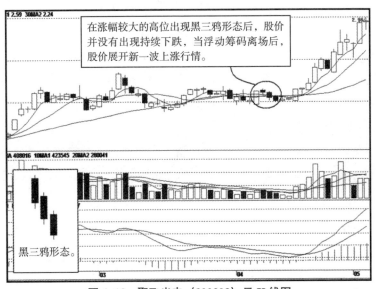

图 4-18 聚飞光电（300303）日 K 线图

对于这个黑三鸦形态如何判定？单从 K 线形态上看是一个见顶信号，股价将继续出现盘跌走势。如果放在整体背景下看，或许有些启示。股价脱离底部区域后，成功穿越 30 日均线，但上涨幅度不大。这不合常理，因为中长期走势刚走好，无论如何也该有一定的涨幅，可是该股偏偏反转下挫，形成一个黑三鸦形态，因此怀疑这是庄家的洗盘行为。当然还为时过早，是不是洗盘还需要后市继续观察。后市股价回落到 30 日均线上方止跌企稳，整体走势还没有破坏，此时投资者基本可以判断前面的黑三鸦形态是洗盘所致，一旦重新走强就可以大胆买入。

遇到在中途反弹出现的黑三鸦形态时应注意：黑三鸦形态出现之前，股价涨幅不能过大，上涨幅度最好在 50%以下，而且在上涨过程中不能频繁出现大幅度的波动。在洗盘回落过程中，成交量必须出现缩小，股价回落的幅度不能太大，也不能有太多的主动性抛盘出现，而且股价在回落到 10 日均线附近时必须受到强大的支撑。而该股的走势符合这些特征，因此是一次正常的洗盘行为。

在实盘操作中，高位出现黑三鸦形态时，可以从以下三方面因素进行分析：

（1）在黑三鸦形态出现之前，股价有一个飙升过程，不断有大手笔的对倒单直接把股价拉上去。当股价上涨到一定程度时就会在买一位置出现大量的单子，庄家通过这种封单的方式制造多头气势，让投资者以为买盘积极，从而直接以卖一价位买进，而庄家早已挂出卖单等待散户接盘。如果盘面出现这种现象时，表明股价上涨接近尾声，此后出现黑三鸦形态时，其可靠性比较高；如果盘面没有这种现象出现，说明股价上涨潜力依然存在，此时出现黑三鸦形态属于正常的技术性回调。

（2）在真正的黑三鸦形态中成交量往往比较大，在当天的运行中不断有主动性卖单出现，并且庄家往往会在买三或买四位置挂出大手笔买单，但当股价真正回落到这个位置时，这些单子却迅速撤掉了。这些单子明显是庄家故意挂在上面给投资者看的，产生盘中有大量买单接盘的错觉，以此吸引投资者去接盘。若盘面没有这些细节，则黑三鸦形态虚假的可能性比较大。

（3）在黑三鸦形态出现之后，如果股价进入高位横盘走势，那么只要在这个过程中成交量出现明显萎缩态势，并且不断有主动性的买盘出现，投资者可以大胆在横盘中逢低吸纳，后市仍将会出现上涨。有些个股在经过一段时间的横盘之后会出现一个向下的假突破，股价放量迅速向下打压，一两天后股价快速上涨，在上涨过程中买盘非常积极。这里的打压只不过是庄家拉升前的一个假动作而已，后市股价必将出现大幅上涨行情。

2. 中位黑三鸦形态陷阱

股价成功构筑头部后，开始脱离顶部区域，形成明显的下降趋势，释放了大量的做空能量。这时多头反击股价出现大幅反弹行情，在相对高位出现三根大阴线，形成标准的黑三鸦形态，卖出信号十分清晰。可是投资者卖出股票后，股价并未出现下跌走势，小幅回落后再度大幅走高，从而形成中位黑三鸦卖出陷阱。

图4-19，聚飞光电（300303）：该股经过长时间的盘跌后见底回升，股价从6元多开始反弹到9元上方后，遭到低位获利盘和前期套牢盘的双重打压，股价出现回落走势，在相对高位形成一个黑三鸦形态，此时有的投资者以为股价反弹结束，股价将出现下跌走势，因而纷纷抛出股票。可是，谁曾想这是一个虚假的黑三鸦形态，当股价回调到30日均线附近时，遇到较强支撑而止跌回升，从此股价进入稳步盘升行情，股价累计涨幅巨大。

对于这个黑三鸦形态如何判定？单从K线形态上看是一个见顶信号，股价将继续出现盘跌走势。如果放在整体背景下看，或许有些启示。股价脱离底部区域后，成功穿越30日均线，但上涨幅度不大。这不合常理，因为中长期走势刚走好，无论如何也

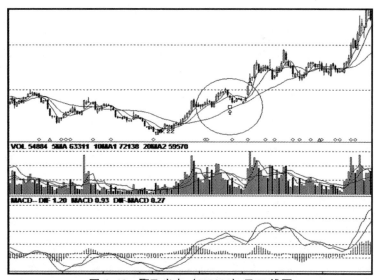

图 4-19　聚飞光电（300303）日K线图

该有一定的涨幅，可是该股偏偏反转下挫，形成一个黑三鸦形态，因此怀疑这是庄家的洗盘行为。当然还为时过早，是不是洗盘还需要后市继续观察。后市股价回落到30日均线上方止跌企稳，整体走势还没有破坏，此时投资者基本可以判断前面的黑三鸦形态是洗盘所致，一旦重新走强就可以大胆买入。

遇到在中途反弹出现的黑三鸦形态时应注意：黑三鸦形态出现之前，股价涨幅不能过大，上涨幅度最好在50%以下，而且在上涨过程中不能频繁出现大幅度的波动。在洗盘回落过程中，成交量必须出现缩小，股价回落的幅度不能太大，也不能有太多的主动性抛盘出现，而且股价在回落到10日均线附近时必须受到强大的支撑。而该股的走势符合这些特征，因此这是一次正常的洗盘行为。

3. 低位黑三鸦形态陷阱

股价经过长时间的下跌调整后，在相对低位出现三根大阴线，形成标准的黑三鸦形态，预示股价将出现加速下跌走势，按技术形态此时应及时卖出股票，以回避市场加速赶底带来的风险。但是，股价并没有下跌多少就企稳回升，并形成大底部区域，黑三鸦形态成为一个底部空头陷阱。

图 4-20，航天动力（600893）：该股见顶后逐波下跌，然后在低位出现长时间的震荡，庄家在整理过程中吸纳了大量的低价筹码。在建仓过程中，庄家刻意砸低股价，连续拉出三根相似的阴线，呈现标准的黑三鸦形态。重要的是这个黑三鸦形态，向下跌破了长期整理过程中形成的多个支撑点，单从形态上分析具有强烈的看空意义。

那么，如何解读该股这个黑三鸦形态呢？

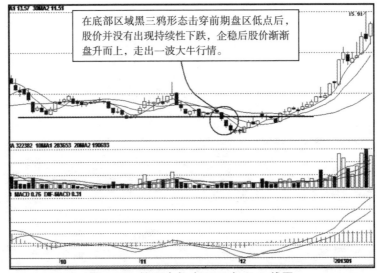

在底部区域黑三鸦形态击穿前期盘区低点后，股价并没有出现持续性下跌，企稳后股价渐渐盘升而上，走出一波大牛行情。

图4-20　航天动力（600893）日K线图

（1）从价位分析，股价总体下跌幅度较大，调整时间充分，基本处于历史性底部区域，股价下跌空间有限，中长期投资价值凸显。因此，这时出现的黑三鸦形态，往往是一个低位空头陷阱。

（2）股价向下突破时，成交量没有放大。股价下跌时虽然不强调成交量的大小，但在突破的关键位置也要有成交量的放大，才能加强突破的力度。从该股的盘面可以发现，突破时产生三条阴线，单从K线形态上分析，后市看跌意义十分强烈，但细心观察却发现这三根K线没有成交量的配合，是无量空跌的典型例子。底部出现这种价跌量缩的走势，说明没有恐慌盘出现，庄家对筹码掌握得非常好，向下突破则进一步加强筹码的稳定性。

（3）从坐庄角度分析，庄家的建仓成本高于突破价位，股价继续下跌会加大庄家账户亏损额度。根据实盘经验，一个比较均匀的水平通道形态，市场的平均成本价大概是水平通道的中心价附近，庄家的成本价位相对略低一些，但不会相差太远，更不会超出中心价至下轨线的垂直距离。通过测算该股庄家的持仓成本为11.50元左右，因而股价不会长时间大幅下跌，向下破位是底部空头陷阱，投资者遇此情形切不可盲目斩仓割肉。

（4）突破后的下跌力度不大。一般而言，股价突破一个重要的技术位置后，往往出现一段下跌行情，且股价也会迅速脱离突破位置。而该股向下突破水平支撑线后，股价并没有出现持续下跌走势，说明下跌力度非常小，虚假信号的可能性很大。

根据上述判断分析，可以判断该股黑三鸦形态是一个虚假信号，是庄家建仓、试盘或砸盘行为所致。投资者遇到这种走势时，以逢低吸纳为主，不宜盲目杀跌，持币者可以在股价重返 30 日均线之上时买入。

在实盘操作中，大幅下跌后出现黑三鸦形态时，必须具备三个前提条件：

（1）在出现黑三鸦形态之前，股价必须经历长期且大幅的下跌调整，下跌幅度最好超过 50%。

（2）在出现黑三鸦形态之前的一段时间里，成交量出现逐步萎缩态势，特别是在下跌趋势中，成交量没有出现明显的放大。

（3）在出现黑三鸦形态之后，股价很快企稳回升，重返 10 日均线或 30 日均线之上，成交量同步放大。

由此可见，投资者在操作中遇到低位出现黑三鸦形态时，一定要仔细观察盘面上呈现出来的迹象是否符合上述条件。如果所有条件都符合的话，那么后市股价将很快止跌回升；反之，就要谨慎操作，后市股价往往还会继续下跌，或者出现反弹夭折的现象。

4. 洗盘黑三鸦形态陷阱

洗盘就是庄家运用种种手段，驱逐场内散户离场，同时吸引场外散户进场，使流动筹码得到成功交换，即筹码交换，以提高市场平均持仓成本，减少股价上涨阻力，达到顺利拉升和派发筹码的目的。因此，庄家为了达到洗盘的目的，会在起涨初期制造一些空头陷阱，让散户误以为庄家在出货而纷纷离场，结果与大"黑马"、大"牛股"失之交臂，而黑三鸦形态是洗盘过程中经常采用的一种做盘手法。

图 4-21，雅戈尔（600177）：该股股价经过长期的盘跌后见底回升，但经过一波小幅反弹后，出现一个黑三鸦形态。不少投资者看到这个形态后，就产生恐惧心理，认为股价又要下跌了，于是就抛出了股票。可是，随后股价走势否定了散户的这个判断，经过短暂的整理后，股价再次出现上涨行情，黑三鸦形态成为一个空头陷阱。

对于洗盘类个股，投资者可以从以下四个方面进行分析：

（1）在黑三鸦形态出现之前，股价的上涨幅度不能太大，上涨幅度最好在 50% 以下，如果上涨幅度超过 100% 那就要谨慎了，股价可能真的要下跌了。

（2）在黑三鸦形态产生的过程中，成交量必须出现明显的萎缩，而且这个过程中股价的回落幅度不能太大，盘中也不能出现过多的主动性抛盘。

（3）在黑三鸦形态产生的过程中，经常会出现大单挂在卖三或卖四位置，但是在股价回落到一定程度之后，这些大单又不见了，这里的大单明显是庄家故意挂在上面压制股价上涨的。投资者可以想象得到，如果庄家真想出货的话，就不可能会在上面挂大卖单了，因为这样做的话就等于直接告诉投资者庄家在出货，最笨的庄家也不会这么做。

（4）一旦股价回落到 30 日均线附近时，将会遇到强大的支撑而回升。在这个过程

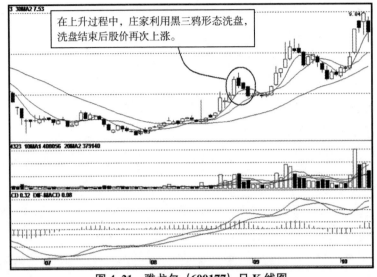

在上升过程中，庄家利用黑三鸦形态洗盘，洗盘结束后股价再次上涨。

图 4-21 雅戈尔（600177）日 K 线图

中，买盘明显要比之前强劲，随后股价就会直接向上突破 5 日或 10 日均线的压力。

三、破解陷阱方法

在实盘操作中，黑三鸦形态也经常出现虚假的信号或演变为空头陷阱，投资者在实盘中遇到黑三鸦形态时，应把握以下六个方面要点。

1. 关注形态出现的位置

在股价涨幅较大的高位，出现这种形态时可以不考虑后市走势如何，先行离场保住胜利的果实是上策。在股价盘整的突破走势，可以与移动平均线、技术指标以及技术形态、趋势等结合起来进行分析。如果黑三鸦形态得到空方技术趋势的支持，则下跌的可靠性比较大，如果黑三鸦形态与多方的技术趋势相反，则有可能回归到多方技术发展方面之中，这时的黑三鸦形态就演变为空头陷阱。在股价长期盘跌后的底部出现黑三鸦形态时，可以试探性介入做多。

2. 分析黑三鸦形态形成后的技术意义

是否成功击穿移动平均线的支撑，是否脱离一个技术形态，如下降三角形、对称三角形、箱体形态、上升楔形等，是否脱离一个长期形成的盘区，如前期成交密集区域、整数点位、黄金分割位等，这时技术因素对黑三鸦形态的验证十分有效，因此就可验证黑三鸦形态的真假情况，以及涨跌力度。

3. 观察黑三鸦形态产生后的反弹力度

持币者或稳健型投资者，可以观察黑三鸦形态产生后的反弹力度如何，因为黑三

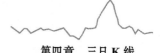

鸦形态由于短期的超卖行为导致技术指标的钝化，需要有一个反弹修复过程，而这个反弹过程对后市的发展趋势起到很大的作用，甚至起到决定性作用。具体操作策略上需把握两点：一种现象是在黑三鸦形态出现后，仅仅出现几根细小阴阳K线，未能收复到形态的至少1/2的失地，那么后市必有一跌，这时的K线组合，已经演变为下跌三法形态了，此时应看空做空；另一种现象是在黑三鸦形态出现后，几根阳线就成功收复形态的1/2以上的失地，那么后市很可能就止跌回升，通常收复的失地越多，黑三鸦形态的作用越小，股价重新回到前期的技术形态之中，这时就不能轻易地定为"黑三鸦"的结论，而应从空头陷阱去思考问题。

4. 看阴线实体的大小

在实盘操作中，黑三鸦形态更多地注重K线的排列和形态的组合，而一个重要缺陷就是忽视了下跌阴线实体的大小。很显然，一个粗大的黑三鸦形态肯定比一个细小的黑三鸦形态可靠性要高得多，其破坏性和杀伤力都要更强烈，这一点投资者一定要把握，因此在遇到细小的黑三鸦形态时，要分析是否构筑上升三法形态。

5. 黑三鸦形态的理想卖出时机

在实盘操作中，黑三鸦形态出现时往往短期股价已经有一定的跌幅，此时如果跟风杀跌，可能会卖在短期低点位置，不妨等待回抽反弹时逢高出局。可见，黑三鸦形态理想的卖出时机不是形态形成时立即卖出，而是等待回抽反弹确认有效后再度下跌时卖出，这样可以减少损失。

6. 关注低位黑三鸦形态

在股价大幅下跌后出现的黑三鸦形态，要谨慎空头陷阱。在低位出现的支撑黑三鸦形态、停顿黑三鸦形态，可能是空方最后的搏击，可以试探性逢低吸纳。

第六节　双鸦陷阱

一、形态分析精华

1. 形态形成过程

简评：顶部反转信号，利淡强烈，无须确认形态。

特征：双鸦其实由三根K线组成，属顶部反转形态。这种形态只出现在上升趋势

之中，与大多数空头反转形态一样，也是从一根大阳线展开。它在上升趋势中出现一根大阳线，第二天开盘向上跳空，收盘价却接近最低价，但仍高于第一天的K线实体。第三天的开盘价高开于第二天的阴线之内，但收盘价跌到了第一天的K线实体内部，它回补了前一天的跳空缺口。形态的第二天与第三天均为阴线，这正是"双鸦"名称的由来，如果将这两天合并于单一的阴线，则这个形态将变成"乌云盖顶"形态。跳空缺口的迅速回补，使得传统分析者认为该缺口代表趋势会持续的看法变成无效，故具有看跌意义。

2. 形态应用法则

（1）第一根大阳线延续原来的上涨趋势。

（2）第二天收阴线，出现向上跳空缺口（影线部分可以忽视）。

（3）第三天的开盘价于第二天阴线的实体之内，收盘价于第一天大阳线的实体之内。

技术意义：市场处于上升趋势，第二天高开低走，虽然出现向上跳空缺口，但无法维持涨势最终收出阴线，显示走势偏弱。仅到此时这种情况还算非常正常，不必为之过多疑虑和担心。但第三天再次高开时，未能高于第二天的开盘价，随后抛压涌现，股价一路走低，收盘价时已深入到第一天的阳线实体之内。仅隔一天就迅速回补了跳空缺口，多头气势瞬即荡然无存。

3. 形态效力和操作要点

（1）第三天阴线深入到第一天阳线实体的幅度越深，说明市场见顶回落的概率越大。

（2）第二天开盘时股价以跳空缺口向上穿越主要阻力区，然后很快掉头向下，证明买盘的力量减弱，高位缺乏接盘，大势见顶的迹象已经显露，这可以加强形态的见顶信号。

（3）第三天开盘后的成交量越大，表明潜伏其中的投资者获利回吐越强，但也反映有人入市买货，股价一旦被压低回落，这批在高位买货的人士将会亏损并套牢，后市股价一旦接近高位，即引发这批人士争相抛盘，高位抢货的人士将成为日后潜在的抛盘，今后市场再上涨的机会减低，双鸦形态发挥的见顶效力因此而变强。

（4）在均线之下的双鸦形态，做空力量更加强大。在均线之上的双鸦形态，虽然暂时没有击穿支撑，但要高度警惕，一旦向下突破则立即离场。

二、双鸦形态常见技术陷阱

市场原处于上升趋势中，在高位收出一根大阳线，第二天开盘时先以跳空缺口上升，并创出新高，可是多方未能成功守稳高位而收盘时下跌，形成一根阴线，构成飞

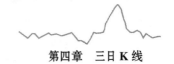

行形态。第三天试图再寻找机会，高开于前一天阴线之内，但同样未能以全日高位收盘，反而向下收低，再现一根大阴线。阴线实体深入到第一根阳线实体内部，构成卖出信号。可是卖出股票后，股价仅是小幅回调而已，很快再展升势，从而形成双鸦陷阱。

图 4-22，神州泰岳（300002）：股价经过一波上涨行情后，庄家开始洗盘换手，股价出现震荡走势。洗盘结束后主力开始向上发力，股价连续两天涨停，接着股价跳空高开后，先做一个上冲动作，然后逐波回落，以小阴线报收，第二天股价继续下跌，再收大阴线，从而形成一个双鸦形态，预示股价将进入调整走势。但事实上却是一个假形态，股价没有下跌多少就企稳，经过短暂的横盘整理后，股价步入上升行情，累计涨幅巨大。

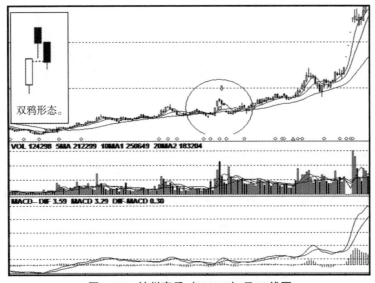

图 4-22 神州泰岳（300002）日 K 线图

从该股日 K 线图中可以看出，这是一个明显的空头陷阱。主要原因：

（1）股价处于涨幅不大的中低价区域，此前没有出现暴涨行情，股价在这个位置见顶的可能性不大。

（2）双鸦形态产生后成交量没有出现放大现象，杀跌动能不足，表明场内资金没有大规模撤退，筹码没有出现松动。

（3）下跌势头不够凶猛，股价回落到盘整区域时，即获支撑企稳。由此可见，此时双鸦形态只是充当庄家试盘、建仓的一种手段，投资者应认真分析，小心受骗上当。

（4）均线系统呈多头发散，30 日均线支撑有力，坚挺地向上移动，即使一度击穿后也很快被拉起，表明中长期依然向好。

可见，双鸦形态要结合股价所处的具体位置和坐庄阶段进行分析，对于涨幅不大的、处于低价区域的，即使出现双鸦形态也不必为之恐慌。

图4-23，桑乐金（300247）：股价见底后企稳回升，不久股价放量涨停收盘，第二天跳空高开后略作上冲动作，然后震荡走低，以小阴线报收，第三天股价再次跳空高开后继续下跌，继续报收大阴线，阴线深入到前面的大阳线之内，从而形成一个双鸦形态，预示股价将进入调整走势，因此是一个卖出信号。但随后股价只是小幅下跌，经过短暂的盘整后股价出现快速上涨行情，从而形成双鸦陷阱。

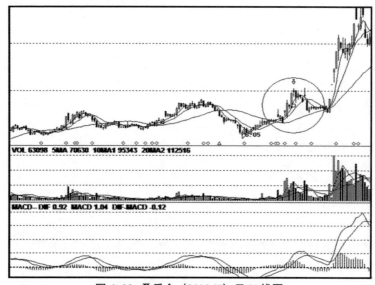

图4-23 桑乐金（300247）日K线图

该股走势与图4-22中神州泰岳（00002）相似，同样是一个空头陷阱。主要原因：一是股价处于涨幅不大的中低价区域，股价在此位置继续大跌的可能性非常小。二是股价呈现缩量调整，说明杀跌动能不足，筹码基本已被锁定。三是30日均线支撑有力，坚挺地向上移动，表明中长期依然向好。

通过上述两个实例分析，双鸦形态要结合股价所处的具体位置和坐庄阶段进行分析，对于涨幅不大的、处于低价区域的，即使出现双鸦形态也不必为之恐慌。当股价在30日均线附近获得支撑后，再次向上突破30日均线时积极加仓介入。

三、破解陷阱方法

1. 看双鸦形态与成交量

通常股价下跌无须成交量的配合，但双鸦形态如果有成交量方面的积极配合，在

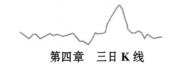

向下深入到阴线实际部分时，成交量同步放大，则说明高位抛压大，做空力度会增强，后市继续看跌，但在低位出现无量空跌时，小心形态失败。

2. 分析当日分时走势

下跌时间早晚也会有不同的分析意义和判断结果。通常下跌时间越早，看跌气氛越浓重。如果一开盘就快速下滑，表明上方压力非常大，庄家不敢停留片刻，为了保护自己免遭打压，也迅速抛售股票。同时，也说明前一天的跳空开盘为庄家假动作，第三天的下跌彻底暴露出庄家出货意图。但若在尾盘几分钟甚至更短的时间里，以迅雷不及掩耳之势偷袭打压股价，表明庄家故弄玄虚，虚晃一枪，制造空头市场，后市还将有续升行情出现。

3. 看双鸦形态与水平整理

双鸦形态出现在水平整理的末端，其形态效力也非常明显。例如，股价遇到一个短期无法攻克的重要阻力位，庄家一时又无耐心消化这个阻力位，而主动选择放弃，最终股价向下滑落，其杀伤力也是可怕的。散户不要以为不是市场顶端，而轻视了这个形态，结果吃了大亏。

4. 看双鸦形态与股价、涨幅

股价较高的，涨幅较大的，特别是主升浪行情之后出现的双鸦形态，其风险非常大，因此应适时逢高出局观望为宜。尤其是那些上涨超过一倍或几倍的股票，市场本身累积了巨大的风险。或者，在双鸦形态出现之前，股价有过加速上涨走势的，风险都很大。

5. 随时做好卖出操作准备

双鸦形态只有出现在上涨趋势的顶部时，才具有反转信号的技术含义。因此，投资者在实际操作过程中遇到了这类K线形态走势，要随时做好卖出操作准备，如果能得到其他K线技术指标的验证，那么对市场的反转预测就更具有市场价值。

第七节　跳空并列线陷阱

一、形态分析精华

1. 形态形成过程

简评：向上跳空并列线，后续向上运行，无须确认形态；向下跳空并列线，后续

向下运行，无须确认形态。

特征：向上跳空并列线由三根K线组成，在上涨趋势行情中，先是产生一根大阳线后，出现一个向上的跳空缺口，然后第二天在缺口的上方出现一根小K线，第三天出现一根与第二根相近的K线，这两根K线在缺口的上方并行排列在一起，构成一个持续上涨形态，可以是阴阳相间的两条K线，也可以两条都是阳线或阴线。如图4-24所示。

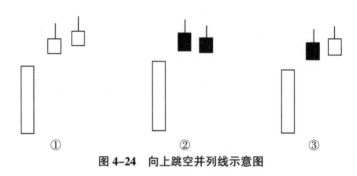

图4-24　向上跳空并列线示意图

向下跳空并列线由三根K线组成，在下跌趋势行情中，先是产生一根大阴线后，出现一个向下的跳空缺口，然后第二天在缺口下方出现一根小K线，第三天出现一根与第二根相近的K线，这两条K线在缺口的下方并行排列在一起，构成一个持续下跌形态，可以是阴阳相间的两条K线，也可以两条都是阳线或阴线。如图4-25所示。

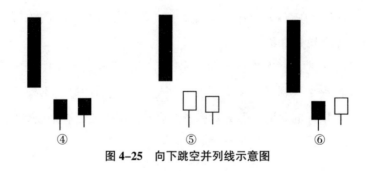

图4-25　向下跳空并列线示意图

根据K线的阴阳差别和趋势的发展方向不同，可以将跳空并列线划分为上述六种基本形态：①向上跳空两阳并列线；②向上跳空两阴并列线；③向上跳空一阴一阳并列线；④向下跳空两阴并列线；⑤向下跳空两阳并列线；⑥向下跳空一阴一阳并列线。

其中，①、③、⑤都是继续看涨的持续形态。市场处于上涨趋势中，在一根大阳线后出现了一个向上跳空的小K线，后面又出现了一根与前一天开盘价相近的小K线。这种K线组合形态，表示市场将会继续上涨。

而②、④、⑥都是继续看跌的持续形态。市场处于下跌趋势中，在一根大阴线后

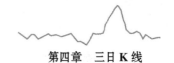

出现了一个向下跳空的小 K 线，后面又出现了一根与前一天开盘价相近的小 K 线。这种 K 线组合形态，表示市场将会继续下跌。

在跳空并列线图形中，并列线与前一天的 K 线之间留有一个跳空缺口，两根 K 线的形态大小差异不能太大，即两条 K 线的实体部分和上下影线大体相当，两条 K 线可能回补部分缺口，但最终没有完全回补缺口，这样更符合形态标准。

2. 形态应用法则

（1）在上升趋势中出现一根大阳线，或在下跌趋势中出现一根大阴线。

（2）第二天为小阴小阳线，与第一天的 K 线之间存在向上或向下跳空。

（3）第三天产生一根与第二根相同或相近的 K 线，这两根 K 线处于第一根 K 线的跳空缺口一方，长度宜相近，这样效力更强。

（4）第三根 K 线与第二根 K 线在跳空缺口一方呈现并列形态，两根 K 线实体几乎形成重叠形态。

（5）第三天，无论是阴线还是阳线，其收盘价仍高于或低于第一天 K 线的收盘价。

技术意义：跳空并列线形态具有双重的技术含义。一是跳空并列线本身具有强烈的看多或看空意义，表明多头或空头气氛很浓，市场将向纵深发展；二是两根并列 K 线是对跳空并列线缺口有效性的验证，特别是第二根 K 线十分重要。如果市场经过回抽后，没有填补跳空缺口，或者虽然填补了跳空缺口但立即反身向上或向下，无论第二根 K 线是阴线还是阳线，充分说明跳空缺口的支撑或压力有效，股价仍将继续上涨或下跌，因此是一个持续信号。

3. 形态效力和操作要点

（1）理想的跳空并列线形态，第二根和第三根 K 线不能进入到第一根 K 线的实体内。但实盘中可以灵活掌握，只要后面两根小 K 线的实体收于第一天实体 K 线的另一方即可，上下影线可以忽略不计。

（2）向上跳空并列线是持续上涨信号，表示市场经过简短的停留后，将会重新上涨。这是因为在持续上涨的过程中，随着获利盘的增加，股价无法保持原来的上涨趋势。此时出现这个形态一方面起到洗盘作用，另一方面让场外资金进场补充多头能量，形成再次上涨的动力。向下跳空并列线，则相反。

（3）向上跳空并列阴阳线也是持续看涨信号，但它较向上跳空并列阳线的看涨信号要弱一些，毕竟阴线给人的感觉是不舒服的。

（4）跳空并列线形态不是出现在一个明显的上升趋势或下跌趋势的后期，而是中期持续信号。如果处于已有大幅上涨或下跌的后期，此时的多空双方经过长时间的搏杀后，

市场的持续性已经大打折扣,因此持续信号就会大幅减弱,实盘操作时也容易出现误差。

(5)在向上的跳空并列线内不能出现巨大的成交量。如果成交量大太,说明市场多空分歧较大,会对后市持续上涨带来隐患。

(6)出现在均线大角度发散状态下的跳空并列线,持续性较差,可靠性降低。

(7)处于重要压力位之下的看涨持续形态,其可靠性降低。处于重要支撑位之上的看跌持续形态,其可靠性也会降低。

二、跳空并列线常见技术陷阱

1. 向上跳空并列线陷阱

股价在一个上升趋势行情中,出现第一根大阳线后,先是形成一个上升缺口,当天形成缺口小阳线,然后在这根阳线之后紧跟着产生与前一天K线大小相似的另一根小阳线或小阴线,两根K线呈并列形态,这两根K线的实体部分大小相当,表示市场会继续上涨。后一根K线拒绝填补前一天的跳空缺口,或者虽然填补前一天的跳空缺口但立即反身向上,于前一天K线的开盘价附近收盘。表明市场经过第三天的回抽试探后,确认跳空缺口的成功有效,因此是一个普遍看涨的持续形态。

但是在实际操盘中,该形态形成后并没有出现持续的上涨行情,往往演变为一个冲高回落的失败形态,从而成为一个多头陷阱。

图4-26,星宇股份(601799):经过长时间的下跌调整,股价出现严重超跌。不久,股价向上反弹收出一根大阳线,第二天跳空高开后冲高回落,当日报收小阳线,

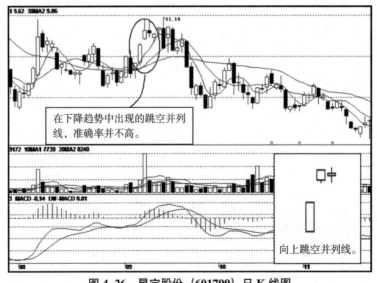

图 4-26 星宇股份(601799)日 K 线图

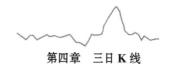

留下一个当日未被回补的向上跳空缺口，第三天收出一根平开低走的小阴线，与前一日的小阳线组合一起呈向上跳空并列线形态。这两根K线坚挺地站在缺口上方，表明做多意愿强烈，后市股价看高一线。但是，随后股价经过短暂的横盘整理后，渐渐地向下滑落，不断创出调整新低，向上跳空并列线失去了看涨意义。

那么，如何看待这个跳空并列线形态？为什么会走低？单从K线组合上发现不了技术疑问，应当将其纳入到整体环境下进行考量分析。

（1）股价长期处于下跌趋势之中，盘面弱势特征明显，仅凭一个跳空并列线形态很难扭转整体下滑趋势。

（2）股价仍然处于盘整行情中，而跳空并列线形态要求处于业已形成的趋势行情当中才能有效，在盘局中出现的跳空并列形态的准确率大大降低。

（3）成交量方面存在重大嫌疑，股价向上跳空当天放出巨大的成交量，而第二天却缩量调整，这使人不得不怀疑庄家在对倒拉高，通常对倒拉高的目的只有出货。在实盘操作中，投资者遇到单日放量时，一定要引起警惕，切勿盲目追进。

（4）股价遇到前面小高点的阻力，在弱势市场中每一个高点都会对股价构成一定的压力，因此阻力没有成功消化之前，市场还存在许多变数，不应提早介入，以免遭遇不测。

图4-27，物产中大（600704）：股价经过长时间的下跌调整后，出现超跌反弹走势，不久产生一个向上跳空并列形态，表明下跌势头即将结束，后市将要出现上涨行情。但是，随后股价很快跳空下跌，形成顶部岛形反转形态，短期下跌幅度较大，向上跳空并列线成为一个多头技术陷阱。

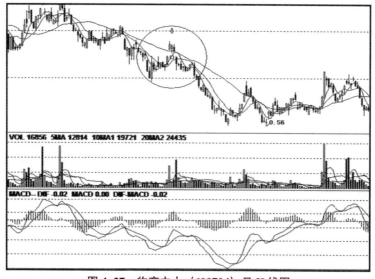

图4-27　物产中大（600704）日K线图

该股的走势与图4-26中星宇股份（601799）相似，同样是一个多头陷阱。主要原因：一是盘面弱势特征明显，股价长期处于下跌趋势之中，下降趋势线清晰可见，当股价反弹到趋势线上轨时，均遇阻回落。二是成交量未能积极放大，表明做多意愿不强。三是股价上涨遇到前期成交密集区域的阻力。四是均线系统呈现空头发散，30日均线持续走低。因此在这样的大背景下，出现的任何看涨形态都是一个疑似形态，其可靠性大大降低。

2. 向下跳空并列线陷阱

市场在下跌趋势行情中，先产生一个下跌缺口，并形成缺口小阴线，然后在这根阴线之后紧跟着产生另一根相似的小阴线或小阳线，这两根K线呈并列形态。后一根K线拒绝填补前一天的跳空缺口，或者虽然填补前一天的跳空缺口但立即反身向下，于前一天K线的开盘价附近收盘，这两根K线的实体部分大小相当。表明市场经过第三天的回抽试探后，确认跳空缺口的成功有效，因此是一种普遍看跌的持续形态。

但是在实盘操盘中，该形态形成后并没有出现持续的下跌行情，往往演变为一个探底回升的失败形态，从而成为一个空头陷阱。

图4-28，联建光电（300269）：股价反弹结束后回落，在底部出现一根下跌阴线，第二天股价跳空低开后，在低位震荡盘整，当日报收小阴线，留下一个当日未被回补的向下跳空缺口，第三天在低位收出一根小阳线，与前一日的小阴线组合在一起呈向下跳空并列形态。这两根K线在缺口的下方并行排列在一起，构成一个持续的看跌信号，因而不少投资者就采取抛空操作。可是，随后在低位形成一个红三兵形态后，股

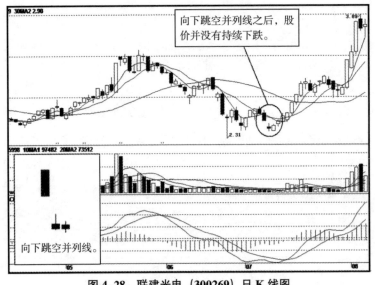

图4-28 联建光电（300269）日K线图

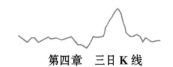

价节节拔高，走出了快速上涨行情，向下跳空并列线成为一个空头陷阱。

这个跳空并列线形态为什么会成为空头陷阱呢？主要原因：

（1）股价调整比较充分，幅度也比较大，几乎抹去了整个反弹的上涨幅度。股价回到了前期低点附近，此处对股价具有一定的支撑作用，疑似构筑双重底形态。

（2）成交量大幅萎缩，股价无量空跌，说明主动性抛压不大，做空动能不足，庄家筹码控制良好。

（3）该股是一只上市不久的次新股，一直没有被炒作过，后市存在一定的上涨潜力。综而观之，在这样的背景下出现向下跳空并列线形态，不应过分看空后市，股价下跌反倒是一次低吸机会。

图4-29，先河环保（300137）：股价出现一波较大的反弹行情后见顶回落，经过A浪调整和B浪反弹后再次下跌，不久在低位出现一个向下跳空并列形态，预示C浪调整将会延长，因而后市继续看跌。可是，股价经小幅下跌后盘整企稳，此后继续出现升势行情，股价累计涨幅较大，向下跳空并列线失去看跌意义。

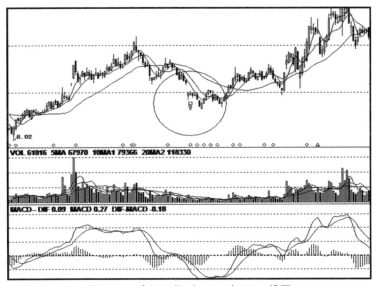

图4-29 先河环保（300137）日K线图

该股的走势与图4-28中联建光电（300269）相似，同样是一个空头陷阱。主要原因：一是股价前期调整非常充分，庄家吸纳了大量的低价筹码，后市上涨概率较大。二是成交量出现明显萎缩，股价无量空跌，说明主动性抛压不大，做空动能不足，庄家筹码控制良好。三是股价回落到前期成交密集区域附近，此处对股价构成一定的支撑作用，在股价没有击穿该区域之前，做多机会依然存在。因此此时出现的看跌形态

只是一个疑似形态，其可靠性不高。

三、破解陷阱方法

1. 看跳空并列线形态出现的位置

跳空并列线虽然是一个持续信号，但形态出现的位置高低非常重要。如果上涨幅度较大，尤其是已经出现多个跳空缺口后，产生的跳空并列线，其持续走高的技术要求就大大减少，即使出现未被回补的跳空缺口，也并不意味着上涨行情将会持续下去，往往是在高位稍作横盘整理，继而形成头部的可能性很大，这种情况需要小心避免向上跳空并列线陷阱。换言之，要提防向上形态中形成的竭尽跳空缺口。

2. 向上跳空并列线的技术要点

这在于第二根 K 线是向下回抽跳空缺口支撑的有效性。如果市场经过回探后没有回补跳空缺口，或者回补了跳空缺口后，抛盘渐渐减轻，能够立即反身向上，则充分说明跳空缺口的支撑有效，股价继续上涨。如果回补缺口后抛盘仍然很大，那么向上跳空并列线的看涨性质就失去了意义，这一情况是庄家利用跳空缺口误导投资者。

3. 向下跳空并列线的技术要点

这在于第二天 K 线是向上回抽跳空阻力的有效性。如果市场在向上回补了跳空缺口后买盘不足，股价仍将继续下跌。如果回补跳空缺口买盘继续增加，那么向下跳空缺口的看跌性质将不复存在，这种情况一般只在庄家利用跳空缺口制造空头陷阱的情况下存在。

4. 跳空并列线只有出现在趋势行情中才具有技术分析意义

这表明市场处于持续状态之中，短期并未出现不利趋势发展的市场因素。如果跳空缺口没有被回补的跳空并列线，则更具有看涨或看跌作用，市场可能将向纵深发展。如果跳空并列线出现在整理行情中，其技术分析不大，表明后市仍将延续整理走势。

5. 关注成交量的变化

量增价涨，量价齐升，量价配合理想，是股市持续形态的基本要素，如果量增价跌，量缩价涨，量价配合失衡，是股市趋势发生变化的基本征兆。

在跳空并列线形态当中，向上跳空并列线形态中必须要有成交量方面的支持。无量上涨的跳空并列线形态不可靠，是虚张声势的盘面表现，但异常天量的跳空并列线也值得怀疑，提防庄家拉高出货行为。

同样，向下跳空并列线形态中也要分析成交量变化。若无量下跌，表明筹码锁定性好，庄家并未出逃，为庄家故意制造恐慌盘面所为；若放量下跌，要分析是庄

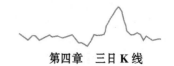

家出逃，还是洗盘所为，或是盘内筹码松动等原因所致，以免造成操作失误。

6. 看跳空并列线形态与重要技术位置

跳空并列线形态是否成功有效突破一个重要阻力位（区）或支撑位（区），如一条趋势线、一个整数点位、前期成交密集区域、技术形态或黄金分割位等，如果成功跨越这些重要技术位置，则更加强化形态的技术意义。

7. 最佳买卖时机

在向上跳空并列线形态中，是在形态出现后盘中逢低分批入场，止损位是在并列线的最低价位。在向下跳空并列线形态中，是在形态出现后盘中逢高退出，等待调整结束后介入。

8. 结合势道状况和客观投资环境进行分析判断

势道转弱，宏观投资环境向淡，向上跳空并列线的信号会弱一些；反之，势道转强，宏观投资环境向暖，向上跳空并列线形态准确性就高，因此可采取相应的操作策略进行投资。

第八节　两阳夹一阴陷阱

一、形态分析精华

1. 形态形成过程

简评：持续形态，利好后市，无须确认形态。

特征：两阳夹一阴形态也叫多方炮，由三根 K 线组成，即由两根阳线中间夹着一根阴线组成。股价经过较长时间的下跌调整后，呈现企稳走势，底部逐渐抬高，随时有可能出现向上突破，终于有一天股价选择放量向上突破形成第一根大阳线，第二天股价出现回落走势，收出一根下跌缩量小阴线，第三天多方继续发力，盘面形成放量强势上行，当日以大阳线报收，这就形成了两阳夹一阴形态。

阳线阴线是 K 线最基本的形态，阴阳组合是 K 线最基本的组合。但不是所有的 K 线组合都具有市场分析意义，只有少数出现在特殊时段、特殊形态、特殊市况、特殊部位之中的两阳夹一阴组合形态才具有技术分析意义，可用作判市测势的工具，且具有较好的理论和实战指导作用。因此，在一般整理市况中出现的两阳夹一阴形态不具

有技术分析意义,在操作中要多加辨别。

2. 形态应用法则

(1)第一根阳线要具有明显的向上突破标志。

(2)第二根为小幅调整的阴线,一般不能超过第一天阳线的1/2。

(3)第三根阳线的收盘价应高于前面两天的最高价或收盘价。

技术意义:股价在长期的盘整过程中,构筑了坚实的底部基础,多方处于整装待发状态。第一根上涨阳线表明多方主动发动行情,掌握了盘面的优势,吃饱肚子的黑马展开奔跑征途,第二根缩量回调小阴线通常是对前一日突破阳线的确认,第三根阳线说明股价突破经确认有效后,开始步入上升通道,多头信号形成。

两阳夹一阴经常出现在以下三个位置:

第一,股价大幅下挫后的底部。

第二,股价小幅下跌后的阶段性低点,容易产生技术陷阱。

第三,股价小幅上涨后形成平台突破时。

3. 形态效力和操作要点

(1)经过充分调整后出现明显企稳走势,股价形成明显的向上突破走势,即两阳夹一阴形态出现之前市场有一个潜伏的过程,为突破起到铺垫作用。也就是说,两阳夹一阴形态应该出现在形成底部的后期或上涨中继整理的后期。

(2)理想的两阳夹一阴形态,第一天的放量阳线要决定性地突破中短期的重要阻力位,当日收盘于阻力位之上。第二天的回调阴线不能收于阻力位之下。第三天一定要创出阶段性新高,收盘价要高于前面两根K线的实体。但在实盘中,只要整个形态是个突破性信号即可,也就是说如果第一根阳线为待突破情形,第三根阳线则担当了带量突破的角色,则二阳夹一阴形态也成立。

(3)第二天的冲高回调阴线,成交量应相应萎缩,同时应维持在中短期移动平均线之上,表明前一交易日的向上突破有效。

(4)第三天的阳线收盘价应高于第一天和第二天的收盘价,如果成交量大于第一天的上涨阳线,则更具有技术分析意义。

(5)在形态结构上,两边的阳线比较长,中间的阴线比较短,如果中间的阴线与两边的阳线差值太小的话,就不是两阳夹一阴形态了。

二、两阳夹一阴常见技术陷阱

根据多年实盘经验总结,两阳夹一阴形态经常出现的多头陷阱或失败形态有以下

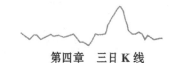

五种可能：①弱势反弹后的假突破，即庄家在平台整理区大肆出货后，形成假的向上突破走势。②将普通的"两阳夹一阴"形态，当作具有技术分析意义的两阳夹一阴形态看待，造成判断失误，成为操作失误的"人为陷阱"。③在真正的市场底部没有形成时，遇到某种突发性利好消息，刺激股价短暂上冲，然后重归弱势格局。④庄家进行向上试盘后，市场未到拉升时机，股价需要重新调整或下跌走势，因此出现技术性陷阱。⑤庄家发动自救行情，短期急速拉高出货后，股价再陷弱势格局。

1. 高位两阳夹一阴陷阱

股价经过一轮下跌行情后，形成横盘调整走势，显示市场有底部支撑。某日，市场放量向上突破横盘调整区域，股价站于三条中短期移动平均线之上，次日股价小幅回落。第三天市场再次放量，股价强势上行，形成两阳夹一阴形态，通常这是一个较好的买入机会。可是，当投资者纷纷介入后，股价并没有出现如期的上涨行情，仅仅是弱势小反弹，很快再陷跌势，且创出市场调整新低，将入场者个个套牢其中。

图 4-30，新宝股份（002705）：股价逐波上涨到上高位，2017 年 8 月 21 日再次向上突破创出新高，当天收出一根放量大阳线，次日出现震荡整固走势，收出小阴线，第三天继续放量上行并报收大阳线，三根 K 线组合成为一个两阳夹一阴形态，预示后市股价继续上涨，构成买入信号。可是，买入后股价不但没有出现预期的上涨行情，反而快速下跌将散户全线套牢。

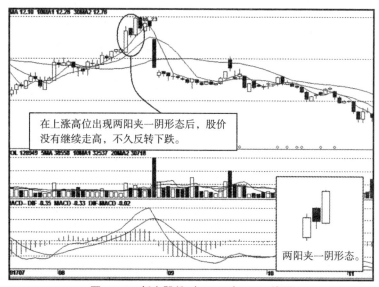

图 4-30 新宝股份（002705）日 K 线图

　　从盘中可以看出，该股属于盘升性质，逐浪上涨，两阳夹一阴形态正好处于浪尖高点。此时，30日均线系统处于平走状态，如果股价出现持续拉升，那么乖离率就会加大，股价有回调要求。这时投资者就要注意了，如果股价回调幅度过深，就会对整个形态造成破坏，股价将重回盘整格局之中，最理想的调整方式就是在高位维持强势，等待30日均线跟上后，再进行快速拉升。因此，投资者遇到30日均线平走时出现的两阳夹一阴形态，一定要注意回调风险，而回调正是造成形态失败的一个重要因素。

　　图4-31，明星电力（600101）：股价成功见底后出现一波较大的反弹行情，当股价反弹到一定的高度后，出现横盘调整走势。不久，股价放量向上突破横盘整理区间，当日收出一根大阳线，次日收出一根回调小阴线，第三天再次收出一根中阳线，三根K线组合成一个两阳夹一阴形态，预示后市行情向好。这是一个典型的攻击性形态，而且位置非常重要，这个两阳夹一阴形态正好突破前高的压力区，后市上涨空间打开，被投资者普遍看好。但股价经过小幅的上涨后，滞胀回落，随后出现快速下跌走势，将高位追入的散户套牢。

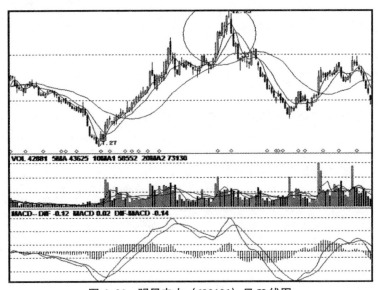

图4-31　明星电力（600101）日K线图

　　从图4-31中可以看出，两阳夹一阴形态出现在有一定涨幅的高位，此时投资者就要谨慎入市。从该股运行情况分析：

　　（1）从攻击力度来看，多头也有衰减的意味，这个两阳夹一阴的第一根K线是大阳线，第三根K线变成了中阳线。

　　（2）在第三根阳线中成交量也明显萎缩，这说明多头进攻的力度在削弱，入场意愿并不强烈。

（3）股价经过短暂的冲高后，多头上涨乏力，在高位产生看跌"黄昏之星"形态。通常在高位出现的看跌形态比高位出现的看涨形态的可靠性要高，因此投资者应高度谨慎，这往往是股价上涨的尾声，后市股价出现下跌的可能性相当大。

通过上述两个实例分析，对于这类个股，投资者可以从以下盘面细节进行分析判断：

（1）如果在出现两阳夹一阴之前，股价经过了大幅的上涨行情，而且在形成这种形态之前的几天里出现了快速拉升，在快速拉升过程中不断有对倒单将股价拉起，盘中不断有主动性的卖盘涌现，那么就可以确定这是庄家出货。

（2）如果在出现两阳夹一阴之前，股价在高位区域经过了一段时间的横盘，而且在整个过程中呈现出放量现象，那么此时这个形态同样可以确定是庄家在出货导致的，而之前的横盘就是庄家在出货。

（3）如果在形成两阳夹一阴之后的第二天，或者在接下来的几天里股价出现快速拉高，在拉高过程中股价基本上是大手笔的对倒单拉上去的，不断有大手笔的买单挂在买二或买三处，而不是由市场主动性买单推高的，那么此时出现的这个形态也可以断定为庄家出货所致，此时投资者就要引起高度重视了。理由很简单，庄家使用对倒手法将股价迅速拉起，以此来误导投资者以这之前出现的两阳夹一阴是股价上涨中的洗盘而已，因此而入场接盘并导致最终被深套其中。因此，一旦股价冲高受阻调头向下，就要在第一时间内卖出，后市股价必将会出现暴跌行情，希望投资者牢记这一点。

（4）在出现两阳夹一阴之后的第二天，股价一旦出现走弱，特别是一开盘就出现大幅度低开的话，那么持股者此时一定要果断清仓出局，后市股必将会出现大幅下跌行情。在此时来不及卖出的投资者，在股价跌破了10日均线之后就要赶紧卖出，此时就不能再犹豫不决了，否则就会越套越牢。

2. 中位两阳夹一阴陷阱

中位两阳夹一阴陷阱可分为两种情况：上涨中途两阳夹一阴陷阱和下跌中途两阳夹一阴陷阱。

股价经过一波小幅反弹行情后，进入震荡整理走势，不久出现两阳夹一阴形态时，表明震荡调整结束，买盘重新加强，股价有望再现涨升行情，可以买入做多。可是买入后股价并没有持续上涨，小幅上涨后很快转入下跌走势，将追高介入的散户套牢。

或者，股价从顶部下跌一定的幅度后，出现企稳筑底走势，不久出现一个向上反弹的两阳夹一阴形态，表明买盘逢低介入，股价有望上涨走势，此时可以买入做多。可是买入后股价却冲高回落，股价重归下跌走势，两阳夹一阴形态成为套牢散户的多

头陷阱。

图4-32，东华实业（600393）：该股股价在上涨中途出现了两阳夹一阴形态陷阱（见图中圆圈处）。股价经过回调后企稳反弹，不久股价放量向上突破前期高点，收出一根大阳线，第二天出现震荡整固走势，报收阴十字K线，第三天继续上行并报收大阳线，三根K线组合成为一个两阳夹一阴形态，预示后市股价继续上涨，构成买入信号。可是买入后股价不但没有预期的上涨行情，反而快速下跌将散户全线套牢。

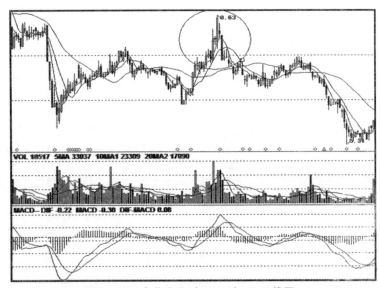

图4-32 东华实业（600393）日K线图

造成该股两阳夹一阴形态失败的主要原因来自于前期头部压制，前期在高位震荡中形成一个头肩顶形态，此处套牢筹码较多，短期内对股价上涨构成巨大阻力。同时，30日均线系统处于平走状态，如果股价出现持续拉升，那么乖离率就会加大，股价有回调要求。这时投资者就要注意，如果股价回调幅度过深，就会对整个形态造成破坏，股价将重回盘整格局之中，最理想的调整方式就是在高位维持强势，等待30日均线跟上后，再进行快速拉升。因此，投资者遇到30日均线平走时出现的两阳夹一阴形态，一定要注意回调风险，而回调正是造成形态失败的一个重要因素。

在遇到上涨中途调整时，出现的两阳夹一阴形态应注意：

（1）在出现两阳夹一阴形态之前，股价涨幅不能过大，上涨最好不能超过50%，而且在上涨过程中不能频繁出现大幅度的波动。

（2）在洗盘回落过程中，成交量必须出现缩小，而且股价在回落到10日均线附近时，必须受到强大的支撑而回升。在回升过程中成交量必须再次放大，才能推动股价

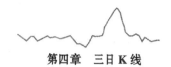

进一步上涨。

（3）如果出现两阳夹一阴形态之前，股价一直呈现出稳健地向上攀升趋势，只要在两阳夹一阴形态中成交量持续放大，后市股价必将会出现一波加速上涨行情。

（4）如果出现两阳夹一阴形态之后，股价出现了一段时间的震荡整理，但在这个过程中股价波动幅度并不是很大，而且在整个过程中成交量始终没有出现放量现象，当股价再次放量上涨时，意味着后市将会继续上涨。

图 4-33，廊坊发展（600149）：该股股价在下跌中途出现了两阳夹一阴形态陷阱。股价出现一波下跌行情后，初步获得企稳走势，形成一个小的盘整区域。不久，股价向上突破这个盘整区域，收出一根大阳线，第二天小幅回调，第三天继续上涨并报收阳线，从而形成两阳夹一阴形态。但随后股价出现短暂的震荡后，渐渐调头向下，股价出现一波快速下跌走势，两阳夹一阴形态成为套牢散户的多头陷阱。

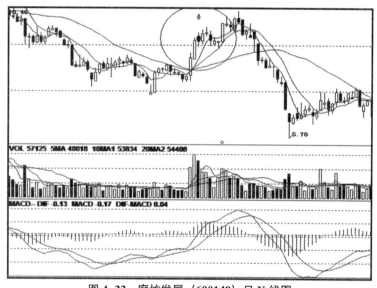

图 4-33 廊坊发展（600149）日 K 线图

那么，如何解读这个两阳夹一阴形态呢？一是受前期头部区域压制，前期在高位震荡中形成一个双重顶形态，套牢筹码较多，反弹正是对双重顶突破后的一种回抽确认走势，当股价反弹到颈线附近时遇到重大阻力而回落。二是从攻击力度来看，多头也有衰减的意味。形态内的第一根 K 线是大阳线，第三根 K 线却是一根小阳线，显然是滞胀征兆。三是两阳夹一阴形态出现之后，成交量没有持续放大，进一步说明多头进攻的力度在削弱。四是 30 日均线处于平走状态，多头力道不强，助涨功能降低。

对于这类个股，投资者可以从以下三方面因素进行分析：

（1）在出现两阳夹一阴形态之前，股价必须经历长期且大幅度的下跌调整，下跌幅度最好超过60%，而且要有一个震荡筑底过程。

（2）在两阳夹一阴形态出现之前，股价震荡幅度收窄，成交量呈现持续萎缩状态。股价向上突破震荡平台的过程中，成交量必须持续放大，并且股价上涨非常流畅。

（3）在两阳夹一阴形态出现之后，股价应快速上涨，多头气势强盛。

3. 反弹两阳夹一阴陷阱

在股价下跌反弹的过程中，也经常出现两阳夹一阴形态，但形态出现后股价并没有出现如期的上涨行情，且很快恢复弱势调整行情，成为一个多头失败形态。

图4-34，南京公用（000421）：该股股价见顶后逐波回落，调整时间较长，累积跌幅较大，空方能量得到一定的释放，在低位渐渐形成企稳迹象，产生一个小平台整理形态。2017年12月22日，一根放量上涨大阳线向上突破了底部盘整区域，同时又攻克了30日均线的压制，次日出现缩量调整，而第三天再次放量上涨，从而构成一个两阳夹一阴形态，通常这是一个买入信号。可是，随后的盘面走势恰恰相反，股价不但没有上涨，反而很快回归盘跌走势，从而成为多头失败形态。

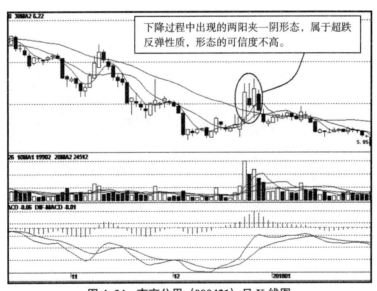

图4-34 南京公用（000421）日K线图

为什么该股的两阳夹一阴形态会成为多头陷阱呢？主要原因：一是下降趋势线对股价构成重大压力。二是30日均线持续走低，对股价有向下牵引作用。三是两阳夹一阴形态出现后，连续两个交易日股价大幅回落收低，吃掉了两阳夹一阴形态的第一根阳线，且股价重新回落到30日均线之下，盘面重回弱势之中。

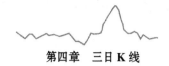

三、破解陷阱方法

1. 两阳夹一阴形态产生后接下来的走势十分重要

如果股价在第四天继续出现强势放量上行，为多方发起进攻的盘面表现，称为多方开炮，股价将有巨大的上升空间。如果以跳空的形成突破，其上涨力度更为强劲。如果股价在第四天走弱下跌收出阴线，则多方开了一个哑炮，后市股价将回到原来的整理势道之中，甚至出现破位下跌情形，此时应止损离场为宜。

2. 两阳夹一阴形态形成之前，市场要经过充分整理

中短期移动平均线从下降趋势转为走平或上行移动趋势，这时如果市场形成向上突破走势，其信号的可靠性会更高。如果中短期移动平均线还是空头排列，即使股价一时向上冲过均线系统，也不能说明市场就会出现止跌上涨。

3. 看形态出现的位置

如果股价涨幅较大特别是涨幅超过一倍，甚至几倍的，在高位即使出现两阳夹一阴形态，也不能盲目相信形态的看涨作用，晚餐虽然好吃，但毕竟骨刺多，少吃或不吃为好。

4. 看两阳夹一阴形态与成交量

在这个形态中，成交量十分重要。第一根阳线突破阻力位时，一定要有成交量放大的配合，第二根阴线需要缩量，第三天的阳线要再次放量，最好能够大于第一根阳线的成交量，但不能出现巨大的天量，必须达到量价配合，价涨量增，张弛有序，才是健康形态的表现。

5. 看是否有其他K线的反转形态相结合

有时两阳夹一阴形态与其他K线的反转形态相结合，可以构成相当强烈的反转信号。例如，十字线、孕育线、包容线等K线组合，其反转意味相当浓烈，并可伴随急剧放量，一旦遇到此类形态时，应迅速采取行动才不至于痛失好局。

6. 寻找其他技术信号支持

如MACD、RSI、DMI、BOLL和KDJ等中短期技术指标信号，是否有相应的金叉、突破、背离、强弱等多头信号出现，发出的支持信号越多，看涨意义越大。

第九节　两阴夹一阳陷阱

一、形态分析精华

1. 形态形成过程

简评：持续形态，利淡后市，无须确认形态。

特征：两阴夹一阳由三根K线组成，即由两根阴线中间夹着一根阳线组成。股价经过较长时间的上涨行情后，在高位呈现盘头走势，随时有可能出现向下突破。终于有一天股价选择向下突破形成第一根阴线，第二天股价出现小幅回抽，收出一根上涨缩量小阳线，第三天空方继续打压，盘面形成放量下行态势，当日以大阴线报收，这就形成了两阴夹一阳形态。

阴阳相伴是股市变化的正常盘面现象，但不能认为两根阴线夹着一根阳线，就是"两阴夹一阳"形态，只有少数特殊的两阴夹一阳K线组合才具有技术分析意义，因此对两阴夹一阳形态的辨认非常重要。

2. 形态应用法则

（1）第一天的阴线要具有明显的向下突破标志。

（2）第二天为小幅反弹的阳线，一般不能超过第一天阴线的1/2。

（3）第三天阴线的收盘价应低于前面两天的最低价或收盘价。

技术意义：股价在较长的盘头过程中，基本构筑了顶部形态，空方处于整装待发状态，第一天的下跌阴线表明空方开始发动行情，掌握了盘面的优势，第二根缩量回升小阳线通常是对前一日突破阴线的回抽确认，第三天的下跌阴线说明股价突破经确认有效后，开始步入下降通道，空头信号形成。

两阴夹一阳经常出现在以下三个位置：

第一，股价经过大幅炒作后，在高位出现这种形态。

第二，股价小幅上涨后的阶段性高点，此处很容易产生技术陷阱。

第三，股价小幅下跌后的阶段性低点，经短期调整后出现再次下跌。

3. 形态效力和操作要点

（1）在两阴夹一阳形态出现之前，市场有一个潜伏顶盘整过程，为突破起到铺垫作

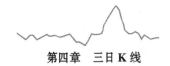

用，然后出现向下突破形态。

（2）第一天的放量阴线要决定性地突破中短期技术支撑位，当日收盘于支撑位之下，第二天的阳线不能高于支撑位之上，第三天的阴线继续创出阶段性新低。但在实盘中，只要整个形态内构成向下突破即可，也就是说，向下突破不局限于第一根阴线，可以由第三天的阴线完成突破任务。

（3）第二天的回升小阳线，成交量没有出现放大迹象，同时应维持在中短期移动平均线之下，表明前一交易日的向下突破有效。

（4）第三天的阴线收盘价应低于第一天和第二天的收盘价，才具有技术分析意义。

（5）在形态结构上，两边的阴线比较长，中间的阳线比较短，如果中间的阳线与两边的阴线差值太小的话，那么就不是两阴夹一阳形态了。

二、两阴夹一阳常见技术陷阱

股价经过一轮上涨行情后，在高位出现横盘调整走势，显示市场上行受阻较大。某日，市场放量向下突破头部调整区域，股价落到三条中短期移动平均线之下，次日股价小幅回升，第三天市场再次放量下行，形成两阴夹一阳形态，通常这是一个较好的卖出机会。可是，当投资者纷纷离场观望后，股价并没有想象的那么悲观，仅仅是小幅调整而已，很快再拾升势且创出市场新高，使出场者个个踏空。

根据多年实战经验，两阴夹一阳形态经常出现的主要陷阱有：①强势调整中的向下假突破，即庄家在洗盘换手过程中出现假突破动作。②把调整过程中的普通"两阴夹一阳"，当作具有技术分析意义的两阴夹一阳形态看待，造成判断失误，成为主观失误的"人为陷阱"。③受某种利空消息影响，导致股价短期下跌，最终演变为技术陷阱。④庄家向下试盘时，得到低位技术支撑，形成空头陷阱。⑤庄家建仓时刻意向下打压股价，造成短期技术破位之势。

1. 低位两阴夹一阳陷阱

股价长时间处于下跌调整走势，在相对低位出现两阴夹一阳形态，预示股价将出现加速下跌走势，此时应及时卖出股票，以回避市场加速赶底带来的风险。但是，股价并没有下跌多少就企稳回升，并形成大底部区域，两阴夹一阳形态成为一个底部空头陷阱。

图 4-35，赛隆药业（002898）：股价见顶后一路下跌，2018 年 2 月 6 日股价再次出现向下突破走势，形成两阴夹一阳形态，通常预示股价有加速下跌之势。可是，在两阴夹一阳之后股价没有持续下跌，企稳后渐渐向上盘升，两阴夹一阳形态成为一个失败形态。

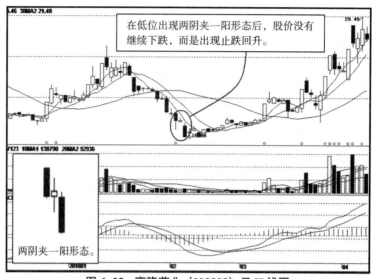

图 4-35　赛隆药业（002898）日 K 线图

那么，为什么两阴夹一阳形态会成为一个失败形态呢？如何解读？首先，股价总体下跌幅度较大，虽然股价再创调整新低，但基本已经跌无可跌，在这样的底部区域出现一个看空性质的两阴夹一阳形态又能如何呢？其次，短期股价下跌幅度过大，处于严重超卖状态。股价远离移动平均线，负乖离率不断扩大，根据葛氏移动平均线八大法则之一的"当股价远离移动平均线时，有向移动平均线附近回归的要求"，因此股价有报复性反弹的欲望。最后，成交量大幅萎缩，无量空跌现象说明主动性抛盘已经很少，筹码已经完全被锁定，也就是说，该抛的人早已抛空，不抛的人也捂股不动了。

图 4-36，爱施德（002416）：股价见顶后一路下跌，庄家为了加强空头气势，在低位制造了一个黑三鸦形态后，股价出现小幅反弹，第三天股价继续下跌，创出调整新低，当日收出一根大阴线。这根大阴线与黑三鸦形态的最后一根阴线构成了两阴夹一阳形态，通常这样的形态杀伤力更加强烈，预示着后市股价仍将以下跌为主。可是在两阴夹一阳之后的第二天，股价快速下探后企稳回升，出现一个底部锤头形态，随后股价出现向上盘升走势，两阴夹一阳形态成为一个空头陷阱。

2. 中位两阴夹一阳陷阱

股价经过一波上涨行情后，消耗了大量的多头能量，多头需要回调蓄势，股价出现滞胀回落，在高位出现一个两阴夹一阳形态，从而构成卖出信号。可是卖出股票后，股价并未出现大幅下跌走势，小幅回落后企稳，随后再度大幅走高，两阴夹一阳形态成为一个空头陷阱。

图 4-37，冠豪高新（600433）：庄家成功完成建仓任务后，股价出现一波超级大行

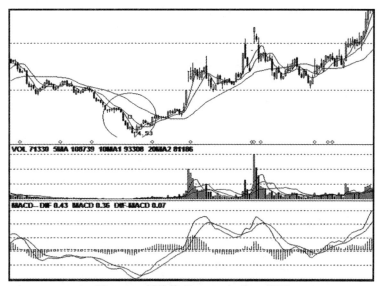

图 4-36 爱施德（002416）日 K 线图

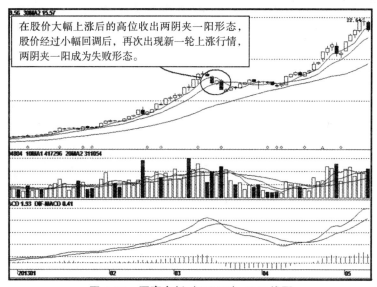

在股价大幅上涨后的高位收出两阴夹一阳形态，股价经过小幅回调后，再次出现新一轮上涨行情，两阴夹一阳成为失败形态。

图 4-37 冠豪高新（600433）日 K 线图

情，涨幅超过 300%，这时盘中堆积了大量的获利筹码，不少投资者选择获利了结的操作思路，因此股价出现滞胀现象。不久，收出了一根超过 7 个点的大阴线，第二天股价小幅回抽，收出一根小阳线，第三天股价继续下跌收出跌停大阴线，突破了 10 日均线的支撑，从而构成两阴夹一阳形态，这个形态无疑浇灭了多头的上涨气焰，预示股价将出现下跌走势。可是，谁也不知道这是一个空头陷阱，股价并未下跌多少就企稳盘整，经过短期整理后，再次出现飙升行情，短期涨幅巨大。

那么，如何解读该股的两阴夹一阳形态？投资者如何操作？

（1）从技术方面分析，当时该股整体仍然处于上升趋势之中，两阴夹一阳形成的时候股价尚处于30日均线之上，而且60日均线也在上行，这说明该股中长期上升保持完好。既然上升趋势没有走坏，就有理由相信该股目前只是处于短线的回调中，不必过于惊慌。

（2）从庄家出货角度分析，通常一只大幅炒高了之后的股票，庄家很难在高位一次性完成出货任务，暂且不说股价还能走多高，但起码在高位有所反复，而且庄家敢于将股价炒高，也敢于在高位留下看空意义的技术形态，难道庄家自己往死胡同里钻吗？庄家都不怕这样的形态，散户还怕什么呢？

（3）量价配合十分理想，放量上涨，缩量下跌，两阴夹一阳形态出现之后成交量明显萎缩下来，说明主动性抛盘不大，抛出的只是一些看多意志不坚定的散户，当浮动筹码减少后，成交量也萎缩到地量，这时庄家重新将股价拉起，走出一波新的上涨行情。

稳健的投资者可以持股不动，细心观察盘面的下一步变化。短线技术高手可以先行抛出，然后在股价30日均线获得支撑后，出现向上拉高时再买入。当然，对后面的走势还是不要期望太高，也不建议散户去买这样的股票，涨高了毕竟有风险，还是观望为上。

图4-38，鹏博士（600804）：股价成功见底后出现一波大幅上涨行情，由于获利盘的涌出，股价快速回落，呈现倒V形下跌走势。不久，股价大幅下跌收出一根大阴线，向下突破前面的小低点，第二天股价小幅回抽，收出一根小阳线，第三天股价继续下

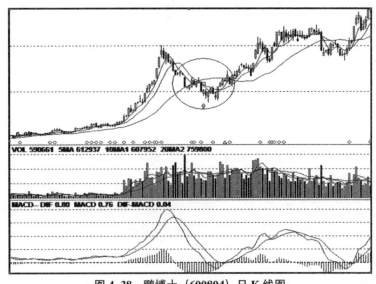

图4-38 鹏博士（600804）日K线图

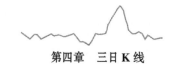

跌并报收阴线，从而构成两阴夹一阳形态，这个形态无疑加强了下跌气势，构成强烈的卖出信号。可是，谁知这也是一个空头陷阱，股价第二天就企稳回升，经过短期整理后，股价再次步入升势行情，短期涨幅十分可观。

该股中的这个两阴夹一阳形态有没有看跌的技术意义？该如何操作？

（1）股价见顶回落后，调整时间比较充分，回调幅度比较大，调整幅度为上涨幅度的 50%左右，达到 0.5 的黄金分割位，有较强的技术支撑。

（2）股价见顶后一路下滑，没有出现一次像样的反弹走势，暂且不说股价还能涨多少，但起码存在反弹要求，因此这时介入收益大于风险。

（3）从下跌力度来看，空头也有衰减的征兆。形态内的第一根 K 线是大阴线，第三根 K 线却是一根小阴线，显然股价有止跌迹象。

（4）从庄家出货角度分析，庄家很难在高位一次性完成出货任务，股价有再一次走高要求。

通过上述两个实例分析，对于这类个股，是否是虚假的两阴夹一阳形态，投资者可以从以下四个方面因素进行思考：

（1）在出现两阴夹一阳形态时，股价必须处于明显的上涨趋势之中，总体上涨幅度不能太大，一般不超过 100%（个别强势股除外），否则很有可能不是庄家在洗盘。

（2）在两阴夹一阳形态出现的过程中，成交量越小越好，当然庄家在盘中对倒而导致成交量放大的除外。

（3）形成两阴夹一阳形态时，股价最好不要跌破 30 日均线，当股价站稳于 30 日均线之上，并且成交量也呈缩量状态，就基本可以断定庄家在洗盘。

（4）如果两阴夹一阳形态之后，股价出现回落，那么在回落过程中成交量必须呈现逐步萎缩状态，要是在回落的整个过程中成交量出现极度萎缩的话那就最好不过了。当然，庄家在盘中对倒而放量的情况除外，因为这种成交量不能真实反映买卖情况。

三、破解陷阱方法

1. 两阴夹一阳形态产生后接下来的走势十分重要

通常真正的两阴夹一阳形态出现后，股价会迅速脱离头部区域，即使股价出现反弹时，一般也会在头部区域下方遇阻而返。如果形态出现后，股价没有成功摆脱头部牵制，则空头陷阱的可能性大。

2. 看形态出现的位置

如果发生在股价已经有一段升幅的中段，投资者可以先行退出观望，等待回调低

点择机再次介入，这样成功地玩一把短差，当属一种美事。要是短线技术不很熟练，则可以放弃这样的机会，等待下一个升势的来临。

如果发生在股价已经大幅上涨的末期，应当择高离场，对后市不要产生更多的幻想。那么如何辨别价位的高低呢？根据多年的市场经验，高价位可以从以下四点把握：①涨幅巨大，超过一倍的；②刚刚退却的前期市场领头羊或热门股；③成交量持续放出天量的；④市盈率很高的。

3. 在两阴夹一阳形态之前，有一个盘头过程

股谚有"久盘必跌"之说，当股价处于较高价位时，如果长时间横盘整理，始终无法向上突破，那么下跌趋势悄然而成，市场总是"下跌容易，上涨难"。

4. 看两阴夹一阳形态与成交量

在这个形态中，成交量也很重要，但如果庄家在高位已大量出货，这时不见得有大成交量出现。虽然股价下跌不要求成交量的大小，但是在关键位置突破时也要有成交量的放大。

5. 看是否有其他K线反转形态相结合

有时两阴夹一阳形态与其他K线的反转形态相结合，可以构成相当强烈的反转信号。例如，十字线、孕育线、包容线等K线组合，其反转意味相当浓烈。

6. 寻找其他技术信号支持

如MACD、RSI、DMI、BOLL和KDJ等中短线技术指标信号，是否有相应的死叉、突破、背离、强弱等空头信号出现，发出的做空信号越多，看跌意义越大。

第五章　多日K线

第一节　收敛形态陷阱

一、形态分析精华

1. 形态形成过程

简评：次要的趋势反转信号，宜进一步确认形态的有效性。

特征：收敛形态由多根K线组成，与扩张形态对称，为次要的市场底部或顶部反转形态。形态组合的数量三五根或六七根K线不等，但要在三根K线以上，才具有技术分析意义。根据其方向不同可分为：上涨收敛形态和下跌收敛形态两种。上涨收敛形态，看跌；下跌收敛形态，看涨。

在股价上涨过程中，连续出现实体长度一条比一条缩短的阳线，股价上涨幅度一天比一天小，呈衰竭性收缩趋势排列，称为看跌收敛形态。相反，在股价下跌过程中，连续出现实体长度一条比一条缩短的阴线，股价下跌幅度一天比一天小，呈衰竭性收缩趋势排列，称为看涨收敛形态。如图5-1所示。

2. 形态应用法则

（1）收敛形态必须出现在市场的端部。

（2）每天的开盘价应该在前一根K线的收盘价附近。

（3）K线实体长度或股价涨跌幅度一天比一天短小，呈收缩性梯状排列。

（4）收敛形态的外形轮廓与楔形相似。

（5）形态中间可以夹杂一些小K线，这并不影响总体意义。

市场意义：这种形态出现后，通常表明主导盘面的一方主力，由于连续的单边市

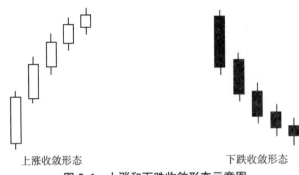

上涨收敛形态　　　　　　下跌收敛形态

图5-1　上涨和下跌收敛形态示意图

场行为，虽然暂时逼退了对方，但也给自身造成大量的有生力量消耗，渐渐地削弱了继续攻击的能力，盘面显示强烈要求转攻为守，这就给对方一个喘气反手攻击的绝好机会，一旦对方力量占据盘面优势，就有可能给原来的一方造成毁灭性打击，使局势得到彻底扭转，因此收敛形态是一个次要的反转形态。

3. 形态效力和操作要点

（1）量价背离是该形态的一个重要转势信号，上涨收敛形态出现量价背离，特别是出现巨大的天量时，预示着股价即将反转下跌，应做好卖出准备。在下跌收敛形态中，可以结合其他技术特征进行分析验证，这样得出的结果会更准确。

（2）需要有验证信号的配合，在楔形的2/3位置以后，如果出现十字线、T字线、吊颈线或阴线，都会加强收敛形态的转势力度。

（3）如果收敛形态的成交量呈萎缩状态，显示原先占据优势的一方渐渐地失去对盘面的控制，从而加强形态反转的可能。如果成交量忽大忽小地变化，说明市场内部萌动暗潮，也是反转的征兆。

（4）可以观察移动平均线或乖离率（BIAS）指标分析，如果收敛形态远离移动平均线、乖离率加大时，均线对股价有牵引作用，会增强收敛形态的反转效力。

二、收敛形态常见技术陷阱

1. 看跌收敛形态陷阱

股价经过充分的整理后或在盘升过程中，出现一根突破性大阳线，随后连续出现多根逐日缩短的上涨阳线，上涨幅度也一日比一日小，呈上涨楔形排列。这些表明股价上涨遇到强大的压力，市场面临反转态势，故为卖出信号。

但是，卖出信号很容易出现失败形态，常常出现在上涨趋势中段的强势整理行情中，股价遭到空方的防御性抑制，出现短暂的换档整理结束，往往会出现更加凌厉的

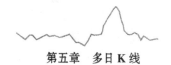

上涨走势，从而使上涨收敛形态成为技术陷阱。

图 5-2，国中水务（600187）：股价反弹结束后出现快速回调，回调幅度几乎吞没了整个反弹幅度，这时股价企稳回升，连续收出 6 根上涨阳线，但美中不足的是阳线实体的长度一根比一根缩短，股价上涨幅度也一天比一天缩小，呈衰竭性收缩排列，构成上涨收敛形态，反映多头上攻力度减弱，股价将再现跌势，因而是一个卖出信号。可是，股价经过两天回调后企稳回升，步入上涨行情。

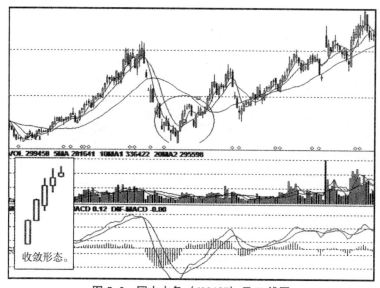

图 5-2　国中水务（600187）日 K 线图

上涨收敛形态出现后为什么股价还会上涨呢？主要原因：第一，股价反弹结束后，调整时间比较充分，回调幅度比较大，股价几乎回到了起涨点，技术上有一定的支撑。第二，股价回落到前期低点附近企稳回升，疑似构筑双重底形态，股价一般不会跌破前期低点。第三，股价经过连续多天的上涨后，本身需要一个回调蓄势过程，关键取决于回调的幅度和力度大小。从该股日 K 线观察，回调恰到好处，即股价触及收敛形态起涨前几根 K 线的最高价附近，获得支撑而回升。第四，在上涨收敛形态出现后的两天回调中，成交量明显萎缩，说明庄家在回抽筑底，进一步锁定筹码。

图 5-3，京能置业（600791）：股价回调到前期低点附近时，获得支撑而反弹，连续收出 5 根上涨阳线，但后面的 4 根阳线实体的长度一根比一根缩短，股价上涨幅度一天比一天缩小，构成上涨收敛形态，反映多头上攻乏力，后市面临下跌走势，因而是一个卖出信号。可是，股价并没有出现大幅回调，经过短暂的盘整后股价出现向上盘升走势。

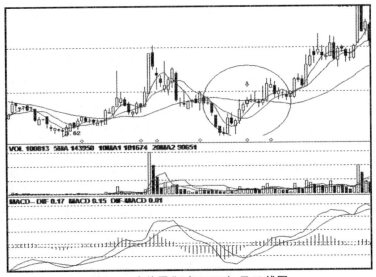

图 5-3　京能置业（600791）日 K 线图

这个上涨收敛形态同样存在这样一些技术疑点：

（1）股价遇到前期低点支撑，疑似构筑双重底形态，股价一般难以跌破该点位。

（2）股价上涨遇到前期成交密集区域和 30 日均线的双重压制，需要一个消化压力和回调蓄势过程，只要回调幅度和力度不大，股价上涨的概率非常大。

（3）在上涨收敛形态出现后的盘整过程中，成交量明显萎缩，说明做空力量不强。虽然在整个过程中成交量都不大，但基本呈现涨时放量、跌时缩量的态势，由于有前面持续上涨阳线的支撑，这种盘面还能持续一段时间，当然也很难发动大行情，这一点投资者必须牢记。

2. 看涨收敛形态陷阱

在股价见顶后回落过程中，空头气氛浓烈，出现一根加速下跌的大阴线，随后连续出现多根逐日缩短的阴线，下跌幅度也一日比一日缩小，呈下跌楔形排列。这些表明空方力量渐渐衰竭，下方出现了一定接盘，市场面临见底回升态势，可以作为买入信号看待。

但是，这种形态经常出现技术陷阱，股价在下跌过程中遇到多方的抵抗性阻击后，出现一波弱势反弹行情，然后股价重新恢复下跌走势，从而形成失败收敛性形态。或者，股价涨幅较大，庄家获利丰厚，筹码兑现迫切，不计较多少价位，从而导致形态失败。或者，公司基本面向淡，市场气氛低迷，投资环境松散等原因所致，无法引领股价重新走强。

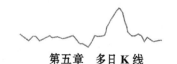

图 5-4，金发科技（600143）：该股股价在回落过程中，一根大阴线击穿了 30 日均线的支撑，股价出现持续下跌态势，但阴线实体的长度一条比一条缩短，股价下跌幅度一天比一天缩小，构成下跌收敛形态，反映空方下跌能量减弱，股价有见底回升可能，因而是一个买入信号。可是，经过一段时间的横盘整理后，股价步入下跌行情，将买入者套牢其中。

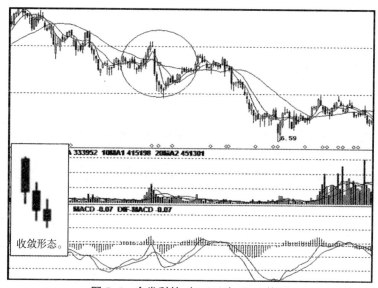

图 5-4　金发科技（600143）日 K 线图

下跌收敛形态出现为什么股价还会下跌呢？主要原因：

（1）股价向下突破 30 日均线支撑，均线系统呈现空头发散，短期仍有一定的下跌空间。

（2）市场处于弱势格局之中，下降趋势非常明显，股价反弹受下降趋势线的上轨线压制。

（3）股价企稳时得不到成交量的积极配合。

图 5-5，民丰特纸（600235）：该股出现一波反弹行情后，股价再次向下回落，在回落过程中出现持续下跌态势，盘中收出多根下跌阴线，但阴线实体的长度一根比一根缩短，股价下跌幅度一天比一天缩小，构成下跌收敛形态，说明做空动能减弱，股价有企稳回升迹象，因而是一个买入信号。可是，盘面依然处于弱势之中，入场者很难获利。

这个下跌收敛形态主要存在两个方面的技术疑点：

（1）前期成交量放量过大，疑似庄家对倒出货。

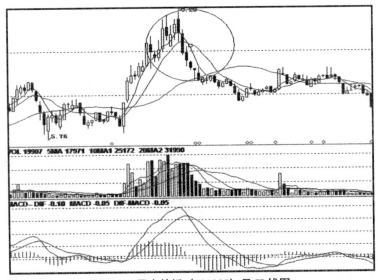

图 5-5　民丰特纸（600235）日K线图

（2）短期均线系统呈现空头发散，中短期技术指标进一步恶化。

（3）下跌过程中成交量较大，说明主动性抛盘较重。

三、破解陷阱方法

1. 等待验证信号

在高价区产生上涨收敛形态后，如果出现下跌大阴线或跳空阴线，夺取了整个形态的1/2以上，表明股价下跌能量充裕，来势凶猛，多方要害部位遇到致命一击，反转形态得到验证，而且这根大阴线也包容了前面的一根或数根上涨阳线。包容形态本身就是一个反转信号，这对多方来说具有很强的杀伤力。如果股价仅仅是小幅回调或者在0.38黄金分割位附近得到强大的支撑，则是正常的技术性回档，不构成对多方的伤害。此时如果企稳走强，后市必将迎来新的升势行情，这时就出现上涨收敛形态的技术陷阱，上涨收敛形态演化为上涨持续形态，股价继续上涨。在低价区出现下跌收敛形态时，则相反。

2. 结合其他技术形态综合分析效果更好

例如，在形态构筑过程中，出现平头或平底、包容线、孕育线、流星线（或倒锤头线）、吊颈线（或锤头线）等技术形态时，对收敛形态都有参考和验证作用。

3. 分析收敛形形态出现的位置或阶段

若股价涨幅不大，或冲关之前的蓄势整理，或在试盘整理阶段，收敛形形态在磨破投资者的意志后，股价会朝原来的方向继续发展。这样就有可能演变为虚假的收敛

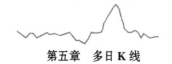

形形态。若在没有任何技术意义的位置出现这种形态，往往是真的反转收敛形形态。

4. 从反转的涨跌幅度进行分析

真的收敛形形态一旦出现并得到验证有效后，会迅速摆脱该形态对它的约束，假的收敛形形态在回抽验证时的涨跌幅度都不会太大，常常是点到为止，修复一下技术指标而已。常言道：会跌的股票不会涨，会涨的股票不会跌，说的就是这个道理。

5. 关注技术指标的变化

收敛形形态在持续的涨跌走势中，可能导致 RST、KDJ、W%R 等具有钝化或背离功能的技术指标出现严重钝化或背离情况，往往是很重要的技术参考依据。因此，根据这些技术指标的变化，来判断收敛形形态的真假，具有十分重要的参考作用。

6. 分析成交量的变化

根据量价理论法则，股价上涨必须要有成交量放大配合，价升量增，量价齐升，是股价健康上涨的基本要素之一。如果无量上涨，肯定是虚张声势，行情不会持续太久。

7. 分析行情的阶段

在反弹自救行情中，上涨收敛形态准确性比较高，在行情的启动阶段，准确性较低，在洗盘换手或向下试盘时，下跌收敛形态的准确性较高。在顶部或底部阶段可能会演变为圆头（或圆弧顶）或圆底（或圆弧底）形态。在熊市初跌期出现的上涨收敛形态准确性较高，这时期出现的下跌收敛形态则准确性比较低。在顶部或底部阶段可能会演变为圆头（或圆弧顶）或圆底（或圆弧底）形态。

第二节　扩张形态陷阱

一、形态分析精华

1. 形态形成过程

简评：次要的趋势反转信号，宜确认形态的有效性。

特征：扩张形态由多根 K 线组成，与收敛形态对称，为次要的市场反转形态。形态组合的数量为三五根或六七根 K 线不等，但要在三根 K 线以上，才具有技术分析意义。根据其方向不同可分为：上涨扩张形态和下跌扩张形态两种。上涨扩张形态，看跌；下跌扩张形态，看涨。

股价在底部经过充分的蓄势整理后，慢慢地脱离底部区域，实体阳线长度一天比一天加长，上涨幅度一天比一天加大，直至出现滞涨性K线（尽头线），呈上涨扩张趋势排列。或者，股价经过盘头整理后，渐渐地脱离头部区域，实体阴线长度一天比一天加长，下跌幅度一天比一天加大，直至出现止跌性K线（尽头线），呈下跌扩张趋势排列，故称之为扩张形态，为次要的反转形态。

上涨扩张形态的形成过程，从较小的阳线或星线开始，连续出现多根与日增长的阳线，形态内可能出现一个或多个向上跳空缺口，股价上涨越来越大，市场累积风险也逐日加大，随时面临下跌反转的可能。下跌扩张形态的形成过程正好相反，从较小的阴线或星线开始，连续出现多根与日增长的阴线，股价下跌越来越大，呈喇叭状扩张排列，市场空头释放能量较大，随时面临反弹回升的可能。如图5-6所示。

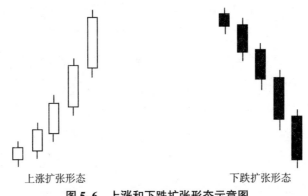

上涨扩张形态   下跌扩张形态

图5-6　上涨和下跌扩张形态示意图

需要注意的是，扩张形态只有出现在最后加速上涨阶段或最后打压阶段时，才具有反转意义。如果该形态出现在市场底部区域，可能成为一个底部反转信号或上涨持续信号，而不是顶部反转形态；如果该形态出现在头部初跌期，可能是一个加速下跌信号，而不是底部反转形态。因此，扩张形态无论在理论分析上，还是在实盘操作上，其形态性质均存在一定的争议。

2. 形态应用法则

（1）扩张形态必须出现在市场的端部。

（2）每天的开盘价应该在前一根K线的收盘价附近。

（3）K线实体长度或股价涨跌幅度一天比一天加长，呈放大性梯状排列。

（4）扩张形态的外形轮廓呈喇叭状扩散排列。

（5）形态中间可以夹杂一些小K线，这并不影响形态的研判。

技术意义：市场经过充分的震荡整理后，逐步化解了分歧矛盾，股价趋向一方发展，星星之火，呈燎原之势，投资者源源不断地加入，进一步推动股价的上涨和下跌，若形态中伴有跳空缺口，则扩张形态会更加有力。但是，随着股价上涨或下跌幅度的持续加大，一旦不能继续扩张或不能维持这种形态，而出现收缩 K 线时，表明市场主力已经释放了全部能量，股价即将面临反转风险，因此是一个反转信号。

3. 形态效力和操作要点

（1）量价背离也是该形态的一个重要转势信号，上涨扩张形态出现量价背离，特别是出现巨大的天量时，预示着股价即将反转下跌，应做好卖出准备。

（2）在上涨扩张形态中，如果出现尽头线时，应高度警惕，随时做好离场准备。在下跌扩张形态中，如果遇到尽头线时，应做好入场打算。常见的尽头线有十字线、T 字线、⊥ 字线、包容线、孕育线或吊颈线等，都属不可忽视的形态。

（3）扩张形态经常演化为 V 形或倒 V 形走势，其后走势比较复杂。通常，这种形态不十分可靠，当股价回落到起涨点或反弹到起跌点位置时，可以采取相应的买卖策略。

（4）上涨扩张形态经常出现在庄家自救行情中，庄家被套越深，反弹力度越大。这要从个股整体状况入手，分析持仓成本、持仓量、坐庄手法和意图，才能了解目前庄家状况。

（5）可以观察移动平均线或乖离率（BIAS）指标分析，如果扩张形态远离均线、乖离率加大时，均线对股价有牵引作用，会增强扩张形态的反转效力。

二、扩张形态常见技术陷阱

1. 上涨扩张形态陷阱

股价慢慢脱离底部盘整区域后，步入上涨势头，上涨阳线一条比一条增长，涨幅也一日比一日加大，形成加速上涨走势，且常伴有上涨跳空缺口，呈喇叭状扩张排列。但是，由于在持续的上涨走势中，损耗了多方的大量能量。不久，在高位出现滞胀 K 线（尽头线），这根 K 线可阴可阳，预示着上涨势头竭尽，上涨趋势面临反转，因此是一个较好的卖出信号。

但是，当投资者纷纷撤离市场后，股价并未出现大幅下跌走势，仅仅小幅回调而已，不久再次出现升势行情，从而成为上涨扩张形态技术陷阱。

能够让股价继续上涨的主要原因有：

（1）遇到重大利好，庄家拉高建仓。

（2）庄家成功进行了洗盘换手，股价步入上升走势。

（3）消化了上涨阻力，股价轻松上涨。

（4）市场狂热，多头气氛未散。

（5）庄家试盘成功，盘中抛盘小而接盘大。

（6）多方技术指标得到较好的修复，特别是均线系统紧随其上，支持股价进一步上扬。

图5-7，汉森制药（002412）：在底部长达一年多的箱体整理后，股价出现渐渐回升走势，连续收出多根上涨阳线，实体阳线长度一天比一天加长，上涨幅度也一天比一天加大，形成上涨扩张形态。之后，出现一根平开低走的大阴线，构成"黄昏之星"形态，说明多头上攻乏力，股价面临回调走势，因而是一个卖出信号。可是，"黄昏之星"形态出现后，股价并没有大幅下跌，经过短暂的盘整后很快进入盘升走势。

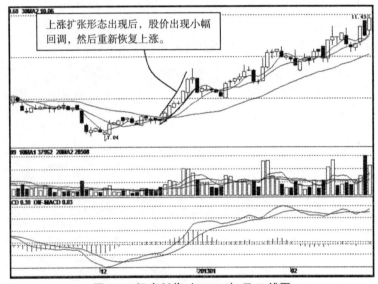

图5-7 汉森制药（002412）日K线图

那么，如何解读该股的上涨扩张形态呢？

（1）股价回落到箱体的底边线附近时，遇到较强的技术支撑，说明有买盘逢低介入，股价一般不会轻易跌破箱体的底边线。

（2）成交量呈现温和放大态势，盘面渐渐转暖，市场趋向活跃。

（3）均线系统呈现多头排列，30日均线渐渐上行，支持股价进一步走高。因此，投资者遇到这种情形时，可以逢低积极做多，等待股价涨升带来的喜悦。

图5-8，科融环境（300152）：股价经过一波报复性反弹后，再次回落到前期低点附近，这时买盘逢低介入，股价企稳回升，连续收出多根上涨阳线，实体阳线长度一天比一天加长，上涨幅度一天比一天加大，呈上涨扩张趋势排列。不久，一根高开低

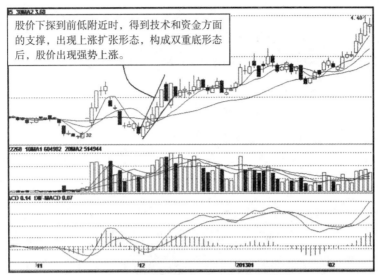

图 5-8 科融环境（300152）日 K 线图

走的大阴线，封堵了股价的上涨势头，构成"乌云盖顶"形态，反映多头短期耗力太大，股价将出现下跌走势，因而是一个卖出信号。可是，"乌云盖顶"形态出现后的第二天一根大阳线拔地而起，吞没了前面的大阴线，构成"阳包容"形态，此后股价出现盘升走势。

那么，如何解读该股的上涨扩张形态呢？

（1）股价反弹到前期高点附近时，庄家主动展开洗盘调整，通过"乌云盖顶"形态消化上方的压力，目的达到后股价进入盘升走势。

（2）股价回落到前期低点附近企稳回升，疑似构筑双重底形态，而且前期低点是反弹的起涨点，股价一般不会跌破这个低点。

（3）盘面呈现出股价放量反弹，缩量调整，然后再次放量回升态势，而且整个过程中成交量明显放大，表明有主力资金介入，且短期很难撤退，上涨是庄家的必然选择。

（4）均线系统呈现多头排列，30 日均线渐渐上行，支持股价进一步走高。因此，投资者遇到这种情形时，可以逢低介入，陪庄家走一程，收获定然多多。

2. 下跌扩张形态陷阱

股价成功构筑顶部后，慢慢脱离顶部区域，实体阴线一根比一根增长，下跌幅度也一日比一日加大，形成加速下跌态势，且常伴有下跌跳空缺口。但是，由于在持续的下跌走势中，损耗了空方的大量能量。不久，在低位出现或阴或阳的止跌 K 线（尽头线），预示下跌势头将告一段落，市场将出现反转回升走势，这是一个较好的买入信号。

但是，当投资者纷纷入场后，股价并未出现乐观走势，仅仅小幅上涨而已，很快

股价再现跌势，从而成为下跌扩张形态技术陷阱。

导致股价继续下跌的主要原因有：

（1）可能隐藏重大利空因素，打破了即将反转的技术形态。

（2）庄家护盘失利，难以阻挡下跌狂澜。

（3）反弹力度不够坚挺，弱势反弹是引发新一轮下跌的内因。

（4）磨破了下跌支撑位（区），被市场轻松击穿。

（5）空方成功修复了技术指标，均线系统下压越来越大，导致股价进一步下跌。

图5-9，金发科技（600143）：股价经过长时间的大幅调整后，出现一波弱势反弹行情，然后再次向下回落，在股价突破30日均线后出现持续下跌态势，盘中收出多根下跌阴线，阴线实体的长度一根比一根加长，股价下跌幅度一日比一日增大，构成下跌扩张形态，说明短期做空能量得到一定释放，股价有企稳回升的可能，因而是一个买入信号。可是，股价经过弱势小幅回抽后，股价再现跌势，入场者被套其中。

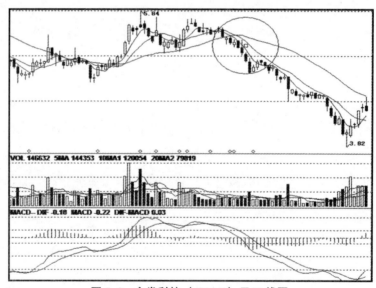

图5-9　金发科技（600143）日K线图

那么，如何解读该股的下跌扩张形态呢？

（1）股价处于长期的下降趋势之中，下降趋势线的上轨线对股价构成重大压力，每次反弹到该位置时均遇阻回落。

（2）短期均线系统呈现空头发散，中短期技术指标进一步恶化。

（3）在股价企稳回升时，成交量明显萎缩，形成两根缩量小阳线，说明没有主动性买盘入场，仅是股价突破后的弱势回抽而已，最终导致回升失败。

图 5-10，上海电力（600021）：股价见顶后回落，出现持续阴跌态势，阴线实体的长度一根比一根加长，股价下跌幅度一日比一日增大，构成下跌扩张形态，随后出现一个底部锤头形态，说明空方下跌能量消耗过大，短期有反弹要求，因而是一个买入信号。可是，经过弱势反弹或横盘整理后，股价再次步入下跌行情，将买入者套牢其中。

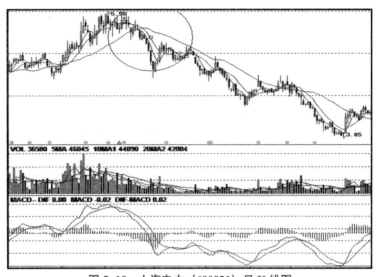

图 5-10　上海电力（600021）日 K 线图

那么，如何解读该股的下跌扩张形态呢？

（1）股价在高位构筑圆形顶形态，在顶部期间成交量比较大，说明庄家在该位置抛出大量的筹码，庄家一旦成功完成出货，股价一时难有起色。

（2）市场陷入弱势格局之中，下降通道渐趋形成。

（3）均线系统向下空头发散，不断压制股价走低。并且，股价企稳回升时得不到成交量的积极配合。

（4）在底部出现锤头形态后的第二天，却是一根缩量的小阳线，说明买盘非常少，仅仅是股价超跌后的弱势回抽而已，回抽结束后股价必将再次选择下行。

三、破解陷阱方法

1. 移动平均线在扩张形形态中具有重要的参考作用

由于形态持续时间较长，均线系统会起到向心力和离心力的作用，投资者可以根据移动平均线的相关法则进行研判。

2. 看投资者本身

遇到上涨扩张形态时，如果是技术高手可以做一把高抛低吸的差价，不失为一种

滚大财富的捷径。若是稳健型投资者可以观察其后几天的市场表现，然后再做买卖决策。若是不贪恋者，可以选择离场休息，"见好就收"不仅是一种投资策略，更是一种知足常乐的人生境界。遇到下跌扩张形态时，尽量不要参与，因为反弹的风险远远高于市场风险，非高手者不可为之。

3. 等待验证信号的出现

在扩张形态的竭尽线出现后，如果出现深幅下跌或出现跳空缺口的下跌态势，跌幅超过整个扩张形态的1/2，或者呈倒V形走势，表明空方能量强大，多方被彻底击败。这时反转形态得到验证，应逢高及时离场。如果仅仅是小幅回调，没有成功击穿0.382黄金分割位，则属正常的技术回抽，对多方不构成危险，此时如果获得企稳并转强的话，后市将会出现新的上涨行情。在下跌扩张形态中如果仅仅是弱势反弹，或股价受阻于0.382黄金分割位，则是多方在下跌过程中防守反击，很难彻底扭转下跌势头，股价最终将选择下行。

4. 分析扩张形态的性质

反弹或自救行情中的扩张形态，坚决不参与。暴涨性的、短期涨幅十分巨大的，谨慎参与，脱离底部不久出现的扩张形态，回调成功后，可积极参与。分析扩张形态的性质，若是试盘诱空式行为，或是跌势后期的砸盘动作，可以积极参与。在跌势初期出现的下跌扩张形态，坚决不参与。暴跌后产生的短期止跌走势，谨慎参与。在远离庄家成本区域出现的上涨扩张形态，绝对不能参与。

5. 分析扩张形态出现的位置

低位出现的扩张形态，可能是庄家为建仓所为，也可能是庄家诱空式压价吸货所为，可以结合其他技术形态进一步验证。在大幅炒高后或经过几波炒作后，高位出现的扩张形态，可能是庄家拉高出货所为。此时可以采用"唯一论"，即单凭这一点就可以做出卖出股票的决定，不必等待其他信号的支持，落袋为安乃为上策。同样，低位出现的下跌扩张性形态，可能是庄家诱空式压价吸货所为，可以试探性逢低吸纳。

6. 关注成交量的变化

在扩张形态形成的过程中，若成交量恒等，表明股价上涨比较健康，一时不会有大的变化。若呈缩量状态，则要小心为好。若是放巨大的天量，则要警惕阶段性顶部形成。在上涨扩张形态中，出现尽头线时也要有成交量放大，才能反映庄家是否在出货。在下跌扩张形态出现后的回升过程中，必须得到成交量放大的积极配合，否则难以推动反转行情的产生，无量上涨是虚张声势的表现，不会持续得太久。

第三节　上升三法陷阱

一、形态分析精华

1. 形态形成过程

简评：上升强势整理，持续形态，后市看涨，无须确认形态。

特征：上升三法也叫上升三部曲，由五根阴阳 K 线组成。标准的上升三部曲形态可以分解为三个部分：第一部分为上升部分；第二部分为回调部分；第三部分为再次上升部分，它是一个维持原来上涨趋势的巩固信号。

上升三法形态的形成过程：第一步在持续的上升趋势行情中，多方力量推动股价强劲上行，收出一根大阳线。在此大阳线之后，股价回落整理，连续呈现三根短小的下跌阴线（实战中两根或三根以上小阴线也可），显示原先的上涨趋势面临一定的压力，但是这些小阴线的实体不大，股价跌幅很小，实际涨跌幅度没有超出前面这根阳线的高价、低价范围，同时成交量下降，这是第二步。第三步是指股价经过温和调整后，多方再度发力，第五天高开高走又一根大阳线飞奔而上，突破调整局面，股价创出了新高，并成功站于第一天阳线的收盘价之上，股价创五日以来高位。如图 5-11 所示。

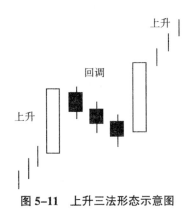

图 5-11　上升三法形态示意图

在上升三法形态中，中间的调整走势与黑三鸦形态相似，以连续三根阴线出现，但并不具有看空的意义。同时，中间的调整也可以是以横向整理来完成，或者略微向上突出。在实盘中，标准的上升三法形态并不多，见到的大多是变化形态，这些变化

了的形态具有相同或相近的分析意义，不要认为其不符合标准形态而错过入场机会。

总体而言，上升三法形态类似上升旗形，在上升趋势中呈大阳线（旗杆），反映买盘强劲，随后几根小阴线（旗帜），显示市场正消化获利回吐盘，买盘在喘息等候机会，然后一根大阳线突破调整闷局，再一次策动攻势将股价推升。请注意，上升三法形态并不一定成功形成，应等待最后出现大阳线突破确定时才可以追货。

2. 形态应用法则

（1）在上升趋势中出现大阳线，代表涨势延续之中。

（2）大阳线实体后跟随一组小实体（大多为阴线），且与当前趋势相反排列（从高到低），并保持在第一天大阳线的最高和最低所限定的范围之内（不包括上影线和下影线）。在实盘中，如果第一根是大幅跳空阳线，只要随后的调整不低于大阳线前一天的收盘价也可认为是正常的回档，升势形态没有遭到破坏，后市依然看多。

（3）中间出现的K线，全部为实体较短小的，最理想的数量为三根（两根或多于三根也可以接受），唯一条件是它们必须处于第一根大阳线的实体之内（中间K线的影线部分可以不计）。此外，这些小K线也具有弹性，可以是小阴小阳或十字线，也可以阴阳交错出现，但普遍以阴线较多。

（4）最后一日的大阳线，其开盘价应高于前一日小阴线的收盘价。

（5）最后一日的大阳线，其收盘价应高于第一根大阳线的收盘价。

技术意义：上升三法形态表示价格趋势的暂时中断，但其力量太弱，还不足以造成趋势的反转，其回落过程是趋势的"小憩"时间，这种情况一般不会改变行情原有的运行趋势，最后一根大阳线进一步维持了原来上升的趋势。因此，投资者可以积极持股待涨，等待真正的顶部出现。

上升三法形态可视为暂停交易或休整时间，通常将这种情况称为盘整期，这种走势的心理背景是市场对于趋势的持续力产生怀疑，当市场出现窄幅波动的盘整走势时，怀疑就会不断递增，然而一旦多头发现价格无法创新低时，多方就会很快恢复原来的气势，股价也会迅速创出新高。

3. 形态效力和操作要点

在上涨行情中，大阳线之后出现三根连续小阴线，这是蓄势待发的征兆，价格将进一步上升，因此可以考虑建仓或加仓。其技术分析要点：

（1）上升三法形态并不是一个转势信号，而是表明升势将继续巩固信号，因此，在信号出现之前股价已经有一小段升幅，这是与其他底部信号的不同之处。

（2）在成交量方面，第一根大阳线应该较大，代表买盘强劲，中间调整部分的成交量应相应缩量，以显示调整时主力仍未大量抛售，因此属健康获利回吐盘。最后一根大阳线，突破调整闷局时，成交量应相对增大，代表看好的多方再积极买货。记着，成交量变化是"高、低、高"形态。

（3）第三部分应是高开高走的大阳线，且收盘价必须创出第一日大阳线收盘的新高，甚至是上升趋势以来的最高点，收盘价超出越高，形态上攻的动力越强，但是同时要注意最后这根大阳线的上影线不宜过长，最为理想的是以当日最高价或近乎当日最高价收盘。

（4）上升三法形态应出现在大阳线之后，表明多方快速上涨，然后通过三根小阴线进行休整，第五天的阳线就是跳空开盘，并一举攻上第一天形成的高点。

（5）休整的时间可能会超过三天，但无论如何小阴线的高、低价格（中间 K 线的影线部分可以不计）始终保持在第一天的大阳线价格范围之内。

一般认为上升三法形态属于涨势整理形态，并不构成股价的反转，只是原趋势的暂时休整，形态完成之后，股价将继续朝原趋势方向进一步发展，甚至有可能会造成原趋势的加速，所以有人称其为"换档形态"，行情经过换档后，将越走越快、越走越急。

在换档形态完成之后，股价下一阶段的理论涨跌幅度，简单认为相当于形态出现之前的涨跌幅度，这样上升三法形态就具有一定的空间预测作用，当然这样得出的距离也只是一个大概位置，而非精确价位。

二、上升三法常见技术陷阱

股价见底后盘升而上，市场呈多头发展趋势，上攻力量不减，在 K 线图中出现一根大阳线。但多方保持稳扎稳打的态势，在长阳之后多方主动控制了上涨步伐，连续出现三根细小的回调阴线。随后第五天股价高开高走并一举吞没了三根小阴线，股价创出了趋势行情的新高，成功站于第一天收盘价上方。K 线组合形成标准的上升三法形态，是一个加仓或买入的机会。

可是在实盘操作中，当投资者纷纷买入后，股价并没有出现上涨行情，通常在形态产生后的第二天，多头升势时遇到空头的抑制，很容易使上升三法的趋势受到阻碍，形态出现失败。失败之后股价会进入横向整理形成另一个更大的整理形态或者发展成为头部形态，最终股价选择向下，导致上升三法形态失败。主要原因有：

（1）在股价上涨过程中，多方能量损失太大，后续能量不继，上攻乏力，从而导致技术失败。

（2）上方遇到强大的压力，股价受阻回落。

（3）量能不继，成交量没有放大，资金入场意愿不强烈。

（4）庄家实力弱小，无法打开股价进一步上涨的空间。

1. 高位上升三法陷阱

在股价涨幅较大的高位，出现上升三法形态后，很容易产生盘整走势或直接震荡下跌，因为该形态本身就是一个有节奏的上涨，相对快速暴涨类个股来说，盘面显得温柔许多，这很容易导致该形态经常出现失败，给散户分析判断带来一定的困难。

图5-12，中国太保（601601）：该股调整结束后，从2017年4月开始出现盘升行情，上升周期持续半年之久，股价累计涨幅较大。11月16日，结束三天调整后，再次强势上攻，股价创出上涨新高，从而构成上涨三法形态，意味股价将继续出现升势行情。但是，随后股价涨幅并不大，连续两天在高位收出流星线后，股价转而开始向下回落，从此进入中期调整。可以看出，在上升三法形态构成时介入的散户，如果在随后几天不及时退出，就很容易被套牢，所以在高位出现上升三法形态时，应谨慎操作。

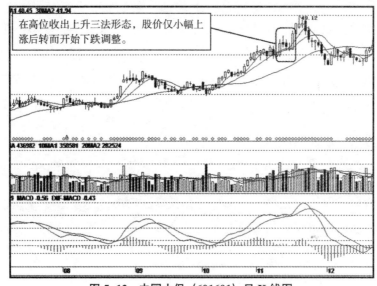

图5-12　中国太保（601601）日K线图

2. 无量上升三法陷阱

大家知道，股价上涨需要成交量的支持，上升三法形态如果得不到成交量的支持，就容易演变为失败形态或庄家故意设置的技术陷阱。这里需要关注两个盘面细节：一是在形态构筑结束时的上攻阳线，必须要有成交量的配合；二是形态构筑完成后，成交量要持续放大。这两方面要素同时具备，多头形态才完美。

图5-13，山东华鹏（603021）：该股经过一波修复性反弹后，出现震荡整理走势，

2017 年 11 月 20 日股价放量上涨，形成一个上升三法形态，同时这一天股价也向上突破了前期盘区的高点，看起来是十分完美的一幅图形。可是，美中不足之处就是在形态出现后，成交量未能持续放大，说明入场资金不积极，疑似庄家诱多减仓动作，所以导致上升三法形态失败。

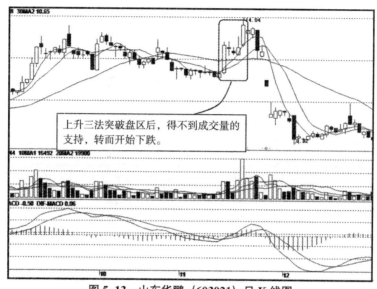

图 5-13　山东华鹏（603021）日 K 线图

3. 反弹上升三法陷阱

在股价下跌反弹过程中，也经常出现上升三法形态，但形态出现后股价并没有出现如期的上涨行情，且很快恢复弱势调整行情，成为一个多头陷阱。

图 5-14，凤竹纺织（600493）：该股见顶后大幅回落，空方能量得到一定的释放，随后股价出现反弹，2017 年 7 月初形成一个上升三法形态，股价并没有因此持续上涨，反而很快回归盘跌走势，从而成为多头陷阱。

为什么该股的上升三法会成为多头陷阱呢？主要原因：

（1）在最后一根大阳线中，成交量放大不明显，且随后继续缩量整理，反映买盘欠积极，此时投资者应引起怀疑。

（2）下降趋势线对股价构成重大压力。

（3）上方压力重重，在底部获利盘和上方套牢盘双重抛压下，股价难以出现持续性的上涨。

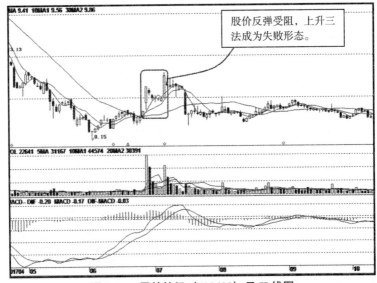

图 5-14　凤竹纺织（600493）日 K 线图

三、破解陷阱方法

1. 在上升三法形态中，投资者应把握两方面的技术要点

一是把握中间的三根小阴线。如果这三根小阴线击穿了第一根长阳的最低价，那么形态即宣告失败。二是把握第五天的阳线长度。原则上第五天阳线实体越长越有效，股价创出并收于新高。如果第五天收盘价没能突破第一根阳线的收盘价，则形态难以确立。

2. 投资者不应被其中的几根阴线所迷惑

只要这些小阴线在第一天的高、低价格范围内，就不用担心股价会大幅回落，其回落很大程度上只是股价暂时休息的一个过程。一旦第五天的上涨阳线创出并收盘于新高，就确立了上升三法的有效性。

3. 结合移动平均线和乖离率进行分析

股价前期上涨的乖离率大小对后市具有重要的参考作用。如果股价在前期上涨过程中乖离率很大，股价远离均线系统，即使经过三根小阴线的回落修复后，仍然较大的话，这时如果股价在第五天进一步上涨，就会导致乖离率进一步加大。这样不利于后续发展，很可能出现冲高回落，形成高位震荡或下跌走势。

4. 看是否暴涨行情中的上升三法形态

上升三法形态发生在盘升行情中，信号可靠性比较高，但在"井喷"式暴涨行情后，出现的上升三法形态值得怀疑。因为，在暴涨行情中多方短期消耗能量过大，乖离率也很大，需要有一个回落蓄势整理过程。这时市场就存在许多变数，风险难以预

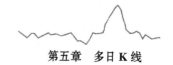

料，以静制动的投资策略是控制风险的最好途径。

5. 观察上升三法形态之后第二天的走势

如果股价出现了向上跳空高开的情况，而且开盘之后盘中的买盘非常积极，股价逐步向上攀升，那么投资者就可以放心买进。如果股价开盘之后就出现直线式的拉升，那么投资者可以观察一段时间，如果股价冲高后出现回落，但是在回落到开盘价附近时买盘不断涌现，再次把股价拉起，此时投资者也可以放心买进，后市股价必将会出现上涨。如果第二天股价出现了回落，但是回落的幅度很小，而且在这个过程中成交量也明显萎缩，股价回落到 10 日均线附近时就会受到强大的支撑而回升，那么投资者可以在股价再次放量上涨时买入。

6. 区分行情的性质和坐庄阶段

在庄家自救性行情中，也很容易导致技术失败，因此要区分行情的性质和坐庄阶段，辨别庄家出货和建仓的盘面现象。

第四节　下降三法陷阱

一、形态分析精华

1. 形态形成过程

简评：下跌弱势调整，持续形态，后市看跌，无须确认形态。

特征：下降三法也叫下降三部曲，与上升三法对称，由五根阴阳 K 线组成，可以分解为三个部分：第一部分为下降部分，第二部分为回升部分，第三部分为再次下降部分，它是一个维持原来下跌趋势的加强信号。

下降三法形态的形成过程：第一步，在持续的下跌趋势行情中，空方力量打压股价走低，收出一根大阴线。第二步，在此长阴之后，连续呈现三根短小的上涨阳线（实盘中两根或三根以上小阴线也可以接受），显示原先的下跌趋势面临一定的支撑。但是，这些小阳线的实体不大，股价涨幅很小，其收盘价没有超出前面这根阴线的高、低价格范围。第三步，第五天低开低走有一根大阴线飞流直下，股价创出了新低，并成功位于第一天阴线的收盘价之下，股价创五日以来新低。这种大跌小涨的形态，显示空方绝对占优的情况。如图 5-15 所示。

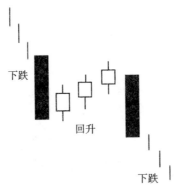

图 5-15 下降三法形态示意图

在下跌三法形态中，中间的回升走势与红三兵形态相似，以连续三根阳线出现，但并不具有看涨的意义。同时，中间的回升也可以横向整理来完成，或者略微向下倾斜。在实盘中，下降三法有许多变化形态，这些变化了的形态具有相同或相近的分析意义，不能认为其不符合标准形态而忽视了这些形态所蕴含的风险。

下降三法形态类似下降旗形，在下降趋势中呈大阴线（旗杆），反映卖盘强劲，随后几根小阳线（旗帜），显示市场买盘介入，卖盘在喘息等候机会，然后再次向下突破，打压股价下跌。

2. 形态应用法则

（1）在下跌趋势中出现大阴线，代表趋势处于下降之中。

（2）长阴线实体之后跟随一组小实体（大多为阳线），且与当前趋势相反排列（从低到高），并保持在第一天长阴线的最高价和最低价所限定的范围之内（不包括上影线和下影线）。在实盘中，如果第一根是大幅跳空阴线，只要随后的回升不高于大阴线前一天的收盘价也可认为是正常的回抽，跌势形态没有遭到破坏，后市依然看空。

（3）中间实体较短小的 K 线，最理想的数量为三根（两根或多于三根也可以接受），唯一条件是它们必须处于第一根大阴线内（中间小 K 线的影线部分可以不计）。此外，这些小 K 线也具有弹性，可以是小阴小阳线或十字线，也可以阴阳交错出现，但普遍以阳线较多。

（4）最后一日的大阴线，其开盘价应低于前一日小阳线的收盘价。

（5）最后一日的大阴线，其收盘价应低于第一根大阴线的收盘价。

技术意义：下降三法形态表示下跌趋势的暂时停顿，但下跌力量不大，还不足以造成下跌趋势的反转，其回升过程是下跌趋势的休息时间，这种情况一般不会改变行情原有的下跌趋势，最后一根长阴线进一步维持了原来的下降趋势，因此投资者可以

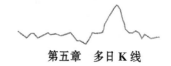

继续观望，等待真正的底部出现时买进。

通常将下降三法形态的这种情况称为盘整期，这种走势的心理背景是市场对于趋势的期望，当市场出现窄幅波动的盘整走势时，怀疑就会不断递增，然而一旦空头发现价格无法创新高时，就会很快恢复原来的下跌气势，股价也迅速创出新低。

3. 形态效力和操作要点

（1）下降三法形态并不是一个转势信号，而是表明跌势将继续巩固信号，因此在信号出现之前，股价已经有一小段跌幅，这是与其他顶部信号的不同之处。

（2）第三部分应是对前面部分低点的突破，市场创出下跌趋势以来的新低，表明下跌趋势比较强劲。一般情况下，大阴线越长，形态下跌的动力越强，且最后这根大阴线的下影线越短，也说明股价下跌力度越大。

（3）在下降三法形态中，如果头、尾两根大阴线的成交量超过了中间那几根小 K 线的成交量，那么该形态的看跌分量就更重了。

（4）下降三法形态应出现在大阴线之后，表明空方快速下降，然后通过三根小阳线进行反弹修复，第五天的阴线就是跳空低开，并一举跌破第一天形成的低点。

（5）中间休整的时间可能会超过三天，但无论如何小阳线的高、低价格（中间小 K 线的影线部分可以不计）始终保持在第一天的大阴线价格范围之内。

二、下降三法常见技术陷阱

股价见顶后回落，市场呈现空头发展趋势，做空动能不断聚集，在 K 线图形中出现一根大阴线。这时空头攻势有所收敛，在大阴线之后连续出现几根向上回升的细小阳线。可是在第五天又一根阴线破位而下，击穿了市场多日形成的盘整巩固区间。市场重新步入下跌轨道，并创出了跌势新低。K 线组合形成一个标准的下降形态，是一个清仓离场时机。

可是在实盘操作中，当投资者纷纷卖出股票后，股价却没有出现明显的下跌行情。通常在第五天的下跌过程中遇到多方阻击，下跌势头被封堵，下降三法形态失败。失败之后经过蓄势整理，股价迎来一段可观的上涨行情。

出现下降三法失败形态的主要原因有：

（1）在前期的下跌过程中，空方能量得到充分释放，下跌动能衰竭，从而导致技术形态失败。

（2）下方遇到强大的技术支撑，股价触底回升。

（3）股价继续下跌不利坐庄意图，如股价未到目标价位，或者庄家没有顺利出货，

需要拉高股价将筹码卖个好价钱，因此导致下降三法形态失败。

图 5-16，西王食品（000639）：该股股价见顶后逐波下跌，然后在底部形成一个盘区，庄家在底部震荡过程中，吸纳了大量的低价筹码，为了构筑扎实的底部基础，2018 年 5 月 2 日股价放量跌停，并再次向下击穿盘区支撑，由此出现了一个下降三法形态，从盘面看股价大有加速下跌之势。

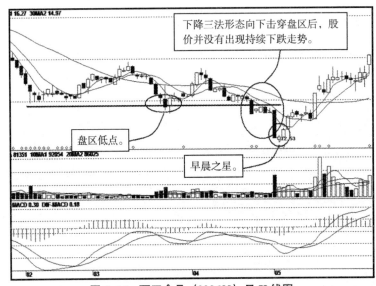

图 5-16　西王食品（000639）日 K 线图

那么，这个下降三法形态有什么技术意义呢？股价是否继续下跌？从该股的日 K 线图中可以看出，股价的下跌幅度不会很大。因为，股价累计跌幅非常巨大，后市下跌空间不大，基本处于历史大底部区域。而且，在下降三法形态产生后，股价并没有出现持续下跌走势，次日收出一个止跌性星线，随后几个交易日继续收阳线，构成一个早晨之星形态，此后股价开始震荡回升。

图 5-17，浪潮软件（600756）：庄家在底部震荡过程中，吸纳了大量的低价筹码，然后底部慢慢抬高，为了构筑扎实的底部基础，股价再次回落调整。不久，在股价回调过程中，出现了一个下降三法形态。那么，这个下降三法形态有什么技术意义呢？股价是否继续下跌？

从该股的日 K 线图中可以看出，股价的下跌幅度不会很大，主要理由：一是成交量出现明显的萎缩态势，表明主动性抛盘不大，筹码已被庄家锁定，属于无量空跌走势。二是股价累计跌幅非常巨大，后市下跌空间不大，基本处于历史大底部区域。三是股价回落到前期底部震荡区间，该区域在长时间的震荡过程中，多次受到考验，一

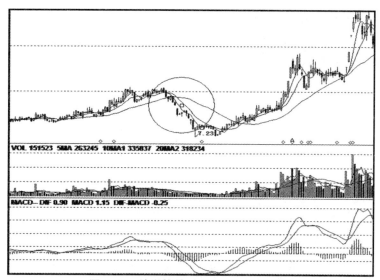

图 5-17　浪潮软件（600756）日 K 线图

般不会轻易被跌破，所以不必为之担心，后市即使没有上涨行情，也不会有大幅下跌行情出现。

通过上述两个实例分析，投资者遇到这类个股时，可以从以下三方面因素进行思考：

（1）出现下降三法形态时，股价处于明显的下跌通道之中，而且之前没有任何止跌迹象，此时投资者不要盲目进场，持股者应在盘中逢高止损出局，以防后市股价出现快速下跌走势。

（2）在形态中间的回升过程中，股价的上涨幅度不是很大，而且主动性买盘也不是很积极，股价基本处于 10 日均线之下运行。

（3）在形态之后的第二天，如果股价出现了回升，只要股价没有成功突破 10 日均线的压力，并且成交量也没有明显放大，就不要轻易买进。

三、破解陷阱方法

1. 在下降三法形态中，应把握两方面的技术要点

一是把握中间的三根小阳线。如果这三根小阳线突破了第一根大阴线的最高价，那么形态即宣告失败。二是把握第五天的阴线长度。原则上第五天阴 K 线实体越长越有效，股价创出并收于新低。如果第五天收盘价没有跌破第一根阴线的收盘价，则形态难以确立。

2. 分析成交量

在下降三法形态中的成交量，不如上升三法形态那样重要，第一天阴线的成交量

可以与第二部分反弹出现的阳线的成交量持平，即使是无量空跌的市场，其杀伤力也是相当强大的。但第五天的成交量必须放大，这样显示抛压沉重，其杀伤力强大。

3. 结合移动平均线和乖离率进行分析

股价前期下跌的乖离率大小对后市具有重要的参考作用。如果股价在前期下跌过程中乖离率很大，股价远离均线系统，即使经过三根小阳线的回升修复后，仍然较大的话。这时如果股价在第五天进一步下跌，就会导致乖离率进一步加大。这样不利于空头的持续发展，很可能出现见底回升，或者出现底位盘整震荡走势。

4. 看是否暴跌行情的下跌三法形态

下降三法形态发生在盘跌行情中，信号可靠性比较高。在"跳水"式暴跌行情后，出现的下降三法形态值得注意，因为在暴跌行情中空方短期消耗能量过大，乖离率也很大，很可能出现一轮报复性反弹走势，这时不应盲目做空。在实盘中很有可能会产生 V 形底部（问题股、庄股除外），或者股价回升到起跌位置附近。这时技术高手可以积极参与搏一轮可观的反弹行情。

5. 关注形态出现的位置

反弹行情结束后出现的下降三法形态，可靠性比较高。在高位形成的下降三法形态要小心头部，一旦头部形成，股价将会陷入中长期调整走势。在长期下跌后的底部出现下降三法形态，其可靠性比较低，可能是一个空头陷阱。

第五节　三线反击陷阱

一、形态分析精华

1. 形态形成过程

简评：趋势整理，持续形态，必须确认形态。

特征：三线反击由四根 K 线组成，是市场整理或暂停形态，整理在一天之内即告完成，市场的适当整理总是有利于原趋势的延伸。可以分为：多头三线反击和空头三线反击两种形态。

多头三线反击出现在明确的升势中，在高位出现不断上升的连续三根阳线后，突然出现一根大阴线，此大阴线的开盘价较前三根阳线为高，随后股价急挫，收盘时其最低价较形态内第一根阳线还要低。这种形态表面上看与阴包容形态相同，但技术意义却相反，因为在强劲的升势中，这可能为获利回吐或庄家洗盘，或是空方的突然反击。可以预料，多方三天的攻克成果，不会就此败阵，最终还会压倒空方，故为后市续升形态。

空头三线反击出现在明确的跌势中，连续三天的阴线形成股价递减走势，使得下降趋势更加强化。第四天突然以新低价开盘，股价出现大幅回升形成一根大阳线，此大阳线的收盘价超越了第一根阴线的最高价。大阳线否定了前面三根阴线的持续走势势头，表面上看与阳包容形态相同，但技术意义却相反，这根大阳线应以空头回补对待，或是超跌后的弱势反弹，预料下跌趋势会持续发展，故为看跌形态。

2. 形态应用法则

（1）在持续的升势（或跌势）中，连续出现三根上涨阳线（或下跌阴线）。

（2）第四天的一根大 K 线，将前面的三根较小的 K 线全部吞没。

需要注意的是，多头三线反击的四根 K 线还原后，会产生倒锤头线或⊥字线，有看涨意味。相反，空头三线反击的四根 K 线还原后，会产生吊颈线或 T 字线，有看跌意味。

技术意义：在升势中发现的三线反击犹如即日调整，完成跌幅再展升浪。股价突然下跌呈大阴线，往往是利好后市的庄家震仓伎俩。庄家为了再以低价买货源，将股价打压回落。在持续上升中，突然出现大阴线，难免影响持股者信心，一些信心不足的持股者，经此一吓会抛货套利，此时庄家便以较低价格接货，等待机会配合好消息再将股价推上。

在跌势中出现三线反击时，投资者时有搏反弹心态，而此时庄家也有继续出货的心理。因此在呈三根连续下跌阴线后，庄家就设置陷阱，假装将股价大幅度推升形成一根大阳线，令投资者兴奋而贸然介入。这时庄家大肆出货的诱多动作，预料后市股价再现跌势。

3. 形态效力和操作要点

（1）在上涨中的三线反击形态，第四天的跌幅越大，其持续形态越成功。也就是说，在上升趋势中的三线反击，第四天阴线越大越能达到"震仓"效果，筹码交换给看好后市的庄家和投资者手中，后市继续向好机会较大。相反，在下跌趋势中三线反击，表明庄家反弹自救目的达到，后市再现跌势的可能性大。

（2）在多头三线反击中，第四天的成交量出现萎缩状态，说明空方抛压较轻，加强后市的上攻力度。在空头三线反击中，第四天出现缩量的大阳线，反映追高热情不高，为虚张声势盘面，后市下跌力度大。

（3）在多头三线反击出现之前，股价涨幅不能太大，否则有可能演变为头部形态。同样，在空头三线反击产生之时，股价应当处于初跌期，否则有可能构成底部形态。

二、三线反击常见技术陷阱

在实盘操作中，三线反击经常出现失败形态，完全扭转了原来的市场趋势。或者形成盘整走势，市场失去明确的方向。这种走势给投资者增加了不少操作难度，以致造成判断失误。大致有以下四个主要原因：①趋势形态遇到破坏，搅乱了投资者的操作思维，一时难以聚集攻击力量。②在原趋势发展过程中，遇到某种技术阻力或支撑，导致原趋势改变。③庄家行为，刻意设置技术陷阱。④庄家试盘行为，没有达到坐庄意图。

1. 多头三线反击陷阱

在明确的上涨行情中，连续出现三根上涨阳线，突然一根大阴线包容了前面三根阳线，这往往是获利回吐或庄家洗盘所为，后市仍有升势行情可期，因而可乘回调低点买入。但是，随后股价却步步走低，短期难见回升迹象，从而成为一个多头陷阱。

图5-18，林洋电子（601222）：该股上市后股价逐波下跌，不久见底回升，当股价上涨到一定的幅度后，连续放量上涨，收出多根阳线，随后一根大阴线从高而下，包容了前面的三根上涨阳线，通常这是一个获利回吐或庄家洗盘行为，后市依然会有升势行情出现，可以逢低买入。但此后股价出现持续走低，将入场者全线套牢。

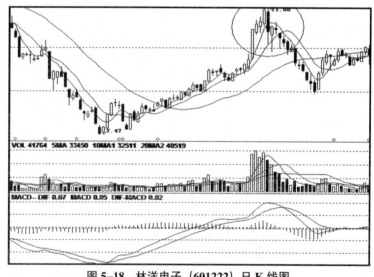

图5-18　林洋电子（601222）日K线图

从该股的日K线图中可以看出，三线反击形态出现在股价已有一定升幅的高点，市场本身存在回调风险，而且在股价高位出现放量现象，但在后面三天的放量中却有

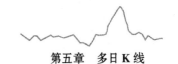

滞胀现象，疑似庄家出货行为，股谚说"高位放量会跌"，此时应引起警惕。因此，投资者在上涨过程中遇到三线反击形态时，还是以阴包容形态视之为好，这样的信号"宁可放过，不可错买"，放过机会总比被套牢要好。

2. 空头三线反击陷阱

在明确的下跌行情中，连续出现三根下跌阴线，第四天突然以新低价开盘，股价大幅回升形成一根大阳线，包容了前面的三根阴线，这往往是空头回补或超跌后的弱势反弹行为，预示后市股价并不乐观，应以卖出信号对待为好。但是，随后股价没有出现大幅下跌现象，且很快形成上涨行情，从而成为一个空头陷阱。

图 5-19，长城汽车（601633）：该股上市后股价步步下跌，不久连续收出三根下跌阴线，随后一根大阳线拔地而起，包容了前面的三根下跌阴线，通常这是空头回补或超跌后的弱势反弹，后市可能还会再跌一波，因而逢高卖出以等待股价回调。但此后股价却出现持续的盘升行情，出局者全部踏空。

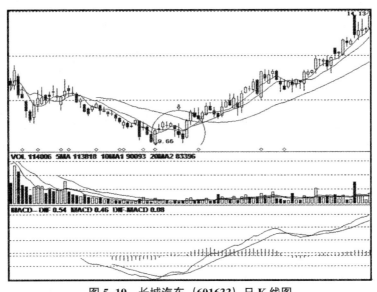

图 5-19 长城汽车（601633）日 K 线图

从该股的日 K 线图中可以看出，三线反击形态出现在股价已有一定跌幅的低点，市场本身存在反弹要求，而且在股价下跌过程中成交量大幅萎缩，表明做空能量渐渐衰竭。在三线反击形态形成后，盘面上疑似构筑小型双重底形态，多空双方意见渐渐趋向多头，一旦股价突破双重底的颈线或 30 日均线的压制，则整个势道发生本质上的变化。因此，投资者在下跌过程中遇到三线反击形态时，还是以阳包容形态视之为好，等待趋势明朗或得到其他信号验证后，再做出买卖决策，不应盲目看空后市。

三、破解陷阱方法

1. 分析三线反击形态的形成过程

如果在前面的"三线"中出现顺势跳空缺口，则反映原来的趋势比较强劲，加强形态的有效性。

2. 等待确认信号出现

"三线"被"反击"后，整个形态遇到严重的破坏，一定程度上打击了原势力，后市容易产生变数。如果接下来的走势，顺"三线"方向发展，并创出新的价位，则三线反击得以确认。也就是说，在多头三线反击产生后，如果在接下来的几天时间里股价再创新高，预示多方不改攻势，看多信号得到确认有效，如果股价在接下来的几天时间里不断向下走低，多头三线反击有可能演变为头部形态，此时应逢高了结为好。相反，在空头三线反击产生后，如果股价没有继续创出新低，表明做空能量有限，预示着市场离底部不远了；如果在接下来的几天时间里股价再创新低，预示着市场不改跌势，看空信号得到有效确认。

3. 分析技术阻力和支撑位置

如果是因为技术原因而出现的"反击"走势，可能会改变原趋势的持续发展，演变为反转或横盘整理走势。也就是说，在多头三线反击形态中，上方遇到较大的技术压力，多方无功而返而下跌，后市可能难现涨势，此时应当逢高退出观望。相反，在空头三线反击中，遇到底部技术支撑而回升，后市可能会出现一波升势行情。

4. 结合均线分析

处于均线之上的三线反击形态，有利于多头信号。处于均线之下的三线反击形态，有利于空头信号。

5. 确定当前市场价位

如果在低位筑底过程中，庄家主要任务是吸纳建仓、洗盘换手、试盘调整等，股价即使下跌，其幅度也不会很深，时间也不会很长。投资者可以完全不理会盘中震荡大小，也不必关心K线是阴是阳，只要保持良好心态，就不会掉进庄家的圈套之中。如果发生在股价已经有一段升幅的中段，技术过硬的投资者可以先行退出，等待回调低点择机再次介入，这样成功地玩一把短差，当属一种美事，要是短线技术不甚娴熟，则可以放弃这样的机会，等待下一个升势的来临。如果在股价已经大幅上涨的末期，出现三线反击形态时，应当择高离场，对后市不要抱有更多的幻想。

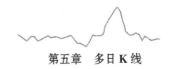

第六节　盘旋形态陷阱

一、形态分析精华

1. 形态形成过程

简评：原趋势强势整理，中继持续形态，宜进一步确认。

特征：由多根阴阳 K 线构成，可分为高档盘旋和低档盘旋两种。高档盘旋为上涨中继续整理形态。股价成功构筑底部后，迅速脱离底部区域，出现一波急促的升势行情。但股价戛然而止，停滞了上升步伐，也不出现深幅回调，而是在最高价附近出现盘旋走势。盘整结束后，股价再次向上运行，因此是一个升势持续信号。低档盘旋为下跌中继整理形态，股价脱离头部区域，形成一波下跌走势后，很快停止下跌势头，在低价位附近呈现盘旋走势。不久，股价脱离盘区，再次向下运行，因此是一种跌势持续信号。

高档盘旋在图表上首先出现一根或数根中大阳线（或阴阳相伴 K 线），然后股价在高位出现盘旋，盘中震荡幅度不大，涨跌幅度很小，以十字线或小阴小阳的形式出现，其形态如同空中盘旋。一般的幅度为：若前面是一根大阳线，其波动范围在这根大阳线的 1/3 左右，最大的不能超过 1/2。若前面是多根上涨阳线，其波动范围在最后一根阳线之内，或总涨幅的 1/3 左右。这种状态持续几个交易日后（一般五个交易日左右），股价选择了向上突破走势，形成新一轮行情。低档盘旋则恰恰相反，盘旋结束后股价选择了向下突破走势，形成新一轮跌势，因此是一个卖出信号。

2. 形态应用法则

辨认形态法则（低档盘旋与下列法则相反）：

（1）前面有一根或多根上涨阳线，或阴阳相伴的 K 线。

（2）股价处于高档震荡，波动幅度很小，为前一根阳线的 1/3 或涨幅的 1/2。

技术含义：高档盘旋前面的涨升行情，表明庄家已经吸纳了大量的低廉筹码，股价步入升势阶段，后面的盘旋现象反映庄家进行洗盘调整行为，是对图形的一种技术性修复，预示后市仍有上攻潜力，因此是一个买入信号。低档盘旋说明庄家在高位逐步抛售筹码，直到最后无人接盘时，股价再下行一个台阶，这时接盘力量有所增强，

以为股价见底回升或超跌反弹，而此时庄家不断地向外抛售，使得股价处于一个狭窄的范围内运行，当接盘逐渐减少，最终必然选择下行，因此是一个卖出信号。

3. 形态效力和操作要点

（1）高档盘旋在股价起涨前要有一个盘整过程，或者是牛皮势道之中。低档盘旋前面则有一段先前的下跌过程，或者在盘跌势道之中。

（2）升势中的中阳线、大阳线要有成交量的积极配合，量价齐升，交投活跃。

（3）在高档盘旋过程中，成交量应相应萎缩，张弛有序，筹码锁定坚固。而低档盘旋在跌势或盘旋过程中，并不十分注重成交量的大小。

（4）在高档或低档盘旋过程中，盘面震荡幅度都收窄，十字线或小阴小阳线为佳，如果是大阴大阳线的话，就不符合形态特征的基本要求。

（5）在高档盘旋结束后，股价再次放量上涨时，可以积极跟进做多。在低档盘旋中，股价向下跌破盘整区域，立即卖出。

（6）高档或低档盘旋时间均不宜过长，太长的盘旋会削弱原有的底气，底气不足就会限制市场向纵深发展。

二、高档盘旋常见技术陷阱

庄家在底部吸纳了大量的低廉筹码后，股价拔地而起，迅速脱离底部区域，市道进入强势之中，但快速的上涨消耗了大量的做多能量，股价在高位出现盘整走势。通常经过短暂的盘整后，后市会出现新一轮升势，因此可在回调低点介入。可是介入后，股价并没有出现如期的上涨行情，反而出现下跌走势将投资者套牢其中。

导致这种结果的原因有：①庄家拉高出货；②市场跟风不足，上行失败；③先前的上涨可能受消息影响，利多过后变利空，股价选择下降。

图 5-20，冠农股份（600251）：股价经过充分的调整后，2013 年 7 月开始出现一波快速反弹行情，不久股价在高位出现盘旋走势，盘中震荡幅度渐渐缩小，涨跌幅度收窄，以十字线或小阴小阳线的形式出现，预示股价经过盘旋后，最终将会向上选择，因而可持多头思维。但是，股价经过一段时间的盘旋后，盘面渐渐趋弱，最后出现一轮下跌行情。

从该股的日 K 线图中可以看出，导致股价下跌的主要原因：一是高档盘旋形态出现在股价已有一定涨幅的阶段性高点，股价涨幅接近 100%，而且在上涨过程中没有出现像样的调整走势，因此市场本身累积了一定的回调风险，此时继续看多显然不切实际。二是由于股价的快速上涨，股价远离移动平均线而导致乖离率偏大，即使经过一

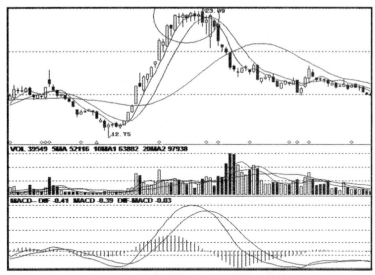

图 5-20　冠农股份（600251）日 K 线图

段时间的技术性修复后，其乖离率仍然较大，此时如果股价进一步上涨，势必导致乖离率进一步加大，这样不利于多头的持续发展，很可能招致巨大的抛压，那么庄家肯定不合算，因此庄家最终还是选择回调走势。三是在股价下跌过程中，成交量明显放大，说明主动性抛盘非常之大，短期后市难见乐观行情。

三、低档盘旋常见技术陷阱

股价成功构筑头部后，迅速脱离顶部区域，出现快速下跌走势，势道由强转弱。但经过快速的下跌走势之后，股价在相对低位呈现企稳走势，市场呈现横向盘整，震荡幅度较窄。通常经过短暂的盘整后，后市将出现新的跌势，此时应以卖出为主。可是卖出后，股价却转跌为升，并走出一波有力度的上涨行情，令出局者大感懊悔。

导致这种结果的原因有：①庄家打压吸货或试盘；②投资价值显现，抄底资金介入；③受利空消息影响，利空过后变利多，股价恢复上涨。

图 5-21，华鑫股份（600621）：在长期的筑底过程中，庄家吸纳了大量的低价筹码，2013 年 6 月下旬庄家继续打压股价，然后在低位出现盘旋走势，盘中震荡幅度收窄，涨跌幅度缩小，以十字线或小阴小阳线的形式出现，预示股价经过盘旋后，最终将会继续下跌，因而可以进行卖出操作。但是，股价经过一段时间的盘旋后，盘面渐渐转强，最后出现一轮上涨行情。

从该股的日 K 线图中可以看出，股价最终见底上涨的主要原因有二：一是股价处于底部区域，下跌遇到前期低点支撑，疑似构筑双重底形态。在没有有效击穿双重底

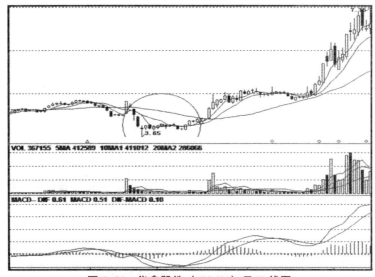

图 5-21　华鑫股份（600621）日 K 线图

之前，不应过分看空后市，应保持观望态度，等待趋势明朗之后再做出买卖决策。二是在下跌盘旋过程中，成交量大幅萎缩，说明主动性抛盘非常之小，浮动筹码已经不多。因此，投资者在低位遇到低档盘旋形态时，应等待趋势明朗或得到其他信号验证后再做出买卖决策，不应盲目看空后市。

四、破解陷阱方法

1. 分析市场性质

分析市场性质是反转行情还是反弹行情，或是试盘性质。如果是反转性质，股价经过短期整理后，最终将选择向上运行。如果是反弹性质，上涨的期望不宜过高，经过短期整理后下跌的概率非常大。如果是试盘性质，后市升势可期。

2. 分析成交量变化

上涨时必须要有成交量放大的积极配合，在盘旋过程中成交量应当相应萎缩，此时为正常的蓄势整理，而不是震荡出货。股价在再次上涨时更需要成交量放大的配合，比前期上涨时的成交量要大，否则上攻势头受到遏制。低档盘旋后股价如果放量上涨，脱离盘旋区域，可以判断前面的下跌是庄家洗盘行情，经过盘旋整理，得到充分的换手资金准备，股价将产生新的上涨行情，这时可以适时买入。

3. 观察盘面走势

如果震荡幅度大，大起大落，表明多空意见分歧较大，后市存在许多变数，应密切关注其走势。如果盘面比较平静，筹码按兵不动，那么上涨是迟早的事。

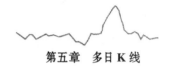

4. 看股价内在的上涨动力

股价上涨有气势、有力度，并且能得到大势配合，后市上涨的动力就强大，否则上涨动力不足，不能指望股价有太大的表现。分析上涨动力的大小，可以根据移动平均线、技术指标、中长期的运行趋势和重要技术点位等因素进行综合研判。

5. 重要的是要树立一种正确的投资理念

高档盘旋后如果股价破位下行，就无须刻意考虑下跌的原因，先行出局回避风险是最佳的首选策略。如果股价向上突破，就要找找上涨的理由，股价为什么会上涨，这样可以避免许多失误。

6. 结合大势分析

大势转暖，宏观环境向好，投资思维趋同。低位盘旋演变为底部形态的概率偏大，高位盘旋成为上涨中继形态的概率增大。反之，大势较弱，宏观环境向淡，投资意识趋散。低位盘旋演变为下跌中继形态的概率偏大，高位盘旋容易演变为顶部形态的概率增大。

7. 分析移动平均线、中短期趋势线、技术整理形态等因素

当这些因素利于多方时，则有可能推动股价向上运行，此时可以适当参与操作。当这些因素利于空方时，则有可能使趋势发展得更为恶劣，此时应及时离场，捂住钱袋，伺机出击。

第六章　星　线

第一节　十字线陷阱

一、形态分析精华

1. 形态形成过程

简评：端部的十字线可视为反转信号，宜进一步确认形态的有效性。

特征：十字线也叫十字星，这种 K 线含待变意味，必须进一步确认形态的有效性。在 K 线图中，从开盘价到收盘价之间的价格段称为实体，价格波动超出实体之外的部分称为影线，收盘价和开盘价在同一价位或者相近，没有实体或实体极其微小的特殊的 K 线形态，就叫十字线。

十字线的出现表示强烈的市场方向的移动或者方向的改变。在一个跌势行情中，这种 K 线图明显增加了反转方向的可能性，但是在第二根 K 线必须高开，且收盘价比它高才能够肯定趋势的方向，如果第三根 K 线的开盘价能高过第二根 K 线的上影线则其升势将更强烈。同样，在一个升势行情中，这种 K 线图明显增加了反转方向的可能性，但是在接下来的第二根 K 线必须低开，且收盘价比它低才能够肯定趋势的方向，如果第三根 K 线能低过第二根 K 线的下影线则其跌势更为迅猛。

在股市中除常规的阴阳 K 线外，十字线是出现频率最高的 K 线图形，因此研究十字线对实盘操作具有十分重要的指导意义。但实盘中大多数的十字线，对行情的判断没有太大的实质意义，只有在特殊位置出现的一些特殊的十字线，才具有分析判断意义。若这种 K 线出现在股价高档时，且次日收盘价低于当日收盘价，表示卖方力道较强，股价可能回跌，这是明显的出货信号；若这种 K 线出现在股价低档时，且次日收盘价高于当日收盘价，表示买方力道较强，股价可能上扬，这是明显的买入信号。当然，特殊的十字线是从普通的十字线演变而来的，因此投资者必须掌握一般十字线的基本特征及十字线的种类和用法。

标准的十字线，开盘价等于收盘价，且上影线与下影线的距离也大致相等，但在实盘中出现大量的变异形态。通常上影线越长，表示卖压越重；下影线越长，表示买方旺盛。但在操作中并不刻意强调十分标准的图形，只要接近这样的图形即可，其分析结果也大致相当。十字线大多出现在价格上升滞胀，或价格下跌企稳时，也经常在盘整行情中出现。

十字线可以单独分析，也可以与前后其他的 K 线组合在一起进行分析，这样得出的分析结果更加可靠，目前市场上常见的组合星线有：黄昏之星、早晨之星、弃子之星等。

十字线产生的主要原因：①跳空开盘；②盘整状态；③庄家故意所为；④外围因素影响；⑤市场趋向平衡。

2. 十字线的种类

根据十字线所处的位置不同可以分为终结十字线、中继十字线、回抽十字线和普通十字线等。根据十字线排列的数量多寡可以分为十字单线、十字双线和十字多线等。根据十字线形态的不同可以分为射击之线（也叫长腿十字线）、流星之线（也叫墓碑十字线）等。

（1）终结十字线。出现在一轮行情的末端，预示先前的行情即将结束，后市可能朝相反的方向运行，将这个位置出现的十字线称为终结十字线。如黄昏之星、早晨之星都属于这类形态。

（2）中继十字线。在一轮持续的行情中出现，预示原先行情仍在持续发展之中，后市可能向纵深发展，将这类十字线称为中继十字线。有上涨中继十字线和下跌中继十字线两种。

（3）回抽十字线。在股价突破某一个重要的技术位置后（前期成交密集区域、颈线位、趋势线、技术形态、整数关口等阻力位和支撑位），自行回抽确认这个位置的有效性程度，从而形成的十字线称为回抽十字线。有向上回抽十字线和向下回抽十字线两种。

（4）普通十字线。在股价盘整或持续状态之中，出现最多的一种星线，经常出现一个或多个十字线图形，这类十字线对行情判断没有太大的实质意义，因此将这类十字线称为普通十字线。普通十字线的最高价或最低价与收盘价的距离，一般小于 2.5%，这是所有十字线中最常见的一种。

（5）跳空十字线。星线与实体 K 线之间存在跳空缺口的十字线，具有非常强烈的

反转意义，这类十字线称为跳空十字线。在上升或下跌趋势中，如果十字线与前后的K线均发生跳空（包括上下影线也互不接触），就形成弃婴形态，是一个十分重要的转势信号。

（6）十字单线。只出现一个十字线图形的，叫十字单线。在盘面任一阶段都有可能出现，要结合所处的具体位置进行分析。

（7）十字双线。连续出现两个十字线图形的，叫十字双线。在盘面任一阶段都有可能出现，要结合所处的具体位置进行分析。

（8）十字多线。连续出现三个以上的十字线图形，叫十字多线。大多出现在阶段性底部或头部盘整阶段。

（9）射击之星。股价大幅跳空高开或低开后，有力地大幅向内回拉，绷紧弓弦，最后向外有力射击，形成射击之星。这种形态可以出现在市场的顶部区域，也可以出现在市场的底部区域。

（10）流线之星。形态与射击之星相反，股价小幅高开或低开后，有力地向外大幅发散，然后很快返回到开盘价附近，其形态和走势如同宇宙流星般，故得其名，经常出现在阶段性头部或底部区域。

3. 十字线的意义

十字线是一种不同凡响的趋势反转信号，如果市场正处于一个重要转折点，或者正处在牛市或熊市的晚期阶段，或者已经有其他技术形态发出了警告信号。那么，此时出现的十字线就应当看成是一个重要的转势信号，由于十字线蕴含着多方面的技术意义，忽略一根十字线，就可能招致重大风险。十字线代表多空双方处于平衡的临界点，它既可以是顶部形态信号，也可以是底部形态信号，在许多单独或组合K线形态中，十字线也都充当着重要的角色。十字线的核心技术意义是，出现在趋势行情的尽头才有判断价值，常态下的十字线没有分析意义，可以放弃不予理睬。

（1）上涨初期十字线。一只长期在底部盘整的个股，突然有一天跳空高开，小幅收高后，不巧遇到大盘大跌，但最后还是收了一个有跳空缺口的十字线，其意义非常重要。一只个股长期盘整，说明有资金在洗盘、吸筹，跳空向上就说明有向上拉升之势，不巧遇大盘大跌，只好收一个十字线。而跳空缺口并没有补掉，代表资金做多的决心，虽然后期可能要多盘整几日，但行情会一路看好。这种跳空十字线，又叫启明星。投资者可在后期逢低积极进入，一是判断跳空缺口是否会被回补，二是看后期是否是放量上涨、缩量整理，以判断其个股后期走势的有效性。

（2）上涨中期十字线。一只个股在正常上涨通道中，一日拉出一根大阳线，投资者一致看好。谁知，第二天平开，只是上下小幅震荡，并没有出现想象中的强势。第一天追涨的人，又担心有回调的可能，会有很多人逢短期高点卖出。结果，第三日却又收一根大阳线，拉升就此展开，让第二日卖出的投资者痛心疾首。上涨中期的个股，第一天大阳线，第二天收十字线，是庄家震荡洗盘的手法，故意做出上涨无力的样子，缩量收十字线是其要点。

（3）上涨末期十字线。一只个股在上涨末期，收出一个十字线，一般有见顶嫌疑。因为一只个股长期大幅上涨后，参与的资金获利都较丰厚。报收十字线就是代表股价涨不动，而涨不动就意味着下跌的开始，所以此时不要小视十字线的风险。

（4）盘整中的十字线。一只个股在箱体震荡时，经常出现十字线，此时的意义不大，只是庄家资金在震荡洗盘，不过通过洗盘后，如能放量拉升，可以积极参与。

4. 形态效力和操作要点

十字线是一种非常独特的线形，它的内涵非常丰富，能够揭示市场内在的许多方面信息，但是判断形态效力非常难以把握，使用时需要与前几日的线形比较、十字线所处的位置、其他技术信号和即时市场行情等因素综合判断。

（1）底部十字线如果带有较长的下影线，可以加强见底信号，而顶部十字线如果带有较长的上影线，可以加强见顶信号，反之降低十字线的可信度。

（2）如果十字线与前一天的K线之间存在跳空缺口现象，可加强后市反转的信号。前一天K线的实体颜色反映市场趋势，十字线意味着先前的趋势即将发生变卦。

（3）如果前几天的线形大多属于十字线，那么现在出现的十字线并不重要。因此，只有把十字线放到更宏观的环境里观察，才可以得出更具有价值的信息。

（4）从量能方面分析。出现十字线走势后，行情能否上升，并演变成真正具有一定动力的强势行情，成交量是其中一个决定性因素。构成十字线前后，量能始终能保持温和放大的，十字线将会演化成阶段性底部形态；如果形成十字线走势时成交量不能持续放量的，显示市场增量资金入市处于疑虑观望状态中，则容易形成下降中继形态。

（5）从成交密集区进行分析。成交密集区是市场行情走向的重要参照物，以此判断十字线所处的高低位置，当所形成的十字线离上档成交密集区的核心地带越近，将越容易形成下降中继形态；当所形成的十字线离上档成交密集区的核心地带越远，则越容易形成阶段性底部形态。

（6）从行情热点分析。如果热点趋于集中，并且保持一定的持续性和号召力，将会使热点板块有效形成聚焦化特征时，就会使增量资金的介入具有方向感，有利于聚拢市场人气和资金，使后市行情得以健康发展，则十字线必然向阶段性底部形态的方向

发展。如果行情热点并不集中，而且持续性不强。热点呈现多方出击态势，则说明热点缺乏号召力和资金凝聚力，不能有效激发稳定上扬的市场人气。此时，热点将逐渐趋于大面积扩散，容易造成市场有限做多能量的迅速衰竭，从而使所出现的十字线最终演化为下降中继形态。

（7）从市场走势方面分析。如果股价处于反复震荡筑底走势中出现的十字线大多属于阶段性底部形态，投资者可以适当参与。如果股价处于下降通道中形成的十字线，大多属于下降中继形态，投资者不能轻易买进。

（8）需要注意的是，只有在一个不经常出现十字线的条件下，偶尔出现一个十字线，才具有重要的分析意义。如果在股票走势图上频繁出现许多十字线，那么出现新的相同类型的十字线，也属于普通十字线。

二、十字线常见技术陷阱

十字线虽然是特殊的K线形态，但出现的频率非常高，一般反映双方市场争夺战暂告一段落，力量势均力敌，市场趋向平静，由此也表明了原来占据市场优势的一方，因受到对方力量的扼制而暂时放弃进攻，而原来不占据市场优势的一方积累了一定的力量，借机发起攻击，阻挡了对方进攻势头，预示市场向另一个方向运行。也就是说，在一轮持续上涨的单边行情中，多方暂时放弃上涨势头，空方借机发起打压，有可能改变原来的市场运行趋势，导致股价下降，从而构成卖出信号。同样，在一轮持续下跌的单边行情中，空方下跌势头渐渐衰竭，而多方借机进行拉抬，有可能产生反弹或反转行情的出现，因而构成买入信号。但是这完全是理论上的论述，在实盘操作中庄家常常利用十字线形态迷惑散户，制造虚假的十字线信号或技术陷阱。

1. 低位十字线陷阱

股价经过长期的下跌后，在底部出现一根十字线，表明下跌动能衰竭，上攻能量已经悄然形成，预示后市股价企稳反弹或反转的可能性比较大，因此是一个买入信号。谁知，市场底下有底，跌了还跌，十字线成为虚假信号。

图6-1，绿茵生态（002887）：庄家为了达到坐庄的目的，从2018年5月31日开始，股价大幅下跌在低位连收三根十字线，这时相信"技术形态"的散户，以为股价跌幅相对较低，没有续跌的力量，十字线是一个止跌信号，股价将要展开上涨行情。而且，这些十字线出现在前期的两个低点附近，此处对股价起到支撑作用，有构筑多重底形态的可能，于是纷纷买入股票。可是，当投资者买入股票后，股价只是小幅的回抽行情，很快转为下跌行情。

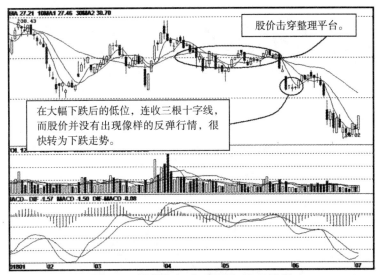

图 6-1　绿茵生态（002887）日 K 线图

那么该股十字线形态出现后，为什么股价没有止跌呢？主要原因：

（1）成交量没有持续放大，特别是在回升反抽之中，得不到成交量的支持，缩量整理态势成为下跌中继十字线的可能性比较大。

（2）均线系统持续走低，对股价上涨构成重大压制，短期受 10 日均线压力非常明显，30 日均线持续走低，表明中短期市场偏弱。

（3）十字线产生后的第二天，仅仅出现一根缩量小阳线，其攻击力度非常有限，是一次短期技术性修复走势。

（4）在出现十字线的前几天，股价快速向下击穿整理平台，随后当股价反弹到该整理平台附近时（又遇 30 日均线压力），受强大的压力而转为下跌。

图 6-2，安源煤业（600397）：股价见顶后逐波下跌，不断创出调整新低，在低位经过一段时间的横向震荡后，股价再次向下破位。不久，在低位收出一根长脚十字线，预示股价有见底回升迹象，可以买入持股待涨。可是，后市走势出乎预料，股价渐行渐弱，将投资者套牢于"十字架"之上。

从该股盘面分析，同样是一个技术陷阱。主要原因：

（1）股价反弹得不到成交量的支持，表明入场资金十分谨慎，庄家做多意愿不够强烈。一般而言，在下跌过程中出现的缩量十字线，演变为下跌中继十字线的可能性比较大。

（2）均线系统持续压低，对股价上涨构成重大压力，在收十字线的当天股价受 5 日均线的压力而回落。

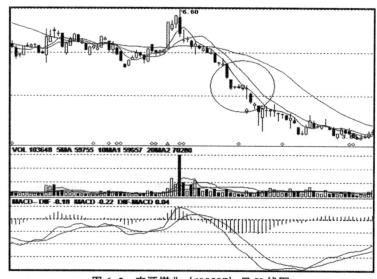

图 6-2 安源煤业（600397）日 K 线图

（3）十字线没有得到第二天的确认，第二天股价低开低走收出一根中阴线，并跌破十字线的最低点，也是市场调整新低，此时十字线完全失去"止跌"作用，后市继续看跌。

（4）在出现十字线的前几天产生两根大阴线，随后出现的小 K 线和十字线，是对前面两根大阴线的技术性修复，还不具备上攻条件。

（5）股价刚刚向下脱离前期震荡整理区域，空头力量处于气势高傲之中。此时出现的十字线形态，大多充当多头抵抗性走势，对股价反转起不到决定性作用。

综上所述，这根十字线是一个下跌中继形态，仅是多头盘中抵抗性反弹而已，后市短期内难见乐观行情。

2. 中位十字线陷阱

在上涨和下跌过程中，均有可能形成中继十字线信号，也隐藏着许多虚假的盘面信息。

（1）上涨中继十字线陷阱。股价见底后有了一定的涨幅，为了日后更加有利于上涨，庄家主动展开洗盘换手动作，在 K 线图中出现一根形同顶部的十字线形态，导致股价小幅回落。当投资者纷纷撤退后，庄家洗盘换手结束，股价止跌上涨。

图 6-3，腾邦国际（300178）：庄家为了达到洗盘的目的，在股价经过一段时间的持续上涨行情后，在相对高位区域以十字线形态收盘，这时不少投资者以为股价涨幅已大（从 12.13 元涨到 18.20 元，涨幅 50%左右），后市不会有太多的上涨空间，股价可能出现下跌走势，因而纷纷卖出股票。但是由于卖出股票后，市场上的浮动筹码及潜在的卖压减少，因此股价并没有出现持续下跌走势，反而出现上涨走势，这正

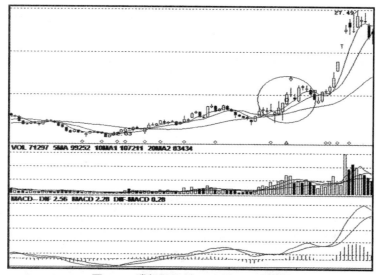

图 6-3　腾邦国际（300178）日 K 线图

中了庄家的"调虎离山"之计，使投资者吃了一回十字线的亏。

从该股的技术图形分析，股价虽然已有 50% 左右的涨幅，但这个幅度并不算大，庄家介入一只股票后，这个幅度对庄家来说获利非常微薄，甚至可能还是成本位置（也就是说，庄家不可能在最低价建仓，最高价抛出），因此后市上涨空间较大。而且，该股量价配合得当，涨时放量，跌时缩量，在后续几个交易日里得到体现。另外，均线系统坚挺有力，支持股进一步走高。因此，这个十字线不是见顶信号，而是上涨中继调整形态。

在上涨中途出现十字线后的第二天走势非常重要，可关注下列盘面因素：

1）如果第二天在盘中出现大量获利回吐盘的话，则预示着股价后市出现滞涨回落整理，甚至出现下跌的可能。如果第二天盘中抛盘逐步减少的话，那么这预示着股价将继续向上运行。

2）如果第二天收出大阴线，吞没了十字线前一天大阳线的一半以上，股价短期面临回调的可能性大增。如果第二天出现涨跌幅度不大的小阴小阳线或再收十字线，说明股价处于盘旋状态，后市仍可看涨。如果第二天报收中阳线，表示股价调整结束，后市继续升势。

3）如果第二天出现缩量整理，说明庄家洗盘整理的可能性较大。如果第二天出现放量滞涨现象，应引起警惕。

（2）下跌中继十字线陷阱。股价见顶后出现了一定的跌幅，由于庄家没有完全派发筹码，于是在 K 线图中出现一根形同底部的十字线形态，引诱投资者入场承接筹码。

当投资者纷纷介入后，庄家却反手做空，股价从此再次步入下跌的不归路，看涨意义的十字线显得颇为寒气。

图 6-4，好想你（002582）：该股反弹结束后在高位出现震荡走势，主力在震荡过程中不断减仓，当主力手中筹码所剩不多时，股价渐渐向下滑落。2018 年 6 月 19 日收出一根十字线，意味市场有见底企稳迹象，可以作为买入信号看待。可是随后的走势否定了这一判断，股价经过短暂的整理后，继续出现下跌走势，不断创出调整新低。

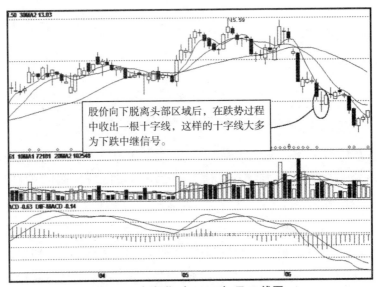

图 6-4　好想你（002582）日 K 线图

该股十字线形成后，为什么股价没有止跌呢？从日 K 线图中可以看出：

1）成交量出现持续萎缩态势，表明入场资金不够积极，股价难以持续上涨，这种情形下十字线容易演变为下跌中继形态。

2）均线系统已经由原先的多头排列转为空头发散，对股价上涨构成重大压制，表明中短期市场向淡。

3）从形态分析，在十字线出现之前，股价已经击穿了前面三重顶的颈线，十字线只是股价放缓下跌步伐而已。因此，这样的十字线不是见底信号，而是下跌中继调整形态，投资者应尽快离场。

3. 洗盘十字线陷阱

当股价上方遇到阻力或者即将面临突破之前时，庄家往往采用震荡手法，以消化盘中浮动筹码，这时容易出现十字线形态，而这时的十字线经常让人产生误解，以致造成判断失误。

图 6-5，贝肯能源（002828）：该股在盘整过程中形成两个明显的小高点，2018 年 5 月 10 日股价回升到前期两个高点附近时，收出一个十字线形态，此时就有不少散户认为股价反弹受阻，面临技术回调风险，因而选择离场观望。可是，此后股价并没有出现大幅回调走势，经过短暂的蓄势整理后，股价出现快速拉高行情，一连拉出 5 个涨停板。

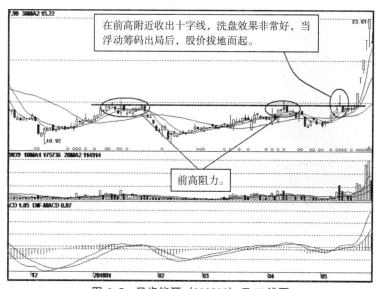

在前高附近收出十字线，洗盘效果非常好，当浮动筹码出局后，股价拔地而起。

前高阻力。

图 6-5　贝肯能源（002828）日 K 线图

其实，从该股日 K 线中可以看出，庄家底部构筑非常扎实，吸纳了大量的低价筹码。均线系统呈现多头排列，上行的 30 日均线支撑股价向上走高。在股价回调时也没有明显的成交量出现，说明主力筹码非常稳定。再者，股价离底部不远，本身也没有太大的下跌空间，所以投资者大可不必为之担心。

4. 高位十字线陷阱

股价从底部开始上涨已经有了不小的涨幅，盘面堆积了较多的获利筹码，股价高高在上，历史新高一次又一次地被打破，忽然一天在高位出现一根十字线。这个十字线让多方很不舒服，暗示股价即将见顶，因此是个卖出信号。可是股价经过小幅调整后，仍然强势上涨，这时的十字线成为一个技术陷阱。

图 6-6，东方财富（300059）：该股见底后渐渐企稳回升，不久在高位收出涨停阳线，第二天股价冲高回落，在高位收出一根十字线，第三天股价跌停收大阴线，K 线形态上形成"黄昏之星"形态。此时股价涨幅已大，这根十字线意味股价即将见顶，因而落袋为安并不为过。但未曾想到的是，经过一段时间的横盘整理后，股价再次向上突破，出现一轮飙涨行情。

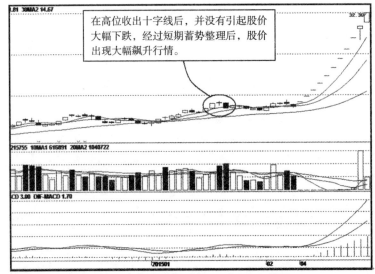

在高位收出十字线后,并没有引起股价大幅下跌,经过短期蓄势整理后,股价出现大幅飙升行情。

图6-6 东方财富(300059)日K线图

在涨势高点出现十字线时,可以从以下三个方面进行分析:

(1)要仔细观察出现十字线之前股价的走势情况,如果股价出现了加速上涨并且上涨幅度比较大的话,那么在收出十字线之后,股价出现回落的可能比较大。至于回落的幅度有多大,就要看盘中抛售情况,如果抛盘严重,股价回落幅度就大。

(2)密切关注出现十字线盘面的动态,要是当天股价波动的幅度比较大,并且成交量出现明显放量现象,那么股价出现回落的可能性相当大,而且很可能会出现快速回落。

(3)如果在出现十字线之后,股价出现了回落,投资者就要关注30日均线的支撑力度,若30日均线持续上行,后市仍然谨慎看多,此时股价在30日均线上方一旦放量上涨,可以积极看多做多;若股价回落到30日均线附近时,得不到有效的技术支撑,后市股价很可能就会引发一波下跌行情。

从该股日K线图中可以看出,在出现十字线之前虽然有过一段快速上涨行情,但股价张弛有序,盘面走势稳健,且在出现十字线的当天抛压不算严重,这从成交量上可以找到答案,没有出现异常放量现象。在随后的调整过程中,股价获得30日均线的有力支撑,缓缓上移的30日均线力挺股价上涨,因此起码短期不至于悲观。投资者可以关注30日均线附近的盘面变化,若股价坚守在30日均线上方,就大可不必担心,若股价一旦有效击穿30日均线时,应及时止损出局,以免损失扩大。

5.十字线相关位置陷阱

市场在长期的运行过程中,自然而然地产生一些重要的技术位置,如移动平均线、趋势线(通道)、技术形态、成交密集区域及整数点位等,这些位置常常成为后市运行的支撑位和压力位。庄家为了达到自己的坐庄目的，就会在这些位置附近制造技术陷阱。例如，在建仓或洗盘时，就会在压力位附近制造假十字线，造成上涨压力的假象，以此误导散户离场；在高位出货时常常会利用支撑位做图形，形成技术支撑的假十字线，以此欺骗散户入场。

图 6-7，浦东金桥（600639）：股价经过一段时间的盘整后企稳回升，不久当股价反弹到 60 日均线附近就出现了十字线的走势，从图表显示股价既受到 60 日均线的压力，又遇到前期成交密集区域，在此双重压力下收出这根十字线，其后市看空气氛非常明显。但股价经过短暂的回落调整后，很快股价以放量涨停的方式向上突破 60 日均线的压制，随后经过短暂的整理后，迎来了一波快速上涨行情，股价连拉 5 个涨停板。

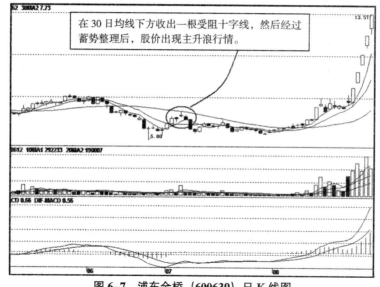

在 30 日均线下方收出一根受阻十字线，然后经过蓄势整理后，股价出现主升浪行情。

图 6-7　浦东金桥（600639）日 K 线图

从该股日 K 线图中可以看出，在出现十字线的当天，股价曾经试图突破 60 日均线的阻力，但挑战失败，收出了这根十字线，从而引发了股价随后的这波下跌行情。但在这次下跌过程中，成交量并没有出现放大，反而出现了一定程度的萎缩。这就表明股价遇到 60 日均线的阻力后，股价在出现下跌时并没有引发大量的抛盘现象，说明盘中持股者的信心还是比较坚定的。股价经过一段时间的整理后渐渐企稳回升，在回升的过程中股价向上突破 5 日、10 日均线。从这些盘面的迹象来看，这至少说明盘中的做多力量并没有衰退，否则股价不可能这么快就企稳回升。

当股价再次运行到 60 日均线附近时，做多的力量瞬间爆发出来，股价开盘后就快速突破 60 日均线的压力，最终以涨停板收盘，并且成交量出现明显的放大，表明多头

能量非常踊跃，做多意愿非常坚决，股价运行过程中呈现出来的这些特征，至少反映了买方占据市场优势。

由此可见，该股在出现十字线后，能够成功突破60日均线的阻力，并且继续快速上涨主要是基于以下四点：

（1）股价在前一次试图突破60日均线的阻力失败后出现了回落，经过这次的回落整理后，重新聚积了做多能量，同时市场充分消化了60日均线附近的阻力，从成交量的逐步萎缩就能证明这一点。

（2）经过回落股价在回升过程中非常稳健，稳扎稳打地推动股价回升，这一过程中成交量的温和放大就可以说明这一点。

（3）当股价运行到60日均线附近时做多力量非常坚定，在股价试探性地突破时，发现60日均线附近压力并非很大，买方一鼓作气地向上冲击并攻占了60日均线，从报收于涨停板，就足以证明了这一点。

（4）当股价回落时，即遇到前期低点支撑，迅速被多方拉起。

图6-8，中新药业（600329）：该股成功见底后，出现一轮涨升行情，股价从8.67元上涨到了17.29元，涨幅达到100%，然后股价进入盘头阶段，在高位出现震荡走势，由于获利盘的不断抛压，股价渐渐回落。不久，股价下探到60日均线附近时，出现了一根十字线。从图表显示股价得到60日均线的支撑，在此似乎有一定的买盘介入，预示股价将迎来反弹行情。但是，股价经过短暂的上冲后，很快出现回落走势，击穿了60日均线后，盘面渐渐走弱。

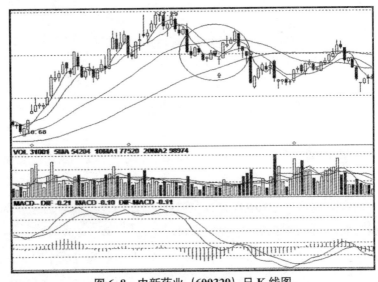

图6-8　中新药业（600329）日K线图

　　从该股日 K 线图中可以看出，股价在 60 日均线上方收出了这根十字线，具有一定的技术意义，但不足之处在于，成交量没有出现放大现象，这表明 60 日均线虽有一定的心理支撑作用，但股价反弹过程中并没有新增资金入场，仅仅属于下跌抵抗性反弹性质。而且，股价反弹时上方遇到 30 日均线的阻力，这就形成了上有压力下有支撑的尴尬局面，但此前毕竟已有一倍左右的涨幅，无论后市怎么发展，短期上涨面临技术压力已在所难免。当股价再次回落到 60 日均线附近时，此时的支撑力度已大不如以前了，股价很快滑落到 60 日均线之下，随后盘面渐行渐弱。从该股的走势可以看出，这是庄家运用 60 日均线的支撑，产生企稳十字线的假象，从中进行出货的一种技术欺骗手段。

　　由此可见，该股在 60 日均线上方，形成虚假的十字线止跌信号，其主要原因是：

　　（1）股价在遇到 60 日均线的支撑后出现了反弹，在反弹过程中庄家进行大量的抛压。

　　（2）缩量反弹说明没有新资金入场，庄家只是"四两拨千斤"，引诱散户入场接单。

　　（3）疑似构筑头肩顶形态，因此十字线之后上涨力度明显不足。

　　（4）30 日均线已由上行状态转变为平走状态，均线"助涨"功能渐渐降低，且此时股价已处于 30 日均线之下，均线已由支撑变为压力，因此 30 日均线对股价后市上涨构成压力。

三、破解陷阱方法

　　十字线形态在 K 线理论中扮演着相当重要的角色，庄家经常利用散户对十字线的信赖，在实盘中制造各种技术形态，引诱散户做出错误的买卖决策，以达到自己坐庄的目的。散户为了防止十字线陷阱，必须特别注意以下九种破解方法。

　　1. 估计目前股价所处的阶段和位置

　　判断股价是否正好接近阶段高点或低点，当股价在上涨行情的后期出现十字线时，暗示涨势接近尾声，为卖出信号。相反，当股价在下跌行情的后期出现十字线时，暗示跌势接近结束，为买入信号。如果十字线在盘整阶段出现时，则表明多空双方力量相当，并未出现胜负一方，必须再决胜负，方可定局。

　　2. 结合波段的循环周期分析

　　通常庄家制造十字线的时机，大都与波段循环的高点或低点的位置不相符，因此细心的散户可以用波浪理论进行研究，可以发现其中存在的破绽。

　　3. 观察目前股价所处的技术位置

　　通常股价在遇到技术形态的压力或支撑时，经常会出现十字线形态，如趋势线、

前期成交密集区域、移动平均线、整数点位等技术位置，当股价在上涨或下跌时，接近这些技术位置时，在K线上留下十字线的情况比较多，表示上档卖压沉重或下档买盘较强，这是实盘常见的技术形态，散户可以适当地做短多或短空。因为这种情况形成的股价回档或反弹，其幅度与时间都非常短暂，只能以行情暂时休整看待，不能当作波段行情的结束。

4. 看十字线出现的位置

十字线形态出现之后，无论是底部还是顶部，或者是在趋势行情的中途，散户都应该引起注意。若出现在股价下跌行情中，操作策略上应该注意股价第二天的表现，如果第二天股价能够收出阳线，并且收盘价高于十字线中的最高价或收盘价。那么，第二天收出的这根阳线，就是一个确认信号，也就是说这根阳线验证或确认了前一天收出的十字线形态是有效的，说明这根十字线是代表市场跌势已经接近尾声的信号，此时可以入场做多。如果第二天没有产生这种确认信号，那么散户不要急于进场操作，应该先观察股价接下来几天的走势，若能企稳的话，方可进场操作，否则还是多看少动为好。

如果这种十字线形态出现在市场行情的顶部，行情反转的可能性极大，操作策略上应该谨慎了，在出现十字线形态的第二天，股价的走势也是相当重要的。如果第二天收出一根阴线的话，那么这根阴线就是前面这根十字线的一个确认信号，也就是市场走势要反转的确认信号，这时散户应及时果断卖出手中的筹码，获利了结确保胜利果实。如果出现十字线的第二天，股价能收出阳线，那么接下来的走势中，股价可能还会有一个上冲的过程。但此时散户也应该时刻谨慎，一旦股价出现上涨无力的情况，应坚决离场。

如果这种十字线形态出现在股价刚刚启动不久的中部，那么此时所代表的市场含义是股价上涨会暂停，市场可能会有一个短暂的调整过程，还不是最后的反转信号，后市有可能会出现加速上涨。在操作上，关键是要把握好节奏，如果出现十字线的几天时间里，在股价小幅震荡后下探回拉时，就可以进场操作了。

5. 看十字线的上下影线

十字线通常表明多空双方旗鼓相当，不分胜负。这种形态一般预示着股价将会进入转势或盘整阶段。如果十字线的上下影线比较长，说明多空双方的争夺比较激烈，盘面震荡幅度比较大，后市有可能出现反转走势。如果其上下影线比较短，说明多空双方争斗并不那么激烈，盘面震荡幅度比较小，后市有可能进入盘整状态。

6. 十字线很需要其他技术形态做进一步确认

试想当底部十字线在低位形成，市况已积弱多时，重建买盘信心不易。同理，在

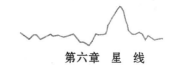

持续升势中，投资者买货意欲强烈，总是相信后市还会再升，当出现顶部十字线时，投资者信心仍强。因此，若在底部出现十字线后，再呈大阳线反弹上升，可确定升势。相反，若在顶部出现十字线后，再呈大阴线下跌，可确定跌势。

7. 可以采用加减还原法进一步理解十字线的信号效果

将第一天的开盘价与十字线当天的收盘价进行加减，形成二线合一的虚拟线。若所得的虚拟线越短，则反映原来的趋势越有可能出现改变。若所得的虚拟线越长，十字线就会支持原有的趋势发展。

8. 下跌趋势中的十字线更需要时间和验证

虽然十字线在引发市场的顶部反转方面有过人之处，但是根据经验来看，在下跌趋势中，十字线往往丧失了发挥反转作用的潜力。其中的原因可能是这样的：十字线反映了买方与卖方在力量对比上处于相对平衡状态。由于市场参与者抱着观望的态度，市场往往因为自身的重力而下坠。因此，当十字线出现在上升趋势中，市场可能向下反转，而十字线出现在下跌趋势中，市场则可能继续下跌。因为十字线在构成底部反转信号时，比作为顶部反转信号时更需要时间和验证。

9. 看十字线与 K 线图的周期

需要指出的是，尽量不要采用周期较短的 K 线图，因为其交易量低，股价波动小，会出现许多十字线，而这些十字线都属于普通十字线，没有市场分析意义，因此对十字线进行分析时，最好使用日线或周线的走势图。

第二节　一字线陷阱

一、形态分析精华

1. 形态形成过程

简评：多方或空方超强势信号，无须确认形态。

特征：这是 K 线的一种特殊形态，开盘价、收盘价、最高价、最低价四个价位完全相等，一字线一般出现在股价开盘即停板（涨停板和跌停板）并保持封盘不开板时才出现，表示股价出现极端走势，具有特别重要的意义，非停板情形下很少出现这种情况（目前沪深两市尚无先例）。

　　股票以涨停板或跌停板开盘，整个交易日都处于该价位直到收盘封盘不动，这就形成一字形。这种线形的出现是市场趋势非常强烈的一种表现，出现一字形涨停板，说明多头力量非常强大，后市将会继续上涨；出现一字形跌停板，说明空头力量来势凶猛，后市将会继续下跌，散户应果断离场，因为很多时候一字线连续多日出现。

　　一字线可以分为一字阳线和一字阴线两种：

　　（1）一字阳线。其形成原理是：股价一开盘即涨停，且全天封于涨停板位置，从而形成一字阳线。这种形态大多出现在极端的上涨趋势或向上突破行情之中，有时也出现在超跌反弹行情之中，很少出现在盘整行情里，除非有重大利好消息刺激。

　　一字阳线出现在上涨的初期，表明市场急于拉高，反弹力度非常强劲，后市有持续走高的动力。如果出现在上涨的中段，表明市场筹码锁定性很好，股价气势高涨，可能步入主升段行情，后市可能会出现加速上涨，甚至出现暴涨行情。如果出现在上涨行情的末期，表明市场在刻意拉高，伺机出货，一旦封盘出现动摇，可能会引来巨大的抛盘出现，这时投资应尽快获利了结。

　　（2）一字阴线。其形成原理是：股价一开盘即跌停，且全天封于跌停板位置，从而形成一字阴线。这种形态大多出现在极端的下跌趋势或向下突破行情之中，有时也出现在强力洗盘走势之中，很少出现在盘整行情里，除非有重大利空消息影响。

　　一字阴线出现在市场高位，股价一开盘就跌停，且当日封盘不动，表明市场即将见顶，下跌力量一旦形成，往往跌势极其凶猛，投资者应尽快离场。如果出现在下跌行情的中段，表明股价仍然处于加速赶底或庄家不计成本地兑现筹码之中，这时投资者应坚决斩仓割肉离场。如果出现在跌势的后期，市场会有两种可能：一是加速下跌，二是最后一跌。识别这两种情况的关键，在于其后几天的走势，若第二天股价出现探底回升，且最后收出上攻阳线，那么很可能就是最后一跌。若次日股价继续下跌，买方没有任何抵抗性举动，那么市场很可能处在加速赶底过程之中。

　　技术意义：一字线是一种强烈的持续或转势信号。在涨势行情中，尤其是股价上涨初期出现一字阳线，往往反映市场有重大利好被一些先知先觉者察觉而捷足先登。因此在涨升初期出现一字阳线时，投资者应采取积极做多策略。通常一字阳线出现之后，股价继续上涨的可能性很大。在跌势行情中，尤其是股价下跌初期出现一字阴线，往往反映市场有重大利空或是股价炒过了头，庄家率先出逃所致。通常一字阴线出现之后，股价继续下跌的可能性很大，投资者应及时离场操作。

　　2. 形态效力和操作要点

　　（1）缩量出现一字线时，后市可能还会出现多个一字线形态。涨势中的一字线，持股者坚定持股不动，稳健的做法是在打开涨停板时抛出。跌势中的一字线，持股者在跌停价位挂单卖出，当天无法成交时，第二天继续提早挂卖单，持币者冷静观望。

（2）在形成一字线过程中，观察"成交明细表"的变化，如有大手笔交易的话，续涨续跌的可能性值得怀疑。

（3）有朦胧消息没有公开时，市场还将会朝原方向发展，直到消息明朗为止，此时散户就不能追涨杀跌了。

（4）在初升期出现一字线涨停时，散户应采取积极做多策略，若当天无法买进，第二天可以继续追进，股价继续上涨的可能性非常之大；在初跌期出现一字线跌停，散户应果断斩仓出局，若当天无法卖出，第二天可以继续卖出，股价继续下跌的可能性非常之大。

需要特别提醒的是，连续出现多个上涨一字阳线，在股价大幅飙涨后，盘内打开涨停板时，尽量不要追涨，此时风险比率大于收益比率。相反，连续出现多个下跌一字阴线，在股价大幅跳水下跌后，盘内打开跌停板时，千万不要认为股价已经跌得很低，而贸然入场接单，此时风险仍然很大。

二、一字线常见技术陷阱

一字形 K 线是一个极其强劲的信号，通常预示着行情将走向极端，是一个可望而不可即的信号。但是实盘中并不是所有的一字形 K 线都是这样的，有时其走势大大出乎预料，甚至被庄家利用变成技术陷阱。

1. 一字阳线陷阱

股价经过长期的下跌后，在低位出现较长时间的调整，不久股价出现一字阳线，预示后市将脱离底部区域，步入快速上升轨道，因此构成买入信号。可是，后面的走势恰恰相反，庄家继续砸低股价吸货，一字阳线的看涨意义荡然无存。

或者，股价经过一段小幅升势行情后，在相对高位出现一字阳线，预示着市场将进入快速拉升阶段，因此构成买入信号。可是，股价很快调头向下，一字阳线成为庄家出货的工具。

图 6-9，襄阳轴承（000678）：该股经过长时间的调整后，股价累计跌幅非常之大，也引起了散户抄底的兴趣。2017 年 10 月 11 日和 2018 年 1 月 15 日分别出现一字阳线，两次的盘面特征 K 线极其相似，反映市场下跌已经结束，后市将迎来涨升行情的可能，因此可以做为买入信号看待。可是，第二天股价都出现高开低走，收出一根放量大阴线，产生"乌云盖顶"形态，随后股价渐行渐弱，再次陷入调整走势，成为涨停一字

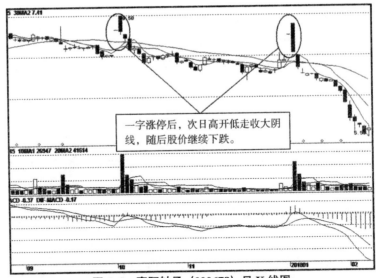

图6-9 襄阳轴承（000678）日K线图

线陷阱。

从该股的日K线图中明显可以看出，庄家利用一字阳线制造多头技术陷阱，达到高位减仓的目的。其实，从日K线图分析中也能发现以下技术疑点：

（1）在一字阳线出现之前，股价没有经过充分的筑底过程，底部根基不扎实，也就是说一字阳线来得突然，不符合市场常规走势，疑似庄家故意所为。

（2）均线系统呈现空头下降趋势，对股价上涨构成重大压力，不能有效站稳于均线之上。

（3）盘中抛压十分明显，庄家运用一字阳线达到"四两拨千斤"的效果，然后逢高大肆减仓出货，从涨停后的这根放量大阴线就可以说明这一点。

（4）股价受平台盘区制约，未能形成有效的向上突破，股价难以出现持续升势行情。

2. 一字阴线陷阱

股价成功脱离底部区域后，出现上涨走势，不久股价向下回落出现一字阴线，预示着市场未来将出现跌势行情，应当及时离场观望。其实，这是庄家强力洗盘的一种坐庄手法，很快股价不跌反涨，否定了一字阴线的看跌意义。

或者，股价经过一段跌势行情后，在相对低位出现一字阴线，预示着市场将进入快速下跌阶段，因此构成卖出信号。可是，股价很快止跌回升，一字阴线成为庄家获取低价筹码的建仓手段。

图6-10，兆易创新（603986）：该股经过上市初期的大幅拉高后，股价开始见顶回落，进入中期调整，形成一条向下倾斜的震荡带。2017年8月10日受消息影响，股价

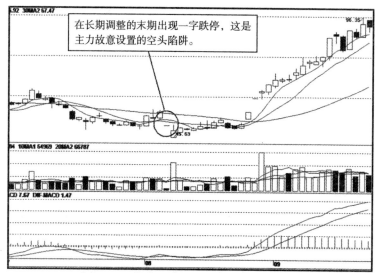

在长期调整的末期出现一字跌停，这是主力故意设置的空头陷阱。

图 6-10 兆易创新（603986）日 K 线图

从跌停板开盘，全天封盘不动，形成一字阴线，股价大有加速下跌之势，此时对于手中持有筹码的散户来说，无不产生几分恐惧，因此选择卖出操作并不为过。可是，第二天大幅低开后向上弹升，经过短期整理后，股价开始反转上涨，成了两市弱市中的牛股。

从该股日 K 线图中可以看出，如果在出现一字阴线时卖出，明显已经踏空。这是庄家利用跌停一字线进行建仓、洗盘的手法，通过一字阴线制造空头陷阱，诱导散户纷纷抛出筹码，从而达到坐庄目的。面对这类个股走势，通过观察盘面的一些细节变化，就能发现一些技术疑点。

（1）该股已到了 C 浪的调整末期，也就是说是庄家最后的砸盘动作，股价很快将会产生底部，一字阴线疑似庄家故意砸盘所为。

（2）没有充分的一字阴线理由，即基本面上没有重大的利空消息影响，技术面上没有大幅下跌的理由，这方面可以从价位上进行分析，若股价已经大幅炒高，庄家基本完成出货后，出现一字阴线，应及时退出；若在大幅调整后的低位出现一字阴线，可能就是最后的杀跌动作，此时反而是一次逢低介入的机会。

（3）做空动能得到较好释放，主力打压力度有限，从第二天低开高走收阳线的走势就能说明这一点。

3. 一字线上涨买入陷阱

股价经过较长时间的调整后，初步得到企稳，形成盘底走势或逐步盘升态势，买盘不断介入，股价出现跳空上涨，甚至以涨停板开盘，全天封盘不动，形成一字线。预示股价已经见底，后市将迎来加速上涨行情，这时应当积极介入做多。

可是在实盘操作中，后市并没有出现上涨走势，反而下跌套牢散户，形成上涨买入一字线陷阱。造成这种结局的主要原因有：

（1）庄家拉高价位在涨停板位置悄悄出货。

（2）突发性利好消息刺激。

（3）投资环境欠成熟，市场跟风清淡。

（4）庄家撤庄离场，股价开始跳水。

图6-11，和顺电气（300141）：该股成功见底后企稳回升，股价逐步盘升而上。2017年9月11日和12日，连续两个交易日股价以涨停价位开盘，当天封盘不动，收出一字阳线，这两根K线突破了前期盘区，预示股价有加速上涨之势，因而可以买入。可是，股价在高位维持短暂的强势震荡后，9月21日股价冲高回落，从此股价渐行渐弱，进入中期调整。

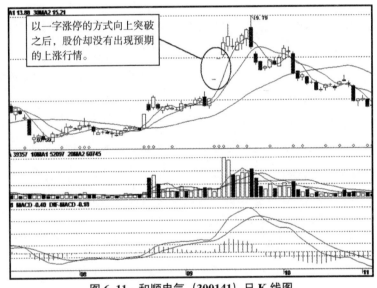

图6-11　和顺电气（300141）日K线图

4. 一字线上涨卖出陷阱

股价成功构筑底部后向上突破，买盘积极，持股坚定，连续出现若干个向上的一字线形态，短期内股价有了较大的幅度，多方能量得到了有效的发挥，这时不少投资者产生恐慌心理，就采取获利了结落袋为安的操作策略。

可是，市场经过短暂的休整后，再次出现一轮不俗的升势行情，形成上涨卖出一字线陷阱，令出局者蹬足唏嘘。出现上涨卖出一字线陷阱的主要原因有：

（1）庄家拉高建仓。

（2）突发性利空消息影响。

（3）庄家实力强大，疯狂拉升。

图 6-12，超频三（300647）：该股经过长期的调整后企稳回升，底部不断抬高。2018 年 3 月 8 日开始股价连续拉升，向上突破前期整理平台，其间出现连续三个一字阳线，随后开板震荡，这时短期股价累计涨幅已大，说明反弹行情基本结束，后市面临回调风险，因而逢高卖出成为不少投资者的操作策略。可是，在高位经过一段时间的蓄势整理后，股价进入主升浪行情。

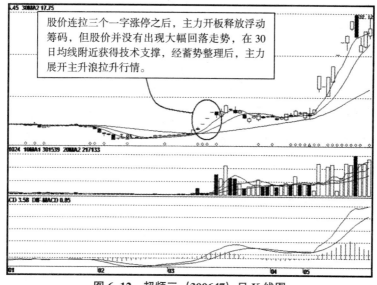

图 6-12 超频三（300647）日 K 线图

从安全的角度出发，连续出现多个一字阳线后，选择落袋为安没有错。但就该股技术走势而言，并没有发出卖出信号：

（1）连续出现三个一字阳线后，股价没有出现大幅的下跌走势，庄家能够在高位顶住压力，反映后市定有上涨空间。这就说明，会涨的股票不会跌，会跌的股票不会涨。

（2）均线系统没有形成空头排列，30 日均线仍然坚挺有力，支持股价进一步走高。当股价调整到 30 日均线附近时，就被多方力量坚决拉起，庄家做多意愿坚定。

（3）量价配合得当，放量上涨，缩量调整，颇具韵律，富有节奏，说明庄家对筹码控制非常好，后市仍有上涨潜力。

5. 一字线下跌卖出陷阱

股价经过一轮下跌行情后，由于买盘不断介入，市场出现一定的回升走势，但空头力量还没有释放殆尽，反弹势头被扼制，市场陷入盘整走势并形成一个盘整带。不

久，股价向下破位，出现一字阴线，预示股价将再陷跌势，这时应及时卖出做空。或者，股价以一字阴线向下击穿某一个重要技术支撑位时，通常会出现一段加速下跌走势。

可是在实盘操作中，后市并没有出现持续下跌走势，反而出现止跌上涨，形成下跌卖出一字阴线陷阱。造成这种结局的主要原因有：

（1）庄家洗盘换手或建仓所致。

（2）受突发性利空消息影响。

（3）市场投资价值显现，股价探底回升。

图6-13，紫光国微（002049）：该股步入下跌通道后，股价持续下行，主力为了加强空头气氛，在2017年7月17日出现一字阴线，次日继续从跌停价位开盘后震荡，此时不少散户担心股价出现新一轮下跌走势，而纷纷止损出局。可是，股价并没有出现持续下跌，企稳后经过短期筑底整理，股价开始向上运行，走出一轮牛市上涨行情。

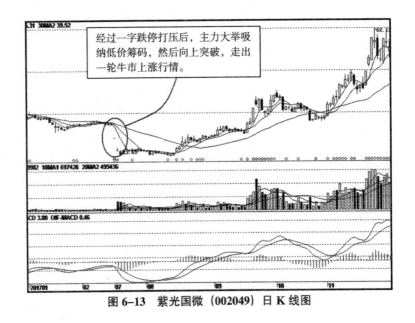

图6-13 紫光国微（002049）日K线图

6. 一字线下跌买入陷阱

股价见顶后向下回落，场内获利盘、恐慌盘纷纷涌出，加速股价下跌节奏，连续出现若干个下跌一字线，股价处在对折以下，空方能量得到一定的宣泄，表明市场离底部不远，可以进行逢低吸纳操作，搏一轮反弹行情。

可是，买入后股价只是小幅反弹而已，甚至出现横盘整理走势，随后股价再次下跌，介入的投资者很难获得利益，从而成为下跌买入一字阴线陷阱。出现下跌买入一字线陷阱的主要原因有：

（1）庄家故意砸盘吸货。

（2）基本向淡或突发性利空消息影响。

（3）投资环境向淡，缺乏主力关照。

图 6-14，东方金钰（600086）：股价从 13 元上方一路走低，下跌到 2 元附近时出现连续三个一字阴线，此时股价累计跌幅已经超过 80%，通常此时出现一字阴线，说明行情已到了最后的砸盘阶段，一般后市跌幅不会很深，因而不少投资者选择逢低买入。可是，在低位经过几个交易日的横盘整理后，股价再次步入下跌通道，将买入者套牢其中。

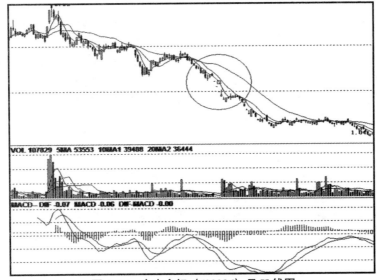

图 6-14 东方金钰（600086）日 K 线图

从该股日 K 线图分析，股价还不具备上涨条件：

（1）成交量不大，说明没有新资金入场。

（2）在一字阴线产生后的几个交易日里，股价没有上涨气势，盘面显示十分脆弱，一旦空头来袭则容易形成单边下跌走势。

（3）均线系统呈现空头排列，对股价反弹构成重大压力，当股价触及 10 日均线附近，就遇到空方的坚决打压。

（4）该股基本面欠佳，短期难以改观，这是股价下跌的重要因素。

三、破解陷阱方法

一字线大多出现在市场的初涨期或初跌期，及快速拉升或下跌时期，有时也出现

在调整或反弹阶段。掌握一字线的一些操作技巧，可以增加获利机会和规避市场风险。

1. 分析出现涨停或跌停的内在原因

如果是遇到某种消息影响引起的市场震荡，应当就消息的实质性作用大小，以及消息的来源、真假和透明程度进行认真分析。若是一般消息，市场将很快归于平静，股价重新回到原来的势道之中；若是实质性重大题材，市场可能会改变原来的发展趋势，股价可能一去不复返。此外，如果股价下跌是因为庄家资金断链，则后市将步入极端走势，散户千万不要去碰它。

2. 分析庄家意图

从庄家坐庄流程中洞悉庄家行为，掌握当前行情的市场性质，继而判断当前市场处于哪个阶段，是建仓吸货阶段、试盘调整阶段，还是拉高出货阶段，然后采取相应的投资策略。

3. 分析在跌势的后期出现的一字阳线

这时要有一个充分的整理过程，在一字阳线之前，散户抛盘减少，成交量极度萎缩，筹码基本锁定，股价维持在一个很小的范围波动，一旦脱离盘区往往产生市场大黑马。

4. 分析在涨势的后期出现的一字阴线

如果先前几个交易日有过放量滞胀的情况，则说明庄家在高位已经成功地套现了大量的筹码，这时出现一字阴线时，后市跌幅可能较大。如果先前几个交易日是缩量的，则说明庄家仍在其中，后市应当还有重见天日的机会。

5. 分析在加速拉升阶段出现的一字阳线

如果盘中有大手笔的成交单出现，表明庄家在高位暗示出货。如果是缩量涨停的，预示股价还将有一段升幅，持股者可以等到放量时出货，持币者冷静观望为宜。

6. 分析一字线出现的位置

如果股价在底部经过充分盘整后，出现向上突破的一字线，其可靠性比较高，向下突破很可能就是空头陷阱。同样，股价在高位已经成功完成出货任务后，出现向下突破的一字线，其可靠性比较高，向上突破往往是多头陷阱。如果股价处于中段，需要结合其他因素综合分析，如用技术指标、趋势、形态及波浪等进行相互验证，达到一致时其可靠性就高，如在移动平均线或趋势线之下出现的上涨一字线，很可能成为失败形态，多数只是反弹行情，股价会再现跌势。相反，在移动平均线或趋势线之上出现的下跌一字线，多数是技术性回调走势，股价遇到技术支撑会重新走强。

7. 观察盘面细节

一字线的重要特点不在于全天相同的价格，而在于全天成交量的大小和挂单、撤单的变化。如果当日成交量悄悄放大，说明市场暗流涌动，庄家在搞鬼，一字线的性质即将发生变化；如果盘中挂单很大，成交量却很小，庄家的真实意图须待日后数日股价变化才能识破。挂单的大小反映出庄家的实力和意图，"撤单再挂"是庄家诱骗散户的常用方法。

第三节　T字线陷阱

一、形态分析精华

1. 形态形成过程

简评：强烈的反转或持续征兆，宜确认形态的有效。

特征：这是K线的一种特殊形态，除最低价外，开盘价、收盘价、最高价三个价位完全相等，通常出现在市场的转折点，也可以出现在持续的行情中。开盘后在空方的打压下，股价向下滑落，跌幅较深，但随后在买盘的介入，股价止跌回升，重新拉起而不断走高，最后以最高价（即开盘价）收盘，从而形成先抑后扬走势。T字线出现在底部时是一种典型的探底回升走势，意味着股价出现转势。出现在头部时则意味着上升趋势遇阻，空方开始反扑。这种形态也经常出现在暴涨过程中的连续涨停走势之中，涨停板打开意味多空双方力量出现一些微妙的变化，股价运行趋势随时有可能反转。

2. 形态应用法则

（1）出现在股价有较大涨幅之后的高位，是一种见顶信号。

（2）出现在股价有较大跌幅之后的低位，是一种见底信号。

（3）出现在股价上涨过程中，是一种继续上涨信号。

（4）出现在股价下跌过程中，是一种继续下跌信号。

技术意义：从T字线的形成过程看，说明股价开盘后空方抢占市场先机，压制股价形成下跌走势，但在股价下跌到一定程度后，多方开始反击将股价向上推升直到收盘。从整体上看，这种图形大多出现在多方控制下的单边行情之中，多方占据绝对的盘面优势，股价以涨停板的位置开盘后，全天的走势中虽然有一波下探过程，但最终还是被多方有力地拉起，表明股价下档有较强的支撑力度，同时释放了大量的浮动筹码，市场依然处于强势之中，后市有一定的上行空间。但是这种图形出现在不同的位

置时，也有不同的市场含义。

3. 形态效力和操作要点

（1）T字线出现在股价已经有一段下跌行情的低位时，表明下档有买盘介入，股价离底部已经不远，很可能会出现止跌回升的走势。此时投资者应密切关注其后的走势，若盘中买盘积极，出现放量上涨的话，则升势基本确立，可以积极介入做多。

（2）T字线出现在上涨中段，表明短暂的洗盘换手结束，股价将重拾升势，且上涨势头更为强烈，可能产生主升浪行情，此时投资者可以逢低介入做多。

（3）T字线出现在上涨行情的后期，特别是股价在暴涨行情之后，投资者应多加小心，因为股价经过一定幅度的上涨，已经累积了较多的获利盘，随时有可能出现获利回吐，一旦买盘不继，获利盘涌出的话，很容易导致股价下跌，挫伤股价上攻势头。此时投资者应密切关注盘面变化，股价上攻无力时，就应坚决出局，获利了结。

（4）T字线出现在下跌中段时，表明空方力量基本得到有效释放，买方乘机发动反击，市场可能迎来反弹行情，此时投资者可以适当参与。

（5）用T字线测市时，对于下影线是长好，还是短好，在理论上有些争议。通常下影线越长，反映买方力量强大，但也暴露多方筹码有松动的迹象。下影线越短，反映买方完全控制盘面，且筹码控制比较好，这一点需投资者注意。

（6）在清晰可辨的趋势行情中，说明原来的趋势没有改变。T字线出现在市场的端部时，其原来的势头渐渐减弱。形态强弱与其下影线长短成正比，下影线越长，则信号越强。盘整行情中的T字线没有形态效力，不做买卖依据。

二、T字线常见技术陷阱

1. T字线买入陷阱

股价经过一轮下跌行情后，空方能量得到有效释放，买方不断介入，股价放量上涨，收出一根或几根T字线，预示后市升势行情可期，因此是一个理想的买入信号。

可是在实盘操作中，根据这个信号买入后，股价却涨不动了，经过小幅反弹后，很快滞涨回落，出现新一轮下跌行情，将入场者全线套牢其中。造成这种结果的主要原因有：

（1）股价偏高，市值高估，庄家出货意图坚决。

（2）庄家实力强大，疯狂打压股价，完成低位建仓。

（3）大势向淡，市场转弱。

（4）下跌惯性影响，市场熊气未散。

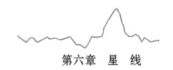

（5）上市公司基本面发生突变，投资价值向淡。

图 6-15，丰乐种业（000713）：股价经过大幅调整后企稳反弹，然后形成横盘整理，2018 年 3 月 23 日股价从涨停板开盘，直接突破平台整理区域，然后开板震荡，尾盘再度封板，形成一根 T 字线，成交量大幅放大，预示股价将出现加速上涨，此时可以买入。可是，第二天股价冲高后形成横向整理形态，随后股价经过短期震荡后，出现向下突破走势。

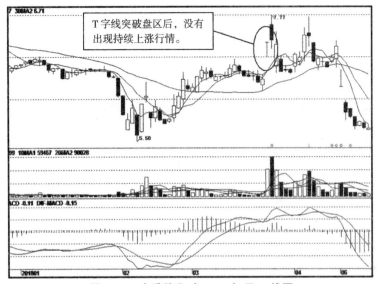

图 6-15　丰乐种业（000713）日 K 线图

从该股日 K 线图分析，股价受盘区制约非常明显，难以形成突破走势，面对这种局面主力也很尴尬，最终主力以 T 字线涨停方式突破盘区制约，这时被很多散户看好，从而吸引了大量资金介入，而主力却在暗中悄悄减仓，所以出现巨大的成交量。其实，从整个走势图中也能发现一些技术疑点：首先，股价反弹遇到前期成交密集区域，股价上涨面临重重压力。其次，T 字线之后股价出现放量滞涨走势，对于一个尚未形成强势格局的势道，这种情形容易演变成弱势行情。最后，股价上涨受原始下降趋势线压制明显，最终没有突破下降趋势线而继续走低。

图 6-16，三联虹普（300384）：该股成功脱离头部区域后，股价一路下跌，空方能量得到很好的释放，2017 年 7 月 24 日股价出现超跌反弹，股价直接跳空到 30 日均线之上开盘，盘中出现大幅震荡，当日形成一根 T 字线，预示市场底部已经产生，后市将迎来上涨行情，此时可以积极买入。可是，股价仅仅在第二天略做冲高动作后，便继续向下盘跌，从而成为 T 字线买入陷阱。

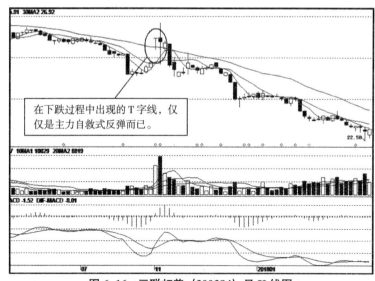

在下跌过程中出现的T字线，仅仅是主力自救式反弹而已。

图6-16　三联虹普（300384）日K线图

从该股日K线图分析，存在这样一些技术疑点：

（1）成交量没有放大，表明资金入场不积极，从而限制了反弹高度。

（2）股价反弹受均线系统压制明显，30日均线不断下移，股价到达该线附近时遇阻回落。

（3）股价在前一波行情中涨幅十分巨大，庄家获利非常丰厚，并已顺利完成坐庄任务，股价短期难有良好表现。

（4）股价已进入C浪调整，而C浪调整通常时间长、幅度大。

由此可见，该股虽然产生T字形涨停K线，但属于超跌反弹性质，投资者遇到这类股票时不宜过早介入，以免遭受套牢或盘整之苦。

2. T字线卖出陷阱

庄家在底部完成建仓任务后，默默等待上涨时机，不久股价成功脱离底部区域，出现一轮不俗的涨升行情，在相对高位收出一根或几根T形K线，虽然股价最终被拉起封于涨停板位置，但也预示股价上涨遇到一定的抛压，有获利盘涌出，市场风险不断加大，此时形成较好的卖出时机。

可是在实际操作中，投资者卖出股票后，并不见股价下跌，反而持续强势上涨，使提早卖出的投资者懊悔不已。导致这种结果的主要原因：

（1）庄家成功完成洗盘换手过程，筹码再次被锁定。

（2）庄家目标价位未到，如果中途弃庄，则功亏一篑，因此不得不拉升。

（3）庄家实力强大，脾性蛮悍，疯狂拉升。

（4）大势狂热，投资心理沸腾，市场失去理智。

（5）有独特的朦胧题材。

（6）上涨惯性影响，市场牛气十足。

图 6-17，新南洋（600661）：庄家在长期的筑底过程中，吸纳了大量的低价筹码，建仓结束后成功脱离底部区域。很快，股价出现快速上涨行情，连续产生四个一字阳线，第五天开板震荡，形成一根 T 字线，说明股价上涨遭到获利盘的抛压，短期有见顶回落的可能，因而是一个卖出信号。可是，第二天股价仍然强势上行，又出现四个涨停板。在 T 字线当天出局的投资者，只获上涨行情的半截利润。

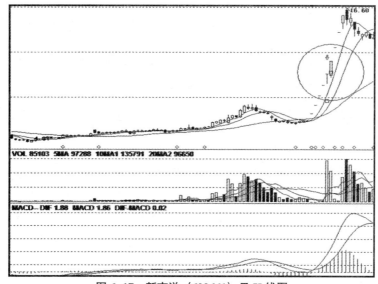

图 6-17　新南洋（600661）日 K 线图

为什么该股有如此强势的表现呢？主要原因：

（1）庄家介入较深，股价未到目标价位，庄家不得不强行拉升。

（2）必要的洗盘换手过程，股价经过四个一字阳线后，盘中堆积了一定的短期获利筹码，有必要对这部分筹码进行换手。

（3）也反映了庄家实力强大的一面，且盘面完全被激活，散户追涨热情高涨。

实盘中遇到这种盘面时，短线技术高手或激进型投资者可以大胆地搏一波短线行情，稳健型投资者还是不参与为好，把握不好容易造成损失。

图 6-18，江苏阳光（600220）：庄家顺利完成建仓任务后，一根大阳线拔地而起，成功脱离底部区域，随后出现两根 T 字线，说明股价上涨遇到一定的压力，此时有的投资者就选择了落袋为安的操作策略。但出乎意料的是股价仍然强势上行，短期股价

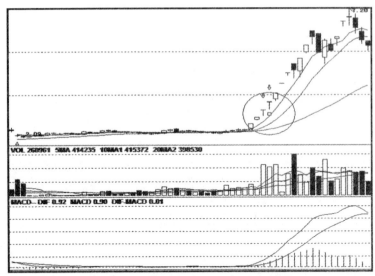

图 6-18 江苏阳光（600220）日 K 线图

大幅上涨，从而成为卖出 T 字线陷阱。

该股走势与新南洋（600661）相似，庄家都是运用 T 字线进行洗盘换手的坐庄手法。判断这种盘面时，主要观察股价所处的阶段和庄家建仓过程，如果庄家在底部积极建仓，并经过较长的整理过程，说明底部构筑扎实，股价一旦成功脱离底部区域，将有不俗的表现，这时出现 T 字线时，倒是一次难得的介入时机。对于那些盘面走势凌乱，股价又处于高价区域的，T 字线的出现又不符合常规的，这时应小心对待，说不定就会撞上一个多头陷阱。

三、破解陷阱方法

在 T 字线上可以看到庄家坐盘的手脚，它完全是庄家操盘所造成的，因此可以说是一条庄家线。通常这种 K 线图形大多是以涨停板的形式出现的，盘中出现较大的震荡，后市存在一定的变数。在遇到这种图形时，根据下述操作思维，并结合其他因素进行具体分析，才能提高准确率。

1. 关注成交量变化

在升势过程中成交量非常重要，缩量肯定不行，但放出巨大的天量也要小心，孤零零的单天巨量更要谨慎。特别是 T 字线之前连续以"一"字线上涨的，一旦不能维持"一"字形状而打开涨停板时，很容易出现极其罕见的巨量。这时对成交量应具体分析，通常以 10% 的换手率作为一个鉴定标准，若换手率在 10% 以下可以视为正常的波动，若换手率超过 10% 就应当引起警惕了，小心头部形成。在实盘中这种形态之后大多还有一波冲高走势，散户一般有两次出局的机会，因此熟练应对盘面变化，就能得心应手，驰骋股市。

在跌势结束后的回升过程中成交量也非常重要，要大于下跌过程中的成交量，无量反弹肯定持续不了多久。

2. 分析T字线下影线形成的变化过程

在实盘中，产生T字线下影线的过程有三种情况：第一种情况是闪电而过。有时候在分时盘走势图中根本看不到下探迹象，但在K线图中却留下一条下影线，这在成交明细表上有明显的"痕迹"和"记录"。这是怎么形成的呢？这是庄家特地制造的一种技术图形，通常利用开盘的一瞬间，或者中盘打开涨停板的一瞬间，大手笔抛出筹码，将股价快速大幅下压，旋即反手将股价重新封于涨停板位置。在分时图中不作任何停留，如雷电一般，一闪而过，从而形成一个标准的T字线，这种情况表明庄家实力强大，后市仍有较大的上升空间。第二种情况是庄家主动打开涨停板。股价开盘后主动打开涨停板，释放大量不坚定的浮动筹码，然后，重新封于涨停板位置，从打开涨停板到重新封于涨停板的持续时间很短，下探幅度也不深，这种情况表明庄家已经完成洗盘换手，后市仍有一定的升幅。第三种情况是庄家被迫打开涨停板。由于盘内各种大量的浮动筹码开始涌出，致使庄家难以支招，股价节节下滑，多空双方厮杀激烈，但庄家为了盘面的需要，最终还是勉强把股价重新拉到涨停板位置，这种走势在K线图上看不出什么名堂，但庄家已招致要害受损，元气大伤，后市行情值得怀疑。

3. 分析当日T字线产生的时间早晚

T字线形成时间越早，后市上涨动力越大，越往后盘面越弱，特别是临收盘几分钟才再次封盘的T字线，后市要小心，很可能第二天就低开震荡走势出现。

4. 分析当日T字线产生的次数多少

股价涨停以后，可能出现一次或多次打开涨停板的现象。一般而言，打开涨停板的次数越多，后市变盘的可能性越大。可见在T字线中，打开一次就很快封盘到收市，其上攻力量最强，其后依次递减。

5. 在下探过程中，持续时间长短对后市具有重要的判断意义

若打开涨停板后下探时间很短暂即恢复涨停，则后市上涨力量维持更加长远；若打开涨停板后，震荡时间较长，说明多空双方争夺十分激烈，后市通常存在许多变数，介入需要倍加小心。

6. 当日下探幅度大小对后市也具有重要的分析意义

一般而言，下探幅度小，表明空方力量弱小，筹码锁定性较好，多方仍是主力，

后市上涨是市场主基调。若下探幅度较深，则后市变盘的可能性较大，在实战中不乏有从涨停板到跌停板位置然后再度拉回到涨停板位置的例子，这种走势虽然有强力深幅洗盘的可能，但应当注意到多空双方出现明显分歧的一面，投资者遇到剧烈波动时，还是本着谨慎的态度为好。

7. 封盘后成交量变化具有很大的参考作用

在实盘中，如果封盘后立即缩量，盘面十分平静，只有十位数成交，表明筹码控制得非常好，上涨势头健康良好。如果封盘后成交量依然很大，持续出现百位数或千位数成交，表明多空双方明争暗斗仍然十分激烈，这时应慎重决策。

8. 分析支撑位和压力位

在T字线产生时，股价如果向上成功突破一个重要压力位，并有效地将压力位转化为支撑位，则上涨空间被打开，或者在股价回调时不破支撑位，则升势仍然将持续一段时间。股价如果不能成功突破压力位或者在回调时跌破支撑位，说明股价上行遭到重大压力，有可能出现滞涨回落，则意味着势道趋弱，风险大增，这时就应当小心对待为好。

第四节 ⊥字线陷阱

一、形态分析精华

1. 形态形成过程

简评：强烈的反转或持续征兆，宜确认形态的有效性。

特征：这也是K线的一种特殊形态，形态与T字线正好相反，除最高价外，开盘价、收盘价、最低价三个价位完全相等。形成过程是开盘后买方力量较强，将股价向上推高，但由于后继力量不足，上行受阻回落，卖方力量越来越强，股价一路下跌，最后在当天的最低价（即开盘价）收盘。从而形成先扬后抑走势，此形态经常出现在市场顶部或下跌途中，也可以出现在持续的行情中。⊥字线出现的位置不同，其意义也大不一样。常见的有两种：第一种是上升趋势中出现的⊥字线，这种情况一般表示多方已经受阻，空方可能卷土重来，且上影线越长，所代表的意义越偏空。第二种是经常出现在股价暴跌过程中的跌停板位置，股价以跌停板开盘之后，盘中出现大量的买盘杀入，将跌停板打开，最后又重新收于跌停板位置。这种情形意味着跌势开始受阻，它通常伴随着成交量的急剧放大，换手率非常高，但收盘价的回跌意味着跌势还没有完全结束，股价仍将继续下跌。

2. 形态应用法则

（1）出现在股价有较大涨幅之后的高位，为强烈见顶信号。

（2）出现在股价有较大跌幅之后的低位，为见底征兆。

（3）出现在股价上涨过程中，是一种继续上涨信号。

（4）出现在股价下跌过程中，是一种继续下跌信号。

技术意义：从⊥字线的形成过程看，说明股价开盘后多方抢占市场先机，将股价向上推高，当股价上涨遇到一定阻力后，空方借机反击将股价打回原形直到收盘。因此从整体上看，这种图形大多出现在空方控制下的单边行情之中，空方占据绝对的盘面优势，股价以跌停板的位置开盘后，全天的走势中虽然有一波上攻过程，但最终还是被空方有力地压倒，表明股价上行有较大的压力，同时也消耗了大量的多方能量，市场依然处于弱势之中，后市有一定的下跌空间。但是这种图形出现在不同的位置时，也有不同的市场含义。

3. 形态效力和操作要点

（1）⊥字线出现在市场的低位时，说明多方已经蠢蠢欲动了，若第二天止跌走强说明市场在刻意压低股价，这时散户应留意其盘面变化，一旦放量走强即可跟进做多，若次日股价继续走弱，预示股价还将下跌一截，这时不可盲目抢反弹，待真正企稳后再作定夺。

（2）这种形态出现在市场的中段，表明股价上档遇到一定的压力，需要一个回档休整过程，买方暂时主动放弃进攻，转攻为守，以期蓄势待发。这时投资者不可急于入场，以免遭遇短期套牢。

（3）如果⊥字线出现在股价连续上涨一段行情之后，表明股价遇到了重大阻力，是股价见顶转势的一个重要信号，若次日股价继续走弱，其见顶信号更加明确，这时投资者不可恋战，应果断出局，获利了结为好。

（4）如果这种形态出现在股价下跌行情的中段，表明股价反弹即将结束，势道将再次步入跌势之中，这时投资者应及时止损出局，以保存自己的实力。

（5）在运用⊥字线测市时，要关注上影线的长短，上影线越长，说明上档卖盘压力越大，同时买方也在这时消耗了部分力量，因此后市走弱或进入调整的可能性就越大。若上影线很短，说明买方力量不足，没有很好地聚集起来，上攻的时机不成熟，同时

也说明卖方完全控制盘面，且力量比较集中，后市仍有下跌空间，投资者须加留意。

（6）在清晰可辨的趋势行情中，说明原来的趋势没有改变。⊥字线出现在市场的端部时，其原来的势头渐渐减弱。形态强弱与其上影线长短成正比，上影线越长，则信号越强。盘整行情中的⊥字线没有形态效力，不作为买卖依据。

二、⊥字线常见技术陷阱

1. ⊥字线买入陷阱

庄家成功构筑头部形态后，股价选择向下走势，从而引发了一轮较大的恐慌性下跌行情，股价常常以跌停板开盘，这时市场形成一股买盘力量，试图抢一轮反弹，于是打开跌停板并推动股价放巨量上冲，但空方力量未退，最终还是被空方打回原处，于是收出一根或数根⊥字线，这种图形暗示市场离底部已经不远，因此可以作为一个买入信号对待。

可是在实盘操作中，据此信号买入股票后，股价并没有出现预期的上涨行情，只是小幅的弱势反弹走势，不久市场又恢复下跌走势，并创出市场新低，形成⊥字线买入陷阱。造成这种结局的主要原因有：

（1）庄家已经获利丰厚，出货坚决，急于兑现，打开跌停板是为了引诱更多买盘介入。

（2）庄股原形毕露，不计后果大幅跳水。

（3）大势向淡，市场转弱，价值回归。

（4）下跌惯性作用，市场熊气弥漫。

图6-19，华丽家族（600503）：股价成功构筑头部后向下回落，连续出现三个一字阴线，第四天股价从跌停板开盘后，一度打开跌停板，但股价小幅上冲后遭到卖盘打压，最终在跌停板收盘，从而形成⊥字线形态，预示股价将要见底企稳，可以逢低买入。可是，随后股价经过短暂的横向盘整后，出现新一轮下跌走势。

从该股日K线图分析，一是前期股价涨幅巨大，庄家获利丰厚，急于兑现获利筹码。二是⊥字线产生后，成交量没有放大，说明市场跟风不够积极，未来前景难以乐观。三是股价有效击穿30日均线支撑，后市上涨力度受到限制。因此遇到这种走势时，投资者尽量不要参与，会跌的股票不会涨，"跳水"的股票肯定有跳水的原因。

2. ⊥字线卖出陷阱

股价见底后出现了一波较大的上涨行情，盘中堆积了较多的获利筹码，一旦盘面出现波动时，这些筹码更不约而同地蜂拥而出，导致股价放量下跌，甚至以跌停板开

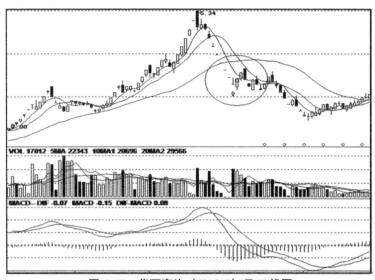

图 6-19 华丽家族（600503）日 K 线图

盘，尽管多头顽强抵抗，一度打开跌停板，股价出现冲高走势，但遇到空方的有力打击，最终无功而返，重回跌停板位置，于是收出一根或几根⊥字线，预示后市跌势仍将继续，因此是一个卖出信号。

可是在实盘操作中，据此信号卖出股票后，股价并没有出现预期的下跌走势，经小幅回调后股价再次出现上涨行情，并创出市场新高，形成⊥字线卖出陷阱。造成这种结局的主要原因有：

（1）庄家成功完成洗盘换手过程，筹码再次被锁定，股价重回升势。

（2）庄家目标价位未到，如果中途弃庄，必然前功尽弃，因此不得不拉升股价。

（3）庄家实力强大，脾性蛮悍，疯狂拉升。

（4）大势狂热，投资心理沸腾，市场牛气十足。

（5）庄家洗盘调整结束，或遇到重要技术支撑，股价再度回升。

图 6-20，国睿科技（600562）：股价反弹结束后渐渐走低，不久从跌停板开盘后，遇到多方顽强抵抗，一度打开跌停板，股价出现冲高走势，但空方出货坚决，最终将股价重新打回到跌停板位置，于是收出一根⊥字线，预示后市股价仍将出现加速下跌走势，因此是一个卖出信号。可是，股价小幅下探后企稳回升，随后出现快速上涨走势，从而形成⊥字线卖出陷阱。

为什么该股出现⊥字线后，股价不跌反涨呢？其原因：一是股价处于历史底部区域，股价几乎跌无可跌。二是成交量极度萎缩，说明浮动筹码已经很少，盘面已经被庄家控制。三是疑似构筑双重底形态，下跌力度不会强大。所以，此时出现⊥字线不

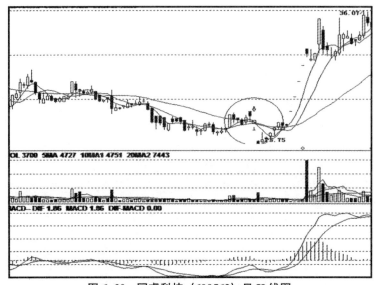

图 6-20　国睿科技（600562）日 K 线图

必为之惊慌，空头陷阱的可能性较大。

3. ⊥字线洗盘陷阱

在股价企稳上涨过程中，主力为了驱逐盘中浮动筹码，就少不了洗盘这一环节，凶狠的洗盘手法经常是以跌停板开盘，然后在跌停板附近震荡，让散户产生恐慌而离场。或者，遇到某种突发性利空消息影响，股价从跌停板开盘后，多方借机展开洗盘震荡。在这些情况下，K线就会形成⊥字线，这给散户造成恐惧的同时，也给技术判断带来难度，所以不少散户就选择离场操作，但是当胆小的散户离场后，股价却企稳回升了，从而⊥字线成为主力洗盘的一种手法。

图 6-21，凯伦股份（300715）：该股经过一轮快速杀跌后，于 2018 年 2 月 7 日企稳回升，经过一段时间的"蚂蚁爬树"式盘升后，股价开始放量向上突破前期盘区压力。主力为了更好地拉升，2 月 23 日股价从跌停价位开盘后，在盘中开板震荡，尾市仍然收于跌停价位，从而形成⊥字线。面对这样的 K 线，不少散户以为股价反弹结束，纷纷选择离场操作。可是，第二天股价小幅下探后逐波走高，此后股价强势上涨。其实，这里出现的⊥字线，是主力洗盘留下的痕迹，从形态结构分析，股价向上突破前期盘区后，本身需要一次回抽确认过程，而且均线系统已经形成多头排列，30 日均线坚挺有力，支撑股价向上走高，所以散户不必为这根⊥字线担忧。

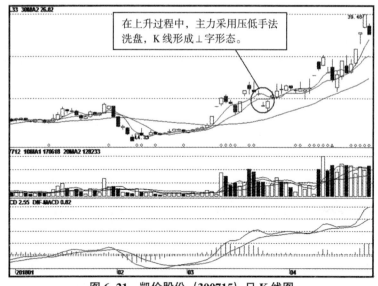

在上升过程中，主力采用压低手法洗盘，K线形成⊥字形态。

图 6-21 凯伦股份（300715）日K线图

三、破解陷阱方法

1. 关注成交量变化

在升势中段的回调过程中，理想的成交量应与前期上涨时有相应萎缩，表明庄家有序掌控盘面，出局的是散户的浮动筹码，而不是庄家的控盘筹码，因此不足以恐慌。在跌势过程中，可能会出现较大的成交量，关键要区别这种量是不是介入量，如果前期以"一"字形跳水下跌的盘面，可能是庄家对倒所致，同时也有散户的抛盘，不要被这种量所迷惑，如果前期是盘整或阴跌走势，可能是庄家加速赶底或诱空的成交量，这时就可以乘机跟进。

2. 观察⊥字线形成的盘面变化过程

在实盘中，产生⊥字线上影线的过程有三种情况：第一种情况是闪电而过。有时候在分时盘走势图中根本看不到上涨迹象，但在K线图中却留下一条上影线，这在成交明细表上有明显的"痕迹"和"记录"。这是怎么形成的呢？这是庄家特地制造的一种技术图形，通常利用开盘的一瞬间，或者中盘打开跌停板的一瞬间，大手笔买入筹码，将股价快速大幅拉高，旋即反手做空将股价重新封于跌停板位置。在分时图中不作任何停留，如雷电一般，一闪而过，从而形成一个标准的⊥字线。这种情况表明庄家实力强大，坐庄手法蛮横，后市仍有较大的下跌空间。第二种情况是庄家建仓，首先以跌停板开盘，造成恐慌盘面气氛，诱导散户挂单卖出，当卖档堆积大量的待卖筹码时，庄家便如数大手吃进，打开跌停板，然后很快重新封于跌停板位置。第三种情

况是庄家主动打开跌停板。股价开盘后主动打开跌停板，开门放进大量散户，吸引买盘跟风，然后，重新封于跌停板位置，从打开跌停板到重新封于跌停板的持续时间很短，上涨幅度也不大，这种情况表明庄家悄然出货，后市仍有一定的跌幅。

3. 分析当日⊥字线产生的时间

⊥字线产生的早晚、出现的次数、开板后持续时间的长短等因素对后市研判具有重要意义，分析方法可参考T字线的破解方法。

4. 分析⊥字线上影线的长度

通常，上影线越长，表明买方力量越强大，后市可能出现上涨或企稳盘整，上影线较短，表明抛盘仍然没有减轻，股价上行就遇到空方的打压，后市还有一定的下跌空间，这种走势明显是庄家用对倒方式引诱买盘跟风，庄家悉数将筹码抛给散户，随后股价再下一截。

5. 观察封盘后成交量变化

在实盘中，如果封盘后立即缩量，盘面十分平静，买盘较小，表明庄家出货十分坚决，下跌趋势猛烈。或者，封盘后在卖出档堆积大量挂单，表明下跌势头不减，后市有一定的跌幅出现。如果封盘后出现大量买盘，说明有短线资金介入，有可能出现止跌回升。

6. 当日上冲幅度大小对后市也具有重要的分析意义

一般而言，上冲幅度小，表明多方力量弱小，后市下跌仍是主基调。若上冲幅度较大，则后市变盘的可能性较大，在实战中不乏从跌停板到涨停板位置然后再度打压到跌停板位置的例子，这种走势虽然有强力的多方支持，但应当注意到多空双方出现明显争斗场面，彻底扭转跌势多方需要一定的实力。

7. 分析支撑位和压力位

在⊥字线产生时，股价如果向下跌破了一道重要的支撑位，短期又不能返回到该支撑位之上，则下跌空间被打开，或者在股价上冲时不能突破压力位，则跌势仍然将持续一段时间，意味着势道趋弱，这时就应当小心对待为好。这种走势其上影线可以理解为股价突破后的回抽确认走势。

第五节 停板后的盘口现象和研判方法

根据一字线、T字线和⊥字线的盘面现象，在实盘操作中，就停板后的盘口现象和研判方法做一些补充。

一、涨停后的盘口现象

1. 判断涨停后的未来走势

封住涨停板较早，在封涨停后抛盘立刻减少，成交量极度萎缩，且有巨大买单封住涨停板的股票具备延续上升的能力，可继续持有。相反，那些封涨停板较晚，封涨停板后又被巨大抛单打开的股票，其延续上升的能力则较弱。

对于连续封涨停板的股票，不仅要看封涨停板的早晚、封单的数量，更重要的是观察成交量的变化。只要成交量保持在一个相对萎缩状况就可继续持有。因为在封涨停板的情况下，每一笔成交的手数均可视为空方的打压，多方在买一处巨大封单将所有的抛盘统吃。成交量的萎缩说明空方无力攻破多方的防线，多方占据了绝对优势，这样的股票就可继续持有。

随着涨停板次数的增加，股价大幅飙升获利盘越来越多，为空方积蓄了足够的做空能量。此时成交量若放大说明获利盘已涌出，空方对多方开始攻击，在盘面上表现为每一笔成交的手数较之前突然增加且连续出现，买一处巨大封单快速减少，甚至将涨停板打开导致股价向下急挫。此时多方也会顽强抵抗放出巨大买单将股价重新拉回涨停板。若一天中涨停板几次被打开，同时伴随着成交量的不断放大，说明多方上攻之势已到强弩之末，应及时抛出股票获利了结。

对于涨停的股票不仅要判断其是否具备持续上升的能力，还要判断庄家的意图。如开盘不久就封住涨停，涨停后成交量急剧缩小，每笔成交手数仅几十手，在买一处有巨量封盘，看似一切正常。但在买二处也挂有大买单却耐人寻味。如果这只股票真的被市场看好，投资者追涨买进绝不会为了"省"一分钱而在买一巨单之后再去排队。那么买二处的买单就可能是庄家故意堆放的，其目的就是显示该股大受市场追捧的"火爆"场面，以吸引投资者跟风买进。这时，庄家在涨停板的位置采用不断撤下先前打入的买单，让排在后面追涨散户的买单成交，将股票卖给散户，同时（几乎在同一

时间内）再重新输入买单以维持巨大的封盘量，继续吸引散户跟进。在价格一致、时间优先的交易原则下，源源不断地将股票卖出。由此可判断股价强劲上涨趋势是虚假的，是庄家掩盖出货的一种操盘手法。

2. 股价封盘后的盘面现象

封盘后可能出现两种现象：封死涨停板和打开涨停板。

（1）封死涨停板又分为缩量涨停和放量涨停两种。

1）缩量涨停。股价的运动从盘中解释，即买卖力量的对比，如果预期较高，没有多空分歧，则形成无量空涨。缩量涨停有时说明市场抛压较轻，或已被庄家控盘而轻松拉抬，有时也有股民看好后市而惜售的成分，往往容易形成连续涨停。但是如果是被暴炒后的大牛股，一旦进入下降通道，上方远离套牢密集区，下方远离庄家成本密集区，这时缩量涨停多为出货的中继形态，第二天大多低开低走，投资者要小心持股。

2）放量涨停。尤其在前期小头部处的放量涨停，一方面说明庄家做多意愿坚决，并不惜解放所有的套牢盘其志在高远，另一方面也显示了庄家雄厚的资金量和强大的实力。只要未远离庄家成本密集区，放量涨停往往会形成一波大行情。但比前一类可能上涨幅度要稍逊一筹，因为有一部分看空的抛出，但看多的更多，始终买盘庞大，拒绝开板。其原因：一是庄家有其超强实力；二是阶段性板块热炒；三是个股潜在重大利好；四是庄家融资期限较短，需速战速决。

无论是缩量涨停还是放量涨停，在其涨停后不出现大抛单就是好品种！只有在突破成交密集区和前期头部回抽（洗盘兼测支撑强度）确认时，一定要求缩量。尤其创新高后缩量说明满盘获利无抛压，洗不掉的是庄家筹码，为高控盘庄股。一个从未涨停过的股票很难想象能走多高。

在操作中掌握三个要素：①涨停前量要大于涨停后量的1/3，涨停后量越小越好；②封单越大越好，最好大于5位数较理想；③涨停板出现在早市，并且没有被打开过。

（2）打开涨停板又分为吃货型、洗盘型和出货型三种。

1）吃货型。多数处于近日无多大涨幅的低位，大势较好。低迷市、盘整市则无需在此高位吃货，特点是刚封板时可能有大买单挂在买一处，是庄家自己的，然后大单砸下，反正是对倒，肥水不流外人田，造成恐慌，诱人出货，庄家在吸，之后小手笔挂在买盘，反复震荡，有封不住的感觉。

2）洗盘型。股价处于中位，有了一定的上涨幅度，为了提高市场成本，有时也为了高抛低吸，赚取差价，也会将自己的大买单砸漏或直接砸"非盘"（不是庄家自己的货），反复震荡，大势冷暖无所谓。

3）出货型。股价已高，大势冷暖无所谓，因为越冷，越能吸引全场注意。此时买盘中就不能挂太多自己的单了，因为是真出货。例如，挂在买一已有 100 万股，散户想买 1 万股，则排在 101 万股后，当成交总数达到 101 万股时，散户才买进。但如果那 100 万股挂的买单有假，庄家撤掉 90 万股，那么总手在 11 万股时，散户就买进了。

补充几点：①不要认为封涨停的庄家都是实力强大，有时仅是"四两拨千斤"而已，一天某股成交了 200 万股，并封涨停，可能庄家仅动用了 20 万股，甚至 10 万股。②开盘后直接拉至 8 个、9 个点，而未触及涨停，尤其是早盘开盘不久，庄家在吸引注意力跟风盘之后股价掉头向下，往往是诱多，应快跑。③今天由于涨停而没能卖出，第二天低开，还是出货，因为今天买入的，明日低开没获利，不愿意出货，庄家要卖出在你前头，而今天没追进的，第二天以为捡了便宜，所以跟风盘较多。不仅是涨停板，有些尾市打高的，也是为第二天低开便于出货。

3. 追击涨停板的技巧

涨停板的介入点非常重要，追击涨停板是一项高风险高收益的投机活动，也是一门艺术。介入点一定要在待涨停个股最后一分钱价位快被消化殆尽（只剩一百多手卖单）时快速挂单，敢于排队，一般都有希望成交，而且这个点位最安全。最怕的就是在股票差 2~3 分钱涨停时才急不可待地追进，结果往往当天被套，损伤惨重。

对于强势品种涨停后，可以根据下列市场现象，判断第二天上冲能力大小，选择卖出机会。

（1）涨停板未被打开过。

（2）早市跳空开盘小幅回档后直接快速封停。

（3）涨停后未出现过四位数的抛盘。

（4）封单为五位数以上。

（5）股价处于拉升初期或中期。

（6）刚创突破或新高，并且未远离底位成交密集区。

（7）属于资金流向中的主流板块品种。

（8）这是最关键的一点，就是股价涨停后量极度缩小，涨停后量小于涨停前量的 1/4 或更小，其盘面较为理想，可以期望第二天获利 5%~6%甚至以上。

次日要盯紧分时图，以及成交量、买卖档的变化，尤其要仔细观察分笔成交图，对于买盘上挂出的大买单要特别小心，此多为庄家出货前的征兆。对于经典的拉高诱多形态，要果断出局不能留恋。当然追逐涨停板也要结合大盘走势和个股 K 线及均线

形态，这样一来才能更有效地降低风险。

对于弱势品种即涨停后被打开过的和涨停后的放大量，应采取见利就收、保持现金的原则。

4. 判断跌停的股票未来走势

与涨停板的盘面表现一样，只要封住跌停板的时间早，封盘数量巨大，买盘稀少，成交量急剧萎缩，则该股的下跌趋势就没有改变。相反在一个或几个跌停板后，成交量突然放大，将封跌停板的卖单一口或几口吃掉，说明在股价连续下跌的过程中，多方积蓄了足够的能量，抄底盘的涌入必将引起股价反弹，此时为介入时机。对于跌停板后的买卖和研判方法，可以根据涨停板的相反思维进行，此不复述。

二、停板后的研判方法

在研判涨停板的股票时，应掌握以下九种方法。

1. 涨停时间早晚

涨停早的比晚的好，最先涨停的比尾盘涨停的要好得多，在每天交易中第一个涨停的最好，涨停最好出现在10：10以前。因为前几个涨停最容易吸引短线投资者的眼光，并且在开盘不久就能涨停，本身也说明庄家是有计划地进行拉高，不会受大盘当天涨跌大小的影响（但也不是一点也没有影响）。如果这时该股的技术形态也不错，在众人的集体推动下，涨停往往就能封得很快，而且买单可以堆积很多，上午收盘前成交量就可以萎缩得很小，在下午开盘时就不会受到什么冲击，涨停封死的可能性就非常大，那么，第二天获利也就有了保障。

如果上午涨停，下午复牌后在13：15以前封涨停也是相当不错的。在开盘不久能封位，当然说明庄家有拉高计划，只是由于短线盘很多已经集中在上午的涨停板上，下午的涨停板吸引力相对小一些。

其他时间段涨停的股票相对差一些，其中10：10~10：30涨停的股票，如果涨停时换手率不大（普通股票的换手率要求低于2%，ST类股票的换手率要求低于1%），分时图上股价走势比较连续正常，没有出现尖峰情况，分时成交也比较连续，没有出现大手笔对倒，则还可以（这时段涨停的股票之所以比较差一些，一是这时候涨停的股票可能是跟风上涨的股票，机构可能并没有事先的拉高计划，只有由于盘面影响，临时决定拉高，所以必须严格限制换手率条件，说明尽管拉高仓促，抛压还是比较小，明天才有机会冲高；二是由于涨停时间比较晚，在上午收盘前成交量不一定能萎缩得很小，那么在下午开盘时，受到抛盘的冲击相对大一些，风险也相对大一些。在

10：30~11：10 涨停的股票，这种风险更大，经常有下午复盘后涨停板就被打开的情况）。

13：15~14：00 涨停的 ST 类股票，如果涨停时换手率很小（低于 1%），分时图表现为在冲击涨停只有非常稀少且不连贯的成交，只是在冲击涨停时才逐渐有量放出，并且在冲击涨停时股价走势比较连贯，没有大起大落，则也可以（之所以这个时段以考虑 ST 类股票为主，是因为 ST 类股票的涨停只有 5%，在上午的交易中，即使散户买进，今天涨停，散户获利也不大，第二天获利抛压也不会太大，但是涨 10% 的股票就不同了，下午涨停，那么上午买进的散户获利就相当大，第二天的抛压大，风险也就大了，ST 类股票的换手率条件也是为了防止获利盘太多而增加风险）。

14：00~15：00 涨停的股票，除非大盘在连续下跌后在重大消息的刺激下出现反转走势，或者是在下午走强的板块中的龙头股（这时大盘还必须处于强势之中），否则不要轻易去碰（这时候的涨停是庄家尾市做盘，目的一般是第二天在高点出货，同时在上午和下午买入的散户获利很大，第二天的抛压也就很重。庄家在尾市拉高不是用资金去强做，而是一种取巧行为，此时跟进，风险非常大）。

2. 分析换手率大小

第一次即将封涨停时，这时候的换手率的大小，小的当然比大的好。在大盘处于弱势或盘整时，这一点尤为重要。理想情况是普通股票换手率低于 2%，ST 类股票 1%。在大盘处于强势时，这个条件可以适当放宽一些，对龙头股也可以适当放宽。但无论在任何情况下，不能超过 5%，包括涨停被打开后又被封住时的换手率情况。这些对换手率的限制实际上也是限定今天已经获利的买盘数量和反映今天抛压的大小，这时获利盘越小，抛压越小，第二天的上攻余地就相应越大。

3. 研判个股形态

盘整一段时间后突然涨停的比连续上涨后再拉涨停的好，连续大跌后以涨停方式开始反弹的也可以，庄家仓位重的比庄家仓位轻的好。

盘整要求在五六天内没有出现大阴大阳，均线系统中 BIAS（乖离率）不能出现太大的情况，拉到涨停板的位置后离阻力区域不能太近，要给第二天的高开留下一定空间，对于庄家持仓太重，基本只有庄家自己参与交易的股票，首先必须看到日 K 线，判断一下庄家这时的意图，再决定是否参与。在一般情况下，盘整后突破的股票是最好的，由于普遍的人心理预期是突破后上涨空间打开，第二天的获利幅度大一些。对于超跌反弹的股票，由于反弹性质决定，高度不能预计太大，要保守一些。对于超跌反弹的股票，由于在低位买进的人可能随时抛出，形成较大抛压，因此除非是在大牛市中，否则，追涨停的时候一定要小心。对于庄家仓位比较重的股票，庄家由于

K线"黑洞"——股市K线常见技术陷阱及破解方法

出货需要，常常是在涨停后继续拉高出货，才能降低仓位，所以，反而相对安全一些，当然具体情况要求大盘不能太差。

4. 考察大盘情况

如果今天大盘急跌，甚至破位就更不好，有涨停也不要追。在一般情况下，大盘破位下跌对庄家和追涨盘的心理影响同样巨大，庄家的拉高决心相应减弱，追涨盘也停止追涨，庄家在没有接盘的情况下，经常出现第二天无奈立刻出货的现象，因此，在大盘破位急跌时最好不要追涨停，而在大盘处于波段上涨时，总体机会多，追涨停时可以大胆一点儿。在大盘波段弱市时，要特别小心，尽量以ST类股票为主，因为ST类股票和大盘反走势的可能性大一些，而且，5%的涨停也不至于造成太大的抛压。如果大盘在盘整，趋势不明朗，这时候主要以个股形态、涨停时间早晚、分时图表为依据。

5. 关于追涨停的个数

第一个涨停的比较好，连续第二个涨停就不要追了，理由就是由于短期内获利盘太大，抛压可能出现。当然这不是一定的，在牛市的龙头股或者特大消息股可以例外。

6. 关于高开高走涨停的股票

高开高走拉涨停的股票追起来安全一些，最好开盘价就是最低价。其理由：一是考虑K线组合，高开高走涨停说明走势极其强劲，更容易吸引跟风盘，第二天能走得更高；二是由于今天没有在低价位区成交，获利盘较少，抛压出现的位置也会相对提高，从而留出更大的获利空间。

7. 关于重大利好首次被披露而涨停的股票

有重大利好首次被披露而拉涨停的股票比较好（不过得考虑股价是不是已经涨得很高，股价早就反映这个利好），这里实际有很大机会。如果股价事先没有反映利好，一旦涨停上攻力量就很强，机会很大，即使股价事先已经反映了这个利好。如果大盘条件比较好，庄家往往也会拉出涨停，这时只要股票形态好，分时图漂亮，也有很大的获利机会。

8. 关于龙头股和跟风险的涨停

龙头股的涨停比跟风股的涨停要好，有同类股跟风涨停的比没有同类股跟风涨停的股要好。这里要求大盘条件要相对有利，能够支持板块上扬。这种情况出现，不仅容易吸引短线盘，还可以吸引中线盘，再加上股评吹捧往往其中的主要个股能够在涨停后出现继续高开高走的强劲走势，这时追涨停也是最安全的。

9. 分析分时图上冲击涨停时的气势

分时图上冲击涨停时气势强的比气势弱的好。看分时图需要很高的技巧和悟性，用语言很难表达出来，在这里只能说一些需要注意的主要方面：

（1）均价线。均价线应该是开盘后保持向上，支持股价上涨。

（2）分时图里股价从盘整到冲击涨停，如果盘整区离涨停的距离在5%以内，那么冲击涨停速度快比较好。但是，如果盘整区离涨停比较远，那么最好不要一直冲击涨停，而是冲高一下再盘整（盘整区提高），然后再迅速冲向涨停位置。

（3）分时图里的成交分布问题。要求上涨成交要放大，但是放大要适当，并且比较均匀连续，比较忌讳的是那种突然放量很大，一下子又迅速缩小，那么说明庄家心态不好，也会引起追涨盘的怀疑。

（4）观察委托盘。真要涨停的股票，一般显示出来的买入委托盘不会比卖出委托盘大。因为庄家的真正买盘是及时成交的，盘面上看不见的，而那种很大的买盘托着股价慢慢上涨的，基本可以认为是庄家出货，不能追进。

第七章 经典牛股 K 线形态

牛股形态反映出主力做盘的实力和坐庄的手法。股票的核心技术就是 K 线形态和量价关系，牛股形态能够真实地反映主力的操盘意图，它是强势股在底部建仓、洗盘时常见的经典形态。盘面一旦走出牛股形态，多数个股会走出上涨行情，赚钱就是大概率的事情。所以，把握了市场板块热点和牛股形态，赚钱其实是很轻松的。板块热点方面可以从经济政策、市场信息、题材概念中挖掘。在实盘技术上，投资者要重点研究 K 线形态和量价关系。

根据多年实盘经验，优质股票一定具备如下特点：

（1）牛股都是涨停板启动，优质股票一定要涨停，不涨停的股票不是好股票。

（2）股票的核心技术是 K 线结构形态和量价关系。

（3）所有疯涨的牛股，起涨前都符合牛股形态。

（4）牛股形态真实反映了主力的控盘程度和拉升意愿。

（5）不同行情中，有不同的牛股形态。

第一节 "芙蓉出水"牛股形态

"芙蓉出水"牛股形态，是指股价在中期均线之上完成一浪上升后进行平台整理，在平台整理时期 K 线产生两个小高点，然后放量突破平台整理，就形成"芙蓉出水"形态（即"平台突破"形态）。该形态的可靠性就在于主力完成一浪建仓和二浪平台洗盘后向上突破走出主升浪行情，这是典型的牛股形态，实盘中再结合板块和量价关系，那么其可靠性就更高。

在实盘操作中，遇到这种形态的个股，并不是马上跟进，而是要结合盘口和量价关系买在起涨点，介入后就会很快上涨。

一、"芙蓉出水"牛股形态技术要点

（1）股价小幅上升一个台阶后，进入横盘整理阶段。

（2）横盘整理时间在 2~5 周。

（3）横盘阶段出现两个小高点，疑似小双顶形态。

（4）横盘阶段上升有量、回调缩量。

（5）短期均线和中期均线缠绕在一起。

（6）股价放量涨停，向上突破平台整理阶段的两个小高点。

（7）股价前期严重超跌，趋势转向回升，均线系统形成多头排列。

（8）最好是行业龙头股，板块式启动。

（9）大盘基本稳定，不能是下跌趋势。

二、"芙蓉出水"牛股形态实盘分析

"芙蓉出水"牛股形态原理是股价一浪建仓后进行二浪平台蓄势整理洗盘，这是股价在底部放量上涨后进行 3 周左右的缩量横盘整理完成洗盘动作，然后放量突破盘整区域走出主升浪行情。该形态背后蕴含着主力建仓、洗盘的真实意图。试想一下，当股价从底部上升一个台阶后，出现平台整理难道要向下做吗？显然不是。只要明白这一点，就不难理解"芙蓉出水"牛股形态的魅力。

图 7-1，宝德股份（300023）：该股在 2016 年 2 月 17 日开始放量突破底部盘区，然后出现了一个月的横盘震荡，其间再次回到短期均线附近时获得支撑不破位。3 月 3 日第二次放量冲击前高受阻回落，K 线图中形成两个小高点。股价在短期均线附近震荡两周时间，当盘中浮动筹码出局后，3 月 18 日开始第三次放量突破平台整理区域，从此走出主升浪行情。这就是标准的"芙蓉出水"牛股形态，理想的买点就在 3 月 18 日突破盘区的当天买入。在操作方法上，当牛股形态出现后进行跟踪观察，尤其在平台整理的品种，要关注第三、第四次突破的时候可以介入，之前的两次突破平台高点谨慎参与。通常，平台整理基本在 3~5 周内，那么就可以在这个时间点去关注盘面放量的异动信号。

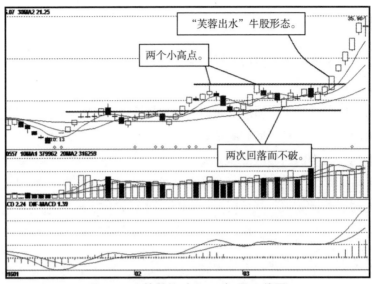

图 7-1　宝德股份（300023）日K线图

第二节　"蚂蚁上树"牛股形态

"蚂蚁上树"牛股形态，是常见的主力底部建仓手法。一般出现在中小盘股或题材股中，如果发现符合标准的牛股形态时，可靠性相当高，应大胆跟进做多。在大盘处的震荡上升阶段，掌握选择牛股形态的技巧，就很容易抓住主升浪行情。

一、"蚂蚁上树"牛股形态技术要点

（1）蚂蚁上树，K线小阳小阴缓慢推升而上。

（2）低量匍匐前进，成交量很小。

（3）带量大阳线突破，出现3倍以上的成交量，大阳线涨幅超过5%。

（4）股价趋势稳健，处在大的上升趋势中。

（5）短期均线上穿中期均线，中期均线走平或上行。

（6）大盘要处在上升趋势中。

（7）大阳线突破日开始跟进，回调时加仓，回调不超过5天。

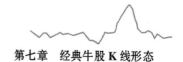

二、"蚂蚁上树"牛股形态实盘分析

这种形态的股票背后蕴含着主力建仓、洗盘的原理，如果懂得了其中的技术核心，就能够大胆捕捉这样的机会。核心要点是温和低量小阳小阴 K 线缓慢推进，然后带量大阳（最好是涨停板）突破中期均线，这种形态也叫加速上涨形态。这样的股票在底部反弹是非常多见的，实盘中要提前选定跟踪，或者从涨停板中去发现，如果掌握了涨停买入法也可以在盘中直接买到涨停的股票，这样的股票一旦起来就是主升浪。

图 7-2，海联讯（300277）：该股在 2017 年 7 月 18 日触底企稳，小阴小阳缓慢推进，重心不断移，股价沿 10 日均线小阴小阳攀升，这是"蚂蚁上树"牛股形态最重要的技术特征。这种盘面现象是反映主力建仓、洗盘的 K 线形态，在实盘中出现类似 K 线形态的个股，应当予以重点跟踪关注。9 月 20 日竞价量比放大，盘中出现放量拉升，产生加速上涨信号，此后形成"两阳夹一阴"形态，强化了利好信号。均线系统呈现多头排列，短期均线斜率成 45 度角上行，这是主力加速拉高信号，应当立即跟进做多。

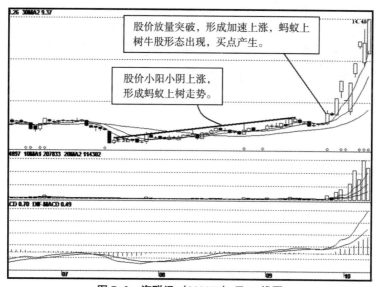

图 7-2 海联讯（300277）日 K 线图

第三节 "空中加油"牛股形态

"空中加油"牛股形态是一种比较强势的起涨形态，说明主力坐庄手法比较凶悍，是一种启动后拉高再打压吸货、洗盘的坐盘方式。大多是由于主力在拉升股票之前，没有做好建仓准备，但是受突发性利好影响，股价只能一字涨停抬高成本区，然后再开始高开打压逼出散户筹码。这种形态通常出现在突发好消息刺激的品种中，如果大家看到在底部出现一字涨停品种时，应尽快研判其背后是否有消息，然后观察其第二天的走势。如果第二天高开回落就视为加油，可以在尾盘的时候择机跟进。当然，这种形态对看盘能力要求较高，新手最好不要参与类似形态的操作。

一、"空中加油"牛股形态技术要点

（1）股价无量涨停或一字涨停，第二天放量高开低走洗盘吸货。

（2）启动涨停一定是缩量的，第二天放量打开才视为加油。

（3）放量打开K线的收盘价不能低于前一天的最高价。

（4）第三天要大阳线，不回补前一天的向上跳空缺口更好。

（5）股价起涨时处于上升或横盘阶段为佳。

（6）个股最好为强势活跃股，有板块呼应更加可靠。

（7）大盘平稳，不是处在暴跌当中。

二、"空中加油"牛股形态实盘分析

这个形态的原理就是主力吸货不够，没有做好启动的准备，题材消息已经到来，急速涨停，第二天如果横盘或下跌打压吸货，不一定会吸到筹码，只能继续拉高吃货，吸引散户跟风盘，引导散户资金入市，同时洗去建仓成本低的散户。

图7-3，泸天化（000912）：该股在2016年9月26日缩量涨停，次日放量收十字线。缩量涨停，放量十字线，这是"空中加油"牛股形态最关键的技术特征，第三天股价继续放量上行，符合"空中加油"牛股形态，又出现主力异动做盘信号。9月28日早盘开盘就是短线精确启动买点。

"空中加油"也是比较常见的一种牛股形态，但是比较难掌握，多见于游资连续炒

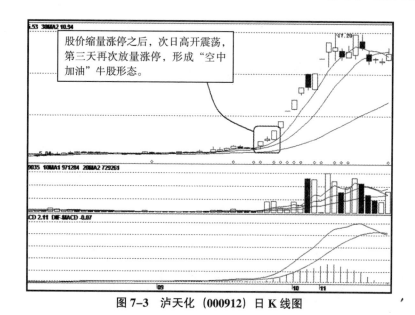

图 7-3 泸天化（000912）日 K 线图

作，出现这样的形态一般在第二天通过盘口竞价判断是否强势，然后择机介入。

图 7-4，平治信息（300571）：该股经过大幅调整后企稳盘整，2018 年 1 月 22 日股价涨停，突破前高压力，次日高开震荡收十字线，第三天放量拉起，形成"空中加油"牛股形态。随后股价虽然没有直接进入拉升阶段，但股价两次回落到突破大阳线的收盘价附近时，都获得了有力的支撑，说明"空中加油"形态依然有效。投资者可以在股价再度走强时跟进或者在短期均线附近低吸。

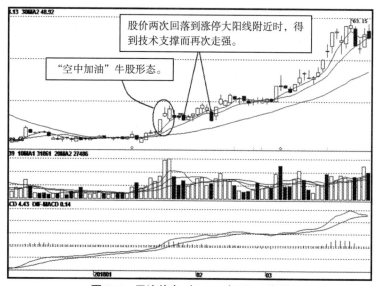

图 7-4 平治信息（300571）日 K 线图

第四节 "梅开二度"牛股形态

"梅开二度"牛股形态，是主力完成第一波上涨后洗盘所形成的经典形态。该形态产生后走主升浪的概率相当大。

一、"梅开二度"牛股形态技术要点

（1）股价完成一浪上升后，出现缩量回调到中期均线附近止跌盘整。

（2）股价在中期均线附近再次出现放量上涨态势。

（3）一浪上升强劲，K 线要流畅，量价关系健康。

（4）核心是短期均线在中期均线上方，中期均线走平或上行。

（5）股价从短期均线上穿中期均线后，缩量回调不破标志性 K 线，或回调到中期均线附近得到支撑。

二、"梅开二度"牛股形态实盘分析

这是主力完成一浪建仓和二浪洗盘后所形成的牛股形态，中期均线是主力的生命线，再次放量收出大阳线或涨停板是主力启动主升浪的重要信号。股价第一浪上升代表主力建仓吸货期，第二浪回调不破标志性 K 线或不破中期均线是主力洗盘走势，再次放量收出大阳线是主力启动主升浪的信号。这种形态的可靠性之高就在于其背后蕴含的主力操盘意图，无论主力借助什么题材，只要 K 线形态走出"梅开二度"形态，那么后市股价上涨的概率就相当大。

图 7-5，上峰水泥（000672）：该股在 2016 年 12 月 1 日放量涨停启动主升浪，波段涨幅达 90%，随后展开波段洗盘调整，1 月 16 日股价缩量回踩中期均线，并收出止跌十字线，随后股价出现"上涨有量、回调缩量"的健康运行走势。像这种历史强势股回调到中期均线附近企稳时，应重点跟踪关注。2017 年 1 月 25 日股价连续三天缩量回调，并且在 2 月 3 日收出地量十字线，二次出现这样的止跌洗盘信号，再次放量就是最佳买点。2 月 6 日股价触底反弹放量，技术形态短期均线回踩中期均线，中期均线走平或上行，短期均线加速拐头向上，这是短线向上变盘的重要信号，也是"梅开二度"牛股形态的重要技术特征，综合研判该股将要再次启动，所以是一个非常好的买点。

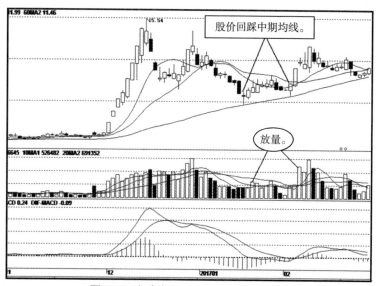

图 7-5　上峰水泥（000672）日 K 线图

第五节　"回马一枪"牛股形态

"回马一枪"牛股形态，是主力在中期均线附近启动后挖坑洗盘所形成的经典形态，也叫假突破形态。通常主力挖坑都比较隐蔽，回落一般都在一周左右，幅度不会超过15%，股价不会跌破关键均线，再次放量的时候就是绝佳的上车机会。当然这样的股票需要平时做功课，要盘后复盘收集那些在中期均线附近放量启动的品种进行跟踪，然后观察其接下来的挖坑洗盘，如果再有消息配合则更加可靠。

一、"回马一枪"牛股形态技术要点

（1）股价涨停启动突破前期高点后，再次回落到原点附近。

（2）放量突破前期高点，造成假突破现象。

（3）缩量回调到启动点，回调时间不超过5天。

（4）再次放量涨停时，积极跟进。

（5）股价处在大的上升趋势之中。

（6）主力已经准备拉升，股价回落是因为遇大盘不好顺势洗盘的结果。

（7）遇大势不好，谨慎追高，即使是牛股也要等到收盘时确定。

二、"回马一枪"牛股形态实盘分析

图 7-6，君正集团（601216）：是非常标准的"回马一枪"牛股形态。2016 年 8 月 19 日关键位置放量大阳，第二天一字涨停板，随后连续缩量回调 5 个交易日不破关键启动点，形成"回马一枪"形态，并且回调到 13 日均线附近出现止跌信号，13 日均线一般是强势主力洗盘生命线，只要出现股价回调到关键均线附近的股票就要重点关注。9 月 2 日强势涨停则是再次启动的关键信号，通过牛股技术盘后 10 分钟选股模式复盘轻松发现，同时成交量放大，综合研判就可以果断介入。

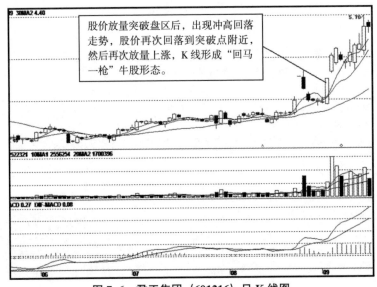

图 7-6 君正集团（601216）日 K 线图

第六节 关于 K 线图操作的思考

一、最好相信它

一叶落而知天下秋，这是 K 线图带给投资者的思维方式，它显著地提醒着投资者，无论多大规模的市场运动都是从蛛丝马迹里发展起来的。谁能够首先较为准确地把握这些线索，谁就能避免更多的损失，获取最大的收益。每一张 K 线图都在试图向你做

出手势，告诉你市场上正在发生的变化，而你，唯有静下心来仔细辨认，才能听懂嘈杂市场中的韵律。万事万物的发展和成败，看似漫无头绪，而实质上无不受内在规律的支配，K 线图的乾坤里也不例外。在这里，除了人，没有别的东西，你要通过这张图来辨析市场参与者的猜测、意愿、对供求的理解、买卖相对实力等。一盘棋是一生，一张图也是，这张图里融会了全球无数交易者的喜、怒、哀、乐，他们辛勤获得的财富正在这里不停地被重新分配。如同具有魔力的纸币一样，正被全球数千万人关注的 K 线图，也在实实在在地影响着人们的交易和得失。你不得不相信它，因为数千万人都在读它、用它，并试图操纵它。K 线的现实运动，胜于雄辩，胜于预测，更胜于表象和传闻。但面对同样一张图，东方人喜欢用哲学观的方法来把握，而西方人则喜欢数理统计的结果。只是无比的精确性无法统计出投机世界的心理变化，如果过分依赖计算机分析系统，任何人都可以根据买卖信号交易，投机就会沦落成为电子游戏，交易者的大脑就会贬值。

二、一人一个法

K 线图不是一门科学，而是一种行为艺术和心理哲学的实践，它本质上是市场群体心理因素的集中反映。你可以掌握它的性，但把握不了它的度，它给每个人留下了很多主观的判断。那些试图量化它的分析家们最终不得不陷入败局，即使是江恩，晚年也只说记录手法和操作规则，而不言其他。这是统计学无法了解的世界，在这里，理性往往是最大的敌人。这里没有铁板钉钉或一成不变的东西，有的只是大致性的经验总结。如同没有完美的交易一样，K 线图里也没有完美的图形。所以，在分析图形的时候，不能拘泥于图形，而要究其内在的本质，洞悉多、空双方的力量对比变化，顺势而为。K 线图带有强烈的主观色彩，这导致每个人修完同样的课程后，即使都是市场的医生，都可以通过 K 线图给市场做诊断并付诸实施，但每个人的方法和成效都不一样。这一是取决于个人的性格，二是取决于个人的悟性，三是取决于个人的经验，四是取决于他的市场哲学观，五是取决于他对风险的认知，六是取决于他对收益的考虑，七是取决于周围环境对他的影响，八是取决于他所交易的市场特性（如某些图形在股市里可信度高些，某些图形则在股市里准确性差些），九是取决于他的资金规模。西方技术分析讲究科学严谨，东方技术分析讲究思维辩证，结合两者的优势，股市交易最佳的操作手法就是：盯住你的损失，让利润自己奔跑。所以，即使是一人一个法，最后还是会万法归宗。

三、自然法的浓缩

自然界有牛顿第一运动定律，即物体会沿力作用的方向运动，除非受到新的作用力的影响。股市也一样，一开始的经济数据、新闻、传闻、猜测等因素促成了一段价格，在没有外来的新作用力的情况下，K线图会沿既有的趋势发展，而一旦外因有变，则价格就会发生转变，直到新的平衡到来。我们无法清楚外因内果，唯有凭借K线图里特有的价格运动轨迹——群体心理的看法来寻找事物本来的答案，并据此在K线图形态改变时进场或出场，在趋势惯性发展时继续持有。自然界里还有加速定律，即物体上升需要外力做功，下行却会因自身重量而加速；股市也一样，上涨将消耗大量的买单，使成交量剧增，而下跌却可以是无量下跌，由此也说明了做空容易做多难。自然界里也有生死定律，即任何物体自一生出来就奔向死亡；股市也一样，任何一段趋势生出来后，就开始走向衰败，走得越远，离衰败就越近。如同中国的太极图，老阴生少阳，少阳变老阳，老阳又生少阴，少阴变老阴，老阴复生少阳，阴中有阳，阳中有阴，阴阳转换，生生不息。所以在K线运动里，没有最好的形状，也没有最坏的形状，一样的形状放在不同的场合或时间，就有不同的意义和预告。这意味着这里没有绝对的成功，也没有肯定的失败。当图形的预测失败时，往往就是你反手做单的机会；而当图形的预测成功时，往往你就会进入，由此也意味着你的一只脚已经跨进了亏损的大门。成功和失败在这里都是机遇，能把握住的才是成功。祸兮福之所倚，福兮祸之所伏，在分析K线图形时，一定要同时从乐观和悲观两个方面来分析同一信息源。很多的时候，即使是披着一样的外衣，但市场都想用手势来告诉你形势正在发生变化，就看你是不是用心注意到了。所以，面对每一根K线，我们不妨经常问这样两个问题：如果行情真的看涨，为什么多头不……如果行情真的看跌，为什么空头不……如此，玄机顿现。

四、不悲亦不喜

对于以K线图进行分析并入市的人而言，一定要明白三件事：第一，书本上所画出来的标准K线形态可能你永远也看不到，所以你要把握识别的度；第二，在技术上可行的东西，在现实的价格运动中可能无法实现，如跳空将把你的止损点甩在后面，使你的止损无效；第三，市场是一个会自我修复和自我变异的东西，因为参与市场的人聪明了，所以它也变聪明了，以前屡试不爽的方法可能就会失效。然而正是不确定因素，才使市场永葆青春和无限发展。面对永恒的不确定因素，投资者能屹立不败的

姿势，唯有"两手抓"：一手抓对于会变异的市场的识别能力，一手则死守"顺势和止损"的原则。K 线图本身无好坏之分，特别是在可以买涨买跌的期货市场，它不会使你盈利或损失，是你的识别能力和操作规则使你的资金跌宕起伏。对于那些损失了钱财的投资者来说，其根本原因来源于他们对市场的错误分析，再一个是缺乏将正确分析结果转化为实际操作的能力。例如，在 K 线图上，什么价格最重要？答案是，你买入的价格。因为你参与这件事情，所以你对这个价格的关注度就极高，并且你会在亏损时到处寻找失利的原因，或者从同一堆信息源里搜罗继续持有的证据。但风还是风，幡还是幡，动的是你的心。过度的关心和热情，暴露了你欲望、贪婪和恐惧的情绪，而这才是你无法将本是正确的分析结果转化为成功盈利的原因。把你的投资行为转变为做功课的行为，严格按照正确的计划交易，你就不会患得患失了。成功，就是按计划交易的结果，巴菲特和索罗斯的财富不是"赚"来的，而是他们思想和策略正确实施的产物，他们的一生，就是在不断地验证自己的思想和策略。所以，关键不在市场，而在我们本身。

五、价格（开市和收市）、成交量、时间

日本交易商有句名言：头一小时的交易，引导一个交易日。可见，开盘行情几乎奠定了整个交易日的基础。它是人们深思熟虑一夜的结果，也是对昨日价格的继续确认或修正，更是今日新价格价值的确立或尝试性进攻的开始。而对于收盘，因为西方技术分析的大部分手段，包括追加多少保证金等，都是以收盘价为依据的，所以在临近收盘的时候，多、空双方往往会进行剧烈的攻击，旗帜鲜明地摆出自己的立场；同时，对于那些自动交易的计算机系统而言，则会根据收盘前的价格来判断某形态是否成立，并据此在收盘前最后几分钟进行大量的交易。在这里，价格是一种商品，它被市场当作案头肉，招揽买进者和卖出者；整个市场交易就是一个发现价格"价值"的过程，当有人觉得它"便宜"的时候，就会大量买进，于是呈现价涨量升的态势；当人们觉得它不值那个价位时，就会停止买进，于是便出现量缩价跌的情况；而当屯货居多形成供过于求的时候，价格就会带量下滑；人们的价值判断标准受市场情绪左右，且围绕着价格的"价值"上下波动，并把"价值"人为地拉高或推低，而 K 线图则恰如其分地反映了这些特征，给我们留下了市场心理的诡秘行踪。如果说价格可以告诉我们市场上发生了什么，那么成交量则告诉我们它是如何发生的，它代表着市场人气和资金推动。所有的价格和成交量，都是相对于某一时间的，在既定的时段，人群的交易心理是不一样的，其高潮期和低谷期、兴奋度和冷漠度、持续性和短暂性等，都

是一阵儿一阵儿的。时间和价格具有辩证的正关联，在同一价位盘整得越久，就越可能换到更高或更低的价格；而价格运动越剧烈，将来沉默的时间也就越久；此外，跨越的时间越长，变数越大，导致该发生的流产了，不可能的却成了现实。市场就是这样用一套内在的机制制约着价格、时间和成交量。

六、重要的是反转信号

作为投资者，一定要注意所遇到的种种反转信号，哪怕它是虚假的——遇到一个虚假的信号总比漏过一个真正的危险信号要强很多。我们的进场或出场，都是建立在反转信号来临之后进行的，你可以不慌不忙地等待其后的验证图形，也可以急不可待地当即交易，但关键是要耐心地等待反转信号的出现。否则，进入后的时局若出现盘整，你的资金就会失去控制权，同时内心倍受煎熬。大部分时候，反转都是伴随星线和带有长影线的阴阳线出现的，这些曾被反击过的痕迹，以一个失败者的身份告之成功离它不远了——但这些，却往往是被人们忽视的地方。究其本质，说明人类往往只对成功感兴趣，对失败不甚在意，但这些市井的看法，不应该出现在专业投资者的身上。此外要注意，反转信号虽然预告情势有变，但并没有告诉我们情势马上就会掉头，它可能会横向盘整，也可能会反向调整。所以，你可以在反转信号出现后进行买卖行为，但不可立即反手做空或做多，在主要趋势一时半会儿难以改变的情况下，仅凭几根K线就反手做单，不是明智之举。反转信号往往也是突破信号，市场中的机构常常会试探支撑区和压力区，借此测试该区域一旦被突破后的市场反应，由此展开下一步的行动，所以要留意这些测试性的突破；此外，有些主力机构偶尔也制造假突破，以干扰投资者的判断能力，或吸引跟风以谋取利益；但无论是测试性突破还是假突破，它们往往会在收盘时或在下一个交易日现出原形，只是测试性突破后，趋势可能还会继续测试直到真的突破来临，而假突破则在诱骗成功或失败后，马上显露反向的真实意图。

七、不同的进场时机

当你关注到反转信号已经来临，并且确定了风险与收益比值值得你入场时，那么，在你为这个进场准备了完善的"后事"后，你就可以进场了。进场时机很重要，你不知道那里是不是陷阱。但很多时候，等我们看到情势明朗时，行情已经发展了几天了，获利的空间变小而危险则开始来临；假使在局势突破时就贸然进入，其风险也是不言而喻的。所以，如果你是中线投资者，你可以在反转图形出现并得到验证后再进入，如在第二天看见明显的突破稳当后进入；如果你是保守型的短线投资者，可以在反转图形出现并得到部分确认后再进入，如在下半场的后半场，一般此时的局势已经较明朗；如果你是激进的短线投资者，则可以在关键点突破后的当时进场，但要防止尝试性的突破会因为无力维持而忽然掉转（对于激进的投资者而言，有句行话值得思考：永不抢先，直到趋势明确改变）。进场时是按计划进场的，进场后则应执行计划，一旦时机来临，就按计划兑现。一般在确定了进场日期后，当场交易以5分钟图或30分钟图为准，从这里面再找当日最佳进场点。

八、齐全的攻防策略

尽管股市庞大且深不可测，但一张K线图就能将它装下；尽管K线图变化无穷，但其收盘后也无非只有三种走势：上升、平移、下降。过去的价格变化已经变成了可见的K线图形，它可以由你的经验决定此时是否值得你进出，但你无法预期后市一定会朝某一方向运动。面对在你进出后可能会出现的上升、平移、下降三种状态，你唯一能做的就是做好齐全的攻防策略。即在进场的同时，迅速考虑好你的第一、第二盈利目标在什么地方，你的止损点设置在哪里。一旦买入后，如后市继续上升，当它上升到某一阶段，你要决定是否加仓，加多少，同时上调你的止损点；当它上升到出现反转图形时，你要考虑是卖掉一部分，还是全部卖掉，还是马上反手做单；当到达盈利目标时，你要考虑是否该退出，或者上调你的盈利目标和止损点。如果买入后后市平移，你要考虑你的止损点设置得是否合理，你是否值得和这个品种耗下去。如果买入后后市下跌，你要考虑你是应该在原来设置的止损点处卖出一部分，还是全部卖出，或者应该马上反手做单。如此，无论后市怎么变化，一切尽在掌握中。此外，无论是做日内交易（期货市场中在当天建仓且在当天平仓）还是周内交易（根据趋势波段做好持仓一周左右的准备），在进场前都应有一个风险与收益比值的考虑，即要在你觉得赚钱的运动空间和亏损的运动空间至少为3:1的时候进场，也就是说，你的盈利目标要是你亏损目标的3倍才值得你进场，没出现这样的价格运动趋势，就不要进场。你不能控制市场，唯有控制自己。

九、永远的顺势和止损

面对波澜壮阔的资金运动和玄妙诡秘的价格变化，没有谁敢对自己的预期做保证，所以在股市活下来的人，最重要的生存法宝就是：顺势和止损，这是对付不确定性的唯一办法。前者是主动性适应，后者是主动性防御。在金融交易市场，如果你学不会

主动性生存,那么市场马上就会吞没你。学会主动性生存,就要学会按计划交易,而不是按预期交易。不做预期你就不会进场,所以每个投资者都会预期,但每个预期不一定会实现,所以成功的投资者都知道顺势而为,及时认错。犯错是在所难免的,真正致命的错误是坚持错误。如果背自己的预期强加于市场,无异于螳臂当车、飞蛾扑火,自以为是地要市场来适应你的预期。要知道,市场不会在意你的想法和筹码,也不关心你是否顺从了它的趋势,它只会碾平所有挡在它趋势路上的投资者——市场的总趋势只有上下之分,而无对错的概念。所以,如果你怀着看涨的预期,那么在确定上升趋势已经来临时进入;如果你怀着看跌的预期,那么在确定下降趋势已经来临时退出。还有一条:熊市只买跌(期货市场),牛市只买涨,不要轻易反手做单,要做趋势的追随者而非预测的追随者。股票投资,如火中取栗,所有的利润都来自严格看守亏损而出现的市场回报,遵守止损法则,就是保存你的资金,使你有东山再起的机会。

十、从整体面来把握K线

整体技术情况的重要性要超过个别的价格形态,也就是说,在价格形态发生前后的市场发展才是投资成败的关键。如果在下单前要做技术分析,那么应该按以下顺序来理清思路:

(1)先看趋势:看月K线图,通过道氏理论或波浪理论、趋势线、均线系统,看整个盘面的主要趋势是牛市?牛皮市?还是熊市?

(2)再看阶段:看周K线图,通过道氏理论或波浪理论、趋势线、均线系统,看目前的次要趋势是创新高走牛?回调?反弹?盘整?还是创新低走熊?

(3)再看区间:看日K线图,通过趋势线、管道线、支撑和压力线、百分比回撤线、整数价位等,看现有阶段顺势运行的空间有多少?

(4)再看形态:有无典型的"M头""W底""V顶""弧形顶(底)"等中长期K线形态存在?

(5)再看均线:看5日均线、10日均线、20日均线、60日均线、120日均线甚至200日均线角度、发散、黏合、偏离、交叉等有何微妙的变化?

(6)再看组合:看最近一组K线的实体颜色、长短、形状、发生频率(如一组K线中有多少阴线或阳线,代表空头或多头的K线形态出现过多少次等)及新值排列。

(7)再看缺口:缺口代表一次飞跃,其重要性胜过短期形态,且具有支撑和压力作用,故要看附近有无缺口,如有,是第几个?

(8)再看K线:看最近几日的K线有无典型形态,如无,先看它们的相对高低

位置，再看形与色。如果实体很长，则颜色重要；如果实体很短，则影线重要。

（9）再看技术指标：如对技术指标有兴趣，可观看技术指标的极限区、交叉和背离，对分辨中长期趋势有一定的帮助。

记住，在投资的时候，你所处的环境与位置，远超过你站立的姿势。

后 记

　　最初产生写这本书的念头是在几年前的一次证券技术论坛上，当时我与几位股林圣贤切磋证券技术分析时，嘱我写一写关于 K 线技术分析中的某些缺陷及解决方法，切实地为广大散户投资者解决一些技术难题，当时没多考虑便欣然接受。那时的这个想法如果出现在这个时候，我会有些犹豫，因为写好这本书实在有点儿艰难。很长一段时间以来，绞尽脑汁，把本人所掌握的技术过滤一遍，并将最拿手的秘籍和盘使出，将其奉献给散户投资者。目前，这本书算是给散户朋友一个完整的交代，也给广大散户指明了一条清晰的操作思路，帮助他们掌握一套制胜方略，这是作为一名证券技术分析者当尽的责任。

　　作为著者，我深知要感谢太多给予帮助的人，有太多的人可以分享这本书出版的荣誉。没有广大读者朋友的普遍认可，就不会有这本书的生存市场，更不会使这些技术得以推广，所以第一个要感谢的是读者朋友。在此还要感谢经济管理出版社的大力支持，感谢本书责任编辑在出版过程中付出的大量心血。

　　在成书过程中，也得到了不少专家的悉心指导，使之有一个恰当的定位，更加符合投资者的愿望，也更加贴近盘面实际。这本书的内容虽然体现了我个人的观点和见解，但是它也包括了来自其他人的大量研究成果、实盘经验、专业知识等，这些材料在理论和实践中都具有很高的创造性——都是最好的、最明智的，所以十分感谢他们。如果没有他们与大家分享其专业知识和思想，我们便无法达到现在的研究水平，因此对那些专业人士致以最衷心的感谢，感谢他们如此慷慨地与大家分享专业知识。

　　大家知道，技术分析的基础来自于三大假设，即市场信息反映一切，价格沿趋势变动，历史往往会重演。可是，在目前庄家肆虐的市场中，技术分析的基础往往遭到考验和破坏，或者出现失真现象，结果导致市场不能真实客观地反映一切（假信息），价格不一定会沿趋势变化（假信号），历史不会简单地重复（假经验）。于是，这个市场就复杂多变，投资风险逐步扩大。有谁能说这个金叉后市一定会涨，那个死叉后市肯定下跌呢？又有谁能说早晨之星一定利好，而黄昏之星肯定利淡？在此需要提醒的

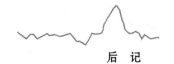

是，技术信号不是"灵丹妙药"，有时在这只股票中使用有神奇的效果，而在那只股票中使用却一无是处，因此需要因人、因时、因股、因势而异，具体问题具体分析。诚然，投资者当抱以学海无涯的态度，在学习各种技术分析方法的过程中，最要紧的是不断结合实际，从实践中一点一滴地积累经验和技巧，很多时候只有这样才会领略到个中乐趣。因为，技术分析的至高境界，实在需要时间积累经验，才能把方法运用到极致。当然，需要提醒的是，希望散户将本书中的"破解方法"在即时行情中灵活运用，在实盘中不断总结经验、吸取教训，逐步形成一套适合自己个性的解盘判势方法。不要一本通书看到底，一套方法用到老，要懂得灵活变通，随机应变，在瞬息万变的市场里，用敏捷的思维能力对市场做出弹性的处理，如此才能融会贯通，应变自如。

本人才疏学浅，时间仓促，书中差错疏漏之处定然多多，期盼股林前辈、同仁不吝斧正，以便在今后再版时进一步改进和提高。愿本书为广大投资者在实际操作中带来一点启示、创造一份财富。如是，我将深感欣慰。

麻道明

于中国·楠溪江畔